哲学与生活世界

神圣与世俗之间

刘勤 著

中国厕神信仰源流考

生活·讀書·新知 三联书店

Copyright © 2021 by SDX Joint Publishing Company.
All Rights Reserved.
本作品版权由生活·读书·新知三联书店所有。
未经许可,不得翻印。

图书在版编目(CIP)数据

神圣与世俗之间:中国厕神信仰源流考 / 刘勤著
. —北京:生活·读书·新知三联书店,2021.8
(哲学与生活世界)
ISBN 978-7-108-07202-3

Ⅰ.①神… Ⅱ.①刘… Ⅲ.①神—信仰—研究—中国 Ⅳ.①B933

中国版本图书馆 CIP 数据核字(2021)第 137635 号

| 责任编辑 | 杨柳青 |
| 封面设计 | 刘 俊 |

出版发行 生活·讀書·新知 三联书店
(北京市东城区美术馆东街 22 号)
邮 编 100010
印 刷 常熟市文化印刷有限公司
版 次 2021 年 8 月第 1 版
     2021 年 8 月第 1 次印刷
开 本 720 毫米 × 1020 毫米 1/16 印张 30.25
字 数 393 千字
定 价 98.00 元

序

彦序从我攻读硕士学位,自其始已逾17年。17年或许波澜不惊,皆似水到渠成,但彦序实走过了不平凡之路,可套用星语:做人难,做女人更难,做女学者则难上加难。本书《后记》对此虽风轻云淡,仅片言只语,又将其功归诸师友亲人,但个中千山万水跋涉之艰辛,彦序定自知。

彦序读硕三年,我已印象渐淡,唯有一事,却仿佛镌刻于脑,愈久弥新:在其硕士授学位曲终人散之际,彦序搀扶受邀出席典礼之其母绍介于我。寒暄之际,我注意到刘妈妈确有彦序平日提起过的喘疾……彼时,其羸弱正与彦序之瘦小相互印衬;而此时,手捧彦序此著,那对相互倚靠之身影竟与我想象中彦序17年求学长途交相叠印,让我想到"坚韧不拔""母爱伟大""肃然起敬"等词汇。

或以为这些词汇之使用"言过其实"。但是,在21世纪人们生活已经日益多元化之今日,立德、立功、立言,苟能向善,且言行一致,持之以恒,无论巨细,何不可以兹称之!是书之成即可为证。

彦序硕、博士学位论文,又国家社科基金立项,以及上一部书与此书,其研究一直坚守汉文化中女性神祇这一范围,可谓一以贯之,故其研究所得,自非泛泛可比。

以研究意义论，民间信仰乃任何民族文化中之核心元素。彦序是书以"俗神"信仰为背景，以厕神本身历史发展演变规律与特点为线索而予以研究，不仅对中国厕神信仰研究大有裨益，对中国神话研究亦定能有所启迪、推进。且此研究乃根基于对中国"以农为本"之经济生产方式与其文化关系之把握，因而事实上也将有助于对中国数千载俗文化更深刻、全面之认识。

以研究特点论，则彦序是书实足以为中国文化研究之佳例。从凡人日常生活琐事切入，于污秽之中揭示出埋藏万千年之人类习俗与故事，发掘其中蕴藏之人类思想秘密，可谓由微至巨，由表及里，发人深思；从粪厕至经典，以汉字演化解剖为基点，广被诸籍甚至农书，可谓俗雅兼及，采撷宏富，善于熔冶；从神话传说因自然、语言、传述人、风俗习惯等裂变与聚合所造成之盘根错节中，把握神话演化之四种形态，摒弃割裂、简单之阐释套路，注重从古人思维、神话思维予以探究，可谓理论自觉，证据充分，论辩有序。

诚然，彦序所论，或非定谳，然而学术之推进，尤其人文学科之建树，非如此负一砖一瓦，拾级而上，何得成其华厦耶！

忝为人师，最感欣慰与荣耀者，不过学生有所进步。前此，诸生已在中华书局、生活•读书•新知三联书店、中国社会科学出版社颇有著述，彦序是书又由生活•读书•新知三联书店推出，自然使我由衷为他们感到骄傲。就彦序而言，这部书并非止境，我坚信，她作为一位正在崛起之女学者，过去17年堪为奠基，其未来正前途远大；其学术探究所获亦当未可限量！故聊以此序记其步履之不凡，且预为贺。

李诚

2021. 6. 19 于锦城

目 录

序　李诚 / 1

前言　中国厕神研究中的几个首要问题 / 1
  1. 厕神的定义和基点 / 1
  2. 厕神发展的基本趋势 / 2
  3. 厕神研究的当代意义 / 4

一　中国厕神研究百年回眸 / 7
 （一）中国厕神研究的氛围 / 7
  1. 国外学者捷足先登 / 7
  2. 俗神研究专著偶涉厕神 / 9
  3. 漫谈性质的诸多讨论 / 11
 （二）中国厕神研究的内在格局 / 12
  1. 集中于紫姑研究 / 12
  2. 再谈紫姑研究中的问题 / 16
  3. 厕神诞生的经济基础 / 18
 （三）厕神形态初探 / 20

1. 原生态厕神 / 21
2. 再生态厕神 / 24
3. 新生态厕神 / 27
4. 衍生态厕神 / 29

二　大母神、粪肥与厕神缘起 / 34
（一）粪、弃、豢土与地母崇拜 / 34
1. 厕神信仰源于大母神崇拜 / 34
2. 说"粪"与"弃"之本义 / 38
3. 从《生民》看"血祭沃土" / 42
4. 再看周弃的"豢土"之功 / 50
（二）创世、孕生与粪尿神话 / 54
1. 粪尿作用的发现：从"血祭沃土"到"屎田" / 54
2. 粪尿作用的神化：创世、造人的始源性神话 / 59
3. 粪尿作用的魔化：污秽压胜与治愈之药 / 66
（三）粪肥、财富与如愿信仰 / 72
1. 从"屎田"到"贩粪" / 72
2. 如愿神话及其原型考 / 78
3. 如愿信仰的相关习俗 / 84
4. "送穷"即为"迎富" / 95

三　建筑、空间与厕神定格 / 101
（一）厕之空间的形成 / 101
1. 干栏式建筑中的厕所 / 102
2. 穴居式建筑中的厕所 / 107
3. 人厕和猪圈合一 / 112
4. "半冲水"式厕所 / 118
（二）厕之空间的功能、特征与鬼神信仰 / 120

    1. 厕之空间的多重功能 / 120
    2. 厕所方位与吉凶祸福 / 130
    3. 原始大坑与冥界入口 / 136
    4. 祟病场所与生命赐予 / 142
  （三）猪神与厕神合流 / 151
    1. 具创世神格的原始阴性 / 151
    2. "终始相续"的地母神 / 153
    3. 物质和精神的双重污秽 / 157
    4. 厕神表现为恐怖猪怪 / 160

四　性别、异化与厕神式微 / 165
  （一）厕神的卑化与仙化 / 165
    1. 厕所中的性别隔离 / 165
    2. 从母亲神到女儿神 / 168
    3. 卑化、妖化与仙化 / 172
  （二）厕神的异化（上）：苏轼紫姑书写系年正误 / 189
    1.《子姑神记》/ 190
    2.《仙姑问答》/ 190
    3.《少年游》/ 193
    4.《天篆记》与《是日偶至》/ 195
    5.《广州女仙》/ 196
  （三）厕神的异化（下）：苏轼紫姑信仰的矛盾书写及原因 / 197
    1. 宋代之前的紫姑信仰与书写 / 197
    2. 苏轼紫姑信仰的矛盾书写 / 201
    3. 苏轼紫姑信仰书写矛盾的原因 / 214

五　雪隐、东司与佛教厕神 / 237
  （一）中日禅宗文化与"雪隐"语源考析 / 237

1. 中国辞典对"雪隐"的解释 / 237
2. "雪窦重显说" / 241
3. "雪窦重显说"在日本的风靡和龃龉 / 246
4. 关于"雪隐"语源的其他说法 / 251

(二) 中日禅宗文化与"东司"语源考辨 / 255
1. "东司"概念及问题的提出 / 255
2. 对"东司"各种语源说的辨析 / 257
3. 对"东司"一词的文献清理 / 263
4. "东司"之"东" / 266

(三) 中国禅宗的净头传统 / 269
1. 寺院列职杂务中的最低层级 / 270
2. "净头传统"的形成和传播 / 277
3. 高僧持净典故及法语举隅 / 282
4. 净头的功德 / 287

(四) 佛教厕神信仰 / 292
1. 属于鬼道众生的厕神 / 292
2. 佛教厕神乌刍沙摩明王 / 296
3. 乌刍沙摩明王的中国化 / 300

六 俗化、流布与厕神渗透 / 313
(一) 厕神：神圣与世俗之间 / 313
1. 关于"俗化"的一些问题 / 313
2. 祭祀仪轨要素的神圣性与世俗化 / 316
3. 俗化氛围下的显圣物 / 335

(二) 神名命名、分类与统计 / 347
1. "有神无话"与"有话无神" / 348
2. 神名的命名原则与分类 / 350
3. 神名的取舍原则与统计 / 358

（三）神名流布特点及神名关系 / 364

    1. 分布与板块 / 364

    2. 通名和具名 / 366

    3. 显名和隐名 / 370

七 口传、遗留与活态厕神 / 374

（一）畜圈、厕所与民俗信仰：中国现代进程中的厕神活态 / 375

    1. 四川汉源地区地缘特征 / 378

    2. 普遍厕所形制：人厕与猪圈合一 / 379

    3. 普遍厕所民俗与信仰 / 382

    4. 少数民族地区厕所形制及风俗 / 390

    5. "厕所民俗"与"厕所革命" / 394

（二）古巫歌《门前本解》：韩国现代进程中的厕神活态 / 397

    1.《门前本解》释名 / 397

    2.《门前本解》版本 / 398

    3. 赤松智城、秋叶隆采录本汉译 / 401

    4.《门前本解》中的基本形象 / 407

（三）东亚儒家视域下的善恶厕神：以怒一底大和紫姑为例 / 411

    1. 韩国厕神的现代遗存 / 411

    2. 怒一底大：对双重"污秽"的强调与"全恶"形象 / 413

    3. 紫姑：对"污秽"的超越、转化与道德典范形象 / 416

    4. 从表层到深层：形象的对立、同源、易位与改塑 / 421

    5. 善与恶：东亚视域下的儒家文化道德准的 / 424

结语 / 430

参考文献 / 433

后记 / 473

前言　中国厕神研究中的几个首要问题

1. 厕神的定义和基点

中国厕神源远流长，有很多称谓。其神格、仪轨、信仰状态在演变中也有诸多变化。在民间信仰中还不断吸附、杂糅进别的信仰要素，从而导致他与别的神灵具有"剪不断，理还乱"的复杂关系。所以厕神看起来单一，实际上复杂，牵扯到诸多神灵和文化现象；乍看之下不值一提，实际上关联着大问题。中国厕神源自远古大母神（the Great Mother）崇拜，并曾在人们的宗教生活中扮演过重要角色。

既然如此复杂，要给厕神下定义就成为难题。如果此定义要囊括传世典籍、考古发现、民俗口传中纷繁复杂的厕神故事和信仰现象的话，就必须在尽量把握厕神"名实"相符原则的基础上，采用广义的"厕神"概念。即所谓厕神，是指与厕所或如厕相关的所有鬼神。

这里的"鬼神"一词也是广义的——广义神话理论对鬼、神不做严格区分，是为共识——包括神、鬼、精、怪、灵、仙、妖、魅等。这里的"与厕所或如厕相关的所有鬼神"，包括住在或者出现在厕所，职司厕所、屎尿、粪肥、排泄、污秽、垃圾、牲畜（尤其猪）等有关"污秽"（物质层面和精神层面）的所有鬼神。这些要素也会因时间、地点的变迁而发生相应的变化，所以厕神故事和信仰在发展演变中都存在着相当的模糊性和复杂性。比如，在神格、职司上，虽然职司厕所、屎尿、粪肥、排泄、污秽、垃圾、牲畜（尤其猪）等有关"污秽"（物质层面和精神层面）是基本神格，是其为厕神（现代学术概念上）的基点和最初出发点，但是其"扩大化"的神格又涉及田产、蚕桑、生育、疾病和死亡等，有时还是女性保护神，是月神信仰的延展。又如，在迎神地点上，厕所或猪圈虽然是早期的迎神地点，但后来也拓展到月下、堂屋或者郊外。随着历史的演进和人们需求的变化，厕神的神格和功能也更加纷繁复杂。厕神的形貌、性别、神格、仪轨、信仰状态在不同时期和地域也有很大差异，其范畴也无法确指。

但厕神之所以成其为自身，而不是其他神，乃是因为在其起源和神格的基点上，仍是与厕所、屎尿、粪肥、排泄、污秽、垃圾、牲畜（尤其猪）等"污秽"（物质层面和精神层面）的事项相关，以及与这些神格的扩大化意义相关。

2. 厕神发展的基本趋势

相比流传至今的神话传说，厕神的数量的确屈指可数。中国典籍中大部分厕神是有"神"而无"话"的，即只记载了神名，却无甚神话传述。换句话说，由于种种原因，厕神的神名得以保留，而神话事迹却丢失掉了。与此相反，厕之空间形成之前的厕神、民间厕神、活态厕神，又往往是有"话"而无"神"的，即有祭祀仪轨、神话传述、民俗禁忌等，但神名、神体却是模糊乃至缺乏的。

目前学界就厕神的属性、原型、神格、形态等话题，多有争议。就属性来说，有如下说法：厕神[1]、厕神兼蚕神[2]、蚕神兼财神[3]、

---

[1] 周连春：《雪隐寻踪——厕所的历史 经济 风俗》，安徽人民出版社2005年版，第315—333页。
[2] 张强：《桑文化原论》，陕西人民教育出版社1998年版，第158—175页。贾二强：《唐宋民间信仰》，福建人民出版社2002年版，第131—142页。
[3] 宁静：《〈荆楚岁时记〉中的巫鬼文化研究》，辽宁大学硕士论文，2011年。

蚕桑神兼生育神①、生活保护神②、家内俗神③等。就原型来说,有如下说法:家神中的猪④、生殖神、汉代戚夫人⑤等。就形态而言,虽无人专论,但从论述逻辑来看,有再生态神话、新生态神话、衍生态神话、原生态神话等说法,且多将这些形态割裂。

姑且不去讨论上面这些说法的正确与否,须注意的是,之所以众说纷纭,之所以厕神会辐射到如此多的层面,首先是因为他本身的复杂性。所以,从不同的角度看就会得出不同的结论。厕神从其一产生就具有复杂性。在厕之空间形成前,厕神主要是粪神;厕之空间形成后,厕神主要表现为猪神。厕神与大母神结合,又变幻出各种神灵,如地母、生殖女神、蚕桑神等。但是,尽管如此,笔者要再次重申厕神的基点。厕神之所以成其为自身,而不是其他神,乃是因为在其起源和神格的基点上,仍是与厕所、屎尿、粪肥、排泄、污秽、垃圾、牲畜(尤其猪)等"污秽"(物质层面和精神层面)的事项相关,以及与这些神格的扩大化意义相关。

无论如何,随着历史的发展、文明的演进,大概从魏晋南北朝开始,厕神逐渐"流落"民间,成为俗神。"俗神"一词的关键不在于是不是在"民间",而在于是不是"俗化"。厕神的"俗化"主要体现在家庭化、个人化、生活化和琐细化上,所以从某种程度上说,厕神属于"家神"。厕神的俗化同时也是其流布、渗透的过程。

总之,把握住以上特点,以"俗神"信仰为大背景、以家神信仰为小背景,并结合厕神本身的历史发展演变规律和特点来进行探究,不仅对中国厕神信仰研究大有裨益,而且对中国俗神研究也将有所启迪和推进。同时,对于中国"以农为本"的经济生产方式和

---

① 沈丽华、邵一飞:《广东神源初探》,大众文艺出版社2007年版,第257—258页。
② 马书田:《中国民间诸神》,团结出版社1997年版,第148—152页。
③ 范荧:《上海民间信仰研究》,上海人民出版社2006年版,第223—229页。
④ 叶舒宪:《亥日人君》,社会科学文献出版社1998年版,第232—237页。
⑤ 巫瑞书:《"迎紫姑"风俗的流变及其文化思考》,《民俗研究》1997年第2期。

以蚕桑、耕作、畜牧为主的经济增殖方式，也可起到管窥作用。

3. 厕神研究的当代意义

人民群众是推动社会前进的基本动力。在中国，尽管"纯正"的农民越来越少，但是"农民"作为一种"文化形态"还将长期存在。这是由中国的历史和国情所决定的。农民的生产方式、组织形态、教育水准、活动范围等决定了他们是这种"俗化"宗教和信仰的主要载体，也是中国传统文化的主要体现者。既然如此，俗神研究应该表现出对民间信仰的关注甚至侧重。厕神是俗神的杰出代表，又具有很强的辐射性，那么，从厕神出发梳理、比较、分析、阐释，揭示中国厕神信仰的生成机制、发展演变，对打开俗神研究大门势必会起到"试金石"的作用。

中国厕神的原始性、复杂性、典型性和辐射性，决定了他如同一面多棱镜，折射出中国古老的建筑形式、礼乐文明、性别文化和宗教信仰等。它们又根植于"以农为本"的经济生产方式和以蚕桑、耕作、养家为主的经济增殖方式。而这些又决定了我们的厕所文化观念，规定着中国在这一点上的现代化程式。西方人总是戏谑地称中国人是"重入口，轻出口"。我们有火热的"舌尖上的中国"，却避而不谈厕所问题。厕神也在这种"羞耻"认知中被长期埋没和鄙弃。本书以厕神为契机，"小题目、大文章"，以此管窥、揭橥中国俗神的信仰特征和中国文化的基元力量。

另外，在当前社会经济发展和信仰多元的形势下，民众信仰更紧密地同社会生活相连。研究厕神信仰不仅是个学术问题，而且也已经成为一个较为迫切的现实问题。① 的确，民众是现实生活的参与者，是社会主义现代化建设的践行者。处理好俗神信仰对稳定社会基层，传承中国民族文化和构建当下和谐社会均具有重要意义。反

---

① 路遥等：《中国民间信仰研究述评》，上海人民出版社2012年版，序言第1页。

之，如果不重视甚至忽视民间信仰，势必将丧失民众根基，导致在现代化建设中不仅举步维艰，还将危机四伏。

厕所是关系每一个人切身利益且必不可少的场所，厕神是民间俗神中的典型代表，但厕所、厕神却通常成为中国学术界的"禁忌"话题。日本早在19世纪初就有专章讨论，20世纪中叶就出现了大量有关厕所和厕神的专著，如李家正文的《厕考》、饭岛吉晴的《灶神与厕神——异界与人世之境》《厕神的形象》《乌枢沙摩明王与厕神》、大藤时彦的《厕神考》以及新谷尚纪的《有关参拜雪隐厕神之说》等等。此外，美国朱莉·霍兰的《厕神：厕所的文明史》、爱德华·S. 莫斯的《东方的厕所》以及韩国郑然鹤的《厕所与民俗》、金光彦的《东亚的厕所》等都是这一论题为域外人士捷足先登的证据。正是因为能较早地正视厕所问题，才使美国、日本、韩国等国家的卫生系统在现代化进程中飞速前进，走在世界前列。

爱德华·S. 莫斯在《东方的厕所》中，对中国人的厕所文明颇有微词。他认为中国人根本没有真正意义上的厕所（为了卫生或羞耻而设的空间），因为中国人的厕所只是为了收集粪便用作肥料："世界上许多民族连最简单的厕所都不用，对他们来说，厕所本身与其说是卫生所需，还不如说是为了把粪便收集用作肥料而建的。很多人并不在乎他的大小便时像类人猿一样，但吃饭的时候却遵守礼节，还把画儿画在盘子上以为装饰。粪便导致了如此严重的疾病却漠不关心，使传染病蔓延。人总以万物灵长自居，但其实与其他动物相比，并没有好到哪儿去。"① 中国厕所之于中国文明的滞后性表现得非常明显，在汉代定型和推广的人厕和猪圈（猪厕）合一形制，在"改厕"政策落实之前几千年没有多大变化，可见传统文化的惰性。

---

① 转引自〔韩〕金光彦：《东亚的厕所》，韩在均、金茂韩译，译林出版社2008年版，序言第6页。

被归为"杂神类"或"淫祀类"的边缘神灵厕神的神圣性已经被历史和文化所覆盖，蒙上了厚厚的尘埃，又由于其存在的隐蔽性和研究的禁忌性，目前遗留了很多问题，也给当下学者的研究造成了诸多困难。不过，当前的"改厕"环境又为揭开厕神神秘面纱提供了有利条件。它至少让这样一个话题被允许讨论，也就是说，厕神步入了一个允许它被讨论的正常的历史时期。

　　当今世界，厕所问题作为关系着一个国家文明程度的重要问题，越来越受到各发达国家的重视。不少人已经意识到，一个国家的发达程度是与厕所的文明程度成正比的。随着中国参与国际交流对话、多边合作发展，中国也应该将此提上议事日程。在此氛围下，对中国厕神也该"正本清源"，正视其对中国传统文化的特殊贡献。近年来，城乡"改厕"取得良好效果，"厕所革命"如日中天，但与此同时，与传统厕所相关的一系列神话、民俗也将迅速湮灭，进行抢救性地记录和研究势在必行。

一　中国厕神研究百年回眸

（一）中国厕神研究的氛围

厕神研究走过了近百年历程，主要取得的成就是在民俗学领域。早期学者利用自己的田野调查资料和跨文化视野来进行研究，取得了不少成就，如黄石、娄子匡等。国外学者对厕神的真正研究同样集中于民俗学领域，以日本为例，惯于对某一民俗事项进行细致的考索。除此之外，厕神研究显得极其零散、片段、不成系统。

1. 国外学者捷足先登

对厕所和厕神问题的研究，以日本学者成就最为醒目。如本书前言所言，日本学者早在 19 世纪初，就对此有专章讨论。20 世纪中叶又出现了大量有关厕所和厕神的专著。如被誉为"厕所博士"的李家正文有《厕考》《厕史话》《厕土风纪》《居住与厕所》等系列作品。此外，还有饭岛吉晴的《灶神与厕神——异界与人世之境》《厕神的形象》《乌枢沙摩明王与厕神》《作为异界之厕》、大藤时彦的《厕神考》、新谷尚纪的《有关参拜雪隐厕神之说》等，不胜枚举。

其中，李家正文的《厕考》一书中有一小节着重讨论了"雪隐"的来历。其主要观点与中国国内大致相同，即认为"雪隐"一词与禅僧雪窦重显和雪峰义存有关。其他诸书也偶尔论及中国厕神，比如紫姑、如愿、郭登，记载比较粗略，但至少可知这些厕神对日本有一定影响。日本研究厕所文化的专著很多，竟有上百部。这些著作也偶有涉及厕神，如李家正文的《厕史话》《厕风土纪》《西洋与中国厕所文化考》等书。

日本的厕神神话十分丰富，至今不衰。如日本人普遍认为厕神掌管着生育、平安、财富、美貌、健康、转生、时间等，像个全能神。今天更有人把彩票中奖、股票获利等归功于厕神的帮助，令人惊叹。日本还有厕所协会、厕所节、厕所歌（《打扫厕所》），甚至把厕所纳入政治学范畴。日本人待客，必须三项礼仪：酒、饭、雪隐。雪隐，即厕所、厕神。在松下政经塾，有句名言是："政治家离不开选民如同离不开厕所，对待厕所与对待选民一样重要。"① 足以看出日本人对厕所问题的重视。

日本之外，其他国家专门研究厕所和厕神的作品相对较少。美国朱莉·霍兰《厕神：厕所的文明史》书写了各国厕所的演变史，其间也叙述了一些厕所神话和民俗，但漫谈性质浓厚。爱德华·S.莫斯《东方的厕所》中有一部分专门谈到中国厕所，也涉及一些厕所民俗，多持批判态度。韩国郑然鹤《厕所与民俗》主要谈到韩国的厕所民俗和神话，也提到了中国对韩国的影响。韩国金光彦《东亚的厕所》以田野调查为基础，主要讨论韩国的厕所情况。有一章专门讨论了中国厕所的历史、形制（如猪厕）以及中国的守厕神紫姑。此外，他还对比了中、日、韩三国厕所文化之异同。

总之，国外目前基本无专论中国厕神的专著、专文，只是有些作品零星涉及。尽管如此，这些域外厕神、厕所研究不仅为我们提

---

① 罗迪：《从"马桶"现象管窥日本文化》，《南风窗》2016年第16期。

供了可资比较的全球视野，为中国厕神研究提供了坐标，还为我们后来的研究提供了可行性方法和十足的鼓励。

2. 俗神研究专著偶涉厕神

迄今为止，国内还无厕神方面的专著面世。今天有关农业民俗的书籍都不会提到厕神。有些作品虽有涉及，但篇幅甚短，且大多止于紫姑，不及其余。

如徐彻、陈泰云《中国俗神》一书中第59位为厕神，仅用200余字谈了紫姑神。马书田《中国民间诸神》将厕神归为"生活保护神"①，列举的厕神也不外乎只有紫姑、戚夫人、三霄娘娘，寥寥三四百字。乌丙安在《中国民间信仰》、万建中等在《汉族风俗史》中也有零星提及，故事梗概大多本于《异苑》。

范荧《上海民间信仰研究》中有一小节对紫姑进行了简单介绍②。他把紫姑归为"家内俗神"。叶舒宪《亥日人君》专辟"猪圈、厕所与紫姑"一节③，并讨论了三者之间的关系。他认为紫姑的原型是作为家神的猪，进而简单勾勒了该原型的演变。以上两文均将紫姑视为家神、俗神。另外，《中国民间信神俗》辟有专章讨论厕神④，认为中国厕神不外乎就是戚姑和紫姑，而戚姑出现最早。将戚姑、紫姑故事不加历史先后地串联为一个完整的故事，实不可取。

张强《桑文化原论》⑤、贾二强《唐宋民间信仰》⑥ 均谈及紫姑。他们都认为紫姑具有双重神格：既是厕神，又是蚕神。张强还认为紫姑的原型是"帝喾女"。荆楚地区的紫姑与"帝喾女""帝女桑""精卫"不无关系，而紫姑作为"蚕神"的神格早于作为"厕神"的神

---

① 《中国民间诸神》，第148—152页。
② 《上海民间信仰研究》，第223—229页。
③ 《亥日人君》，第232—237页。
④ 刘志文：《中国民间信神俗》，广东旅游出版社1991年版，第46—50页。
⑤ 《桑文化原论》，第158—175页。
⑥ 《唐宋民间信仰》，第131—142页。

格。这一论断似乎忽略了"厕神"的基点和缘起。厕神源于大母神信仰（以生殖女神崇拜为核心，包括地母崇拜），在早期又具体表现为粪肥崇拜、猪神崇拜和厕之空间崇拜。不可将厕神崇拜仅仅等同于厕之空间崇拜。紫姑作为"蚕神"的神格，不过是厕神的丰产神格在新时期新地域的体现而已。况且在中国文化史上，并未将紫姑视为蚕神，而是当作厕神。

沈丽华、邵一飞《广东神源初探》据紫姑"死后成神"这一点而将她归为"冥神"类①。在此基础上，认为紫姑具有多重神格：既是生育神也是蚕桑神，甚至还与月神信仰有一定关联，故为月圆之夜常见妇女之活动。这些看法不乏真知灼见，但却忽视了她的厕神属性。邢莉的《中国女性民俗文化》与前文一样，注意到了"祭紫姑"习俗与民间女性民俗文化的关联，认为紫姑多少扮演了"女性保护神"的角色②。

周连春《雪隐寻踪——厕所的历史 经济 风俗》的主要着眼点是中国厕所的形制、功能和相关物件，但其中有一节专门谈到厕神紫姑③，涉及与紫姑相关的扶乩活动、文人参与过程中紫姑的神格演变，以及紫姑的众多别名和世俗化特点等。关于扶箕，许地山《扶箕迷信底研究》认为近代扶箕活动可追溯到唐代紫姑神信仰④。同时，他还指出扶箕与道教女仙萼绿华也有关，但对于紫姑与萼绿华之间的关系，尚未说明。刘黎明《宋代民间巫术研究》也认为宋代的扶箕活动中紫姑占了非常重要的位置⑤。他指出宋代知识分子惯于通过扶箕询问试题、官职、案情等，还常通过扶箕来"抒发胸臆"。但此文重点在扶箕巫术，只是旁及紫姑而已，故对于厕神紫姑本身

---

① 《广东神源初探》，第257—258页。
② 邢莉主编：《中国女性民俗文化》，中国档案出版社1995年版，第10—14页。
③ 《雪隐寻踪——厕所的历史 经济 风俗》，第315—333页。
④ 许地山：《扶箕迷信底研究》，东方出版社2014年版，第12页。
⑤ 刘黎明：《宋代民间巫术研究》，巴蜀书社2004年版，第77—84页。

的神格不甚关注。

李淑梅、程树群在《神州纵览》中指出紫姑成神的原因是因为她悲惨的身世和遭遇得到了人们的广泛同情。所以，紫姑信仰体现了民众同情弱小的心理①。不过，在士大夫眼中，紫姑更多是以诗、词、歌、赋、舞、禅样样精通的"红颜知己"而出现的，这体现出了紫姑信仰在民间社会和士大夫阶层中的不同存在状态。

3. 漫谈性质的诸多讨论

《厕所文化漫论》一书内容丰富，涉及中国厕所的技术史、如厕的心理与生理、厕所与性别的关系、厕所与文明的关系等②。尚秉和《历代社会风俗事物考》专辟"厕溷 便旋"，以考据学方法对中国古代厕所文化进行了钩沉，谈及中国古代的厕溷制度（如"漏井"）、厕所讲究（不共厕、遮蔽、马桶）、拭秽之物、汉魏执虎子的侍中等等。他提出周代便有官厕"匽"，而从《史记》开始才有"更衣"之说③。彭卫、杨振红《中国风俗通史·秦汉卷》对中国早期厕所形制有一定讨论。另外，杨荫深《事物掌故丛谈》、伊永文《古代中国札记》均设有专章讨论中国古代的便器。

此外，还有不少文章论及中国厕所文化，但大多属于趣谈、漫谈性质。王志轩《中国古代拭秽风俗流变考》，对"擦屁股"的历史多有研究。郝敬堂、张红樱《厕所革命》一文，漫谈厕所文化的多个侧面，文笔幽默风趣。陆建德《便溺的威风》、李零《天不生蔡伦——说中国的厕所和厕所用纸》、如一《杨柳岸晓风残月》，三文均属漫谈性质，通篇调侃。林行止在《英国的"厕所文学"》中介绍了英国伦敦的厕所文化，而在《PP古今谈》中谈论了大量有趣的厕所典故。易汝浩《正视厕所对联》、庄伯和《厕所曼陀罗》等均是

---

① 李淑梅、程树群编：《神州纵览》，青海人民出版社2004年版，第224—225页。
② 冯肃伟、章益国、张东苏编著：《厕所文化漫论》，同济大学出版社2005年版。
③ 尚秉和：《历代社会风俗事物考》，江苏古籍出版社2002年版，第268—272页。

关于厕所的趣谈。此类文章行文即兴，主观性强，缺乏学术性。

漫谈性质的诸多文章，虽然学术价值不大，但也在整体上反映了中国人对于厕所问题的一般心态和看法，而这些在某种程度上又解释了中国厕神演变的风格和走向，以及中国厕所的文明程度成因。

总之，研究厕神的专著目前还付诸阙如，遑论对厕神存在的深层探讨和系统研究了。

（二）中国厕神研究的内在格局

1. 集中于紫姑研究

目前中国厕神研究基本上是紫姑研究，且研究性论文数量集中于21世纪前后，尤其是2000年到2010年这十年，突飞猛进。不少论题都被讨论，如紫姑信仰习俗的起源与流变、少数民族中的紫姑信仰、紫姑信仰的文化阐释、紫姑信仰与巫术活动的关系等。研究的兴盛可能与当时对民俗学的政策性重视以及相应的非遗保护热潮有关。2010年以后至今，紫姑研究以及整个厕神研究又进入了低潮。

① 现代民俗学者黄石、娄子匡等人应是中国厕神研究的开端。前者的《"迎紫姑"之史的考察》[①]、后者的《紫姑的姓名》[②]，可作为这一时期的代表。二者均结合自己的田野调查，对紫姑信仰这一民俗信仰进行了比较细致的考索，但其涉及的资料基本为田野调查资料，大量古籍资料并未被纳入研究。而且，对于神话的形态问题避而不谈。

② 龚维英的《厕神源流衍变探索》[③]、《简狄姐妹是两人还是三

---

① 黄石著，高洪兴编：《黄石民俗学论集》，上海文艺出版社1999年版，第303—311页。
② 中国民俗学会编：《民俗学集镌》，上海文艺出版社1989年版，第275—278页。
③ 龚维英：《厕神源流衍变探索》，《贵州文史丛刊》1997年第3期。

人?——"玄鸟生商"神话中的一个问题》①秉承"狭义神话论",将厕神划在"仙话"领域。认为厕神紫姑的前身是殷始祖母简狄,后发展为三霄娘娘。其理由是"九曲黄龙镇"等同于黄河流域;简狄三姊妹等同于三霄(数量上都为三);玄鸟等同于三霄娘娘的坐骑——琼霄的鸿鹄、碧霄的花翎鸟、云霄的青鸾(都是鸟)。

③ 潘承玉的《浊秽厕神与窈窕女仙——紫姑神话文化意蕴发微》②认为中国厕神最初为男性后帝。其神位在六朝时期转让给侍妾出生的紫姑,并在此后千余年为民间所广泛信祀;而真正给予紫姑关怀的,是少数士大夫文人。巫瑞书的《"迎紫姑"风俗的流变及其文化思考》、涂石《紫姑及其传说》等,均持相似观点。将厕神紫姑的原型视为男性后帝,同样是没有认清厕神的缘起和基点。紫姑信仰根源自远古大母神崇拜,并非是南朝才产生的。紫姑信仰贯穿了神话的四个形态。其中,文人士大夫给予紫姑的"知己关怀",实际上属于"衍生态神话",已完全消解了厕神紫姑的神圣性。

④ 柏松的《紫姑传说中的巫术意义》③认为巫术文化以不可抗拒之力在紫姑传说中踵事增华:拜偶人、穿败衣、请神、扶乩、颂祝辞、念咒语、画符等。同时巫术并不单是紫姑传说中的副产品,而是紫姑传说中不可小觑的有机组成部分。的确,巫术在紫姑信仰中贯穿始终,作用不可小觑。这也正是中国民间信仰的一大特色。

⑤ 徐海燕的《紫姑信仰的形成及其传承流变中的文化思考》④认为紫姑信仰是层累生成的,其滥觞是在六朝前后,是由女性

---

① 龚维英:《简狄姐妹是两人还是三人?——"玄鸟生商"神话中的一个问题》,《社会科学研究》1982年第1期。
② 潘承玉:《浊秽厕神与窈窕女仙——紫姑神话文化意蕴发微》,《绍兴文理学院学报》(哲学社会科学版)2000年第4期。
③ 柏松:《紫姑传说中的巫术意义》,《西南师范大学学报》(人文社会科学版)2003年第1期。
④ 徐海燕:《紫姑信仰的形成及其传承流变中的文化思考》,《辽宁大学学报》(哲学社会科学版)2005年第5期。

自发兴起的。且早期紫姑的神格也非厕神，厕神的神格仍然是后来层累出来的。其失误之处同于张强在《桑文化原论》中的表达。此外，文章用了较大篇幅讨论紫姑信仰的仪式和流布，能反映出一定时空紫姑信仰的兴盛状态和复杂性。另，王乐全、赵龙的《"迎紫姑"风俗兴衰原因初探》[1]，着重从紫姑信仰萌生的社会历史原态出发，揭示紫姑风俗的兴起与中国农业生产的密切关联，可看作对这个问题的补充。

⑥ 林继富《紫姑信仰流变研究》[2] 的观点和王乐全等一致。他认为紫姑是诞生在以农耕文明为主的长江流域的一位女神，所以紫姑信仰与农耕文明、原始巫风紧密相连。他还总结了紫姑的不同俗名、祭祀时间和占卜内容，并揭示了中国厕神南北分布的大致情况。类似论题，还可参阅崔小敬的《"紫姑"信仰考》[3]。

⑦ 胡梧挺《鬼神、疾病与环境：唐代厕神传说的另类解读》[4] 一文的着眼点主要为唐代恐怖厕神郭登，并指出厕神在当时是死亡与疾病的象征。他从医疗社会史的角度讨论了厕所与中国疾病卫生观念之间的关系。另，钱光胜的《唐代的郭登信仰考述》[5] 可谓对上文的进一步发展。该文叙述了唐代郭登信仰在钱方义、李赤故事中的体现，并认为这一时期厕神信仰的流行与精神疾病之间的关系非常密切，也反映出人们对污秽之地的禁忌心理。美中不足的是，二文在解释宗教文化现象时，往往只注重宗教信仰的理性层面，而忽视了其非理性层面。如钱光胜认为，钱方义、李赤实际上是患了精神疾病，但人们却误以为是厕神作祟。关键是，人们为什么会误以为是厕神而不是别的鬼神在作祟呢？或许这才是需要回答的。

---

[1] 王乐全、赵龙：《"迎紫姑"风俗兴衰原因初探》，《绥化学院学报》2006年第5期。
[2] 林继富：《紫姑信仰流变研究》，《长江大学学报》（社会科学版）2008年第1期。
[3] 崔小敬、许外芳：《"紫姑"信仰考》，《世界宗教研究》2005年第2期。
[4] 胡梧挺，《鬼神、疾病与环境：唐代厕神传说的另类解读》，《社会科学家》2010年第7期。
[5] 钱光胜：《唐代的郭登信仰考述》，《民俗研究》2014年第6期。

⑧ 近年来将内地紫姑信仰习俗与少数民族或闽台地区相类习俗进行比较的研究比较多。如王国仙《白族"青姑娘祭"与内地"请紫姑"习俗的异同》①，将"青姑娘祭"和"请紫姑"从内容、功能、方式、意涵等方面进行比较。杨勇《白族民间长诗〈青姑娘〉与内地〈请紫姑〉比较研究》②也是如此，并指出"青姑娘"是由紫姑演变而来，是汉民族对云南少数民族影响的结果。郭崇林《满族歌谣〈笊篱姑姑〉的民俗文化认识价值》③认为尽管笊篱姑姑和紫姑在迎祭过程中有很多方面不同，但实际上笊篱姑姑就是从紫姑演变而来，二者在文化意涵上如出一辙。张德玉《由〈笊篱姑姑舞〉看满族的占卜习俗》④认为笊篱姑姑源自满族民间传说和农村秧歌。王丹《残存在记忆中的信仰叙事——湖北长阳土家族请"七姑娘"习俗解读》通过对紫姑和七姑娘的形象、神格、仪式等方面的比较，指出二者在诸多方面存在着一致，认为七姑娘实际上是紫姑的"地方化"结果。⑤盖松亭《莱阳搬姑姑习俗源流考》认为莱阳的"搬姑姑习俗"实际上就是由六朝以来的"迎紫姑"习俗发展演变而来。⑥此外，还有不少将内地紫姑与闽台"关三姑"（关椅仔姑、冬生仔娘、关落阴等）进行比较的研究，如刘慧萍《语言讹传与仪式混同——闽台"关三姑"民俗及其传说的考察》⑦。在影响关系上，以上研究基本认为这些少数民族信仰或闽台信仰均源自内地的紫姑信仰，而后者又

---

① 王国仙：《白族"青姑娘祭"与内地"请紫姑"习俗的异同》，《民族艺术研究》1993年第4期。
② 杨勇：《白族民间长诗〈青姑娘〉与内地〈请紫姑〉比较研究》，《华夏地理》2015年第5期。
③ 郭崇林：《满族歌谣〈笊篱姑姑〉的民俗文化认识价值》，《民族文学研究》1995年第4期。
④ 张德玉：《由〈笊篱姑姑舞〉看满族的占卜习俗》，《满族研究》2001年第3期。
⑤ 王丹：《残存在记忆中的信仰叙事——湖北长阳土家族请"七姑娘"习俗解读》，《湖北民族学院学报》（哲学社会科学版）2008年第2期。
⑥ 盖松亭：《莱阳搬姑姑习俗源流考》，《民俗研究》1991年第4期。
⑦ 刘慧萍：《语言讹传与仪式混同——闽台"关三姑"民俗及其传说的考察》，《台湾文学研究学报》2016年第23期。

源自南朝《异苑》。可见，学者们基本将紫姑与原生态神话割裂，唯有安家寰在《达斡尔族妇女请笊篱姑姑游戏的比较研究》中的观点有所不同。他认为无论是汉族的紫姑、白族的青姑娘，还是达斡尔族的笊篱姑姑，都源自一位被神化了的女性氏族首领。相比而言，唯有笊篱姑姑还保存了不少原貌①。这无疑又是将厕神紫姑信仰的源头上溯到了母系氏族时期。

⑨ 林朝枝硕士论文《紫姑研究——厕神之起源及其流变》② 是一篇关于紫姑的硕士论文。该文提到了紫姑的四种缘起：猪神、收获女神、驱鬼仪式和崇拜粪土。视野宏通，惜多为材料收集，述而不作，甚至有些地方显得论证缺乏，比如紫姑源自"猪神"的证据是在《诗经》《周礼》中出现了用猪作为牺牲；《史记》中樊哙吃猪腿；汉代猪被养在厕所。至于这些环节之间的关联，以及到底与紫姑信仰有何关系，并无说明。在此基础上，我的研究生杨陈基于我国家课题而撰写的硕士论文《紫姑信仰研究》③ 比较分析了官方和民间紫姑信仰的异同，揭示了迎紫姑仪式各要素与老百姓的功能需求之间的关系，其中一些观点正可与本书观点相互发明。

2. 再谈紫姑研究中的问题

由上可见，在厕神研究中，无论是在数量还是质量上，都是以紫姑研究的成就为最。不过，尽管如此，紫姑研究仍存在着一些比较突出而普遍的问题亟待解决。

① 抽离"厕神"大环境，就"紫姑"而说"紫姑"

紫姑不是一个突然产生、自成一体的孤独神灵。紫姑身上有原始厕神，如粪神、生殖女神（包括地母）、猪神、厕之空间神、蚕桑神（农神）的影子，又在魏晋南北朝后逐渐与后帝、如愿、阿紫、

---

① 安家寰：《达斡尔族妇女请笊篱姑姑游戏的比较研究》，《民间文化》2000年第8期。
② 林朝枝：《紫姑研究——厕神之起源及其流变》，静宜大学硕士论文，2011年。
③ 杨陈：《紫姑信仰研究》，四川师范大学硕士论文，2018年。

萼绿华等多种神话传说相杂糅，至唐又与戚夫人、郭登之类交际。经过长时间的积淀、整合、借取、吸收，最终形成了自身较为完整、独立的信仰形态，并于唐宋时期成为厕神中的佼佼者。接着，又与民间各种俗神杂糅，关系时紧时松。紫姑作为一种信仰、神话或民俗存在，贯穿了神话的四个形态。无论她与何神发生关系，表现为何种面貌，都会不时地通过其特有的"本位回归"，回到"厕神"的基点上来，直到这一基点消失。如果抽离"厕神"大环境，忽视"厕神"的基点，就"紫姑"而说"紫姑"，就会被琳琅满目的局部性变化所左右，对紫姑的来龙去脉不甚了了，去真甚远。

② 不解决神话的"形态"问题，紫姑将无从谈起

谈神话，谈厕神，谈紫姑，都有一个根本的前提性问题，即神话的形态。紫姑是产生于六朝，还是渊源自远古粪肥崇拜、生殖崇拜、猪神崇拜、厕之空间崇拜？紫姑神话属哪种神话形态？要解决此问题，不仅要将紫姑置于"厕神"的大背景中去研究，还要把握神话"系统"的思维。在挖掘各个厕神的文化意蕴上，打破目前割裂、简单的阐释套路，努力去从古人的思维、神话的思维进行探究。这就要求我们不仅以文献出现的先后来判断，还要从"原始性"来判断。解决了"形态"问题，才能去讨论紫姑的原型、神格和演变问题。

③ 紫姑研究的东亚视域

相同的生产力和生产方式，往往会产生相似的信仰文化。中、日、韩三国，都具有"以农为本"的传统经济生产方式，再加上地缘上紧密、文化上亲密，所以它们都长期使用以积粪为目的的贮藏式厕所，厕神信仰也有不少可资比较的地方。比如悲惨"女儿神"紫姑形象，也流传到日本。在韩国济州岛，至今还流传着古巫歌《门前本解》，里面的厕神怒一底大与中国紫姑多有可资比较的地方。

其他厕神也是如此。如中国的"雪隐"一词，传到日本后不仅成为美谈而被广为传颂，甚至发展成"厕所""厕神"的雅称。再

如，起于佛教的厕神乌枢沙摩明王，尽管在中国和日本都得到了传播，但在中国很快寥落，日本却一直将其作为厕所守护神，至今香火颇盛。

总之，将紫姑研究乃至整个厕神研究置于东亚视野中进行关照，不仅可以在对比之中还原某些缺失要素、凸显各自的特点，还可以更清晰地认识到东亚各国的文化关联，并在关系中确认中国厕神的位置。

3. 厕神诞生的经济基础

经济基础决定上层建筑，反过来，据上层建筑又可寻找到经济基础。

厕神之所以为厕神，是由厕神的神格基点所生发和制约的。具体情况，又受制于经济基础和相应的厕所形制。厕之空间产生以前，厕神主要是粪神；厕之空间产生以后，厕神主要是猪神（圈神、冥神等）。母系氏族时期，厕神神格往往与生殖、创造相关；父系氏族时期，厕神被边缘化、卑化、异化，逐渐丧失神格。总之，不同时期的厕神神格是由相应的经济基础和厕所形制来决定的。反过来，这一经济基础和厕所形制的稳定性正是厕神之所以绵延不绝的根本原因。而最初，厕神的基质受益于母系文化，规定自农业的奠定和基于此的集约型生产方式。

越是早先的，越是根本的，越是具有决定性或方向性作用。如晚至魏晋南北朝的紫姑、如愿信仰中也还常常见到"粪神""生殖神""猪神"的影子。甚至到了宋代，紫姑的神格获得很大发展，职司甚杂甚广，但人们还是以厕神视之。如孔平仲《孔氏谈苑》："紫姑者，厕神也。"[①] 沈括《梦溪笔谈》："旧俗，正月望夜迎厕神，谓

---

① 〔宋〕孔平仲：《孔氏谈苑》，中华书局1985年版，第19页。

之紫姑。"① 那是因为紫姑最初就是厕神，这一点规定了她后来的发展。尽管她成为厕神的原因在父权社会得到了新的解读——①位卑（妾，父权社会男尊女卑的产物；卑下，可视为污秽的一种体现）；②操持秽事（污秽为厕神基点之一）；③正月十五日死而成神（冥神类，与厕之空间有关）；④祭祀地点在厕间或猪栏边（厕之空间）——仍可看到与厕神的基点密切相关。

厕神，无论是作为粪神、猪神还是生殖女神（包括地母神）、冥神，以及后来的仙化、魔化等，都是由厕神的基点引申开去的，并一直携带着这些有关"污秽"——物质和精神的双重污秽——的神格，也因此而获得神圣，并生发出更多的神格。

那么，这类"污秽"（神圣）之源是什么呢？"粪"这个概念很关键。

一方面，人们发现动植物腐蚀物、粪便浸润下的土壤具有让植物更加茂盛的特点；另一方面，人们带着强烈的宗教热情把人和动物的尸体和血用于祭祀地母。"粪"与"弃"字的本义（见第二章）正表现了地母的这种"终始相续"性。最早的"粪"字，自然不只是纯物质的"粪便"，而是附加了多重意涵，既有物质的，也有精神的；既有世俗的，也有宗教的。甚至，精神的和宗教的起统摄作用。"粪"表示一切死亡（如动植物的死亡成腐蚀物）；表示死而复生（在腐蚀物处植物更加茂盛）；表示生殖和创世；表示给予地母的礼物……自然，这种种观念的背后，都充斥着浓厚的以生殖女神崇拜为基础的大母神信仰。大地即为"粪"（沃土、地母）、为"厕"（厕狭小空间产生前），这正是厕神的缘起。

随着农业定居，建筑业、养豕业的发展，以及随之而起的精神文明（狭义的"文明"）诞生，厕之空间也随之发生变化，最后被局限到"养豕之所"。在中国传统农业中，厕的主要目的是"积粪"。

---

① 〔宋〕沈括：《梦溪笔谈》，中华书局1985年版，第140页。

人厕只有从"积粪"的功能中完全独立出来,以考虑个人羞耻感、隐私为目的,才是今日之"文明"的冲水洋厕。当然,这一转变也就标志着传统小农经济的退位。

所以,从"粪→耕作(积粪)→养豕(积粪)→人厕(积粪)→人厕(文明)"这一发展情况来看,从厕神身上可以窥见中国文化的基质并非耸人听闻。对厕神的研究,似乎也只有找到此源头,才能理解他的稳定性和各种演变,才能理解他顽强的民间根基和对岁时民俗的依赖,才能理解为何他屡屡被官方列为"淫祀"却从未被取缔。

(三)厕神形态初探

学界对神话形态的讨论不多。比较有代表性的是萧兵、刘城淮、陈建宪等学者的看法。刘城淮将神话分为"原生态神话"和"次生态神话"两种[1]。萧兵将神话分为"原生态神话"(又叫"原始氏族神话""原始部落神话"或"单纯神话")[2]、"次生态神话"(又叫"文明早期神话""复杂神话")、"过渡态神话"(又叫"文野交替神话""过渡神话")、"再生态神话"(又叫"后世加工神话""新生神话")四种[3]。陈建宪则认为神话应分为"原生态神话"(又叫"氏族神话""部落神话""单纯神话""简单神话""原始神话""原始形态神话""狭义神话")、"再生态神话"、"新生态神话"和"衍生态神话"四类[4]。此外,还有的分为"原生形态""衍生形态"和"系

---

[1] 刘城淮:《中国上古神话通论》,云南人民出版社1992年版,第601页。
[2] 萧兵:《古代小说与神话》,辽宁教育出版社1992年版,第26页。
[3] 《古代小说与神话》,第26—27页。
[4] 陈建宪:《试论神话的定义与形态》,《黄淮学刊》(社会科学版)1995年第4期。陈建宪:《神话在当代的四种形态》,《高师函授学刊》1995年第1期。陈建宪,《神话解读:母题分析方法探索》,湖北教育出版社1997年版,第13页。

统形态"三种①，或者"原始形态""发展形态"两种②。

1. 原生态厕神

对"原生态神话"的定义，各家基本一致。或说"是原始氏族公社时期及其以前的初民所创作和讲述的神话"③；或说即"原始神话，很少经过后人的加工，基本上保存了原始面目"④ 的神话；或说"即创作于原始社会、保存了或基本保存了原始风貌的神话"⑤；或说"主要是由氏族或部落集体创造的，反映本群团的传说、历史、风习和观念，没有或极少掺进外来或后起的成分，所以也叫作'氏族（部落）神话'或'单纯神话'"⑥。

一言以蔽之，即是说"原生态神话"是原始社会（氏族或部落时期）人们集体创作和讲述的神话，很少经过后人加工，基本保存了原始风貌，内容也主要反映原始族团的历史、传说、风习和观念。认为"原生态神话"是人类童年时期神话时代的集体记忆，蕴含着浓厚的原始意象、原始思维和原始天性。

这无异于在说"原生态神话"就是"狭义神话论"者所划定的"神话"范畴，也是"广义神话论"者划分的人类历史上第一批神话。在史学上，中国原始社会经历了原始人群和氏族公社两个时期。神话的产生和繁荣，正对应着母系氏族时期，所以往往打上浓厚的以生殖女神为核心的大母神崇拜烙印。

当然，时过境迁，人类既然无法再回到氏族时期，研究者也尽是文明人，完全纯正的"原生态神话"在某种程度上纯属推测和想

---

① 向柏松：《中国创世神话形态演变论析》，《文艺研究》2014 年第 6 期；又见其《中国原生态创世神话类型分析》，《文化遗产》2013 年第 1 期。
② 秦家华：《论神话的原始形态和发展形态》，《民族文学研究》1985 年第 2 期。
③ 陈建宪：《试论神话的定义与形态》，《黄淮学刊》（社会科学版）1995 年第 4 期。
④ 姜彬主编：《中国民间文学大辞典》，上海文艺出版社 1992 年版，第 70 页。
⑤ 《中国上古神话通论》，第 601 页。
⑥ 《古代小说与神话》，第 26 页。

象。笔者只能说,或许可以在现存的某些资源中,按照研究者们所"预设"的"原生态神话"特征,从传世文献中爬梳出某些没有被后世改写过的片段或者要素,或者在近世后进民族中找到残存的"原生态神话"活的形式。具体而言,有以下几种途径:

① 处于原始社会末期或者距离原始氏族公社阶段不久的边远少数民族地区,他们在很大程度上还过着神话生态的生活,并传述着活生生的"原生态神话"。这些神话往往与民间宗教、巫术、节日、祭典、生产、生活、乐舞、风俗等混为一体。但是,随着汉化、商业化、现代化,"原生态神话"越来越少,濒临灭绝。

② 比较偏远、封闭,发展比较缓慢的南方山区、水乡,巫风盛行,也还在一定程度上保留着原始思维。虽然所传述的故事大多已是三教杂糅、今古并存,但其思维的原始性还历历可见。

③ 考古文献。出土的文字、图画、器物、遗迹等,当然是考察的重点。只是考古文物没有文字,不能自言,需用"三重证据法"互证。

④ 一些传世文献,虽然后人在收集、整理、编撰的过程中,自觉或不自觉地掺杂了后世内容,但一定多少包含着"原生态神话"。尽管"去伪存真"的工作十分艰辛,甚至"一败涂地",但绝对不是毫无踪影的。

从①到④,与"原生态神话"的亲密度依次递减。当然,具体问题应具体分析。判断的标准,除了要考察这些文献所产生的年代外,最主要的就是要把握"原生态神话"的母题(被视为神话的"细胞")①、风格(古朴、粗野、荒诞等),以及原始思维本身所具有的各种特点(用具象代表抽象、以局部替代全体、普遍联系、终始相续等)。

---

① 陈建宪:《论神话学的基本概念与方法》,《湖北民族学院学报》(社会科学版)1997年第2期。

厕神也有原生态神话。于此，已有学者论及。如张晓舒由南朝以来的"捶粪"习俗和"正月十五"中所包含的"满月"崇拜来推测紫姑、如愿信仰源自古老的粪土崇拜，与农业生产密切相关。① 陈廷亮也说紫姑是农神②。田祖海说紫姑"是由祭厕神、猪神和收获女神习俗复合而成"③ 的神话形象。林朝枝提出紫姑信仰习俗是由远古驱鬼，祭猪神、收获女神，以及粪土崇拜等信仰共同糅合而成④。这些论文尽管限于篇幅或角度未能展开论述，但不乏真知灼见。

若细加考察，原生态厕神保存在诸多方面。其一，古今中外的典籍中还记载了很多粪尿创世、粪尿化育以及粪尿感生的神话传说故事。这显然是远古粪尿崇拜和生殖崇拜相结合的产物。其二，晚至唐代牛肃传奇小说集《纪闻》在讲述刁缅、王无有、王升的故事时，都说到厕神是恐怖的猪怪，或带来利达，或导致死亡。这正是源自远古具有大母神正负两面神格的猪神崇拜。其三，当代民间田野调查也得出，不少少数民族地区的厕神还带有相当的"原生态神话"性质，比如莱阳的"搬姑姑"习俗、满族的古歌谣《笊篱姑姑》、达斡尔族的"请笊篱姑姑"习俗、白族的"青姑娘祭"、湖北利川毛坝土家人的"迎紫姑"等。此外，荆楚故地、巴蜀山区农村，也有一些地方保存着比较浓厚的原始巫文化，厕神信仰也随之有一些原始留存。比如沅湘之间的"迎紫姑"习俗、湘黔桂边界侗族的"唱七姐"、湘鄂川边界土家族的"请七姑娘"、湘西瓦乡苗族的"化七姑娘"，都保存了浓厚的原始巫风，甚至还有不少"亵慢淫荒之杂"，与原始社会某些生活内容接近。

---

① 张晓舒：《迎紫姑习俗起源新论》，《中南民族学院学报》（人文社会科学版）2001年第4期。
② 陈廷亮：《土家族节日述论》，《吉首大学学报》（社会科学版）1991年第4期。
③ 田祖海：《论紫姑神的原型与类型》，《湖北大学学报》（哲学社会科学版）1997年第1期。
④ 林朝枝：《紫姑研究——厕神之起源及其流变》，静宜大学硕士论文，2011年。

2. 再生态厕神

陈建宪认为"再生态神话"是"产生于原始氏族公社及其以前时期,但流传于这一时期之后。这类神话在各民族现存神话资料中占绝大部分,其具体流传分为两种方式:一种是在民间口头流传,一种是记录在文献之中,随典籍代代相传。例如中国著名的盘古开天、女娲造人、后羿射日、精卫填海等神话,就既见于古代的文献,又在当代老百姓口头广泛流传"①。

这个范围极广,基本将现在见载于典籍的神话悉数囊括,包括目前认为最古老的神话,比如"女娲造人""精卫填海"等。如此,从某种意义上说,之前所提出的"原生态神话"就流于"空头支票"。盘古开天、女娲造人、后羿射日、精卫填海等神话,显然不应归为"再生态神话",而是带有相当的"原生态神话"成分——尽管严格说来,流传至今的各种文献无一例外都打上了后世烙印。向柏松就曾将原生态创世神话分为五个类型。其中,盘古化生(化生型)、伏羲女娲兄妹婚(婚配型)都在其列。②

与陈建宪不同,萧兵认为"再生态神话"(又称为"新生神话")是"经过后人较大整理加工,渗进时代观念和作者个人思想风格的神话故事"③。显然,他的判断标准不是简单以时间为限,而是还提倡从文献所反映的观念和思想来进行区分。笔者认为,这里的"较大整理加工"应从以下两个方面来理解:

① 创作者和创作目的不同。与"原生态神话"的集体创作不同,"再生态神话"可能成型于个人之手,产生于个体作者(记录、编纂、改编、创作)。这些作者可能是巫师、王公、政客、文人、民间艺人、迷信者等。如文人编撰的志怪、笔记、野史保存了大量神话;又如统治阶级利用神话来为自己的统治秩序制造舆论支持或者加披

---

① 陈建宪:《试论神话的定义与形态》,《黄淮学刊》(社会科学版)1995年第4期。
② 向柏松:《中国创世神话形态演变论析》,《文艺研究》2014年第6期。
③ 《古代小说与神话》,第27页。

神秘外衣（如感生神话、谶纬故事等）；还有不法分子篡改、杜撰神话故事以获取金钱利益（如巴蜀地区的"关仙婆"迷信）等。故萧兵认为"再生态神话"还该包括近世民间的神话创作①，然而陈建宪却认为此类属于更晚的"新生态神话"范畴了。可见，诸家在神话的形态问题上，存在着相当的错杂。

② 神话故事的主题不同。"原生态神话"的主题基于原始生活，而"再生态神话"的主题则基于阶级社会生活。这可以通过文献资料，从生产生活、组织形态、思想观念等维度进行辨别。不过，如前所述，因为"再生态神话"是对"原生态神话"的延续和改造、继承和发扬，固然"再生态神话"融入了后世的不少内容，甚至表面看起来与"原生态神话"相差甚大，但是毫无疑问，仍然可以从中剥离出"原生态神话"。

除了"再生态神话"，不少学者还提出了"次生态神话"，这里一并介绍。

刘城淮认为"次生态神话"是"创作于原始社会而经过后人再创作的神话与早期阶级社会创作的神话"②。结合前面的分析可知，这一定义实际上涵盖了前面所说的"原生态神话"和"再生态神话"。

萧兵也提出了"次生态神话"这一概念，但定义有所不同。他认为"对照着这类原生神话、单纯神话，阶级社会或文明时代早期诞生的神话便叫作'次生态神话'，因为这类神话和绝大多数失去单纯性的原生神话都经过后人的整合、润色、增删，所以又叫作'复杂神话'"。萧兵只将"阶级社会或文明时代早期诞生的神话"视为"次生态神话"。这一时期一般指夏商周三代，有时辐射春秋战国时期。萧兵把产生于这一时期的神话又称为"文野交替"的神话，并

---

① 《古代小说与神话》，第 27 页。
② 《中国上古神话通论》，第 601 页。

名之为"过渡态神话"①。

再来看《中国民间文学大辞典》的定义:"次生态神话"是"指产生于原始社会、经过了后人重大加工、基本上失去了原貌的神话,及继承原始神话而生发的阶级社会神话"②。这一定义与前面的"再生态神话"也有重合。

综合以上观点,"次生态神话"具有以下特征:

① 在起源上,"次生态神话"源自原始社会,与"原生态神话"有不可分割的关系。这点与"再生态神话"相同。

② 在创作者和目的上,"次生态神话"与"原生态神话"的集体创作不同,成型于个人,产生于个体作者。这些作者可能是巫师、政客、文人等,尽管与"再生态神话"相比,在目的上更加多样化,但这也不过只是"度"的不同而已。

③ "次生态神话"经过后人的"重大"加工基本失去原貌,而"再生态神话"也经过"较大"加工,显然实在也只是"度"的不同。

总之,从这一定义看,"次生态神话"与上述"再生态神话"在性质上并无二致,差别只在于"度"而非"质"上。也就是说,"次生态神话"是对"再生态神话"的进一步改造。理论上说,时间上更晚一些。不过也不一定,关键是看神话所体现的观念与思维。

学者之所以提出"次生态神话"以区别于"再生态神话",无非是为了强调"次生态神话"的"基本失去原貌"("失去单纯性")、"早期阶级社会创作"("阶级社会或文明时代早期诞生")。窃以为提出这一点的意义在于,它试图提示"次生态神话"将开始与"原生态神话"割裂。但这显然是臆想。真的能够割裂吗?到达什么程度就算是割裂了?无法度量。任何神话都不是无源之水、无本之木。

---

① 《古代小说与神话》,第 27 页。
② 《中国民间文学大辞典》,第 70 页。

而且，不一定在文献上出现得晚的神话，在观念和思维上就会"基本失去原貌"。

在范畴上，"次生态神话"与前面的"再生态神话"及后面的"新生态神话"也多有重合。理论上看，这样越来越细的形态区分是有逻辑思路可循的，但在实际研究中和理据上都无法落实。神话的性质也决定了它很难被这样细致区分。

事实上，我们也很难找出能够区分"次生态神话"和"再生态神话"的神话实例。所以，不如将"次生态神话"并入"再生态神话"，并这样定义："再生态神话"源自"原生态神话"，经后世加工，或成型于后世。有的还带有较为浓厚的原始神话色彩，而有的已经比较淡薄。这类神话流传下来的比较多。

再生态厕神也比较多。如前面我们提到的紫姑，尽管她身上还保留着浓厚的原始"厕神"气息，含有"原生态神话"因素，但已经融入后世阶级社会的某些观念，有的还反映了当时的时代特点。比如，紫姑具有卑下的人妾身份，祸福生死全由他人。这是父权社会中"男尊女卑""一夫一妻多妾制"的产物。又如，如愿故事中强调的"富贵"观念，也是生产力发展到一定阶段后，出现了等级制、私有制和剩余财产的产物。再如，南朝典籍中所记载的后帝，其装束"朱衣，平上帻"就明显带有南朝武官的打扮特点。这类例子不胜枚举。

3. 新生态厕神

陈建宪认为"新生态神话"是指"产生于原始氏族公社时期以后的各个时代中，直到今天仍在不断产生的神话……例如关于玉皇大帝、二郎神、孙悟空、观世音、关羽、灶神、土地神等的新神话，在全国许多地区都有流传"[①]。其中，"产生于原始氏族公社时期以后

[①] 陈建宪：《试论神话的定义与形态》，《黄淮学刊》（社会科学版）1995年第4期。

的各个时代",这个跨度极大,其区别于"原生态神话"和"再生态神话"的关键点,就是并非产生于原始社会。同时也借鉴了"广义神话论"的观点,认为神话会时时产生。

由前面的分析可知,这一看法与刘城淮、萧兵等人的看法不同,后二者将"早期阶级社会"创造的神话纳入"再生态神话",与此处的"新生态神话"有一定重合。

从陈建宪的定义可看出,"新生态神话"是关于新的社会历史、地域环境条件下新产生的神灵,是完全的后起神话,与原始神话有一定断裂。在具体的表现上,多指那些有名有姓、较为晚出、明显带有"历史的神话化"痕迹的且价值取向体现了文献当时价值取向的神话。

"新生态神话"在表面上与"原生态神话"已无多少联系——其实严格说来,仍不过是或"旧瓶装新酒"或"新瓶装旧酒",抑或"挂羊头卖狗肉",二者总会有千丝万缕的联系——不过,相比于"再生态神话"来说,它确实与"原生态神话"的距离更远,后世内容更多,且基本已感知不到原始思维特征。

例如厕神戚夫人、何媚、淮南王刘安、郭登、雪隐等,显然具有"新生态神话"特征,反映了鲜明的时代特点。刘邦死后,其宠妃戚夫人被吕后先是囚禁做苦役,后又被她残忍地做成"人彘"置于厕所。人们同情戚夫人,将其崇为厕神。这显然是"历史的神话化"。又看紫姑,唐代《显异录》给她增加了一个名字"何媚"且"字丽卿"。苏轼《子姑神记》《仙姑问答》也从其说。何媚显然是在唐代,或杜撰或基于真人故事附会上去的。鲁迅在《中国小说史略》中将神话演变过程中的神灵分为两类情况:一是"随时可生新神",二是"旧神有转换而无演进"。在说明前者时他便列举了紫姑神。① 至于道教厕神淮南王刘安,以及源于宋代云门宗高僧雪窦重显

---

① 鲁迅:《鲁迅全集》,人民文学出版社2005年版,第24页。

的厕神"雪隐",都属于"历史的神话化",并经宗教教义教理改造。总之,新生态厕神,具有典型的"历史的神话化"特征。一般可以确切地找到其现实来源,其内容和思想也多半基于当时的社会生活。

4. 衍生态厕神

陈建宪认为"衍生态神话"是指"神话在其他领域中运用和改变的衍生物……例如中国古代的神魔小说和西方当代魔幻主义小说,当代的科学幻想、童话、乡土小说、各种造型艺术、商标广告乃至政治生活等,都常常借用神话的形象、观念、术语或艺术手段,以造成特殊的效果,这些都是衍生态神话。像美国的宇宙飞船,就以希腊神话中太阳神阿波罗的名字来命名"①。

一言以蔽之,即"衍生态神话"并非神话本身,而是对神话要素的借用,有时甚至完全改变、扭曲了神话的意象、结构、本质,消解了神性。这是神话在历史进程中,尤其是在无神论和现代化进程中,逐渐转变功能,成为人类生活的辅助手段之必然。"衍生态神话"与前面三种类型的分野在于它已不具有"神圣性"。具体情况当然要从一神话的使用的环境、功能效应、叙述心理等方面进行考察。比如"女神"一词,本指女性神灵,如今多指心中爱慕、艳羡的美女。这里的"女神",已经完全失去神性,徒有人性了。就厕神而言,文人的诗文(如苏轼的六篇紫姑书写、唐之凤《迎紫姑神文》)、小说、戏曲(陈栋《紫姑神》杂剧)、绘画等对厕神的书写,以及今日的厕神趣谈、戏说等多是如此。日本的厕所文化十分发达。当代文艺作品对厕神的表现甚多。比如妹尾河童《窥视厕所》、日本漫画《便便物语》、流行歌曲《厕所女神》、电影《厕所》等,都涉及日本厕神,但多是趣谈,属"衍生态神话"。

但是,从"衍生态神话"中或许同样可以钩沉出"原生态神话"

---

① 陈建宪:《试论神话的定义与形态》,《黄淮学刊》(社会科学版)1995年第4期。

"再生态神话"或"新生态神话"。向柏松就将盘古化生神话同时纳入原生态神话和衍生态神话,并认为如今我们所见的大部分神话,实际上往往都贯通了多种形态。①一些厕神神话同样也是如此。比如苏轼的紫姑书写,虽然已是将"紫姑神"塑造成托物言志的"红颜知己",取消了女神的"神圣性",但是此一文学形象并非完全杜撰,而是借鉴于文献记载的紫姑故事和地方民俗信仰。又如神魔小说《封神演义》中的三个反面人物云霄、琼霄、碧霄三位仙姑,她们的法宝分别是"九曲黄河阵""混元金斗"和"金龙双蛟剪"。这也不是作者的虚构,而是有神话民俗依据的。"九曲黄河阵"是厕坑,"混元金斗"是产妇生育时所用之净桶,"金龙双蛟剪"是用于剪断初生儿脐带的剪刀。三霄的生育神、厕神(坑三姑娘②)身份昭然可见。包括其兄长为赵公明,也透露出这一信息,因为赵公明本为冥界勾魂使者、猪瘟神。

总之,神话的以上四个形态并不是相互割裂的,也不是单线式发展和自足完善的,而应该是相互渗透、水乳交融、或隐或显的。这四种形态的划分,不完全按照时间排序,而主要依据神话的特点。每个形态都有可能跨度极长的时间,或者与别的形态重合、交叉。原本看起来很晚近的"新生态神话""衍生态神话",完全可能还留存着"原生态神话"内容。甚至有的神话贯穿、交织着这四种形态。这种一神话贯穿多个形态的情况,并不少见。中国神话与希腊、北欧神话相比,因为种种原因——比如因其未经系统整理,未经历系统宗教改革,长期在民间处于"自生自灭"的状态——所以保持了相当的原始性。因此不少神话,都能按图索骥地寻找到其原生态神话,故不能用这四个阶段去简单套用,更不能根据历史进程来武断

---

① 向柏松:《中国创世神话形态演变论析》,《文艺研究》2014年第6期。
② 故文中注云:"以上三姑,正是坑三姑娘之神,混元金斗即人间之净桶。凡人之生育,俱从此化生也。"〔明〕许仲琳:《封神演义》,人民文学出版社1973年版,第970页。

划分。

笔者这里讨论厕神的形态，主要是为了学术研究的方便，是为了更好地从宏观上把握厕神的发展演变。在方法上，不妨以"原生态神话"为基准，理出三条思路：

① 与原生态厕神还有紧密联系者。此类厕神与厕神本来神格紧密相连，即在神话起源和神格的基点上，仍是与厕所、屎尿、粪肥、排泄、污秽、垃圾、牲畜（尤其猪）等"污秽"（物质层面和精神层面）的事项相关，以及与这些神格的扩大化意义相关——如与这些要素相关的粪肥崇拜、猪神崇拜、生殖崇拜、丰产崇拜、地母崇拜、冥神崇拜、月神崇拜等。除了一些传世文献和考古资料外，从今日后进少数民族地区、西南边远山区、水乡的口传文化中，还可窥见一些风貌。

② 与原生态厕神已有相当距离者。此类厕神与前面所说的厕神的本来神格已有相当距离，是"大母神"退位之后，女儿神逐渐兴起并卑化的产物。这类厕神大多有具体的时代、名姓、籍贯、经历。作者多欲坐实其事，或崇增其事。神格也随之具有多样化的特点：既有继承原生态厕神神格的部分，也有新滋生的部分，且更侧重后者，具有相当的时代特点。比如，魏晋以来，厕神职司蚕桑丰歉、预占众事吉凶；唐宋以来，厕神职司科举仕途、闺中琐事等；如今民间已失去神话故事的厕所禁忌、风俗、趣谈等。

③ 失去神圣性的衍生态厕神。此类厕神或已无民间信仰根基，或被文人书写改造为文学形象，失去了神圣性，甚至徒留"称谓"而已。如文人士大夫笔下充当"言志工具"的紫姑、《封神演义》中的反面角色三霄和赵公明、抒发亲情的日本歌曲《厕神》等，莫不如此。信仰内核尽失，徒具文艺审美性而已。

不过，与西方人的分析思维不同，中国人的思维本身就是"神话思维""直觉思维"。神话原始意象会以集体无意识和个人无意识的方式而永存，并不会因为时间的长久而消逝。因此，"原生态神话"不会因为原始社会的逝去而消失。这是我们在研究中国厕神时必须注意的。更何况,"中国文化传统的最大特征,就在于其完全的和弥漫性的神话特质。不仅遍布城乡各地的无数孔庙和财神庙,无言地见证了这个多民族国家的巨大造神能量,就连被西学东渐以来的现代学者视为'中国哲学''中国历史'和'中国科学'的许多根本内容,也离不开神话的观照"①。这种巨大造神能量的永动力无疑是人类对神话本身的需求;其产物无疑是"原生态神话"在新时期的躁动和显现。

最后还需要补充的是,就神话学的眼光视之,古今中外各种形态的神话在内核上并无二致,因为神话最深刻地揭示了人的共同性而非差异性,而神话表面的语言却是相对虚假的。诚如学者所指出的那样:

> 任何一种文化的变异,都往往存在着多重文化时空层叠整合的现象。当一个地区的文化由于长时期的发展变异的积累,出现新文化现象的时候,旧文化现象的许多主要部分并不是以消亡和破产为基本特征,而是经过选择、转换与重新解释以后,依然被一层一层地重叠和整合在新文化结构之中。这种新旧并存,并不在于力量的消长方面,新的暂时还不能消灭旧的,需要在时间的发展中来逐渐完成新旧替代的过程,而是从一开始就实现了新旧文化形态之间的相互理解、协调、包容、让步。也就说,原先的文化并没有死亡,而依然是一种有生命的东西。②

---

① 叶舒宪:《神话:中国文化的原型编码》,收入叶舒宪、陈器文主编《宝岛诸神——台湾的神话历史古层》,南方日报出版社 2011 年版,序言第 2 页。
② 张琪亚:《民间祭祀娱神意义的变迁》,《贵州民族学院学报》(哲学社会科学版) 2009 年第 6 期。

套用上面的话来说,当神话发展到"衍生态神话","原生态神话"也并没有完全丧失,只是被裹上了层层后世的附加物而变得失去了它的本来面貌尤其是神圣性而已,我们称之为"异化"。

二 大母神、粪肥与厕神缘起

（一）粪、弃、襄土与地母崇拜

在专门的厕之空间形成前，厕神崇拜更多是粪神崇拜。这里的"粪"指大自然的一切腐蚀物，既包括理性认知"粪肥"之前的一切腐烂的自然之物，也包括祭祀的牺牲，还包括理性认知"粪肥"之后的各种肥料，尤其是人畜粪便。在这个发展过程中，逐渐养成生殖、粪尿、粪肥、粪壤、沃土、地母同位的观念。

在万物有灵阶段，万事万物都有神灵，"粪"中自然也有。随着农业的发展，当人们逐渐发现（从感性到理性）了"粪"对农业的"特殊"作用后，便又会产生出不一样的粪肥崇拜来，并创造出新的神灵和信仰。

1. 厕神信仰源于大母神崇拜

母系氏族社会大约在旧石器时代晚期形成，在新石器时代早期结束。综观人类历史上出现的第一批神灵，无一例外都是女神。这是因为彼时人类历史恰好处在母系氏族时期，知母而不知父。基于

二 大母神、粪肥与厕神缘起

生殖崇拜的大母神信仰是最重要的信仰。这些都给人类早期神灵信仰打上深深的烙印。加之生产资料、生活资料的生产与人自身的生产在神话领域中被视为同一，大母神遂成为人类、动物、植物乃至万物共同的创造者、生产者和支配者。法国学者巴丹特尔指出："女神并不总是目光恐怖的威严妇女，她也化身为植物和动物。为了孕育每个种类，'伟大的母亲'（即'大母神'）要具有相应的动物形体，并与其交配。她创造一切，她的支配权延及一切生物。"①

农业的起源可以追溯到距今一万多年前。新石器时代正是伴随着原始农业的发展而逐渐形成的。中国大部分地区的原始农业是从采集渔猎经济中直接产生的。采集渔猎一分为二就形成了早期的农业和畜牧业。故《周易·系辞下》说："包牺氏没，神农氏作，斫木为耜，揉木为耒，耒耨之利，以教天下……"②包牺氏代表早期畜牧业，而神农氏则代表早期农业。同时，早期的农业和畜牧业又相互影响，共同发展。考古表明，在距今9000年左右的广西、河北发现了驯化了的猪骨骼化石，而豢养牲畜的粪便堆积层之地，后成为"垦牧"之良地。

农业浓墨重彩的真正开篇是刀耕火种。《国语·鲁语》："昔烈山氏之有天下也，其子曰柱，能殖百谷百蔬；夏之兴也，周弃继之，故祀以为稷。"③杨伯峻《春秋左传注·昭公二十九年》注引沈钦韩《补注》说："厉山氏，炎帝也，起于厉山，或曰烈山氏。"④《史记·五帝本纪》正义引《帝王世纪》云："神农氏，姜姓也。……有圣德，以火德王，故号炎帝。……又曰魁隗氏，又曰连山氏，又曰列

---

① 〔法〕伊·巴丹特尔著：《男女论》，陈伏保等译，湖南文艺出版社1988年版，第41页。
② 〔魏〕王弼注，〔唐〕孔颖达疏，卢光明、李申整理，吕绍刚审定：《周易正义》，北京大学出版社2000年版，第298页。
③ 〔战国〕左丘明著，〔三国吴〕韦昭注，胡文波校点：《国语》，上海古籍出版社2015年版，第109页。
④ 杨伯峻：《春秋左传注》，中华书局1981年版，第1503页。

山氏。"① 关于"烈山氏"的传世文献不多,起于何时也是个谜。虽然对其身份的记载越来越淆乱(如典籍中多将烈山氏与炎帝、神农混杂不分),但认为"烈山"与农业的开端密切相关却是一致的。"烈山"就是烧山种田的意思,就是农业的开端。"烈"字,下面四点为火,本义即猛火。

烈山氏时代,砍倒树木,焚烧山林,就地在烧后的草木灰上播种,大概对应今天农学上所谓"撂荒制"之"生荒耕作制"时期。砍伐焚烧,并利用草木灰和天然植被自发恢复地力,几乎年年易地。这被焚烧过的草木灰,以及大自然天然的腐蚀物,包括腐烂的植物、人兽尸体、粪便,客观上,便可视为农业史上最早的粪肥。

大约五六千年前,中国很多地方便进入了"熟荒耕作制"时期("绌力耕"或"耜耕")。这一时期有两点值得注意:

一是,这一时期不少植物和动物(比如猪)都得以成功驯化,出现了原始物候、牲畜规模性野放、栏圈豢养等重要文化现象。女性是原始农业②和养猪业的最早发明者和操持者。再加上驯化后的家猪大腹便便之态、猪喜欢污湿(水)之地的习性、猪的繁衍能力强、养猪对农业有促进等特点,又深化了猪神信仰与大母神信仰之间的关系。所以生殖女神、地母神、猪神便常形成三位一体的关系。

在原始思维中,人们把人的生育与动植物的繁衍视为同一。以农为本的中国人,更对大地母亲怀有特殊的感情,将大地视为"地母"成为一种集体无意识。叶舒宪说:"神话思维常常把土地拟象为一个生育不息的巨大子宫,又惯用种种中空容器形象作为地母子宫

---

① 〔汉〕司马迁撰,〔南朝宋〕裴骃集解,〔唐〕司马贞索隐,〔唐〕张守节正义:《史记》,中华书局1982年版,第4页。
② "农业的发明是妇女对人类财富的最大贡献之一。在攫取经济中,经常关心以植物产品供应家庭的是妇女,因此妇女可以把种植这项伟大的发明付诸实现。"〔德〕利普斯著:《事物的起源》,汪宁生译,四川民族出版社1982年版,第94页。

的隐喻表现（如《周易·说卦传》'坤为釜'之说），神话学家对此已有大量论述。精神分析学家亦发现，此种隐喻因历史悠久，已内化为集体无意识中的象征原型，表现在人的梦幻、儿童幻想和艺术创作中。纽曼（又译为诺依曼）则指出，大母神象征系统正是以隐喻女性躯体的巨大容器为核心意象而建立起来的。"①

二是，这一时期生产技术的重点逐渐由之前的砍伐烧光转移到豢养地力上。这里的"熟"，不仅是勘察土地后因地制宜地在几块土地上轮番倒换种植，而且是采取更有效的办法"养地"，主动"施肥"。通过"施肥"的方法让土地肥沃，使地力常新。这说明，人们已经逐渐认识到"粪"的作用了。但这里的"粪"，绝不是狭义上的人畜粪便，而应包括腐烂的动植物，还有宗教意义上的人畜牺牲。

在距今7000多年的河姆渡二期遗址②中，已发现了"猎头"祭地的痕迹，说明彼时人们是把人牲视为养地之"粪肥"的，带有强烈的大母神崇拜观念。此可视为主观上具有宗教意义的"粪肥"。距今6000多年的半坡可能带人厕③的猪圈遗址的发现，表明人们可能开始自觉收集人和猪的粪便作为"粪肥"。这似乎可以视为今日意义上之理性使用粪肥的开端。

总之，原始农业时期的厕神崇拜是围绕着"粪"而展开的，在大母神统摄下，与生殖女神、地母、猪神密切结合。这一时期的厕神崇拜，主要是"粪肥"崇拜，并通过原始农业和畜牧业背景下的一系列主题展示出来，如土地（地母、粪壤、沃土）、谷精、家猪（母猪）、女神、生殖（繁衍、生命、死亡）等。

---

① 叶舒宪：《中国上古地母神话发掘——兼论华夏"神"概念的发生》，《民族艺术》1997年第3期。
② 河姆渡遗址考古队：《浙江河姆渡遗址第二期发掘的主要收获》，《文物》1980年第5期。
③ 〔韩〕全京秀著：《环境 人类 亲和》，崔海洋译，贵州人民出版社2007年版，第145—146页。

2. 说"粪"与"弃"之本义

①"粪"字本义

从字形或含义上看，与粪相同或相关的字很多，如糞①（攅、拚）、（棄）、畚、垒、坴、塟、菌（矢、屎）、秽等字。

"粪"的本义，许慎认为是双手推着粪箕将屎倒掉。《说文·華部》云："糞，棄除也。从𠬞推華棄采也。官溥说似米而非米者矢（屎）字。"② 但段玉裁认为该字只是表示用双手拿着粪箕扫除屎，没有倒掉的意思："按'棄'亦'糞'之误，亦复举字之未删者。糞方是除，非棄也。"③ 这不禁让人想到甲骨文中的"𠬝"字，有人认为此字即"敂"，表示手持扫帚进行打扫④；也有人认为此字就是"粪"字，象一手执箕（𠙹），一手执帚（ヨ、ᄏ），正在扫除秽物的样子⑤。有的时候，"𠙹"上或周围会出现两点、三点（这种情况最多）或四五点，表示屎⑥，如"㓉"（合18181宾组）、"𥻗"（一期后下二〇·一〇）；有的时候省略掉帚（ヨ、ᄏ），如"㓉"（一期后下八·一五）、"𥻗"（花东498）；也有的省略掉诸点和帚，如"𥻘"（一期人二六三）。甲骨文中还有一个"𠬝"字，也被释读为"粪"字，表示收粪完毕，双手端箕倒掉粪的样子，所以许慎认为"粪"为弃除之意。"𠫓"其实就是上面说到的两点、三点或四五点，表示屎或泛指秽物，亦即《说文》所引官溥所谓"似米非米"者屎也。

---

① 在讨论中强调字形比较时，使用繁体的"糞"字和"棄"字。
② 〔汉〕许慎撰，〔清〕段玉裁注：《说文解字注》，上海古籍出版社1981年版，第158页。
③ 《说文解字注》，第158页。
④ 姚孝遂主编、肖丁副主编：《殷墟甲骨刻辞类纂》（上册），中华书局影印，1989年，第1156页。
⑤ 傅憎享：《粪田辨析》，收入辽宁社会科学院学术论文选编委会编《辽宁社会科学院学术论文选（文学分册）》（1979—1981），1981年，第391页。
⑥ 徐中舒认为"似米非米"的字不必专指屎，而是泛指秽物，聊备一说。见徐中舒主编：《甲骨文字典》，四川辞书出版社2014年版，第439页。

二 大母神、粪肥与厕神缘起

故"㞣"同"𩰩"，皆为"粪"。"粪"字是否有倒掉的意思，这不是笔者关注的重点，无论如何，"粪"字与屎字相关应是关键，大概是因为在所有秽物之中，屎是最突出、最极端和最具有代表性的。

因此，那所谓"似米非米"的部分，才是"粪"字的先造字，即 ❋、❋、⋮（点的数量比较随意），象秽物粪便，读 bian 音，负有声符的使命并兼表义。而"粪"字就是从 bian 而得声的形声字，并非段玉裁所说的会意字。且在读音上，清代学者钱大昕提出："古无轻唇音。凡轻唇之音，古读皆为重唇。"① 也就是说，现代声母为 f 的字，在上古汉语中声母是 b 或 p；另外，以 u 为零声母的，在上古时声母为 m。因此，fen 音应晚出于 bian 音。"粪"音并非段玉裁所说的"方问切"。而据《说文》《汉书》，汉代已称尿为小便，故大便就应是屎。

《说文·肉部》："胃，谷府也，从肉，🅒象形。"② 《说文·草部》："䒵，粪也，从艸，胃省。"③《玉篇·草部》"䒵，舒理切，粪也，亦作矢，俗作屎。"④《龙龛手镜·草部》："䒵，古文，失旨反，今作屎同。"⑤ 据此可知，䒵乃屎之古文，义训为粪。粪、屎二字在很多时候也互训。粪可训为屎，如《吴越春秋·勾践入臣外传》勾践说"臣窃尝大王之粪"，夫差说"（勾践）亲尝寡人之溲"⑥，可知粪即溲。又，《史记·扁鹊仓公列传》"令人不得前后溲"，司马贞索隐："后溲，大便也。"⑦ 屎可训为粪者，如马王堆汉墓帛书中的《五十二病方·阑（烂）者方》"烝（蒸）🅒土，裹以熨之。"⑧ "🅒土"

---

① 陈文和主编：《嘉定钱大昕全集》（增订本），凤凰出版社 2016 年版，第 150 页。
② 《说文解字注》，第 168 页。
③ 《说文解字注》，第 44 页。
④〔南朝梁〕顾野王：《大广益会玉篇》，中华书局 1987 年版，第 66 页。
⑤〔辽〕释行均编：《龙龛手镜》，中华书局 1985 年版，第 260 页。
⑥〔汉〕赵晔：《吴越春秋》，中华书局 1985 年版，第 155、158 页。
⑦《史记》，第 2799—2800 页。
⑧ 马王堆汉墓帛书整理小组编：《五十二病方》，文物出版社 1979 年版，第 101 页。

即"粪土"。可见，▨不是"胃"省；▨字中的"艹"与草并无关联，而是像两足蹲在粪便（※、▨）前排便的样子。①

总之，※、※、※、小等，实际上是一个意思，表示屎。屎字是粪、便（大便）的初字，上面的尸字，象人蹲着排便的样子。而屎字的初字，就是甲骨文中的▨、▨②字。它的造字法同甲骨文中的▨③（溺、尿之初字）字一样。甲骨文中有各种"▨田"的记载，如"▨有田""▨西单田"等④，释读历来颇有争议。胡厚宣正确释为"屎田"⑤，即"粪田"。此外，傅憎享还认为"肥"字实际上也是源于"粪"字。"巴"即"便"，今巴蜀口语"巴巴"表示大便，便从此来⑥，可备一说。

②"弃"字本义

弃，甲骨文作▨（一期后下二一·一四）、▨（一期后下七·一四）⑦，金文散氏盘写作▨，为倒"子"形。籀文写作▨，仍是倒"子"形，且简化了字形，省去了▨，即篆文字形▨。

《说文·華部》说："弃，捐也。从▨推華弃也。从云（▨）。"⑧即象双手执箕，推弃箕中之子。《说文》又说，弃"从云。云，逆子也。"段玉裁进一步阐发"逆子"，说："辣手推華而捐之也。……云者，不孝子。人所弃也。古文以辣手去卢（逆）子，

---

① 傅憎享：《粪田辨析》，收入《辽宁社会科学院学术论文选（文学分册）》（1979—1981），第391页。
② 《殷墟甲骨刻辞类纂》（上册），第13页。
③ 《殷墟甲骨刻辞类纂》（上册），第12页。
④ 《殷墟甲骨刻辞类纂》（上册），第13页。
⑤ 胡厚宣：《殷代农作施肥说》，《历史研究》1955年第1期；《殷代农作施肥说补证》，《文物》1963年第5期；《再论殷代农作施肥问题》，《社会科学战线》1981年第1期。
⑥ 傅憎享：《粪田辨析》，收入《辽宁社会科学院学术论文选（文学分册）》（1979—1981），第394页。
⑦ 《甲骨文字典》，第439、440页。
⑧ 《说文解字注》，第158页。

二 大母神、粪肥与厕神缘起

会意。"①

🗎与🗎实同,应本为倒"子"形,象初生儿顺产模样。🗎实为毓,甲骨文中为顺产生子之象,婴儿头朝下,为文字即倒"子"形。尤其是这个字"🗎",右边有两个连续的🗎(甲骨文幼字,合1941宾组)表示幼小。🗎,在甲骨文中亦为顺产生子之象,婴儿头朝下,为文字亦即倒"子"形。那么,从🗎之弃的本义,就应该与产子密切相关。

🗎,即"共",供。此正是《说文》所谓"🗎,竦手也"。段玉裁注:"竦,敬也……谓竦其两手以有所奉也。"② 三字🗎、🗎、🗎之合,表示初生之子产出后(下面的水形,有时作两点或三点,表示粪便,或表示初生时羊水等污秽之物),用🗎高举而敬奉,必不是段玉裁所说的"不孝子"意。

《说文》中的"捐弃"之义应正是从"弃"字"生子"的本义滋生而来。

一方面,女性生子体现在可视化价值层面上,婴儿从产门出来,如同排泄的过程。这种观念也是造就世界范围内"粪尿创生"神话的重要原因之一。饭岛吉晴指出,日本人普遍将新出生的幼儿与垃圾、粪便同位,认为孩子是从粪里出生的。因为产妇在生产的同时也排便的缘故,所以人们认为分娩和排便的过程是一样的。砾川全次也说,把粪看作创世神的排泄物的同时也看作植物的原始形态,而初生儿是最初的"植物",也是神的排泄物。③

如果仔细对照甲骨文中的"粪"和"弃"字,也会发现蛛丝马迹。"粪"由🗎、🗎、🗎(小)三字构成;"弃"由🗎、🗎、🗎(子)三字构成。🗎(小)很可能与"🗎"(子)有时象形同一

---

① 《说文解字注》,第158页。
② 《说文解字注》,第500页。
③ 《东亚的厕所》,第207页。

事物，即初生时带着粪便或羊水的婴儿——对比甲骨文中的♦字和♦字①。将"♦"省作"♦"（粪便或羊水等秽物），突出初生时的污秽；或者将"♦"作"♦"（污秽中的生命），突出"子"——人类和动植物的种子。在原始宗教神话中，圣洁和污秽可以同时指向"塔布"（Taboo）。"♦"和"♦"正是这样一对矛盾统一体。

另一方面，在原始农业时期，这"捐弃"恐怕更是与某种对地母和生殖女神的献祭密切相关。正因为"♦"同"♦"，那么"弃"就是"粪"。被捐弃之"周弃"就是被献给地母和生殖女神的礼物——既是作为肥料的"粪"，又是生命种子。

如前所说，许慎认为"粪"字表双手推着粪箕将屎倒掉，段玉裁则认为没有倒掉的意思。争论的原因估计是，"粪"字的写法，一种有帚，表示正在扫除秽物之形；一种没有帚，表示收粪完毕，用手持箕倒掉之形。实际上，纠结"粪"字到底有无倒掉的意思没有什么意义，也无法水落石出，倒是这种争执本身很说明问题。很有可能最初"粪"（糞）和"弃"（棄）字本有千丝万缕的联系，甚至是同一个字。

3. 从《生民》看"血祭沃土"
① "三弃三收"再探
周民族的史诗《诗经·大雅·生民》歌颂了周代的始祖和始祖母。

> 厥初生民，时维姜嫄。生民如何？克禋克祀，以弗无子。
> 履帝武敏歆，攸介攸止，载震载夙。载生载育，时维后稷。
> 诞弥厥月，先生如达。不坼不副，无菑无害，以赫厥灵。
> 上帝不宁，不康禋祀，居然生子。

---

① 《殷墟甲骨刻辞类纂》（上册），第13、73页。

二 大母神、粪肥与厕神缘起

> 诞寘之隘巷,牛羊腓字之。诞寘之平林,会伐平林。诞寘之寒冰,鸟覆翼之。鸟乃去矣,后稷呱矣。
>
> 实覃实訏,厥声载路。诞实匍匐,克岐克嶷,以就口食。蓺之荏菽,荏菽旆旆。禾役穟穟,麻麦幪幪,瓜瓞唪唪。
>
> 诞后稷之穑,有相之道。茀厥丰草,种之黄茂。实方实苞,实种实褎。实发实秀,实坚实好。实颖实栗,即有邰家室。
>
> 诞降嘉种,维秬维秠,维穈维芑。恒之秬秠,是获是亩。恒之穈芑,是任是负,以归肇祀。
>
> 诞我祀如何?或舂或揄,或簸或蹂。释之叟叟,烝之浮浮。载谋载惟,取萧祭脂,取羝以軷,载燔载烈,以兴嗣岁。
>
> 卬盛于豆,于豆于登,其香始升。上帝居歆,胡臭亶时。后稷肇祀,庶无罪悔,以迄于今。①

姜嫄渴望得到一个孩子,所以"克禋克祀,以弗无子"。通过具有巫术性的"履帝武敏",她怀孕生育了一个孩子。这个孩子后来成了"后稷",即"谷王""田正""农神"的意思。

诗歌强调了姜嫄生育时的顺利:足月而生,头胎顺利,产门没有破裂,实在是罕见。大家认为这是得到了上帝的保佑。接着便是"三弃三收"的出现:"诞寘之隘巷,牛羊腓字之。诞寘之平林,会伐平林。诞寘之寒冰,鸟覆翼之。鸟乃去矣,后稷呱矣。实覃实訏,厥声载路。"姜嫄为什么要扔弃孩子呢?扔弃之后为什么又要抱回呢?

从文本语境来说,扔弃孩子,是为了酬谢神灵。什么神灵?地母神。《生民》中虽然反复出现"上帝",但"后稷时代的上帝虽神圣、威严,但并没有得周人之宠,也没有被赋予保护神的地位"②。

---

① 〔汉〕毛亨传,〔汉〕郑玄笺,〔唐〕陆德明释文:《宋本毛诗诂训传》,国家图书馆出版社2017年版,第39—46页。
② 负红阳、杜振虎、吴兴洲主编:《中外思想史》,陕西师范大学出版总社有限公司2013年版,第10页。

姜嫄才是周人的母系远祖。周人将姜嫄视为自己的血脉开端。《山海经·海内经》中有："大比赤阴，是始为国。"袁珂认为："大比赤阴"实际上就是"先妣姜嫄"①，地位很高。而姜嫄的儿子周弃是周人从游牧转向农耕的奠基人②，对男性周弃的尊崇，显然是父系社会的杰作。他的本领实际上来自他的母亲姜嫄（姜水平原）的赋予。在尊崇周弃之前，尊崇的就是姜嫄。对姜嫄的歌颂，又见《诗经·鲁颂·閟宫》：

> 閟宫有侐，实实枚枚。赫赫姜嫄，其德不回。上帝是依，无灾无害。弥月不迟，是生后稷。降之百福。黍稷重穋，稙稚菽麦。奄有下国，俾民稼穑。有稷有黍，有稻有秬。奄有下土，缵禹之绪。③

王国维和郭沫若都曾专门考证过"閟宫"所具有的祭祀高禖的性质，并认为姜嫄就是地母神。所以，回过头来看，既然《生民》的主题是生育和农业，那么其保护神自然就是土地神。大地母神姜嫄的儿子"弃"，自然分享了土地神的神性，才能在农业上做出巨大贡献，成为"后稷"。姜嫄和后稷的故事，就是大地母神和谷神的故事④。这既是母亲生出儿子的故事，又是大地上长出植物的故事。

再来看"三弃三收"。母亲通过将孩子放在"隘巷""平林""寒冰"，三次丢弃，是对地母神的献祭、酬谢。孩子挺过重重难关后，三次被抱回，获得了新生。在这里，献祭-收获、生-死、收-弃……诸对观念矛盾统一、相互依存并生发。只有通过"弃"才能获得真正

---

① 袁珂校注：《山海经校注》，上海古籍出版社1980年版，第470页。
② 杨鹏，《"上帝在中国"源流考：中国典籍中的"上帝"信仰》，书海出版社2014年版，第46页。
③ 《宋本毛诗诂训传》，第185—186页。
④ 李立：《文化嬗变与汉代自然神话演变》，汕头大学出版社2000年版，第249页。

意义上的生命和价值,才能分享神圣,获得真正意义上的诞生。

现在重新来看看后稷的生命获得过程。婴儿诞育,新的生命产生,但这个生命是柔弱的生命。他出生后,脱离母体,便会遭遇种种危险,所以必须再次回到母亲的怀抱,即得到地母的护佑(三弃)。因为古人相信孩子天然会受到地母护佑(人的孩子本就是地母的孩子),所以坚信孩子一定会挺过重重难关;挺过重重难关(三收)又再次证明地母的神圣性。地母护佑后的孩子,获得了新的力量。他经历死亡考验获得了神圣性的诞生。人之子,由此成了地母之子,神之子。

神话的结构是复杂的,既有表层结构,又有深层结构。谁找到了深层结构,谁就找到了文化密码。作为集体无意识的神话,其含义也是复杂的。往往一个神话,人们可以从不同层面、不同角度阐释,各取一瓢饮,这也是神话的魅力。

"三弃三收"已经是高度凝练、雅化和抽象化的神话结构,具有程式化的仪式效果(在《诗经》时代已具审美娱乐效果)。这种"仪式性"的"弃-收",应源于周人原始的真正的人牲祭地、酬报地母的"血祭沃土"。毫无疑问,在更早的时候,比如就在周弃时代,还盛行着这种将活人作为牺牲,献祭于大地以求丰产的原始野蛮习俗。

② 血祭沃土及其演变

"血祭沃土"时代人们普遍地认为,使大地丰产的关键因素不是别的,而是地母神(后来抽象化为社[①])的赐予。大地上生长万物,与女人生育孩子是一回事。所以,孩子是植物的种子,植物的种子也可以长成孩子。

最初的牺牲(捐弃之物),应是部落首领的孩子,或是大巫师的

[①] 《淮南子·齐俗训》云:"有虞氏之祀,其社用土……夏后氏其社用松……殷人之礼,其社用石……周人之礼,其社用栗。"何宁:《淮南子集释》,中华书局1998年版,第788—789页。

孩子，或是首领和巫自己①，总之是被公认的最好的"种子"或地母的孩子（捐弃之物），是献给地母神的"最高贿赂"，也是得到她护佑和赐给食物、子嗣的条件。后来才用一般的人，再后来用地位低下的人。之后才是用一系列替代品，比如人的血、指爪、毛发等，或动物和牲畜。

"血祭沃土"自然源自早期农业时代的地母信仰。距今7000多年长江下游的河姆渡文化中出现了猎头（Headhunting）习俗②，后来在马家浜、良渚、龙山、石家河等文化中均有出现。③ 今土家族《梯玛神歌》中记载的用酋长的儿子作为人牲祭祖的习俗同样是类似习俗的延续。这种世界范围内（如菲律宾群岛土著、孟加拉国刚特人④）的猎头习俗正是对地母的祭祀。不仅普遍流行于原始农业部落，且延续到阶级社会很晚时期。人们常常在播种之前或者秋收之后杀死"神王"。这种普遍性的催生巫术、报本祭祀在人类学家的著作中比比皆是，如弗雷泽《金枝》，此不赘述。

中国夏商周三代以来，土地之祭开始雅化和分化。如有普遍性的后土之祭，也有区域性的社神之祭（土和社，古为一字），还有与谷神相连的土地神祭祀。虽然具体祭祀内容和仪轨有所不同，但土地之祭的核心内容仍是对土地生养万物的崇拜。地能生养至极，万物资地而生。从这点来说，并无本质性区别。

《竹书纪年》记载："二十四年大旱，王祷于桑林，雨。"⑤《春秋

---

① 〔美〕克利福德·吉尔兹著，《地方性知识：阐释人类学论文集》，王海龙、张家瑄译，中央编译出版社 2000 年版，第 170 页。
② 河姆渡遗址考古队：《浙江河姆渡遗址第二期发掘的主要收获》，《文物》1980 年第 5 期。
③ 马世之：《史前文化研究》，中州古籍出版社 1993 年版，第 155 页。
④ 朱天顺：《原始宗教》，上海人民出版社 1964 年版，第 31 页。
⑤ 〔清〕朱右曾辑，王国维校补，黄永年校点；王国维撰，黄永年校点：《古本竹书纪年辑校·今本竹书纪年疏证》，辽宁教育出版社 1997 年版，第 63 页。

二 大母神、粪肥与厕神缘起

左传·襄公十年》也记载商汤"请以《桑林》"①。《正义》曰:"……唯《书传》言,汤伐桀之后,大旱七年,史卜曰:'当以人为祷。'汤乃翦发断爪,自以为牲,而祷于桑林之社。"②《淮南子·齐俗训》亦云:"殷人之礼,其社用石。"③ 此外,《墨子·兼爱》《荀子·富国》《尸子》《吕氏春秋》等都记载了商汤以自己为牺牲祷于鬼神的事情。考古发掘江苏铜山丘湾商代社祀遗址,立四块大石作为社主。周围的人骨、狗骨,当是血祭的牺牲的尸骨。可见,当时祭祀社神(求雨也与祀社有关),需要以人或畜作为牺牲。商汤以自己作为牺牲祷雨就是这种习俗的残留。

甲骨文中也记载了大量人牲。据唐际统计,人祭卜辞2000多条,记载人牲总数14000多人。据胡厚宣统计,武丁时期使用人牲数5418,一次性最高达1000;祖庚至文丁用人牲数1950;帝乙帝辛时期用人牲数75。考古所发掘的祭祀坑也证明了卜辞所言非虚,如安阳殷墟武官村北地M87无头人骨架祭祀坑。④ 这时人牲的身份已很复杂,有奴隶、小臣、妾、俘虏、别国首领、巫⑤等。用人牲的目的也很复杂,而祀地祇是最主要的。燎巫求雨和杀巫献祖都是地祇祭祀的延伸。⑥ 甲骨文中有很多燎巫求雨、用巫于祖的例子,直到春秋战国时期还多被采用,如《左传·僖公二十一年》:"夏,大旱。公欲焚巫、尪。"⑦

---

① 《春秋左传注》,第977页。
② 〔晋〕杜预注,〔唐〕孔颖达正义,李学勤主编:《春秋左传正义》,北京大学出版社1999年版,第884页。
③ 《淮南子集释》,第789页。
④ 曹兆兰:《图释甲骨文》,光明日报出版社2013年版,第110页。
⑤ 商代甲骨文中的"巫"有巫神、巫官、巫人三种。作为牺牲的地位低下的"巫人"是后来演化出来的。参阅常征:《机器文明数学本质》,中央编译出版社2017年版,第521页。
⑥ 王建堂:《"桑林祷雨"的生成机制及社会心理析》,《长治学院学报》2013年第3期。
⑦ 《春秋左传注》,第390页。

《左传》中也有不少用人牲祀社的例子。如"昭公十年"记载商人后裔宋人用人牲祭社;"昭公十一年"记载楚灵王灭蔡后杀死隐太子用以祭祀冈山;"僖公十九年"记载宋襄公让邾文公杀死鄫子来祭祀睢之社神……不过,实际上随着文明的演进、人道主义的抬头,有时祭祀地神只用磕出鼻血即可。如《春秋·僖公十九年》:"六月……鄫子会盟于邾。己酉,邾人执鄫子,用之。"①《公羊传》云:"恶乎用?用之社也。其用之社,奈何?盖叩其鼻以血社也。"②此处之血指鼻血,即衅、衈,后亦不拘于鼻血而泛指血。《管子·小问》:"桓公践位,令衅社塞祷。"衅社塞祷,就是用血祭祀、酬谢土地神的祷告。③

从杀死神王到滴血沃土,从杀死活人献祭地母到强调用取血的方式祭祀地神,虽已有很大变化,但基本观念是一致的。祭祀地神用血,其根本原因是血代表着生命,所以将其祭献给能吐生万物的大地,是再好不过的礼物了。当然,在客观上,血液尸骨腐朽后,又确实能肥沃田土,让植物长得更好。这既是献给大地的礼物,又是具有宗教意义的施与大地的最早"肥料",我们或许可以称之为最早的"粪"。

因此,人们认为大地天然喜欢血,并赋予血与大地一样的阴性特质。故《周官·大宗伯》云:"以禋燎祀司中、司命、飘师、雨师,以血祭祭社稷、五祀、五岳,以貍④沈祭山、林、川、泽。"⑤郑玄注:"不言祭地,此皆地祇,祭地可知也。阴祀自血起,贵气臭

---

① 《春秋左传注》,第379、380页。
② 〔战国〕公羊高著,〔汉〕何休注,〔唐〕徐彦疏:《春秋公羊传注疏》,中华书局1980年版,第2256页。
③ 姜涛:《管子新注》,齐鲁书社2006年版,第370页。
④ 即"薶",古同"埋",瘗也。
⑤ 〔清〕孙诒让撰,王文锦、陈玉霞点校:《周礼正义》,中华书局1987年版,第1297—1314页。

也。"①《礼记·郊特牲》亦载:"社祭土而主阴气也……社所以神地之道也。"②

正因为人们认为地神喜欢血,所以地神土伯才会被描述为嗜血鬼神。《楚辞·招魂》:"魂兮归来,君无下此幽都些!土伯九约,其角觺觺些。"③王逸《楚辞章句》:"幽都,地下后土所治。地下幽冥,故称幽都。土伯,后土之侯伯也。言地有土伯,执卫门户。其身九屈。有角觺觺,主触害人也……土伯之状,广肩后背,逐人駓駓,其走捷疾,以手中血漫污人也。言土伯之头,其貌如虎而有三目,身又肥大,状如牛也。"④一说土伯即后土。无论如何,都是地神。

再看滴血祀土的具体之法。《仪礼·觐礼》:"祭地,瘗。"⑤瘗,埋。《尔雅·释天》:"祭地曰瘗埋。"⑥埋什么呢?《礼记·礼器》孔颖达疏引皇氏之说:"社稷五祀初祭降神之时已埋血。"杜佑《通典·吉礼》引崔灵恩《三礼义宗》亦云:"祭地以瘗血为先,然后行正祭。"⑦也就是说,埋血于土,血渗透于地下,人们认为这样就可达于地神。当然,血之外,祀地神也会用到酒、玉等。如《礼记·郊特牲》:"周人尚臭,灌用鬯臭,郁合鬯,臭阴达于渊泉。灌以圭璋,用玉气也。既灌,然后迎牲,致阴气也。"⑧

除了用人牲和人血之外,也用动物和动物血来祭祀地神。如甲骨卜辞中用牲畜祭祀地祇甚多,亦是"血祭沃土"的遗留。卜辞第

---

① 《周礼正义》,第1314页。
② 〔清〕孙希旦撰,沈啸寰、王星贤点校:《礼记集解》,中华书局1989年版,第684、685、686页。
③ 〔汉〕刘向编集,〔汉〕王逸章句:《楚辞》,中华书局1985年版,第103页。
④ 《楚辞》,第104页。
⑤ 〔汉〕郑玄注,黄丕烈校:《仪礼附校录》,中华书局1985年版,第158页。
⑥ 〔晋〕郭璞注,〔宋〕邢昺疏:《尔雅》,中华书局1985年版,第76页。
⑦ 〔唐〕杜佑撰,王文锦、王永兴、刘俊文、徐庭云、谢方点校:《通典》,中华书局1988年版,第1194页。
⑧ 《礼记集解》,第684、685、713页。

一期中祭祀地祇的方式非常多，如燎、沈、酓、俎、奉、卯、㞢、酉、卯等，皆涉及血祭。① 《合集》28180 还说到"万霾"，即祀社（土）时男女会合杂处狂欢，以祈雨、求丰产，颇涉"淫秽"，足可见祀社中所体现的生殖崇拜。所谓"桑林之社"，就是祭祀祖宗及会合男女的一种隆重活动。商亡后，周视亳社为"胜国之社"，但仍可看到"淫佚"难言之事在这里争讼处理。《周礼·地官·媒氏》："凡男女之阴讼，听之于胜国之社。"郑玄注云："阴讼，争中冓之事，以触法者。"② 当然这也正如闻一多在《高唐神女传说之分析》中所说："文明的进步把羞耻心培植出来了，虔诚一变而为淫欲，惊畏一变而为玩狎。"③

4. 再看周弃的"藜土"之功

学者一般认为周弃的农业贡献主要是除草、播种、育种、祭祀。④ 笔者有点补充。

《上海博物馆藏战国楚竹书（二）·容成氏》第 28—29 简云：

> 天下之民居奠（定），乃飤（饲，治）食，乃立句（后）稷以为緽（盈）。句（后）稷既已受命，乃食于埜（野），宿于埜（野），遑（复）谷藜土，五年乃壤。民又（有）余食，无求不得，民乃乔（骄）能（态）始复（作），乃立咎陶以为李。⑤

---

① 陈戍国：《中国礼制史》（先秦卷），湖南教育出版社 2011 年版，第 120 页。
② 《周礼正义》，第 1051 页。
③ 闻一多著，孙党伯、袁謇正主编：《闻一多全集》（神话编），湖北人民出版社 1993 年版，第 26 页。
④ 参见王晖、何淑琴：《从〈诗经·周颂·臣工〉看周先祖后稷弃在中国农史上的重要贡献——兼论大小麦在中原种植的最早时代》，《人文杂志》2009 年第 5 期。
⑤ 马承源主编：《上海博物馆藏战国楚竹书》（二），上海古籍出版社 2002 年版，第 120—121 页。

二 大母神、粪肥与厕神缘起

西汉晚期农学著作《氾胜之书》记载：

> 薄田不能粪者，以原蚕矢杂禾种种之，则禾不虫。①
>
> ……验美田至十九石，中田十三石，薄田一十石。尹择取减法，神农复加之骨汁粪汁溲种。锉马骨牛羊猪麋鹿骨一斗，以雪汁三斗，煮之三沸。以汁渍附子，率汁一斗，附子五枚，渍之五日，去附子。捣麋鹿羊矢等分，置汁中熟挠和之。候晏温，又溲曝，状如后稷法，皆溲汁干乃止。若无骨者，缲蛹汁和溲。如此则以区种，大旱浇之，其收至亩百石以上，十倍于后稷。此言马蚕皆虫之先也，及附子令稼不蝗虫；骨汁及缲蛹汁皆肥，使稼耐旱，使稼耐旱，终岁不失于获。②

第一则材料说到后稷"遞谷豢土，五年乃壤"。豢，就是养。何为豢土？就是将硬土、贫土养为熟土、沃土，是为"壤"。从万物自生之贫土到所豢之壤，是质的飞跃。如何"豢土"，第二则材料有些答案。这里说到有种方法"状如后稷法"，即将各种动物（马牛羊猪麋鹿）的骨头拿来煮汁③，并和以粪便，用来渍种和做肥料。

历史上的后稷自然并非只有周弃一人。《国语·鲁语上》就记载："昔烈山氏之有天下也，其子曰柱，能殖百谷百蔬；夏之兴也，周弃继之，故祀以为稷。"④ 可知柱也是后稷。但周以后所说的后稷皆指周弃。况周弃在柱之后，农业技术应更胜之。

《氾胜之书》将肥料的作用提高到如此地步，正反映了中国西汉

---

① 石声汉：《氾胜之书今释》，科学出版社1956年版，第11页。
② 《氾胜之书今释》，第13页。
③ 既是"血祭沃土"观念的遗留，又是万物互通神话观念的体现。骨头汤有香气，有营养，是人喜爱之物，自然也是地神的青睐之物。
④ 《国语》，第109页。

时期农业的真实情况。虽然此时距离周弃的时代已经相当久远①，但他的说法不会毫无根据，很可能正是直接继承自《后稷农书》。此书早已亡佚，成书至迟为战国后期②。有人说该书正是上古农书之遗留，至少观念极其古远。③《吕氏春秋》的《上农》等四篇多引"后稷"语，或主要是取材于《后稷农书》。王充《论衡·商虫篇》说到"《神农》《后稷》（《后稷农书》《后稷书》）藏种之方，煮马屎以汁渍种者，令禾不虫"④。正是此法。

《周礼·地官·草人》记载："草人掌土化之法以物地，相其宜而为之种。"郑玄注："土化之法，化之使美……以物地，占其形色为之种。"⑤又说："凡粪种，骍刚用牛，赤缇用羊，坟壤用麋，渴泽用鹿。咸潟用貆，勃壤用狐，埴垆用豕，强㯺用蕡，轻爂用犬。"⑥对于"粪种"，郑玄说："凡所以粪种者，皆谓煮取汁也。"⑦言谓以不同动物的骨汁渍其种。但是江永却说："种字当读去声。凡粪种，谓粪其地以种禾也……凡粪，当施之土；如用兽，则以骨灰洒诸田；用麻子，则用捣过麻油之渣布诸田。若土未化，但以汁渍其种，如何能使其土化恶为美，此物理之易明者。今人粪田，未见有煮汁渍种者。"⑧到底是用来"渍种"还是作为基肥，不是我们这里要讨论的问题。这里要注意几点：

①周弃的确可能已经重视"土化之法"，即前面所谓的"蓻土"。《诗经·大雅·生民》有云："诞后稷之穑，有相之道。"何意？"有

---

① 一般认为周弃生活在舜、禹时期。赵逵夫认为弃是夏末时人。见赵逵夫编：《先秦文学编年史》（上册），商务印书馆2010年版，第48页。
② 夏纬瑛释：《吕氏春秋上农等四篇校释》，农业出版社1979年版，第120页。
③ 参阅李约瑟：《中国科学技术史》（农学卷），科学出版社1990年版，第78页。
④〔汉〕王充撰，北京大学历史系《论衡》注释小组注释：《论衡注释》，中华书局1979年版，第942页。
⑤《周礼正义》，第1181页。
⑥《周礼正义》，第1182页。
⑦《周礼正义》，第1182页。
⑧ 孙诒让《周礼正义》引江永之语。《周礼正义》，第1187页。

相之道句,极重天之所以生万民者,非此稼穑乎?乃天能生,地能成,而不能使其民之生且成,弃若何以相天之时?若何以因地之利?……使稼穑之利昭然大播于天下,则有相之道也。"①《史记·周本纪》也说:"弃为儿时,屹如巨人之志。其游戏,好种树麻、菽,麻、菽美。及为成人,遂好耕农,相地之宜,宜谷者稼穑焉,民皆法则之。"② 这里的"有相之道""相地之宜"不仅是有因地之利的被动接受,当然还有对土地进行考察及考察后采取相应措施的主动改造,即给土地提供"养料""生命"。

② "土化之法"中主要有两种材料。第一种是动物的骨头(尸体)。第二种是动物的粪便。第一种用动物的骨头(尸体),正源自远古"血祭沃土"观念。最早的"土化之法""豢土"是用人牲养土,即杀死神王献祭地母。这种"血祭沃土"习俗可能到周弃时代还盛行着,并以始祖神话的形式保存并流传下来,直到记载于文字并被逐渐雅化。所以即便到了《诗经》《战国楚竹书》中还留有对他"有相之道""相地之宜""豢土"的描述。周弃对后来"土化之法"的影响甚大。

③ 至于周弃时代,是否已经开始使用动物粪便来施肥,不敢确定。今之学者对《周礼·地官·草人》所载"土化之法"的理解颇多。有的认为已经使用动物粪便做肥料③,有的则说只是用动物骨汁。尽管据《氾胜之书》和《论衡·商虫》的记载,周弃时期很可能已经开始使用动物粪便作为肥料,而这一记载很可能直接继承自失传的《后稷农书》,但这一记载也可能是受到《周礼》影响并误读后的结果。不过,既然在距今 6000 多年的西安半坡,便已出现了可能是带人厕的猪厕,表明人们已经开始自觉收集人畜粪便作为肥料。

---

① 〔明〕姚舜牧:《重订诗经疑问》卷九,文渊阁四库全书本。
② 《史记》,第 112 页。
③ 黄中业:《"粪种"解》,《历史研究》1980 年第 5 期。潘法连:《"粪种"的本义和粪种法——兼论粪田说是对"粪种"的曲解》,《农业考古》1993 年第 1 期。

武丁卜辞中也有不少关于"𡳞田"(屎田、粪田)①的记载。甲骨文中有些记载还似乎说明有在土粪堆边占卜。土粪,即将人畜粪便、草木灰等与土壤混合而成的"粪"。它的使用非常早,到殷商时期已经是普遍的肥料②。那么,农业发达的周,在周弃时代想必已经将人畜粪用于肥田了。

如此,周弃的"豢土"之功,应该有两个方面。一方面是继续推行具有宗教意义的"血祭沃土",献人牲于地母和生殖女神;另一方面是发现了粪肥对于农业的实际作用,并开始理性地用于养地。

(二)创世、孕生与粪尿神话

粪尿神话产生的原因大概有三。其一,自然崇拜阶段,万物有灵,有"粪",就有粪神。其二,女人生子的过程,从可视化层面来说,就是"排泄"的过程。其三,更为重要也更为持久的原因则是,人们认识到了粪尿的作用——无论是在农业生产中的"肥料"作用,还是在宗教生活中的巫术作用。这说明,原始厕神(表现为粪神)既掌管着人自身的生产,也掌管着人生活资料和生产资料的生产。

1. 粪尿作用的发现:从"血祭沃土"到"屎田"
① 基于考古的假想

在广西桂林甑皮岩、河北徐水南庄头,都发现了距今9000多年的被驯化了的猪骨。考古学者据此推测:中国很可能是最早的家猪起源地之一。遍布全球的新石器农业形态"圆柱形锄文化"的发源地也很可能是中国。圈养家猪,必然会形成粪肥堆积。粪肥堆积又必然会促进植物生长。这一道理何时被发现,不得而知。

---

① 陈梦家:《殷虚卜辞综述》,中华书局1988年版,第538页。
② 王永厚:《我国古代积粪肥田的经验》,《土壤与肥料》1977年第3期。

二 大母神、粪肥与厕神缘起

在距今7000多年的河姆渡遗址,不仅发现了"猎头"习俗痕迹,还发现了地板高于地面的干栏式建筑。房屋分为上下两层。上面两米多,用于住人;下层一米左右,用于养猪、犬。虽然没有任何线索知道当时厕所的设计情况,但根据此后干栏式房屋厕所样式,以及河姆渡饲养牲畜、种植水稻的具体情况推测,厕所很可能要么是置于楼上,粪便经孔窍漏到畜圈里,要么是设置在一楼的畜圈中。或许这时已经有对粪肥作用的理性认识也未可知。

目前中国最早的厕所遗址是出现在西安半坡村(典型的原始社会母系氏族公社村落遗址)的屋外土坑。① 韩国全京秀认为,半坡遗址中一处圈栏的右下侧有较深的凹槽,看起来像是处理人类排泄物的厕所。因为半坡遗址中没有发现专门设置的供人排便、储存人排泄物的设施。② 若这一说法成立,厕所与猪圈相结合的形制至少有6000多年的历史。这种厕所形制产生的重要原因是发现了粪肥对农业生产的作用。如此,则说明距今6000多年的西安半坡,就已经开始使用粪肥来"美田"了。那么,前面所说的大约到距今4000多年的周弃时代,周人也的确很可能已经将人畜粪用于肥田了。

②"却走马以粪"

最初人们发现粪尿作用的契机应该是粪便堆积之处,植物就长得特别好,于是选择此处开垦为田。故《大戴礼记》记孔子语:"平原大薮,瞻其草之高丰茂者,必有怪鸟兽居之……其地必宜五谷。"③ 甲骨卜辞中,有不少将牧场开垦为农田的记载,即所谓"垦牧"。如乙三二一一有"**坚 牧**"二字。"**坚**"即垦④。"**牧**"本来指牧羊,后来牧羊牧牛都用"牧"。"垦"也作"**豤**"(**墾**)或"**豤**"(**墾**)。"**豤**"的本义表示"豕齿",即野猪的牙齿。野猪的牙齿是

---

① 《雪隐寻踪:厕所的历史经济风俗》,第7页。
② 《环境 人类 亲和》,第145—146页。
③ 〔汉〕戴德撰,〔北周〕卢辩注:《大戴礼记》,中华书局1985年版,第149页。
④ 于省吾:《甲骨文字释林》,台湾大通书局1981年版,第236页。

图 2-1　陕西米脂县官庄村出土的拾粪画像石

夏亨廉、林正同主编，中国农业博物馆编：《汉代农业画像砖石》，中国农业出版社1996年版，第34—35页

"凶器"，被驯化后的家猪也善"拱"。早期农人也曾利用这点让猪来帮助拱土翻耕。当然，猪群出没之地，有猪粪遗落；猪群豢养之地，有粪肥堆积。地被养熟，庄稼就长得好。故不少学者直接将"垦"字释读为"粪"，不是没有道理。但这些都还是对粪肥的被动利用。当人们学会主动地用粪尿给大地施肥，就进入了"却走马以粪"时代。

二 大母神、粪肥与厕神缘起

《老子》说:"天下有道,却走马以粪。"① 人们对此句的解释,历来争论不休。曾雄生曾在《中国农学史》中细加辨别,论据详实,今从其说。却,是动词,停止和后退的意思。所以"却走马以粪"的意思正是《淮南子·览冥训》高诱所注:"止马不以走,但以粪,粪田也。"② 即将动物驱赶到田里,让它们直接给田地施肥。③ 这也是最原始的"耕作",利用动物的翻拱、踩踏来完成。已有学者指出,陕西米脂、绥德以及山东滕县(今滕州)龙阳店出土的拾粪画像石④,很有可能就是汉代对于《道德经》"却走马以粪"的图解。⑤(见图2-1)

这种"却走马以粪"的方法延续到很晚。康熙《彭水县志》卷三《风俗》记载:"(十月)农事毕,放牛于山野。"光绪《黔江县志》卷五《风俗》记载:"十月,刈获毕,放畜于野。"⑥ 这种做法一举两得。一方面,留有残穗的田地,给牲畜提供了食物和放风场地;另一方面,牲畜的便粪和踩踏,又可肥田松土。这种"秋后放牧"曾在世界范围内普遍存在过。

③ 甲骨文中的"屎田"

甲骨卜辞较为完整地反映了商代农业生产的过程:省田(选地)、粪田(施肥)、粪种(溲种)、裒田(垦荒)、胁田(翻耕)、墢田(作垄)、除草杀虫等田间管理,以及收割、脱粒、贮廪等工作。

前面已说甲骨文"粪"字来自"屎",表示粪便,那么甲骨文中的"屎田"(屎田)就是"粪田",即用人畜粪便来肥田之意,且出现

---

① 〔春秋〕老子著,朱谦之校释:《老子校释》,中华书局1984年版,第185页。
② 《淮南子集释》,第458页。
③ 曾雄生:《中国农学史(修订本)》,福建人民出版社2012年版,第137—138页。
④ 夏亨廉、林正同主编,中国农业博物馆编:《汉代农业画像砖石》,中国农业出版社1996年版,第34—39页。
⑤ 《中国农学史》,第138页。
⑥ 均见四川黔江地区民族事务委员会编:《川东南少数民族史料辑》,四川民族出版社1996年版,第234页。

了专门负责粪田的人。如记载：

①庚辰卜，贞翌癸未屎西单田，受有年。十三月。（《合集》9572，《续存》上166）

②贞令离屎有田。（《合集》9576）

③屎有足乃垦田。（《合集》9480，《前》5、27、6）

④屎我，御史。（《珠》114）

⑤……丁屎有足，一月。（《合集》9577）

⑥贞勿令屎有田。（《合集》9579）

⑦甲子卜，尢，贞于翌乙丑屎畀，乙丑允屎畀不……（《合集》9570）

⑧戊□（卜），争，（贞）……令屎……（《合集》9585）

⑨……屎……雨……（《合集》9587反、《乙》8295）

①为卜人在闰十三月庚辰日这日占卜，问第三天后的癸未日给西单（商都西郊外地）的农田施肥，是否会有好的年成。后面注明十三月，这是闰月，这时商代是年终置闰。时间大约在冬末初春，这与中国现代春耕时节向地里运送肥料差不多。②是卜问使离（人名）去有（地名）地粪田吗。① ③表明了粪便对于农业生产的第一性。④命令御史在我（地名）地施肥②。⑤一月粪肥充足。⑥命令这时不要给有田施肥。⑦甲子贞人尢占卜到底是否在第三天后的乙丑日给畀田施肥。⑧虽残，但仍可看出是卜问某人施肥于某地。⑨此残辞大概是施肥与下雨关系的记录，说明殷人已注意到施肥的时机。此外，甲骨文中的"粪"字还表示"土粪堆"：

---

① 彭邦炯：《甲骨文农业资料考辨与研究》，吉林文史出版社1997年版，第562页。
② 温少峰、袁庭栋编著：《殷墟卜辞研究——科学技术篇》，四川省社会科学院出版社1983年版，第216页。

贞狩勿至于粪九月（人二六三）

辛巳卜在粪今日王逐罘离（掇二、三九九反）

□子王卜□出于粪（戬九、一六）

这里的粪是作为名词使用的①，指"土粪堆"。土粪，是将人畜粪便、草木灰等与土壤混合而成的"粪"，是殷商时期的普遍肥料②。《韩非子·内储说上》记载"殷之法，刑弃灰于街者"，"殷之法，弃灰于公道者断其手"③，足见殷人对土粪的重视。又《氾胜之书》记载："汤有旱灾，伊尹作区田，教民粪种，负水浇稼。区田以粪气为美，非必须良田也。"④ 也足可证明商汤时期人们已认识到粪田的重要性。

2. 粪尿作用的神化：创世、造人的始源性神话

① 粪尿与地母同位

前面已说到，粪尿神话产生的三个原因说明原始厕神（表现为粪神）最初既掌管着人自身的生产，又掌管着生活资料和生产资料的生产。所以，原始粪尿崇拜始终交织着生殖女神崇拜和地母崇拜。

地母，不仅是植物的生养者，而且是包括人在内的一切生命的生养者；女人，也不仅是人类的生养者，而是一切世界万物的创造者。人们把生活资料、生产资料的生产和人自身的生产相比附，把地母崇拜和女性生育崇拜合二为一，自然生出将主农业生产的厕神（粪神）经验为母亲神的观念。

大地的生养和再生养需要养料，粪尿使大地变得肥沃。在这个意义上，粪尿与沃土、地母、生殖女神是同位的。正是因为如此，

---

① 徐中舒将其释为地名。《甲骨文字典》，第438页。
② 王永厚：《我国古代积粪肥田的经验》，《土壤与肥料》1977年第3期。
③〔清〕王先慎撰，钟哲点校：《韩非子集解》，中华书局1998年版，第224页。
④ 万国鼎辑释：《氾胜之书辑释》，农业出版社1980年版，第62—63页。

源于对粪尿的重视和收集需要而形成的人厕,才成为农业社会定居生活方式的重要标志。且只有在农业社会中,粪尿与地母的重要性也才能得以宗教性凸显,厕神也才能成为重要的生殖女神和地母神。

作为厕神崇拜之重要组成部分、厕神神格内核——粪尿-沃土-农业,延续到很晚。即便到了南朝,厕神紫姑、如愿身上仍然带有浓厚的粪肥崇拜的影子。有学者指出:"南朝宋时传流的祭紫姑习俗,并不是缘于《异苑》所记紫姑故事,而是由祭厕神、猪神和收获女神习俗复合而成的。"① 这在近世采风资料中仍有保留,如湖北利川毛坝土家人在正月初"迎紫姑"就是为了乞求农神紫姑保佑来年五谷丰登。②

粪尿(包括一切污秽物和排泄物)化育万物的故事,在世界范围内比比皆是。很多地方的神话传说都将粪便与生殖女神崇拜相联系。韩国的民间故事里说,仙门大妈的粪尿化生出山峰和河流,而张吉孙巨人的粪便形成了太白山脉和济州岛。日本《古事记》里两位创世大神波迩夜须毗古神和波迩夜须毗卖神,都是从母亲伊耶那美命的粪中诞生的。《日本续记》说埴山媛也是从伊耶那美的粪中诞生的,而大宜都毗卖神和保食神则通过呕吐和排泄物化生出植物。此外,《古事记》和《日本续记》中,还有不少神灵死后身体腐烂化育万物的故事,如大宜都昆卖神的故事。在马来族神话里,女神的粪便和尸体化育成植物的种子。美洲纳采兹族神话中,女人的粪便变成玉米和豆子。在这里,女性的粪便成了大地、地母本身。满族神话中,地母巨人神巴那吉额母的汗水化成清泉,身上的污垢泥土和汗毛化成山林大海。盘古的汗化为雨泽,身之诸虫化为黎甿——汗、身上污垢与粪同位,均属排泄物。可以说,"尸体化生型"农作

---

① 田祖海:《论紫姑神的原型与类型》,《湖北大学学报》(哲学社会科学版) 1997 年第 1 期。
② 陈廷亮:《土家族节日述论》,《吉首大学学报》(社会科学版) 1991 年第 4 期。

物起源神话，基本都属于这类。

现在来看日本奈良时代安万侣《古事记》里记载的创世母神所生之粪神：

> （伊耶那美命）生火之夜艺速男神，又名火之炫毗古神，亦名火之迦具土神。伊耶那美命因生此子之故，阴部被灼伤，乃卧病。从所呕吐之物而生的神名为金山毗古神、金山毗卖神。其次从粪而生的神名为波迩夜须毗古神、波迩夜须毗卖神。其次从溺而生的神名为弥都波能卖神。其次是和久产巢日神。此神之子名为丰宇气毗卖神。伊耶那美命因生火神的缘故，遂尔逝去。①

在日语中，"波迩"的意思是"泥土"，"夜须"也与"软泥"有关，所以从粪里出生的神，名叫"波迩夜须毗古神"和"波迩夜须毗卖神"，意思是粪神即是地神、地母。联系《日本续记》的记载，从尿中出生的弥都波能卖神是水神，又叫"罔象女"；另一个从尿中出生的是和久产巢日神，司掌着蚕桑和五谷。她的孩子丰宇气毗卖神，也是谷物之神。"粪"和"尿"是同位关系。因此，这个神话包含着这个意思：粪尿（粪壤、大地之水）所代表的地母（沃土）上面长出了谷物（粮食）。这一故事在结构上，与姜嫄生后稷的故事没什么区别。但是"粪"的含义却发生了变化。在姜嫄生后稷的故事中，"粪"是人牲（后稷——后稷也可能已懂得用粪肥田）；而在这里，"粪"则是粪便、粪尿。前者是"血祭沃土"的产物，后者是粪尿崇拜的产物。但所讲述的，不过是农业社会最关心的主题：大地生植物的故事。

由于粪肥崇拜、生殖女神崇拜、家猪（母猪）崇拜之间具有相

---

① 〔日〕安万侣著：《古事记》，周作人译，上海人民出版社2015年版，第13—14页。

当密切的关系,所以很多时候,神话故事是将他们糅合在一起讲述的。这种情况甚至在当代口传故事中还有表现。比如台湾地区流行着这样的神话传说:女人和蛇都是从猪粪(猪和粪的合体,见后面对猪神原始阴性特征的讨论)中诞生的。蛇要女人替它洗澡,但女人不愿。蛇便诅咒女人不会蜕皮、不会长生、缺乏思考、笨手笨脚、诸事难成。在这里,粪便成了生命之源,是原始阴性(孤雌)。她是生殖女神,化育了女人和蛇,而后者在创世神话和生殖神话中也是重要原型。如在《圣经》中,女人和蛇神秘地结合在一起,两者所关联的始终是人们的终极追求——生命的永恒。尹建中的研究中也提到过一个类似故事:

> 那时,有个从猪粪中生下的人,此人向神造的人说:"如果你肯替我洗澡,以后即使生病了,只要脱掉一层皮,就能痊愈。"可是神造的人不肯替他洗澡,那个由猪粪中生下的人不得已,只好再度钻入地里去。现在的人都会死,就是因为不替诞生自猪粪的人洗澡的缘故。古时神要人用猪粪洗澡,便能永久不死,但人不信,用清水洗澡,便短命。①

这个故事耐人寻味。南朝宋范晔《后汉书·东夷列传》曾记载:"挹娄……好养豕,食其肉,衣其皮。冬以豕膏涂身,厚数分,以御风寒。夏则裸袒,以尺布蔽其前后。其人臭秽不洁,作厕于中,圜之而居。"② 甚至以尿洗浴。可见古人生活之艰难。本故事中所讲的"用猪粪洗澡"恐怕正是对这种艰苦生活的集体无意识反映。但是,除去它背后的现实因素,更有着浓厚的神话气息和象征意味。从猪粪中生下的人,具有永生的特性。甚至用猪粪洗澡,便能永久不死。

---

① 尹建中编:《台湾山胞各族传统神话故事与传说文献编纂研究》,台湾大学文学院人类学系1994年,第70页。
② 〔南朝宋〕范晔撰,〔唐〕李贤等注:《后汉书》,中华书局1965年版,第2812页。

这种特性是大地赋予的，最后猪粪中生的人再度回到地里。在这里，"粪"作为生命之源的"大母神"特性再一次得到了体现。这些始源性神话揭示了粪神（厕神早期形式）与生殖女神、地母崇拜之间的密切关系。

②粪尿、婚媾与孕生

前面说到，女人生子的过程，从可视化层面来说，与"排泄"的过程相同。而产妇顺产的同时也常排便。如果从这个层面上讲，"粪便"与生命的关系也有可能是这样建立起来的，从而形成了原始粪尿崇拜。比如，直到21世纪，西藏妇女也有在牛栏或者羊圈污秽的环境中生产的，因为人们认为妇女生产会带来很多污秽，如果在家里生产会触怒神灵，所以"即使遇上大雪纷飞、寒风呼啸的日子，也不会随意回到自己的家中"①。另外，藏族人"还有视牛羊圈为'净土'的观念，认为婴儿在'净土'上诞生，将能抵御邪魔的侵扰"②。新疆地区有"傍牛难产，傍马易生"的俗语，所以会垒起一米左右的马粪，再在上面铺上干草，然后让产妇在上面生孩子。将厕所（马桶或牛羊圈、马粪等）同时视为"圣洁-污秽"的同一体这种看似矛盾的观念，实际上导源于同一神圣观念③——生殖女神崇拜。当然，此处已有对女性、粪尿的卑化，但其深层结构中，对女神、粪神的崇拜仍很明显。

当然，在以农业为主的地方，这种女性生殖崇拜与自万物有灵、原始农业以来的粪尿信仰交融在一起，使得人自身的生产始终与生产资料、生活资料难分彼此，而粪尿之神也与生殖神、创世神合二为一。

日本民俗学家饭岛吉晴说，日本人普遍将初生儿与粪便、垃圾

---

① 杨辉麟编著：《西藏的民俗》，青海人民出版社2008年版，第215页。
② 《西藏的民俗》，第215页。
③ 〔美〕米尔恰·伊利亚德著：《神圣的存在——比较宗教的范型》，晏可佳、姚蓓琴译，广西师范大学出版社2008年版，第12页。

视为同一，认为孩子是从粪里出生的。主要原因是产妇在生产的同时也排便，因此人们认为分娩和排便的过程是一样的。日本民俗学家砾川全次也说，人们把粪看作创世神的排泄物，同时也看作植物最原始的形态。而初生儿最初作为"植物"（种子），当然也是神的排泄物，是粪便的产物。日本学者三桥健认为，在近现代采风中遇到的情况，比如日本群马县的人怕幼儿长不快，佯装给刚出生的孩子喂粪，就正有往幼儿灵魂中注入力量的意图。① 这种力量来自粪便，来自创世神。她当然也是地母，是大母神。

在日韩神话和民间故事中，我们可以看到很多"以粪尿为媒"的情况，可以帮助我们了解整个东亚的粪尿信仰状况。

日本《古事记》卷中《神武天皇》六《大物主神之御子》记载了美和的大物主见到"姿容美丽"的少女势夜陀多良比卖，非常爱慕，"乘少女登厕的时候，化为涂着赤土的箭，从那厕所的下流，上冲少女的阴门。于是少女惊惶，狼狈奔走，随持来此箭，放在床边，忽化成壮夫，即娶少女而生子"②。在日本神话中，大物主拥有蛇神、水神、雷神的神格，是稻作丰收、驱除疫病、酿造美酒的保护神。他对势夜陀多良比卖一见钟情，与其交媾于厕。这里大物主、生育神、粪神、厕神（还包含厕之空间信仰）形成四位一体的关系。

日本学者关敬吾《日本民间故事选》中有个故事说，有个小姑娘经常在院子里拉屎，她的母亲把一条公狗唤过来承诺说，如果它把这大便吃干净，将来女儿长大后，就嫁给它。从此以后，只要姑娘一拉屎，这只狗就很快吃干净。后来姑娘长大了，狗还是总跟在她身边，形影不离，母亲想起之前的承诺，就让他们结了婚。③

在日本民俗中，大便和小便的行为都象征着分娩，认为粪尿里有不竭的生命源泉。据日本学者出口米吉记载，在九州岛的步射祭

---

① 参阅《东亚的厕所》，第207页。
② 《古事记》，第65页。
③ 转引自《东亚的厕所》，第223页。

里,人们男扮女装地从插秧田里走过,最后站在石头上小便,认为这象征着分娩。他们根据小便流成的形状,来判断所生孩子的性别,以及占卜来年丰歉。日本京畿"婴儿山"的得名,也是因为附近的水流很像小便的形态。此外,女性的便溺不仅对孕生、婚媾具有正面效果,还具有负面效果,即阻止生长,甚至导致死亡。比如日本民俗学家出口米吉记录过一个故事,一孕妇看到"长野富士山"每天长高,便小便着进行嘲笑,结果山就停止了生长。《凤来寺古记》也记载了一个故事,一个老妇人蹲下撒尿,结果大地裂开,她便掉下去死掉了。① 人们还一致认为,如果在小溪里撒尿,初生儿就会肚痛。

韩国的情况也差不多。《三国遗事·太宗春秋公》记载,金庾信的妹妹宝姬做了一个梦,她梦见自己"登西岳舍溺,弥满京城"。意谓宝姬梦见她登上西岳之后,看见整个京城被自己的尿水所淹没。第二天早上,她把这个梦告知妹妹文姬。文姬用锦裙买下了姐姐的梦。之后,文姬无夫而娠,并喜结良缘。② 其神话结构中仍然有尿与孕生的感应关系。

《三国遗事》还记载,第 22 代的智哲老王智大路因生殖器很长,无法寻找到与他相配的人。后来他的侍者到了牟梁部的冬老树下,看到有两条狗正在争吃一大堆屎,就向村里人打听情况。一个少女告诉他,这是牟梁部相公的女儿藏在树林里拉下的。侍者寻去一看,这个女子身高达七尺五寸,正是智哲老王所要寻找的配偶:

> 第二十二智哲老王,姓金氏,名智大路,又智度路,谥曰智证,谥号始于此。……王阴长一尺五寸,难于嘉耦,发使三道求之。使至谋梁部冬老树下。见二狗啃一屎块如鼓大,争啃

---

① 参阅《东亚的厕所》,第 228—229 页。
② 〔高丽〕一然著,孙文范等校勘:《三国遗事》,吉林文史出版社 2003 年版,第 56—57 页。

其两端。访于里人，有一小女告云："此部相公之女子洗浣于此，隐林所遗也。"寻其家检之，身长七尺五寸，具事奏闻。王遣车邀入宫中，封为皇后，群臣皆贺。①

如上神话传说故事和民俗遗留，生动地说明了粪尿与婚育之间的神秘关系。人们的确普遍地认为粪尿中有赐予生命的魔力，当然相反也会带来灾祸。当厕之空间形成之后，这种信仰依然得到延续。于此，笔者将在下一章进行讨论。随着粪尿信仰时代的逝去，它的正面意义被淡化，负面意义得到彰显，即更加强调其污秽、破坏的一面。再随着"文明"的演进，"污秽"上的"神圣性"也淡去。粪尿原本与创世、造人、婚媾、生育相关的一系列含义，摇身变为"淫秽""污秽""卑下""龌龊"的代名词。比如，"粪谈"一词，表示在规定话题结束之后，开始谈论淫秽的内容。"尿"字，也常与淫秽、轻浮有关。日本江户时代，"乱尿型女人"常用来指小妾；"尿床"一词是对小姑娘或青涩妓女的卑称；"小便桶"比喻淫乱女子。② 在中国，情况也差不多。

3. 粪尿作用的魔化：污秽压胜与治愈之药

粪尿具有压胜作用，突出的是粪尿的负面污秽魔力。韩国学者金光彦在《东亚的厕所》中说："粪被叫作'枯梢'，是从'奇异'和'腐烂'的意思中引申出来的。这就像'枯司（楠）'或'枯司（樟）'一样，带有'奇异力量的存在'和'散发臭味'的意思。粪这个词隐含着魔力。"③

《韩非子·内储说下》曾记载了"燕人惑易，故浴狗矢"的故事。燕人的妻子与人私通，恰好遇到丈夫回来，就让情夫"裸而解

---

① 《三国遗事》，第50页。
② 《东亚的厕所》，第229—230页。
③ 《东亚的厕所》，第219页。

二　大母神、粪肥与厕神缘起

发，直出门，吾属侔不见也"。丈夫问左右这是谁，大家众口一词说没看见有人，丈夫以为自己遇见了鬼，问妻子怎么办。妻子建议"取五牲（牛羊猪狗鸡）之矢（屎）浴之"，于是丈夫"乃浴以矢。一曰浴以兰汤"。① 这一故事在日本也有流传，并被后藤基巳记录下来。袁枚《子不语》也记载一个女子"为狐所染，气奄奄矣"的时候，"女家父母大惊，以为获怪，先喷狗血，继沃屎溺"。② 这些做法就叫作"以毒攻毒"的污秽压胜。

又，清代蒲松龄《聊斋志异》卷六"雷公"条记载：

> 亳州民王从简，其母坐室中，值小雨冥晦，见雷公持锤振翼而入。大骇，急以器中便溺倾注之。雷公沾秽，若中刀斧，返身疾逃；极力展腾，不得去，颠倒庭际，嗥声如牛。天上云渐低，渐与檐齐。云中萧萧如马鸣，与雷公相应。少时，雨暴澍，身上恶浊尽洗，乃作霹雳而去。③

王从简的母亲用自己的便溺退却了凶神恶煞的雷公，而沾上秽物的雷公法力尽失，无可奈何。只有等到身上的粪尿洗净之后，才得以离去。这个故事生动地诠释了粪尿的污秽压胜功能。此外，民间普遍存在的遭遇鬼怪时投之以女人内衣裤的做法，亦属此类，因为女人内衣裤是污秽的，如《彰化县志稿》记载："从女人裤下或裙下走过，小孩不易长大，大人会倒霉，尤以男人为然。"④

日本民俗学家介绍日本的情况说，若有人生了大病，可悄悄把马粪放在他的褥子下，不要让他知晓，这样便能起到非常好的祛病

---

① 《韩非子集解》，第245—246页。
② 〔清〕袁枚：《子不语全集》，河北人民出版社1987年版，第82页。
③ 〔清〕蒲松龄著，张友鹤辑校：《聊斋志异》，上海古籍出版社2011年版，第814页。
④ 《中国地方志民俗资料汇编》（华东卷下），第1649页。

效果；若小儿夜哭，在小儿的褥子下放置牛粪，便可驱赶惊扰他的鬼神；若有人得病、狂躁，将沾有粪水的厕筹烧掉，便可赶走病魔和妖怪；要想长寿，可以喝马粪汤；若想驱除恶鬼，就在名字后加上"粪""尿"类脏字；若被鬼神或妖怪迷惑，撒尿或喝尿就能清醒；若发生闪电，将尿液泼洒屋顶，或是将尿桶放置于院中，就可避免雷击；若雷击着火，泼尿、撒尿即可灭火；若想盗窃成功，小偷就要在偷窃前先大便。① 粪尿似乎成了对抗"敌人"的最佳武器。

中医也常用人和动物的粪尿入药治病。除去其科学层面，所利用的正是粪尿的污秽压胜心理。既然粪尿具有魔力，是极阴之物，那么便可以用"以毒攻毒"的办法驱除同样是阴性的鬼神之物，从而达到治愈疾病的效果。当然，粪尿的这一效用也会"传感"给厕之空间、厕筹、厕土、厕壤、厕板、厕桶、厕帘等厕中之物，使其具有同样的巫术魔力。《本草纲目》等中医典籍记录粪尿入药治病之例甚多，下面撮要列举一些。

① 关于产育与生长

(1) 鹿粪，经日不产，干湿各三钱为末，姜汤下（卷四下）；

(2) 鸡屎白，（治疗）产后遗尿，烧灰酒服（卷三下）；

(3) 人尿，（治疗）痉风及产后风痉，入酒饮（卷三上）；

(4) 柳蠹粪、桑蠹粪，并主产后痢（卷三上）；

(5) 厕筹，烧烟，催生（卷四下）；

(6) 厕筹，主难产，及霍乱身冷转筋，中恶鬼气，并于床下烧取，热气彻上（卷三十七）；

(7) （治）产后阴脱（卷五十二）；

(8) 子死腹中，以夫尿二升，煮沸饮之（卷五十二）；

(9) 猪屎，灰，涂发落（卷四上）；

---

① 参阅《东亚的厕所》，第 221—222 页。

二　大母神、粪肥与厕神缘起

(10) 羊屎灰，淋汁沐头，生发（卷四上）；①

……

② 关于小儿病

(1) 牛屎，烧，傅小儿烂疮（卷四中）；牛屎烧灰封之，灭瘢痕（卷五十）；

(2) 鸡屎白……小儿脐风，口噤反张，强直瘈疭，以黑豆同炒黄（卷三上）；

(3) 人尿（屎），小儿霍乱，抹乳上乳之（卷三中）；

(4) 厕筹，烧贴囟，治惊痫（卷四下）；

(5) 厕户帘，烧灰酒服，主小儿霍乱（卷三上）；

(6) 厕屋户帘，主治小儿霍乱，烧灰，饮服一钱（卷三十八）；

(7) 小儿惊痫，两眼看地不上者，皂角烧灰，以童尿浸刮屎柴竹，用火烘干为末，贴其囟门，即苏（《王氏小儿方》）；小儿齿迟，正旦，取尿坑中竹木刮涂之，即生（《圣惠方》）（卷三十八）；

(8) 小儿胎屎，主治恶疮，食息肉，除面印字，一月即瘥（《藏器》）；治小儿鬼舐头，烧灰和腊猪脂涂之（时珍）（卷五十二）；②

(9) 小儿卒（猝）死，不解何病，急以狗粪丸，绞汁灌之即活（《医钞类编》）；③

……

---

① 以上分别见〔明〕李时珍：《本草纲目》，人民卫生出版社1979年版，第369、234、141、179、370、2214、2940、2945、305、305页。
② 以上分别见《本草纲目》，第2765、140、171、380、170、2204、2214、2941页。
③〔清〕翁藻编撰，崔为等校注：《医钞类编》，中国中医药出版社2015年版，第1998页。

③ 狂躁、头痛、心痛、胀闷等

（1）蚯蚓粪，谵语狂乱，凉水服（卷三上）；

（2）人屎，大热狂走，水渍服（卷三上）；

（3）羊屎，雷头风病，研酒服（卷四上）；雷头风病，羊屎焙研，酒服二钱（卷五十上）；

（4）狐屎，肝气心痛，苍苍如死灰，喘息，烧和姜黄服（卷三上）；

（5）山羊屎，心痛，同油发烧灰，酒服，断根（卷三上）；

（6）狗屎，心痛欲死，研末酒服（卷三上）；①

……

④ 热病、霍乱、痢疾、疫病、肠胃病、风症等

（1）人屎，滋阴降火，男女劳症……骨蒸发热（卷三中）；去咳嗽肺痿，鬼气痓病（又说痉病）（卷四中、卷五十二）；人屎，大热狂走，水渍服（卷三上）；去恶气，人屎浸水，早服之，晚服童尿（卷三中）；②

（2）豪猪肚及屎，主热风鼓胀，烧研酒服（卷三中）；

（3）马屎、羊屎、羊尿，伤寒手足疼欲脱，并洗之（卷三上）；

（4）雄雀粪，干霍乱（即绞肠痧）胀闷欲死，取三七枚研，酒服（卷三上）；③

---

① 以上分别见《本草纲目》，第146、147、2746、258、258、258页。
② 此四条分别见《本草纲目》，第209、2942、147、209页。
③ 以上三条分别见《本草纲目》，第185、147、172页。

(5) 野鸽屎，破伤风病传入里（卷三上）；①

(6) 鸡屎白……治心腹鼓胀消积。鸡屎醴，治鼓胀，旦食不能暮食（卷三中）；破伤中风，产后中风（卷三上）；治中风失音痰迷，水煮服（卷四上、卷四十八）；鸡屎白，炒研豆淋酒服，主风寒湿痹口噤，不省人事（卷三上）；②

(7) 狸屎灰，鬼疟，发无期度（卷三中）；

(8) 厕筹，中恶霍乱转筋，烧烟床下熏之（卷三上）；③

(9) 尿桶板，煎服（治热病）（卷三上）；尿桶，旧板，主治霍乱吐利，煎水服。山村宜之（卷三十八）；④

(10) 油鞋、鞋底灰，多年茅厕中土（同轻粉，傅年久者）（卷四上）；⑤

……

⑤ 关于除疫、邪祟

(1) 古厕木，并烧之辟疫气（卷三上）；

(2) 古厕木，鬼魅传尸，魍魉神祟，烧之（卷三上）；

(3) 厕筹，主治鬼魅传尸温疫、魍魉神祟，以太岁所在日时，当户烧熏。又熏杖疮，令冷风不入（卷三十七）；⑥

……

此外，还可以治疗私处病、溺水、创伤、疼痛、痈肿、出血、

---

① 此二条分别见《本草纲目》，第140、141页。
② 此五条分别见《本草纲目》，第185、147、140、2599、135页。
③ 以上二条分别见《本草纲目》，第182、170页。
④ 此二条分别见《本草纲目》，第170、2214页。
⑤ 《本草纲目》，第314页。
⑥ 以上三条见《本草纲目》，第148、211、2173页。

眼病、食哽、皮肤病、杀虫等等，此不赘举。总之，粪尿及与之相关之物，对各种疑难杂症均有疗效。

粪尿本身的药用价值显然在其次，如上这些效用，多是建立在粪尿巫术心理基础上的。如认为粪尿、厕筹、厕木等具有催生和治疗难产、小儿疾病等功能，与原始粪尿信仰、生殖女神崇拜一脉相承。人们普遍相信粪尿蕴含着无穷生命力，故能赐给人生命和力量，亦能对抗疾病。而粪尿主治发狂、热病、癫痫、遭邪祟等症，是基于人们认为粪尿是极其阴寒之物，可以"以阴制阴""以秽制秽"，从而达到治愈疾病的目的。

这些巫术观念，后来被道教所吸收。在早期道教文化中，有大量与岁时节令相对应的疫鬼名号；道经中，常讲到"注鬼"；墓葬解注文中，也有各种各样的"注"。这些"注鬼""注"与现实生活中的各种疾病密切相关①，而民间也始终认为，导致人生病的根本原因是鬼神作祟。人们还认为居住的环境直接影响到人的健康、财富、仕途、婚姻、生育、寿命等。而在家居环境中，厕所被认为是最特殊的、最容易出现鬼神的地方（详见下一章）。最根本的原因就是，它是储粪的污秽之所，是极阴的卑下之地，故具有"粪"的正负魔力而成为鬼神出没空间。

（三）粪肥、财富与如愿信仰

1. 从"屎田"到"贩粪"

① "以粪为宝"简史

粪作为财富的象征应是在粪肥的作用被理性认知之后，或从距今6000多年的半坡开始，或从距今4000多年的周弃开始。甲骨文中已有"屎田"及在土粪堆边占卜的记载，土粪也已成为殷商时期

---

① 刘志：《魏晋南北朝社会生活与道教文化》，巴蜀书社2013年版，第212页。

的普遍肥料①。此后，伴随着西周的"三圃制"、战国的"垄作法"、西汉的"代田法"②，粪肥的使用更加多样化。

历代统治者在"以农为本"的国策下，都大力奖励农耕。汉代已经出现了种肥、基肥、追肥的施肥技术。③人畜粪便，是最主要的基肥。广东佛山澜石东汉水田模型中的粪堆④，有力地说明了当时已广泛使用基肥。此外，施肥方法又有"撒漫法"和"穴施法"之分。⑤西汉晚期的重要农学著作《氾胜之书》开篇《耕田法》第一句就是"凡耕之本，在于趣（趋）时和土，务粪泽，早锄早获"⑥。当时的主要肥料是蚕矢和人畜粪尿。尤其对蚕矢、蚕蛹的溲肥之用做了详细记载。东汉王充在《论衡·率性篇》中主张"深耕细锄，厚加粪壤"⑦，认为施肥是增产的重要条件。东汉班固在《汉书·沟洫志》中记载："泾水一石，其泥数斗；且溉且粪，长我禾黍；衣食京师，亿万之口。"⑧ 这又是利用白渠中具有肥效的淤泥作为粪壤。值得注意的是，在汉代推广并对后世影响深远的人厕猪圈（猪厕）合一建筑形制，说明人畜屎尿已被广泛收集并运用于农田施肥。（详见下一章）

魏晋南北朝时期，南方和北方分别种植苕类、豆类作物作为绿肥。北魏贾思勰在《齐民要术》中既而规定了播种不同作物的"上时""中时""下时"，并列举出六种肥料，首当其冲的仍然是人畜粪尿。唐宋的情况也差不多。宋人特别重视粪肥，将"粪"称作"粪

---

① 王永厚：《我国古代积粪肥田的经验》，《土壤与肥料》1977 年第 3 期。
② 王树林、曾志刚编著：《中华物质文明》，江西教育出版社 1994 年版，第 49 页。
③ 陈文华、张忠宽编写：《中国古代农业科学技术成就展览（资料汇编）》，江西省科协、江西省历史博物馆编印，1980 年。
④ 广东省文物管理委员会：《广东佛山市郊澜石东汉墓发掘报告》，《考古》1964 年第 9 期。
⑤ 梁家勉主编：《中国农业科学技术史稿》，农业出版社 1989 年版。
⑥ 《氾胜之书辑释》，第 21 页。
⑦ 《论衡注释》，第 109 页。
⑧ 〔汉〕班固撰，〔唐〕颜师古注：《汉书》，中华书局 1962 年版，第 1685 页。

药","以言用粪犹药也"。① 元代王祯的《农书》也辟出专章讨论粪肥,并认为任何土壤都可种庄稼,关键就是施肥:"土壤虽异,治得其宜,皆可种植。"② 又说:"田有良薄,土有肥硗,耕农之事,粪壤为急。粪壤者,所以变薄田为良田,化硗土为肥土也。"③ 这一时期肥料的种类已大大增多,除了主要以窖粪(人畜粪)、圈肥(踏粪)、苗粪(栽培的绿肥)、草粪(青草堆肥)外,还有火粪(熏土)、泥粪(塘河泥)和石灰等。④

明清以来,肥料种类实际上已没有多大变化。明朝万历年间的《农政全书》卷六记载:"劚起宿土,杂以蒿草,火燎之,以绝虫类,并得为粪。"⑤ 清钱泳《履园丛话》记载:"农人每以粪壤为肥禾之用。"⑥ 清代杨屾《豳风广义》中把肥料分为十大类,排在首位的仍然是人畜粪尿。⑦ 直到近世仍是如此。

② 粪肥的商业化

粪便交换应在物物交换时代就有,但今天意义上的"贩卖"应是从宋代开始的。宋代把清扫大小便的人叫作"倾脚头",粪便是他们的生财之道,所以当清扫的领域被别人侵夺时,必据理力争,甚至要弄到打官司的地步。南宋吴自牧《梦粱录》卷十三"诸色杂货"记载:

> 杭城户口繁夥(多),街巷小民之家,多无坑厕,只用马

---

① 〔宋〕陈旉:《农书》,中华书局1956年版,第6页。
② 〔元〕王祯:《农书》,中华书局1956年版,第24页。
③ 〔元〕王祯:《农书》,第23页。
④ 河南省农业厅教材编辑委员会编:《肥料学》,河南人民出版社1961年版,第10页。
⑤ 〔明〕徐光启著,陈焕良、罗文华校注:《农政全书》,岳麓书社2002年版,第94页。
⑥ 〔清〕钱泳著,张伟校点:《履园丛话》,中华书局1979年版,第103页。
⑦ 王永厚:《我国古代积粪肥田的经验》,《土壤与肥料》1977年第3期。

二 大母神、粪肥与厕神缘起

桶,每日自有出粪人瀽去,谓之"倾脚头",各有主顾,不敢侵夺;或有侵夺,粪主必与之争,甚者经府大讼,胜而后已。①

元代农人为了储粪,几乎家家都要拾粪。为了方便收集和出售,随处可见路边修建的公厕,称之为"粪厂"。私厕之粪便由粪夫收集来卖给粪厂。粪夫人数众多,行规严格。明清京城设有专门的管粪机构,规定了收集粪肥的范围、手续,以及惩戒条例。②

粪尿之载,文不雅驯,缙绅先生难言之,故多只能在小说家言中寻求。小说家喜谈粪事,虽出于调侃,但亦可窥见历史真实。晚清小说中有一短篇《粪叟传》很值得注意。它以夸张而传神的笔触描写了一位精通"土化之法"的粪叟通过"贩粪"而致富的故事。

文中所谓"先世仕于周为草人""周公采其术,著于《周礼》"之类,虽不必尽信,但中国的"土化之法"历史悠久当是可知。粪叟所掌握的"土化之法"是家传之方,秘而不宣。他的治粪之方非常系统成熟:有专业的粪具以及专门的储粪化粪之地;深谙各种不同种类的粪肥特性和使用方法;能让粪尿发挥最大肥效,以有利于农业丰产。这基本能反映当时的治粪情况。最后他终于赖此而致富成名。"有所利,虽数百里求之不辞。弗获,则百计经营,卑躬屈节,必欲其得而后已","吾固所利于此也。舍是,终身贫且贱矣。"③ 这些还表现出处于小农经济中的粪叟对于金钱财富的渴求,是转型期的农民形象。实际上,直到20世纪,收集各家粪便,再卖给郊区农民,都还是一个带有垄断性的重要行业。不仅中国,凡是农业国家

---

① 〔宋〕吴自牧:《梦粱录》,浙江人民出版社1980年版,第122页。
② 何本方等主编:《中国古代生活辞典》"粪夫"条,沈阳出版社2003年版,第651页。
③ 以上出自郑振铎编:《晚清文选》,任继愈主编《中华传世文选》,吉林人民出版社1998年版,第120—121页。

图 2-2　日本运粪的部切船

〔韩〕金光彦著:《东亚的厕所》,〔韩〕韩在均、金茂韩译,译林出版社 2008 年版,第 234 页

二 大母神、粪肥与厕神缘起

基本都有这样的历史。

传统日本对粪肥的珍视,有过之而无不及。《东亚的厕所》用了整整一节来讲述日本的"大便贩子"。日本的贩粪是从14世纪镰仓时代开始的。到了江户时代,各城市都把粪便卖给近郊农人,这成为他们的主要收入来源。房东甚至与租客争占粪便,并形成约定:大便归房东,小便归房客。甚至租客的粪便还可以抵扣房租。① 日本有这样的俗语:"大家庭的孩子靠粪养活"(粪可以卖足够的钱);"吃糕和吃粪一样"(可以用粪换食物);"多吃多拉的媳妇是很难得的媳妇"(可以积累足够的粪肥);"人在四公里以内,就要回家上厕所"(肥水不流外人田)。② 那时,在大阪周边,还常常出现运送粪便的"粪船",并唱这样的谚语:"天下财富都在大阪,大阪的财富都在粪船上。"(图2-2)这种情况一直持续到20世纪40年代末,而韩国也基本持续到了20世纪50年代。③ 在日本生活了三十多年的劳伊斯(1532—1597)也曾这样记载:"在欧洲,要付给淘粪人钱;但在日本却相反,淘粪的人要交米和钱给人家。在欧洲……人的粪便被当作垃圾扔掉;但在日本……人的粪便却被用作菜田的肥料。"④

总之,五谷丰登、六畜兴旺,才能财源广进、国泰民安。在这个序列中,正如《盐铁论·水旱》所说:"农,天下之大业也。"⑤ 而在农业中,粪肥又是关键要素,是农业之基、财富之根。《广雅·释诂四》云:"粪……饶也。"王念孙疏证云:"粪之言肥饶也。"⑥ 因此与粪肥相关的粪神(厕神)自然会成为人们所崇拜的对象,这一点

---

① 《东亚的厕所》,第231—235页。
② 《东亚的厕所》,第224页。
③ 《东亚的厕所》,第252页。
④ 《东亚的厕所》,第232页。
⑤ 〔汉〕桓宽著,王利器校注:《盐铁论校注》,天津古籍出版社1983年版,第437页。
⑥ 〔清〕王念孙:《广雅疏证》,上海古籍出版社1983年版,第504页。

和西方完全不同。早有学者指出："西方农民很少用粪便作肥料，人们任凭粪便在便池中日积月累，直至装满，人群熙攘之地尤其如此。相形之下，东方的农民则将城镇各处收集来的粪便视为一种重要物品。"①

2. 如愿神话及其原型考

中国粪神最著名的代表是如愿。她最早见载于晋干宝《搜神记》。在这里，她已经变成受损害受侮辱的弱女子形象，与南朝厕神紫姑、唐朝厕神戚姑的故事在结构上类似。其主要神格为使人富裕的"财神"，这一点长期以来比较稳定。

① 如愿故事三则

晋干宝《搜神记》卷四"青洪君附如愿"条，最早记载了如愿的故事：

> 庐陵欧明，从贾客，道经彭泽湖。每以舟中所有，多少投湖中，云："以为礼。"积数年。后复过，忽见湖中有大道，上多风尘。有数吏，乘车马来候明，云："是青洪君使要。"须臾达，见有府舍，门下吏卒，明甚怖。吏曰："无可怖。青洪君感君前后有礼，故要君，必有重遗君者。君勿取，独求如愿耳。"明既见青洪君，乃求如愿。使逐明去。如愿者，青洪君婢也。明将归，所愿辄得，数年，大富。②

彭泽湖，在今江西。这里厕神如愿生活在湖中，与水肥亦有关。青洪君，是粪便的意象。如愿是作为"酬报"的礼物送给庐陵欧明的。她的本领是能使人"数年大富"，为财神无疑。继《搜神记》之

---

① 《厕神：厕所的文明史》，第128页。
② 〔晋〕干宝撰，汪绍楹校注：《搜神记》，中华书局1979年版，第52页。

二 大母神、粪肥与厕神缘起

后，南朝宋佚名氏《录异传》也记载了如愿使人富贵的故事。

> 昔庐陵邑子欧明者，从客过道经彭泽湖，辄以船中所有多少（已上八字《类林》作"每以珍宝"）投湖中，云以为礼。积数年，后过，见湖中有大道，道上多风尘，有数吏单衣乘车马来候，云是青洪君使要。明知是神，然不敢不往。须臾，遥见有府舍门下吏卒，明（以上十二字据《类林》引补）甚怖问吏，恐不得还。吏曰："无可怖！青洪君以君前后有礼，故要君，必有重送，君皆勿收，独求如愿尔！"去，果以缯帛送，明辞之。乃求如愿。（《类林》作"'必有厚遗，然勿取，但求如愿耳。'明既见青洪君，君问所须，明曰：'欲求如愿。'"）神大怪明知之，意甚惜，不得已，呼如愿使随去。如愿者，青洪君婢也，常使之取物。明将如愿归，所欲辄得之，数年大富。意渐骄盈，不复爱如愿。岁朝，鸡一鸣，呼如愿，如愿不起。明大怒，欲捶之。如愿乃走。明逐之于粪上。粪上有昨日故岁扫除聚薪，如愿乃于此得去。明不知，谓逃往积粪中，乃以杖捶使出。久无出者，乃知不能。因曰："汝但使我富，不复捶汝。"今世人岁朝鸡鸣时，转往捶粪，云使人富。①

这里有一些新变化：一是渲染了"求如愿"的情节和场景。如吏极力推荐欧明选择如愿；欧明对所赠之缯帛极力推辞，只求如愿；而青洪君完全没料到欧明会求如愿，青洪君的反应和不舍，更加突出如愿作为财神的重要性。二是增加了如愿被虐待的情节。三是顺承上面的逻辑，增加了如愿遁逃于粪的情节，明确了如愿是粪神的神格。四是当时民间已经形成"捶粪"习俗，表明这一故事由来已

---

① 鲁迅校录：《古小说钩沉》，齐鲁书社1997年版，第254—255页；括号中为笔者所补。

久。从神话的产生到习俗的形成,应经历一个相当漫长的时期。所以,如愿故事,应早在魏晋南北朝之前就存在。

再来看看清纪昀《阅微草堂笔记》卷二十二《滦阳续录四》的记载:

> 门人吴钟侨尝作《如愿小传》,寓言滑稽,以文为戏也。后作蜀中一令,值金川之役,以监运火药殁于路,诗文皆散佚,惟此篇偶得于故纸中,附录于此。其词曰:如愿者,水府之女神,昔彭泽清洪君以赠庐陵欧明者是也,以事事能给人之求,故有是名。水府在在皆有之,其遇与不遇,则系人之禄命耳。有四人同访道,涉历江海,遇龙神召之曰:鉴汝等精进,今各赐如愿一。即有四女子随行,其一人求无不获,意极适,不数月病且死。女子曰:今世之所享,皆前生之所积;君夙生所积,今数月销尽矣,请归报命。是人果不起。又一人求无不获,意犹未已,至冬月求鲜荔巨如瓜者。女子曰:溪壑可盈,是不可餍,非神道所能给。亦辞去。又一人所求,有获有不获,以咎女子。女子曰:神道之力亦有差等,吾有能致不能致也。然日中必昃,月盈必亏。有所不足,正君之福,不见彼先逝者乎?是人惕然,女子遂随之不去。又一人虽得如愿,未尝有求。如愿时为自致之,亦惄然不自安。女子曰:君道高矣,君福厚矣,天地鉴之,鬼神佑之。无求之获,十倍有求,可无待乎我,我惟阴左右之而已矣。他日相遇,各道其事,或喜或怅,曰:惜哉,逝者之不闻也。此钟侨弄笔。狡狯之文,偶一为之,以资惩劝,亦无所不可。如累牍连篇,动成卷帙,则非著书之体矣。①

据纪昀所说,这是他的门人吴钟侨所作。纪昀将其视为游戏文

---

① 〔清〕纪昀:《阅微草堂笔记》,上海古籍出版社2016年版,第419页。

二 大母神、粪肥与厕神缘起

字。故事显然融合了佛教的劝善、因果内容,是一篇警策小寓言,已属于文人创作的"衍生态神话"。但其中所涉及的如愿故事显然是与之前南朝的故事一脉相承的。据各地地方志记载,也可知明清以来直至当代,一直流传着如愿故事和相关习俗。这里如愿的身份已由之前的青洪君女婢,变成水府女神。且还不止一个,只要是水府都有如愿,是否遇到,就看各人禄命了。如愿职司人之禄命,显然就是个女财神。得之则富,失之则穷。总之,如愿能使人致富的"财神"神格从晋代干宝《搜神记》到清纪昀《阅微草堂笔记·滦阳续录四》,实在并未发生什么变化。

② 如愿原型初探

在《搜神记》中,如愿是彭泽湖湖神青洪君的婢女。青洪君本就是粪的意象。早期储粪,就是挖一大坑。神话中粪池、湖、井常常同位。且在彭泽湖地区,早已利用水肥灌溉稻田。因此将粪神说成居住在湖中是很自然的。如愿本是帮助青洪君"取物"的婢女,后又作为酬谢的礼物被送给欧明,并助他"数年大富"。如愿活脱脱就是个"财神"。这一神格是从何处获得的?检阅文本,可知是从"粪"中而来的。她不仅是粪神青洪君婢女,生活在"粪"的世界里;最后也遁逃于粪,回到了"粪"的世界。

由早在南朝《录异传》之前就存在着"搥粪"求富的习俗,可知如愿故事渊源甚早。之前,我们在甲骨卜辞中就发现商人有在土粪堆旁占卜的现象,或许正是这种"搥粪"习俗的前身。

"粪"字本义为"屎",名词引申为一切污秽物(物质和精神的双重污秽);动词引申为清扫、施肥。关于"粪"字,笔者在本章第一节已详细讨论过,这里再看看与如愿故事有关的另一个字"扫"。

扫,即埽,同粪字。《说文》"土"部有𡎐字。𡎐,扫除也,从土,弁声,读若粪,为弆字之初文。① 《少仪》曰:"氾埽曰埽,埽席

---

① 《说文解字注》,第 687 页。

前曰拚。"拚又同攘，攘即粪。《曲礼》曰："凡为长者粪之礼。"粪即扫。许慎在解释"埽"的时候，已将"埽"和"粪"互训①。前面已说到，粪的本义是"屎"，作为动词表示打扫粪便、施肥，即拚和攘，这正是埽（扫）之本义，后来才泛指一般打扫。再看，埽（扫），从土从帚。妇（婦），从女持帚，洒扫也②。从神话学来看，偏旁"土"（沃土、粪壤）、"女"（女性、母亲神、地母）实际上同位，那么"埽（扫）"即"妇（婦）"。既然女人是原始农业的发明者和主要操持者，那么"扫"和"妇"所关联的当然就是最早清理粪便来施粪肥的人。

原始农业开始后，粪肥崇拜就始终交织着生殖女神崇拜和地母崇拜。如愿信仰正可上溯至此。因此，如愿在本质上就是"粪"的人格化神，或许我们可以称之为"粪妇"或"粪扫之妇"，她当然也是"生产之妇""种植之妇"。

不过，随着私有制的发展，人们对财富的追求凸显，便出现"粪-金""猪神-富贵""厕神-富贵"等观念。这些观念反映了人们在小农经济中的致富途径。再加上一些新的社会关系的变化（如在性别关系上，女子成为男人附庸、财物），如愿遂由原来的"粪妇"（粪扫之妇、生产之妇、种植之妇）而摇身变为"财神"。这不仅是如愿的命运，也是一些厕神的命运。

南朝宋刘敬叔在《异苑》中记载，厕神后帝能给人带来官位、富贵：

> 陶侃曾如厕，见数十人悉持大印，有一人朱衣平上帻，自称后帝。云："以君长者，故来相报，三载勿言，富贵至极。"侃便起，旋失所在，有大印作公字当其秽处。《杂五行书》曰：

---

① 《说文解字注》，第687页。
② 《说文解字注》，第614页。

厕神曰后帝。①

又,《南史》卷三十七记载南朝宋沈庆之曾梦见"引卤簿入厕中":

> 初,庆之尝梦引卤簿入厕中。庆之甚恶入厕之鄙。时有善占梦者为解之,曰:"君必大富贵,然未在旦夕。"问其故,答云:"卤簿固是富贵,容厕中所谓后帝也。知君富贵不在今主。"及中兴之功,自五校至是而登三事。②

占梦者认为这是后帝要让他富贵的征兆,后来果然应验。

"粪-金"观念与"厕神-富贵"观念是一样的。元代陶宗仪《说郛》引唐代李复言《续幽怪录》"台州民"条故事正反映了"粪-金"观念。北宋陈慕在《葆光录》卷三中亦记其事,今录于此:

> 台州有民姓王,常祭厕神。一日至其所,见着黄女子。民问:"何许人?"答云:"非人,厕神也。感君敬我,今来相报。"乃曰:"君闻蝼蚁言否?"民谢之:"非惟鄙人,自古不闻此说。"遂怀中取小合子,以指点少膏,如口脂,涂民右耳下。戒之曰:"或见蚁子,侧耳聆之,必有所得。"良久而灭。民明日一见柱础下群蚁纷纭,忆其言,乃听之,果闻相语云:"移穴去暖处。"傍有问之:"何故?"云:"其下有宝,甚寒,住不安。"民伺蚁出讫,寻之,获白金十铤,即此后不更闻矣。③

---

① 〔南朝宋〕刘敬叔撰,范宁校点:《异苑》,中华书局1996年版,第42页。
② 〔唐〕李延寿:《南史》,中华书局1975年版,第957页。
③ 〔宋〕龙明子纂:《葆光录》,商务印书馆1940年版,第21页。

清代褚人获的《坚瓠集》也记载了此事，唯个别词句有改动。这个着黄女子厕神，实际上就是"大便"的人格化神。与如愿是青洪君送给欧明的馈赠之礼类似，着黄女子也是感人敬重，故来相报。涂了"膏"（大便意象）的耳朵，便能有神通听见蚂蚁说话，并借此获得白金十铤。在这里，"粪"（大便）无疑就是财富的象征。此外，《夷坚志》中还记载，有人在厕神的帮助下找到了失窃之物。《夷坚甲志》卷十九"秽迹金刚"条记载："乃发粪下，见一砖兀兀不平，举之，银在其下。"① 粪秽乃是藏匿脏银之处，与上述《葆光录》记载异曲同工。

"粪－金"观念在今日民间仍非常盛行。如今天台湾地区人们还认为，梦见跌落厕所会发大财②；脚踏各种粪会有福气，是发财之兆。③日本神话民俗也差不多，比如说厕神和黄金神是兄弟；梦到要大便，就会赚钱；做关于屎尿的梦，会有好事发生。日本学者饭岛吉晴还收录过一个日本故事，说在日本的甄岛上住着一对老夫妻。一个盲人在他们家里留宿，结果半夜掉进厕所里。夫妻俩把盲人拉起来，烧热水洗干净，可是他的身体却慢慢融化了。第二天一早，盲人身体残余的部分全都变成了金子。④

3. 如愿信仰的相关习俗

厕神如愿辐射及扫帚姑、扫寻姑、箕帚姑、扫晴娘、灰七姑、茅娘、茅人、穷神、五穷娘、五穷媳妇、赵公明等俗神。关联的民间习俗有打灰堆、打如愿、得宝、送穷（送五穷、破五）等。总的来说，有关如愿的信仰大多以"求富"为核心，又往往表现为"穷"

---

① 〔宋〕洪迈撰，何卓点校：《夷坚志·夷坚甲志》，中华书局1981年版，第171页。
② 丁世良、赵放主编：《中国地方志民俗资料汇编》（华东卷下），书目文献出版社1995年版，第1498页。
③ 《中国地方志民俗资料汇编》（华东卷下），第1422页。
④ 《东亚的厕所》，第221页。

二　大母神、粪肥与厕神缘起

和"富"正反两方面内容。民间关于如愿的故事和习俗基本都是由此生发开去的。与厕神紫姑的原始神格后来发生偏移有所不同，如愿信仰到很晚都还始终保持着与粪便、粪扫的密切关系。

①"捶粪""打灰堆"

南朝宋佚名氏《录异传》说当时已有"捶粪"习俗。南朝梁《荆楚岁时记》载："（正月初一）以钱贯系杖脚，回以投粪扫上，云'令如愿'。"① 隋代杜公瞻补充说当时"北人"也有此俗，"正旦夜立于粪扫边，令人执杖打粪堆，以答假痛。又以细绳系偶人投粪扫中，云'令如愿'，意者亦为如愿故事耳"②。捶粪，即用杖捶打粪便、粪堆，或将钱贯、偶人系杖脚以投粪扫的行为，实际上是模拟欧明捶粪欲使如愿出的情节。而系以"钱贯"，求富心理的表现更加突出。"捶粪"习俗又被称为"令如愿""打灰堆""打粪堆""打尘埃""散花""卖冷"等，本质上都一样。如前所说，这一故事和习俗由来已久，一直在民俗信仰中绵延不绝，至今在中国南北仍有很强的生命力。

"捶粪"的以上两种形式在宋代都有。第一种用杖捶打粪便、粪堆的形式，如宋代范成大《打灰堆词》中有祝词："除夜将阑晓星烂，粪扫堆头打如愿；杖敲灰起飞扑篱，不嫌灰涴新节衣。老媪当前再三祝：'只要我家长富足。轻舟作商重船归，大牸引犊鸡哺儿；野茧可缫麦两歧，短袘换着长衫衣。当年婢子挽不住，有耳犹能闻我语；但如我愿不汝呼，一任汝归彭蠡湖！'"诗序中说："除夜将晓，鸡且鸣，婢获持杖击粪壤致词，以祈利市，谓之'打灰堆'。此本彭蠡清洪君庙中如愿故事，惟吴下至今不废云。"③ 第二种将钱贯、偶人系杖脚投以粪扫的形式，如宋叶廷珪《海录碎事》"元日门"

---

① 〔南朝梁〕宗懔：《荆楚岁时记》，中华书局1991年版，第3页。
② 《荆楚岁时记》，第3页。
③ 〔宋〕范成大：《范石湖集》，中华书局1962年版，第409页。

85

载:"今人正旦(大年初一)以细绳系偶人投于粪壤中,云:'令如愿。'"①

明嘉靖《姑苏志》卷十三记除日夜"祀瘟,易门神、桃符,更春贴。画灰于道,象弓矢以射祟,其(有)祝词为'打灰堆'"。②"祀瘟""射祟"正体现的是粪神(厕神)的负面特征。嘉靖《江阴县志》卷四也说:"画灰于地,像弓矢,云以辟邪,画内书其祝词,曰堆金积玉,曰万斛千箱。"③既有辟邪,又有求富,体现了粪神(厕神)的两面性。《中华全国风俗志》引清代《吴中岁时杂记》记吴中地区"小年夜、大年夜。祀先之礼,相沿用昏,俗呼大年夜。或有用除夕前一夕者,谓之小年夜,又曰小除夕。俗又总呼之为大年小夜。鸡旦鸣,持杖击灰积,致词以献利市,名曰'打灰堆'"。④这里"摇粪"习俗已从小农经济中农人的个体"求富",发展为商业经济中商人的行业性"求财"。江苏地区至今有"打埃尘"习俗:"腊将残,去庭户尘秽,或有在二十三、二十四及二十七日'打埃尘'。"⑤此外,河南沁源县的灯节也是这一习俗之遗留。从正月十四到十六连续三日,在粪堆边进行的"散花",与打灰堆一样,也是"求富"心理的反映。

有的地方还有粪扫禁忌,也是从如愿信仰习俗而来。《上杭县志》"岁时民俗"记载,元月二日,人家多不动帚,初三始扫地,此即《搜神记》所载,恐伤如愿神也。⑥从文献上看,这也是从南朝故事如愿被打的情节而来。《武进、阳湖县合志》记载元旦忌穿针线、

---

① 〔宋〕叶廷珪撰,李之亮校点:《海录碎事》,中华书局2002年版,第37页。
② 〔明〕林世远修,〔明〕王鏊纂:《(正德)姑苏志》(两江总督采进本),文渊阁四库全书,第903页。
③ 《(嘉靖)江阴县志》,明嘉靖刻本,第214页。
④ 胡朴安编著:《中华全国风俗志》(下编),河北人民出版社1986年版,第171页。
⑤ 《中华全国风俗志》(下编),第168—169页。
⑥ 《中国地方志民俗资料汇编》(华东卷下),第1340页。

不扫地,殆唐人恐去"如愿"意。①《嘉兴县志》"岁时民俗"记载元旦"禁扫地",即岁旦藏粪扫之意,为乞如愿事。②《西安县志》"岁时民俗"记载元旦"忌洒扫,以通草花插粪帚上,呼曰'如愿'"。③这种习俗一直流传至今,在现当代的民俗收录中也还可看到。如《中华全国风俗志》记载:"元旦日(即大年初一)不准使水土出门,即不泼水,不扫地,盖以为水土出门,即财气出门也。"④《中华风俗历》记载:"正月初一不做杂务,停止洒扫,因此除夕之夜各种事情完毕后,每家屋内必须做最后一次打扫,收拾干净,俗称扫地岁,不向户外倾倒污水垃圾,据说违者会破财。"⑤毫无疑问,与粪扫禁忌相关的帚姑、箕帚姑(箕姑)、扫娘、扫晴娘等都是如愿的演化。无论是粪扫崇拜("捶粪""令如愿""打灰堆"),还是粪扫禁忌,其实所反映的求富心理如出一辙。

南朝时的"捶粪""令如愿",到宋代成了"打灰堆",后来衍生出更多形式(见下),在民间根基深厚。粪扫崇拜和粪扫禁忌,形式上相反,本质上却相同。这一信仰在发展过程中,虽祭祀(举办)的时间、地点以及祭祀仪轨(举办形式)有所变化,但求富的心理却是一致的。南朝一般在正月初一,宋代在除夕黎明(也算是正月初一)或正月初一,取"新年开端"之意。在地方志中,也是以初一最多,其次是初一至初五,也有的在正月十四至十六三日,还有在腊月二十三、二十四、二十七、二十九、三十的。不过,总的来说,基本不出于正月和腊月,有取其"弃旧迎新"之意。

②"得宝""石头神"

明代谢肇淛《五杂组》卷二"天部二"记载:

---

① 《中国地方志民俗资料汇编》(华东卷上),第 465 页。
② 《中国地方志民俗资料汇编》(华东卷中),第 651 页。
③ 《中国地方志民俗资料汇编》(华东卷中),第 885、893 页。
④ 《中华全国风俗志》(下编),第 16 页。
⑤ 陈果夫著,卢红芹、王歌编译:《中华风俗历》,凤凰出版社 2010 年版,第 313 页。

元旦，古人有画鸡，悬苇，酌椒柏，服桃汤，食胶饧，折松枝之仪，今俱不传矣。惟有换桃符及神荼、郁垒尔。闽中俗不除粪土，至初五日，辇至野地，取石而返，云"得宝"，则古人唤"如愿"之意也。①

从大年初一开始不除粪土，即上面所说的粪扫禁忌。到初五，去郊外野地取石回来，叫"得宝"，并说这就是古人所谓的"如愿"，那么粪土＝石头＝宝＝如愿。《福建续志》"岁时民俗"也记载闽俗大年初一不除粪土，"至初五日，辇至野取石而返，云得宝，即古人唤如愿之意也"②。《闽侯县志》记载亦同。可知这一信仰和习俗一直得到了延续。

紫姑和如愿同为厕神，在民间多有混淆，所以也常见将石头神视为紫姑神的。《玉田县志》"信仰民俗"记载河北地区："迎紫姑……其法，于元宵灯下，二、三女郎取汲器，涂灰泥于底，置砧石上以爨，上寻击而祝之，且击且举，能以缶引砧离地，徐步向前，有预糁谷数重，历轹其上，而砧不坠，则年丰。此名为请'石头神'，亦曰'请姑姑'。"③ 姑姑，即紫姑。其神格是职司"年丰"。汲器本用于取水，此处置砧石上以爨作炊具，又用扫帚敲击而祝。从所涉及的器物看，又是将扫帚神（如愿神）和灶神合祭。民间多有将厕神和灶神扯上关系的。此外，河南泌源闺阁游戏"抬石头神"的具体做法是，"先备瓦罐一个、平面大石一块、麻绳两根、木杖一条、香九炷、表五张，同置灶神前。先以麻绳将石头缚就一套，再将木杖插于套内。焚香毕，将表烧于罐中，口内念咒数句，即将石放于罐口之上，二人抬之直走，罐亦随行。……妇女之作此戏者，谓

---

① 〔明〕谢肇淛：《五杂组》，上海书店出版社 2001 年版，第 20 页。
② 《中国地方志民俗资料汇编》（华东卷下），第 1193 页。
③ 《中国地方志民俗资料汇编》（华北卷），第 243 页。

二 大母神、粪肥与厕神缘起

图 2-3 送穷图

刘仲宇:《正逢时运——接财神与市场经济》,上海辞书出版社 2005 年版,第 107 页

有神相助，故曰抬石头神"①。此处所载，与《玉田县志》的"迎紫姑""请石头神"差不多。山东又有石秀才，见载于《庆云县志》。大概是正月上元前后三夜沿街张灯，村女请紫姑卜休咎，或请石秀才以卜事。②这里的石秀才，就是河北的石头神。

这种"取石而返，云得宝"的习俗，如今在中国民间很多地方都有。不过大多只留习俗痕迹，而没有神话故事了。有的地方（如四川地区）正月初一"拾柴"谓之"拾财"，具有异曲同工之妙。

③"送穷""破五"与穷神考

送穷，各地皆有，称谓颇多。如"送穷""送五穷""赶五穷""赶五穷官""填五穷""填穷坑""送穷衣""送穷土""送穷媳妇""送五穷媳妇""破五""破五儿崩穷""炙穷"等等。送穷的日期主要集中在除夕至初三、初五（如陕西、四川）、初六（如北京）、初七（如厦门）、初八（如泉州）、晦日（腊月二十九或三十）、正月二十九日（又称"下九日""拗九日""窈九日""九九节"等，如闽地）、三月三（如闽北）③，非常杂乱，部分地区的时间也与前面所说的"搔粪"习俗和粪扫禁忌相同。

西汉焦赣《焦氏易林》认为《剥》《既济》《临之兑》《临之归妹》等卦所代表的日子均为"贫鬼守门"日。如《剥》卦："贫鬼守门，日破我盆。毁罂伤瓶，空虚无子。"④《临之归妹》："域域牧牧，忧和（祸）相伴。隔我岩山，室家分散。"⑤《临之兑》卦："贫鬼守门，日破我盆。孤牝不驹，鸡不成雏。"⑥《既济》卦："齫齫啮啮，

---

① 《中华全国风俗志》（下编），第127页。
② 《中国地方志民俗资料汇编》（华北卷），第156页。
③ 〔明〕夏玉麟、汪佃修纂，福建省地方志编纂委员会整理：《嘉靖建宁府志》，厦门大学出版社2009年版。
④ 〔汉〕焦赣撰：《焦氏易林》，中国书店2014年版，第108页。
⑤ 《焦氏易林》，第190页。
⑥ 《焦氏易林》，第191页。

贫鬼相责。无有欢怡，一日九结。"① 由此可见，贫鬼的神格主要是主消耗财物、断绝子嗣、夺取欢愉等。很明显，此贫鬼、穷鬼，就是后来所谓的"虚耗"之鬼。虚耗，顾名思义，是使财物耗散的鬼神。

西汉扬雄有《逐贫赋》，表达了自己想摆脱贫困失志处境却无可奈何的心情。其中有两句值得注意："扬子遁居，离俗独处。左邻崇山，右接旷野。邻垣乞儿，终贫且窭。礼薄义弊，相与群聚。惆怅失志，呼贫与语：'汝在六极，投弃荒遐。'"②这里说到"贫鬼"是被弃在荒遐之地。当贫鬼听了他的抱怨后，说："唯唯。主人见逐，多言益嗤。心有所怀，愿得尽辞。昔我乃祖，宣其明德。克佐帝尧，誓为典则。"③表明了贫鬼身份本很显赫，与五帝有关。

南朝《荆楚岁时记》又云"晦日送穷"。④ 隋杜公瞻注云："按《金谷园记》（时间不详）云：'高阳氏子瘦约，好衣敝食糜。人作新衣与之，即裂破，以火烧穿着之，宫中号曰"穷子"。正月晦日巷死。今人作糜、弃破衣，是日祀于巷，曰"送穷鬼"。'"⑤这一说法在此后也得到了继承。如唐代《四时宝鉴》沿袭《金谷园记》的记载说："高阳氏之子，好衣敝食糜，时号'贫子'，正月晦日死于巷。世作糜粥敝衣，是日祝于巷，曰'除贫'。故退之《送穷文》曰：'正月乙丑晦。'姚合诗曰：'万户千门看，何人不送穷。'竟如寒食竞渡之事止于此日也。"⑥

从唐代韩愈《送穷文》及段成式《留穷辞》《送穷祝》，可窥见唐代送穷风俗概况，宋代也类似。或"结柳作车，缚草为船，载糗

---

① 《焦氏易林》，第212页。
② 郑文：《扬雄文集笺注》，巴蜀书社2000年版，第144—145页。
③ 《扬雄文集笺注》，第147页。
④ 《荆楚岁时记》，第7页。
⑤ 《荆楚岁时记》，第7页。
⑥ 〔清〕梁章钜撰，吴蒙校点：《浪迹丛谈 续谈 三谈》，上海古籍出版社2012年版，第317页。

舆粮,牛系轭下,引帆上樯"①,或"判筒而槽,比箪而间,细枭缠幅楮,饰木偶。家督被酒,请禳穷,将酹地歌舞"②。元代也有抛煎饼送穷的③,如金朝元好问《送穷》:"煎饼虚抛纲撒堆,满城都道送穷回。"④后来形式更多,如民国《翼城县志》卷十六记载,正月初五谓之破五。早晨起来,取一点炉灰放到筐里,剪五个楮人,送到门外,焚香,放烟花爆竹而还,名曰"掐五鬼",又叫"送穷气"。这天,以刀切面,煮而食之,名曰"切五鬼"。⑤

可穷鬼高阳氏子瘦约的原型又是什么呢?

南朝《荆楚岁时记》"晦日送穷"下,隋杜公瞻注云:"按《金谷园记》云:'高阳氏子瘦约,好衣敝食糜。人作新衣与之,即裂破,以火烧穿着之,宫中号曰"穷子"。正月晦日巷死。今人作糜、弃破衣,是日祀于巷,曰"送穷鬼"。'"⑥ 同书在"其(正月十五)夕,迎紫姑以卜将来蚕桑,并占众事"下,杜公瞻注引刘敬叔《异苑》所载紫姑事毕,有"自尔厕中着以败衣,盖为此也"⑦。注又引《洞览》云:"是帝喾女,将死,云生平好乐,至正月半可以衣(败衣)见迎,又其事也。"三处皆提到"败衣"的事情。这说明隋代或杜公瞻所知晓的迎祀厕神的仪轨中就有在厕所中着败衣。他认为这种仪轨的源头就是高阳氏子瘦约的故事。最后杜公瞻引用《荆楚岁

---

① 〔唐〕韩愈著,马其昶校注,马茂元整理:《韩昌黎文集校注》,上海古籍出版社2014年版,第636页。
② 〔唐〕段成式著,元锋、烟照编注:《段成式诗文辑注》,济南出版社1995年版,第121页。
③ 这里的煎饼,类似于日本镜饼的功能,故补于此。在日本长野县,如果孩子晚上经常哭,就做镜饼供奉在厕所里。镜饼,是专门供奉给神灵的扁圆形年糕,始于奈良时代。日本人认为装饰镜饼在一年中的12月28日最为合适,也有些选择在大安的日子进行,即每年的12月31日以外的日子。做镜饼给厕神,以及将厕神描述为使用镜子的女人,是日本的一大特色。参阅《东亚的厕所》,第207页。
④ 〔金〕元好问:《元好问全集》,山西人民出版社1990年版,第363页。
⑤ 马继桢、邢翱桐、吉廷彦、马毓琛编:《翼城县志》,1929年铅印本。
⑥ 《荆楚岁时记》,第7页。
⑦ 《荆楚岁时记》,第6页。

时记》之前的《洞览》所载帝喾女的故事来加以佐证，以说明这种仪轨的推行还可往上溯。可以说，他认为厕神（紫姑）、帝喾女、穷鬼三者有关，是很有见地的。

隋前的《金谷园记》说穷鬼是高阳氏子瘦约。高阳氏，即颛顼。《后汉书·礼仪志》记载："颛顼氏有三子，生而亡去为疫鬼。一居江水，是为虐；一居若水，是为魍魉蜮鬼；一居人宫室区隅沤庾，善惊人小儿。"① 东汉蔡邕《独断》说："疫神帝颛顼有三子，生而亡去为鬼。"② 《搜神记》卷十六所载又有区别："昔颛顼氏有三子，死而为疫鬼：一居江水，为疟鬼；一居若水，为魍魉鬼；一居人宫室，善惊人小儿，为小鬼。"③ 原来颛顼之所以有三个疫鬼儿子，乃是因为自己就是疫神帝。

古人认为人生病都是鬼神作祟，尤其是疫病；还认为在人的居住空间中，厕间最容易带来疾病。在东汉卫宏的《汉旧仪》中还保存着"区隅沤庾"四字④，但后来被删去。区隅，角落。沤庾，此二字长期不得解。实际上，沤，就是沤粪之地，即厕间、猪圈或粪池。庾，应为仓库。这些空间隐蔽神秘，是人们认为最能招致鬼神的地方。

《山海经·海内经》记载颛顼身世："黄帝妻雷祖，生昌意，昌意降处若水，生韩流。韩流擢首、谨耳、人面、豕喙、麟身、渠股、豚止，取淖子曰阿女，生帝颛顼。"⑤ 颛顼的父亲，是猪形的韩流，恐不是偶然。叶舒宪认为韩流就是井水之神⑥，《说文》中"韩"就

---

① 〔晋〕司马彪撰，〔梁〕刘昭注补：《后汉书》，吉林人民出版社1995年版，第3128页。
② 〔汉〕蔡邕：《独断》，中华书局1985年版，第11页。
③ 《搜神记》，第189页。
④ 《后汉书》（卷74上—卷120），第1773页注引。
⑤ 《山海经校注》，第442—443页。
⑥ 《亥日人君》，第124—125页。

是"井垣"①的意思。日本黑羽宁认为猪形的韩流正反映了水田农业的诞生，猪就是谷精。②猪圈（猪厕）就是人厕。现在回过头去可以看到这样一种发展：猪神、猪瘟神、粪神、厕神、井神（韩流）→疫神帝（颛顼，高阳）→疫鬼（颛顼三子）→穷鬼（高阳子瘦约）。至于高阳颛顼变为高辛帝喾，高阳子变为帝喾女，更是容易了。

前面已说，西汉时期，贫鬼就被描述成"虚耗"之鬼。"虚耗"之鬼也被道教体系纳入。东汉张陵《正一法文经章官品》卷一《主利宅舍》记载："青龙君官将一百二十人，治匮室，主万民虚耗，不宜六畜，主利宅舍。"③南朝梁《荆楚岁时记》记载："其（正月十五）夕，迎紫姑以卜将来蚕桑，并占众事……正月未日（五日），夜芦苣火，照井厕中，则百鬼走。"④宋代孟元老《东京梦华录》记载："二十四日交年……夜于床底点灯，谓之照虚耗。"宋陈元靓《岁时广记》三十九引《岁时杂记》云："交年之夜（即腊月二十四日夜），门至床下以至圊溷，皆燃灯，除夜亦然，谓之照虚耗。"阙名《异闻总录》卷四："京师风俗，每除夜必明灯于厨厕等处，谓之照虚耗。"⑤《唐逸史》记载：小鬼"绕殿奔戏上前。上叱问之，小鬼奏曰：'臣乃虚耗也。'上曰：'未闻虚耗之名。'小鬼奏曰：'虚者，望空虚中盗人物如戏；耗即耗人家喜事成忧。'"⑥由上可知，贫鬼、虚耗、小鬼，实际上都是一个鬼，与粪厕鬼神有千丝万缕联系，人们常在门至床下以至圊溷、井厕等阴暗处照之以加驱逐。

总之，穷鬼（神）的原型就是厕神（包括与粪和厕相关的圈神、猪神、猪瘟神、疫神等）。其正面神格形成"以粪为宝"观念和以

---

① 《说文解字注》，第236页。
② 〔日〕黑羽宁：《中国与日本的神话及文明》，转引自《亥日人君》，第128页。
③ 刘仲宇：《正逢时运——接财神与市场经济》，上海辞书出版社2005年版，第108页。
④ 《荆楚岁时记》，第6页。
⑤ 〔宋〕孟元老编，邓之诚注：《东京梦华录注》，中华书局1982年版，第250页。
⑥ 〔宋〕陈元靓《岁时广记》及〔明〕陈耀文《天中记》引。

"求富"为目的的如愿信仰；而负面效应形成穷神禁忌和"送穷"习俗。正是由于这两方面都源于厕神崇拜，所以常常又会交融在一起。如北宋吕原明《岁时杂记》载："人日（正月初七）前一日扫聚粪帚，人未行时，以煎饼七枚覆其上，弃之通衢，以送穷。"① 就将"打灰堆"与"送穷"融合。又，康熙《乳源县志》卷八记载箕帚姑就是穷鬼；民国《赤溪县志》卷一将扫除与送穷相连；《湖南迷信之风俗》也说新年初一到正月初五称为破五，至初五灰屑不许外倾，一年必可聚财②，同样是把粪扫禁忌和破五（送穷）结合。

4. "送穷"即为"迎富"

① "送穷"即"迎富"

由上可知，"送穷"在本质上就是"迎富"。《主利宅舍》中记载的"虚耗"之鬼，就能既给人祸，又给人福。与如愿信仰中常见的"得之则富，失之则穷"相反，穷神信仰是"失之则富，得之则穷"。不过，其本质上的"求富"观念却是一致的。这种观念一直在民间根深蒂固。

乾隆《大同府志》卷七记载："五日剪采（彩）纸为人，小儿拥抱戏通衢，曰送穷，有攫而去者曰得富。"③ 或者让小儿们将纸人拿出去交换，谓之"送走穷媳妇，得到富媳妇"。当地甚至还有对联称："爆竹三声崩出一伙穷鬼。呸！贼狗日的，害的老子七死八活；焚香九炷迎来五路财神。呀！好老人家，保佑小人六合四喜。"④《宁武府志》卷十一记载："初五民间童女剪纸为妇人，高五六寸许，烯以彩色，清晨扫秽土于箕，置纸妇其土弃之门外通街，曰送穷。行

---

① 古今图书局编:《古今笔记精华录》，岳麓书社1997年版，第189页。
② 《中华全国风俗志》（下编），第326页。
③ 〔清〕吴辅宏修，〔清〕王飞藻纂，〔清〕文光校:《大同府志》，清乾隆四十七年（1782）重校刻本。
④ 大同市地方志编纂委员会编:《大同市志》（下册），中华书局2000年版，第1849页。

路者拾归置牛牢马厩间供奉，曰送穷媳妇去，取富媳妇归。"① 昔阳一带，正月初四为"送穷媳妇"日，初四用黄纸剪五个女人图案，晚饭后包上尘土、辣椒面绑在爆竹上燃放，叫"送穷媳妇"。次日牧羊人将遇到的"穷媳妇"捡回，取其谐音"群媳妇"，希望年内羊增新群。② 同一个纸人儿，既可以表示"穷媳妇"，又可以表示"富媳妇"。天津一带，初一到初四不倒垃圾，俗认为这样能够聚财，否则就丢掉了"福气"。到了初五，一大早起来放着鞭炮把垃圾倒出门外，谓之送穷，认为这样就把富贵迎来了。③ 同样是垃圾，既可作为富贵的象征，也可作为贫穷的象征。

　　送穷必然伴随着迎富。宋初赵湘《迎富文》记载："淳化四年，送穷之明日，众人复迎富。"④ 北宋靖康董逌《广川画跋》也记录了类似习俗。⑤ 南宋魏了翁《二月二日遂宁北郊迎富故事》云："才过结柳送贫日，又见簪花迎富时。"清彭兆荪《楼烦风土词》亦云："富媳娶归穷媳去，大家如愿过新年。"⑥ 光绪《浮山县志》卷二十六也记载，大年初一不吃小米，俗谓之不受穷，亲友彼此以春酒相招，数日乃已，"遇首吉出行携酒肴香炮罗拜坐饮，谓之迎喜神"⑦。四川地区正月初五送穷。送了之后暗暗拾鹅卵石回，谓之得元宝⑧，即前面所讲的"石头神"习俗。广东地区，正月初三送"穷鬼"之日，

---

① 〔清〕魏元枢原本，〔清〕周景柱补纂：《宁武府志》，台湾学生书局1968年版。
② 昔阳县志编纂委员会编：《昔阳县志》，中华书局1999年版，第882—883页。
③ 王充闾：《辽海春深》，收入《充闾文集》，万卷出版公司2016年版，第121页。
④ 曾枣庄、刘琳主编，四川大学古籍整理研究所编：《全宋文》（第四册），巴蜀书社1988年版，第771页。
⑤ 〔宋〕董逌著，张自然校注：《广川画跋校注》，河南大学出版社2012年版，第177页。
⑥ 丘良任、潘超、孙忠铨、丘进编：《中华竹枝词全编》，北京出版社2007年版，第450页。
⑦ 〔清〕鹿学典等修，〔清〕武克明等纂：《浮山县志》，清光绪六年（1880）。
⑧ 蒋楚麟、赵得见主编：《民俗文化知识》，北京图书馆出版社1997年版，第77页。

要说"穷鬼去,福星来"①。

又,下面两条材料也值得注意。《怀来县志》记载:

> 正月初四晚,扫室内卧室下土,室女剪纸缚秸,作妇人状,手握小帚,肩负纸袋,内盛糠粮,置箕内,曰"扫晴娘",又曰"五穷娘"。昧爽有沿门呼者,"送出五穷媳妇来",则启门送出之,人拾得则焚,灰于播种时和籽内,谓可免鸟雀弹食。或不焚,逢阴雨悬之檐端,可扫翳启晴。②

《吴中之俗讳》"吴县之扫晴娘"亦云:

> 吴县如遇久雨,则用纸剪为女子之状,名曰扫晴娘。手执扫帚。纸人须颠倒,足朝天,头朝地,其意盖谓足朝天可扫去雨点也。用线穿之,挂于廊下或檐下,俟天已晴,然后将扫晴娘焚去。③

这里的"扫晴娘",又叫"五穷娘""五穷媳妇",她具有"扫翳启晴"之功能。"扫晴娘"习俗的举行,常在正月初一、正月初四、正月十五,但民间也多不是指具体的哪一天,而是久雨之后都行。

"扫晴娘"习俗在正月初一的说法是,这天是一年的开始,最好是晴天。有古语"正月初一晴,万物都收成","正月初一刮大风,十个油篓九个空","初一西风盗贼多,更逢大雪有灾殃","初一东风六畜灾,若逢大雪旱年来","元旦雨,主春旱;元旦雾,岁必饥","初一油麦初二黍,初三黄豆初四谷,初五人口初六畜"

---

① 高占祥主编:《中国民族节日大全》,知识出版社1993年版,第12页。
② 《中国地方志民俗资料汇编》(华北卷),第140页。
③ 《中华全国风俗志》(下编),第172页。

等等。如果初一不晴，不仅主歉收，甚至连五谷、人口、牲畜都有灾殃。①

同时，"扫晴娘"和"五穷娘"都具有"送穷迎富"之功能。杨利慧曾在《女娲溯源》中说到以女娲祈晴霁、止淫水的习俗。虽然早在汉代王充的《论衡·谈天》中就有记载，而且至今在民间仍有个别地方以"扫晴娘"（"扫天娘""扫地娘"）为女娲时的，但目前尚未有更多证据说明曾经比较广泛地存在过的以剪纸"扫晴娘"来祈晴的习俗与女娲直接相关。② 目前看来，杨利慧的这一看法是审慎的。"扫晴娘"除了与女娲信仰有关外，明显还与厕神信仰有关。近世有些农村逢元宵节期间下雨，便到厕所边燃一炷香，烧三个旧灯笼，向厕神紫姑求晴。③

②"穷媳妇"考

早期古籍中的穷鬼一般都是男性，或无明显的性别指涉，如西汉焦赣《焦氏易林》、西汉扬雄《逐贫赋》等。有的学者还将穷鬼溯源到《山海经》中的穷奇，亦为半人半兽的男性。但在后来的民俗中，穷神普遍为女性，称之为"穷媳妇"。这与男权社会中对女性的贬斥有关。女性既然被视为男家的"财物"，那么对于养女之家来说，女儿是要嫁出去的，是娘家的损失，就是"穷"的象征。如《龙门县志》"岁时民俗"记载除夕"有女子之家，用绢彩作小女人状，置簸箕上倾之，谓之'送穷'"④。

古语有"盗不过五女之门"。家里有五个女儿，为了养活和备嫁妆，母家会贫穷得连盗贼都不会去。父权社会中，女子都是出嫁到

---

① 刘德龙主编，张廷兴副主编：《民间俗信与科学文化》，山东教育出版社2002年版，第392页。
② 杨利慧：《女娲溯源——女娲信仰起源地的再推测》，北京师范大学出版社1999年版，第28页。
③ 田祖海：《论紫姑神的原型与类型》，《湖北大学学报》（哲学社会科学版）1997年第1期。
④ 《中国地方志民俗资料汇编》（华北卷），第139页。

男家,"嫁出去的女儿,泼出去的水",养女儿是亏本,所以往往嫁女又叫"送穷"。台湾嫁女,迷信福气将被她带走,因而新娘出门后,母家急用米筛封门以防之。又用扫帚作扫入家中状,亦为此意。① 所以,台湾人称"送嫁妇"为"紫姑(厕姑)"。②《昆山冬至节风俗》记载:"是日(年节日)出阁之女,必回夫家。盖俗谓女儿已经出嫁者,遇年节如在母家,母家家道即因之衰落也。"③ 浙江地区又说"冬至大如年",所以冬至前一日"出嫁之女儿,若在母家,必回夫家。因女儿已嫁人家,倘在母家过年节,母家家道便不兴旺"④。故当地有谚语:"教侬归去伴郎眠,嫁出女儿卖出田。短至新春都过了,回娘家要月儿圆。"注云:"杭俗,出嫁之女,忌在家过冬至度岁。正月十六归宁,谓之回娘家。故俗有'光亮光光,女儿来望娘'之谣。"⑤ 福建《闽俗琐记》记载闽省婚嫁,出嫁女子登舆,"舆行后,新人之兄或弟袖中笼箸一把,由大门而入,置于箱中,谓之留福,盖恐新人带福于男家也"⑥。

所以,出嫁之女,对于夫家来说,多了嫁妆和劳动力,是"富";对于娘家来说,则是"穷"。至于在深层,还和厕神的两面性有关。说到底,"穷媳妇"就是前面所说的"如愿""穷神",就是厕神信仰在出嫁从夫、嫁妆陋习下的催生物。

在"以农为本""以粪为宝"的中国,粪、粪扫本身便包含着"打扫粪便等垃圾后储存用于施肥"(引申为有效的、正面的、富裕的、有利的)和"打扫粪便等垃圾后丢弃"(引申为无效的、负面的、贫穷的、有害的)两方面意思。前者如如愿、石头神、"粪-金"观念;后者如穷神、虚耗鬼、穷媳妇信仰。当然,如前所说,这两

---

① 《中国地方志民俗资料汇编》(华东卷下),第1423页。
② 《中国地方志民俗资料汇编》(华东卷下),第1847页。
③ 《中华全国风俗志》(下编),第175页。
④ 《中华全国风俗志》(下编),第227页。
⑤ 《中华全国风俗志》(下编),第228页。
⑥ 《中华全国风俗志》(下编),第303页。

方面又是可以相互转化的。也就是说,如愿、石头神、穷神、虚耗等信仰和习俗,归根结底都是由粪便(包括一切污秽物)的正负两方面属性生发的。这些神灵和信仰的原型就是"粪便"本身,如愿就是"粪妇"。得之则富,失之则穷。粪的这种两面性及其相关信仰,在厕之空间形成后仍然如影随形。

三　建筑、空间与厕神定格

农业定居、粪肥积累、畜牧业（尤其养猪业）的发展，都呼唤着固定的厕之空间的诞生。自然，厕之空间形成后，基于这一空间的厕神信仰也会产生新的特点。比如，原来无空间局限的粪神信仰与厕之空间信仰结合；猪圈和人厕合一的建筑形制又必然使猪神信仰和厕之空间信仰合流。猪神信仰源远流长，其源自远古自然崇拜、图腾崇拜和生殖女神崇拜的一些特征，也必然被携带到厕神信仰中来。总之，厕之空间形成后，粪神信仰、猪神信仰与厕之空间信仰三者合流并水乳交融。

（一）厕之空间的形成

人厕空间的出现，首先是养豕取肉、积累粪肥的实用价值使然，其次才是卫生观念和怕被窥视的羞耻心驱使。也就是说，人厕产生的契机是动物的驯化，尤其是以"取肉"为目的的猪的驯化。此一"空间"，既是"有形"的，也是"无形"的。

中国地域广阔，地貌复杂，建筑风格因地制宜，发展多元，民俗多样。但是，从新石器时期开始，又呈现出南北相对不同的态势：

南方巢居，北方穴居，并决定着后世的基本状况。《太平御览》卷七八引三国吴项峻《始学篇》说："今南方巢居，北方穴处，古之遗迹也。"① 晋张华《博物志》也说："南越巢居，北朔穴居，避寒暑也。"②

1. 干栏式建筑中的厕所

干栏式建筑，是指构筑在竹柱或木柱上建造起来的高于平地的房舍。其特征一般是两层，也有三层的，楼上住人，楼下蓄养牲畜或堆放杂物，而厕所一般设计在二楼室内，或者是一楼的畜圈中。

在距今7000年左右的河姆渡遗址，发现了地板高于地面的干栏式建筑。房屋分为上下两层，上层两米多，用于住人；下层一米左右，用于养猪、牛、犬。（见图3-1）考古学家认为，这种建筑形制在河姆渡时期曾大规模存在，后毁于频繁的火灾③。这也是中国长江以南，新石器时代以来最重要建筑形式之一，与北方同时期的半地穴式有着明显的区别。河姆渡聚落周边，既湖河密集，又潮湿炎热。农作物以水稻为主，家畜以猪、水牛、犬为主。考虑到河姆渡饲养牲畜、种植水稻的具体情况，他们的厕所设计很可能与后来干栏式房屋差不多。

关于干栏式建筑的来源，今多认为来自巢居。巢居主要出现在长江流域，那里气候温暖而湿润，林木繁茂。宋代周去非在《岭外代答》卷四中说："深广之民，结栅以居，上设茅屋，下豢牛豕……其所以然，盖地多虎狼，不如是，则人畜皆不得安，无乃上古巢居之意欤！"④ 关于巢居，古籍多有所载。如《庄子·盗跖》说："古者

---

① 〔宋〕李昉等编，孙雍长、熊毓兰校点：《太平御览》，河北教育出版社1994年版，第669页。
② 〔晋〕张华：《博物志》，上海古籍出版社1990年版，第6页。
③ 劳伯敏：《河姆渡干栏式建筑遗迹初探》，《南方文物》1995年第1期。
④ 〔宋〕周去非：《岭外代答》，中华书局1985年版，第41页。

三 建筑、空间与厕神定格

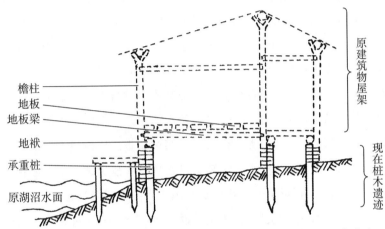

图 3-1 临水干栏式建筑遗址复原示意图，河姆渡，距今 7000 年左右

禽兽多而人少，于是民皆巢居以避之。昼拾橡栗，暮栖木上，故命之曰有巢氏之民。"①《韩非子·五蠹》也说："上古之世，人民少而禽兽众，人民不胜禽兽虫蛇，有圣人作，构木为巢，以避群害，而民悦之，使王天下，号之曰'有巢氏'。"②清代葛震星《史记四言史征》也说："鸟兽逼人，穴居野处。有巢氏兴，民乃安堵。"③可见，"巢居"④的主要目的是为了躲避野兽伤害。考虑到这点，这种建筑的厕所很可能最初是设置在楼上。

随着文明的发展，干栏式建筑后来渐渐只保存于西南少数民族中。北齐魏收所撰北朝史书《魏书·獠传》记载："（獠人）依树积木，以居其上，名曰干阑。干阑大小，随其家口之数。"⑤唐李延寿所撰《北史·南獠传》记载："獠者，盖南蛮之别种，自汉中达于邛、筰，川洞之间，所在皆有。种类甚多，散居山谷，略无氏族之别。又无名字，所生男女，唯以长幼次第呼之。其丈夫称阿谟、阿段，妇人阿夷、阿等之类，皆语之次第称谓也。依树积木，以居其上，名曰干阑，干阑大小，随其家口之数。"⑥唐樊绰《蛮书》卷四说："（南诏）裸形蛮……其男女遍满山野，亦无君长，作'揭栏'舍屋。"⑦唐杜佑《通典·南平蛮》说："南平蛮……人并楼居，登梯而上，号为干栏。"⑧宋乐史《太平寰宇记》说昌州（今四川大足）风俗："有夏风，有僚风，悉住丛箐，悬虚构屋，号'阁栏'"；⑨窦

---

① 〔清〕郭庆藩撰，王孝鱼点校：《庄子集释》，中华书局 2012 年版，第 998 页。
② 《韩非子集解》，第 442 页。
③ 〔清〕葛震撰，〔清〕曹荃注，马君毅整理，赵望秦审定：《史记四言史征》，陕西师范大学出版总社有限公司 2015 年版，第 22 页。
④ 其时代大约在距今 7000 年以前的仰韶前文化时期，这一说法正好与上面河姆渡遗址的发现相吻合。
⑤ 〔北齐〕魏收：《魏书》，中华书局 1974 年版，第 2249 页。
⑥ 〔唐〕李延寿：《北史》，中华书局 1974 年版，第 3154 页。
⑦ 〔唐〕樊绰著，向达校注：《蛮书校注》，中华书局 1962 年版，第 99 页。
⑧ 《通典》，第 5048 页。
⑨ 〔宋〕乐史撰，王文楚等点校：《太平寰宇记》，中华书局 2007 年版，第 1747 页。

三 建筑、空间与厕神定格

州(今广东信宜)、昭州(今广西平乐)之地的风俗:"悉以高栏为居,号曰'干栏'"。①宋范成大《桂海虞衡志》记载邕州(今广西南宁南):"民居苫茅,为两重棚,谓之'麻阑',上以自处,下蓄牛豕。"②明田汝成《炎徼纪闻》记载獞人"居室茅辑而不涂,衡板为阁,上以栖止,下畜牛羊猪犬,谓之'麻栏'"③。此类记载甚多,此不赘举。

如上"干阑""揭栏""干栏""阁栏""麻阑""麻栏"之谓,说法有异,实则相同。有学者从语言学的角度证明,"干"(干栏、干阑、高栏、阁栏、揭栏)与一些少数民族语言中表示"家"(房子、村子)的词相同或相近④。而"家"字的结构,从甲骨文和金文来看,主要有两方面:房屋和猪。(见图3-2)据许慎《说文解字》,"家"本来是"人"所居,只是取表示猪的"豭"声。段玉裁则认为,"家"本是"豕"所居,后才成为"人"所居⑤。无论如何,这种争论本身就说明人豕关系的密切。如此而言,"干"(干栏、干阑、高栏、阁栏、揭栏)的本义也就很可能与"豕"有关。这种突出"豕"的现象,表明"豕"在人类日常生活和宗教生活中必然发挥着重要作用。

如此,从躲避鸟兽之害的源自有巢氏的"巢居""栅居",发展到重视"豕"的"家"——"干"(干栏、干阑、高栏、阁栏、揭栏),间接反映了人们经济生活的发展和思想观念的转变。如前所说,到了新石器时代,家猪已经被广泛地养殖,而到新石器时代晚期,逐渐作为重要的祭祀牺牲和财富的象征。驯化和饲养家猪,最

---

① 《太平寰宇记》,第3120页。
② 〔宋〕范成大原著,胡起望、覃光广校注:《桂海虞衡志辑佚校注》,四川民族出版社1986年版,第220页。
③ 〔明〕田汝成:《炎徼纪闻》,中华书局1985年版,第62页。
④ 唐善纯:《有巢氏与干栏式建筑》(2010),收入其新作《语言学视野里的古代中国》,待版,采录于网页。
⑤ 《说文解字注》,第337页。

神圣与世俗之间

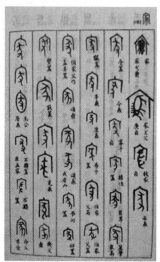

图 3-2　甲骨文和金文中的"人·家·猪"关系

第一图选自徐中舒主编：《甲骨文字典》，四川辞书出版社 1988 年版，第 315 页。图二和图三分别选自容庚编：《金文编》，中华书局 1985 年版，第 510、1024 页

初应是为了取用肉食,当它后来又逐渐成为重要的祭祀牺牲和财富的象征时,"豕"便成为"家"之"重器"。不管人厕是设置在二楼,还是一楼畜圈,这一时期的厕神信仰必然是和猪神(圈神)密切相关的。

2. 穴居式建筑中的厕所

《易经·系辞》说:"上古穴居而野处。"① 明代赵南星《史记四言史征》又说:"鸟兽逼人,穴居野处。有巢氏兴,民乃安堵。"② 可知穴居早于巢居。早在20至70万年前,原始人已经懂得利用天然的山洞居住,如北京周口店遗址就有原始人居住于山洞的证明。大约于旧石器晚期,出现了人工挖掘的洞穴,并逐渐成为黄河流域原始居民的一般居住方式。常见的有横穴和竖穴。《礼记·礼运》孔颖达疏:"地高则穴于地,地下则窟于地上,谓于地上累土而为窟。"③《说文解字》说:"厂,山石之厓岩,人可居。"段玉裁注云:"厓,山边也。岩者,厓也。人可居者,谓其下可居也。"④ 这些都指的是横穴,如河北邯郸磁县下七垣先商遗址。此外,新石器时期还普遍盛行着竖穴,如距今七八千年的河北武安磁山遗址。

在距今6000多年,属于仰韶文化(典型的原始社会母系氏族公社村落遗址)的西安东郊半坡遗址中,住房均为半穴居式。平面多呈方形或圆形。方形者,多直接于地面挖出半米多浅穴,壁上设台阶通往地面,壁体内有排列整齐的木柱支撑着"人"字形屋顶,顶上覆盖以草或树叶混泥物。圆形者,一般建筑于地面之上,由排列整齐的木柱构成壁体,屋顶常为两坡式。灶大概设于屋内中央或屋

---

① 《周易正义》,第355页。
② 《史记四言史征》,第22页。
③ 《礼记集解》,第588页。
④ 《说文解字注》,第446页。

口,并有储藏室和牲畜圈。① 与河姆渡不同,半坡是干冷气候,半地穴式建筑冬暖夏凉。

在半坡遗址中发现了两处圈栏遗迹,均为长方形或不规则长方形。"第一号圈栏(F20)位于遗址西端小沟南,平面呈不规则长方形,略偏东北,长7.1米,宽1.8—2.6米,周围有小沟槽,槽底现有柱洞43个,遗迹内无灶址和居住面,两端有一层脏而硬的路土,可能是出口;第二号圈栏(F40),位于F21、F37等房基附近,平面长方形,四周现存大小柱洞27个。"② 其中,第一号圈栏被称为中国最早的"厕所遗址"③。韩国全京秀认为,半坡遗址中此处圈栏的右下侧有较深的凹槽,应是处理人类排泄物的厕所。④ 蒋志丹和王鲁民也撰文表示,半坡原始房屋很可能已经有专门的(不一定是独立的)便溺场所⑤。若此,厕所与猪圈相结合的形制至少有6000多年的历史。

此外,姜寨还发现了两座圈栏和两处牲畜夜宿场。"姜寨遗址的两个圈栏均位于第二组房屋分布区内,大型房子F47的西北边,略呈圆形,直径约四米,周围有许多柱洞,可知是用木栅围起来的,栏内有厚约20—30厘米的畜粪堆积……姜寨遗址还发现两处牲畜夜宿场,分别位于第三组房屋和第四组房屋分布区内,均呈不规则形,面积较大,有畜粪堆积,但未见栅栏的遗迹。"⑥

从以上半坡和姜寨的情况来看,当时北方养牲畜已经有较大规模。横穴,主要用于居住,房屋的附属功能似乎还未开发出来,很多活动在屋外进行;竖穴则增加了附属功能,如用于贮藏的仓库和

---

① 宋文编著:《中国传统建筑图鉴》,东方出版社2010年版,第4页。
② 曾骐编著:《新石器时代考古教程》,广西人民出版社1992年版,第268页。
③ 《雪隐寻踪:厕所的历史经济风俗》,第7页。
④ 《环境 人类 亲和》,第145—146页。
⑤ 蒋志丹、王鲁民:《"屋漏"考释》,《南方建筑》2012年第1期。
⑥ 《新石器时代考古教程》,第268页。

三　建筑、空间与厕神定格

图 3-3　下沉式窑居猪舍外观

侯继尧、任致远等：《窑洞民居》，中国建筑工业出版社 1989 年版，第 95 页

用于饲养猪的牲畜圈。杨鸿勋认为,半坡原始住房,已经有贮藏、进食、寝卧空间①。这些建筑再往前进一步,就发展为建筑于地面上的简易房屋。从穴内置畜圈和人厕来看,这种形制更是标准的"人豕共居"。

中国古代挹娄人就是围绕着厕所居住的。《后汉书·东夷列传》记载:"挹娄,古肃慎之国也,在夫余东北千余里……有五谷……处于山林之间,土气极寒,常为穴居,以深为贵,大家至接九梯。好养豕,食其肉,衣其皮。冬以豕膏涂身,厚数分,以御风寒。夏则裸袒,以尺布蔽其前后。其人臭秽不洁,作厕于中,圜之而居。自汉兴以后,臣属夫余。种众虽少,而多勇力,处山险,又善射,发能入人目。弓长四尺,力如弩。矢用楛,长一尺八寸,青石为镞,镞皆施毒,中人即死。便乘船,好寇盗,邻国畏患,而卒不能服……法俗最无纲纪者也。"②

关于肃慎的记载很早。《山海经·大荒北经》记载:"大荒之中,有山,名曰不咸,有肃慎氏之国。"③《左传·昭公九年》周王使者詹桓伯云:"肃慎、燕、亳,吾北土也。"④肃慎,又作"息慎""稷慎"等,乃中国东北远古民族最初见诸记载者。学者多认为其生活地域在今黑龙江松花江以东的牡丹江流域。⑤《今本竹书纪年》记载:"(舜帝)二十五年,息慎氏来朝,贡弓矢。"⑥据《国语·鲁语下》,其兵器为"楛矢石砮"⑦,直接继承自石器时代。又据《北史》《隋书》,肃慎尚有母系遗留。所以,其居住方式也很可能与仰韶文化一

---

① 杨鸿勋:《杨鸿勋建筑考古学论文集》,清华大学出版社2008年版,第43—44页。
② 《后汉书》,第2812页。
③ 《山海经校注》,第421页。
④ 《春秋左传注》,第1308页。
⑤ 孙进己:《东北亚研究——东北民族史研究》(一),中州古籍出版社1994年版,第385—405页。
⑥ 《古本竹书纪年辑校·今本竹书纪年疏证》,第47页。
⑦ 《国语》,第142页。

脉相承。

后来,中国西北黄土高原大约又在距今 4000 多年的时候形成了"窑洞式",据地形又有靠崖式、下沉式、独立式等形式。相应地,厕所和畜圈的分布也不同。总体而言,猪圈、羊圈等牲畜圈多设在靠近厕所的地方。由于地处旱原缺水,窑家厕所以露天旱厕为多,积土填肥;也有石砌粪窖贮存粪尿的水厕。其位置的设计多从方便积肥和运输施肥的角度考虑,如下沉式窑居的厕所多在地面上。

再后来,诞生于距今 3000 多年的西周四合院——陕西岐山凤雏二进院落,已有浓厚的封建等级观念,并受到阴阳五行学说的一定影响。它的平面布局及空间组合本质上与后世两千多年封建社会北方普遍流行的四合院并无二致。厕所一般设置在西南角,即西厢位置。大概因为按后天八卦的说法,西南为坤。《周易》"坤"卦爻辞说"西南得朋",王弼注云:"西南致养之地,与'坤'同道者也。"[①]《周易正义》孔颖达疏云:"正义曰:坤位居西南。《说卦》云:'坤也者,地也,万物皆致养焉。''坤'既养物,若向西南,'与坤同道'也。"[②] 于是晋代常璩在《华阳国志》中称蜀地:"其(蜀)卦值坤。"[③] 北宋成都尹吕大防著《锦官楼记》亦有:"蜀居中国之西南,于卦为坤。坤有致养致役之义,而风俗肖焉。"[④] 坤代表着大地,而庄稼丰收,全靠粪肥,所以粪肥、粪壤,就是沃土、大地、地母,自然对厕所之位怀有敬畏之心。直到今天,中国大江南北还把如厕称为"上厕所"。"上"字,正残留着人们对坤位地母的崇敬。

---

① 《周易正义》,第 29 页。
② 《周易正义》,第 30 页。
③ [晋] 常璩撰,刘琳校注:《华阳国志校注》,巴蜀书社 1984 年版,第 175 页。
④ [明] 杨慎编,刘琳、王晓波点校,《全蜀艺文志》(中册),线装书局 2003 年版,第 930 页。

3. 人厕和猪圈合一

由上可知，早在新石器时期，南方距今7000多年的河姆渡干栏式建筑，人在楼上，猪在楼下，厕所很可能在楼上。北方距今6000多年的西安半坡穴居式建筑，不仅存在着人豕同室混居的现象，而且可能已经出现人厕和猪圈（猪厕）合一的形制，透露出人类自觉收集粪肥的思想观念和对排便场所的制约。甲骨文中已出现"圈""囿""家"等字，并且有在"囿"边进行占卜的记载。"囿"字的本义就是猪圈、猪厕，兼具人厕功能。睡虎秦简《日书》的相宅术描述了"囿""圈""屏"的修建位置、日期与吉凶祸福的关系，且人厕的独立功能得到了凸显。通过这些记载，可以看到畜圈与人厕的关系。无论如何，人厕和猪圈合一的形制随着农业的发展，积肥、蓄畜的需要，大概到了汉代，逐渐普及开来并呈现出多样化特点，成为引领中国农村厕所的主要样式。

显然，汉代的人厕和畜圈设计已经受到西周以来合院建筑礼乐色彩和当时阴阳五行学说的深刻影响。彼时干栏式和穴居式融合，高层建筑和庭院建筑并举。在遵循地域环境和保障积累粪肥方便的情况下，具体而言又有三种形式：人厕和猪圈（厕）完全合一、人厕和猪圈（厕）相通、人厕和猪圈（厕）隔离。这些在汉代考古中都有发现。值得注意的是，人厕的产生和独立，在人的文明史上具有划时代的意义。这不仅意味着人类建筑水平的提高、居住空间附属功能的增强，更意味着人们开始主动而自觉地对居住环境的卫生进行营造，以及在礼乐文明的熏陶下，道德羞耻感增强。

如江苏铜山李屯汉墓，"平面呈长方形，由院、圈棚、厕所组成，圈棚与厕所对角设立，均为悬山式两面坡顶。厕所靠院墙一侧有一小门，厕所靠院内一侧有一椭圆形孔与院内相通，院内有槽、2大猪及4仔猪"（图3-4）。① 岭南地区的汉代房屋建筑，可视为干栏

---

① 梁勇、耿建军：《江苏铜山县李屯西汉墓清理简报》，《考古》1995年第3期。

三 建筑、空间与厕神定格

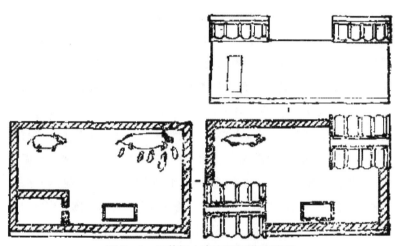

图 3-4 江苏铜山李屯西汉墓陶猪圈

梁勇、耿建军:《江苏铜山县李屯西汉墓清理简报》,《考古》1995 年第 3 期

式的后期形式。其"栅居式"(图3-5)的整个底层都是饲养牲畜的圈栏,在背面的墙隅根部,一般都有窦洞,以便牲畜进出。上层房屋面积是底层的三分之二,屋内有厕所。"大凡平面属曲尺形的,后侧的长方形小室就是厕所,而平面为横长方形的,厕所就附设在屋内的一侧处。这种陶屋的建筑形式,就是文献记载中所称的'干栏'。现今散居于中南、西南一带的兄弟民族仍极盛行栅居式住宅。"① 山东泗水东汉陶厕,人厕下有一圆洞与猪圈相通。河南焦作东汉陶厕,人厕与猪圈相邻,便于人便落入圈中供猪食用,厕所下也有洞式猪窝。② 安徽寿县汉代陶厕,上为楼厕,下为猪圈,厕所底部与下面的猪圈相通。③ 这种情况与山东济宁汉墓、山东东平王陵山汉墓、山东微山汉墓出土的陶厕类似。辽阳西汉村落遗址中,五个厕所遗址均为人厕与猪圈合一形制。④ 南阳赵寨砖瓦厂汉代厕所遗迹,厕所与猪舍之间用半截墙隔开,而厕所内便池左壁开了孔道与猪舍沟通。猪舍前墙由栅栏构成,舍内有立姿灰陶猪一头。厕所前墙外面,即院落中央,有一长方形凹形坑,似为供猪洗澡的水池。⑤ 总之,这种通过厕洞(有时是厕坑、厕池)将人厕和猪圈(猪厕)连接起来的形制非常普遍,实用性也很强:积累粪肥、节约猪食、统一清洁。

当然,在出土的汉代厕所模型和厕所遗迹中,也有将厕所和猪圈完全隔开的情况。如淮阳于庄西汉前期墓葬出土的陶屋,整体上分为两个部分,一部分是由前院、中庭和后院组成的四合院本身;另一部分是由农田、水井、灌渠、土埂等组成的附属设施。厕所设在中庭庑殿西部一房间内,而猪圈则在后院的东面。西南口有一注食口,下面有一高台,内有猪食槽和猪一头。猪圈向西又有一个厕

---

① 广州市文物管理委员会编:《广州出土汉代陶屋 附陶仓、陶井、陶灶》,文物出版社1958年版,第1页。
② 索全星:《河南焦作白庄6号东汉墓》,《考古》1995年第5期。
③ 苏希圣、李瑞鹏:《安徽寿县出土的两件汉代绿釉陶模型》,《文物》1990年第1期。
④ 李文信:《辽阳三道壕西汉村落遗址》,《考古学报》1957年第1期。
⑤ 闪修山、刘玉生:《南阳县赵寨砖瓦厂汉画像石墓》,《中原文物》1982年第1期。

三 建筑、空间与厕神定格

图 3-5 栅居式陶屋正面、背面

东郊龙生岗出土,见广州市文物管理委员会编:《广州出土汉代陶屋 附陶仓、陶井、陶灶》,文物出版社1958年版,第10页

所，南有一隔墙，便池紧临猪圈。厕所西边是厨房，东北角有一灶。后院正房西边又有一依墙而建的单坡顶的厕所。①北京顺义临河村东汉墓发掘出的陶厕和陶猪圈也是隔开的②。河南桐柏、浙江龙游等地的西汉墓，湖北襄樊、武汉，湖南益阳、大庸等地的东汉墓出土的陶猪舍不带厕所，这可能意味着这些人家的厕所与猪圈是分开的，抑或直接以猪圈为厕所。

值得注意的是，直接继承自干栏式建筑的岭南汉代房舍，大多也是将猪圈和厕所分开的（有时也有孔窍相通），仍基本保持了"楼上为厕，楼下为圈"的面貌。

如"曲尺式"（见图3-6）房屋的厕所都设在屋内后厕，高离地面，有的设有楼梯，后院是饲养家畜的圈栏。"三合式"（见图3-7）的房屋由三幢房子组成一个"凹"字形平面。后面的两屋，一为厕所，一为畜圈，有的畜圈与院落连通。"楼阁式"的房屋，结构上依循中轴线对称设计，普遍使用柱、梁、斗拱，组合比较复杂多变。房子后面一般左边的厢房为厕所，右边是禽舍，后院是畜圈。"城堡式"，平面呈方形，四周围绕着高墙，前后大门位于中轴线上，吸取了合院式建筑风格，并有一定风水讲究，设有登降楼梯，广州东郊麻鹰岗东汉墓葬出土的陶屋即是如此。陶屋里还有陶俑12个，有凭几端坐于矮榻的主人，也有击鼓、匍匐、拱手弯腰、跪拜等不同情态的服侍者。厕所设在上层的左侧，与畜圈分开，里面也有端坐或跪拜的陶俑，反映了统治阶层的生活状貌。③

总之，汉代的人厕和畜圈设计，吸收了干栏式、穴居式、合院制等建筑形制中的相应特点，整合形成了自己的特色。汉代人厕与猪圈（猪厕）合一的厕所形制已经非常普遍（尤其是西汉中期以后）。各地虽有些差别，但大体一致。其主要结构，要么是由人厕、猪圈、

---

① 骆崇礼、骆明：《淮阳于庄汉墓发掘简报》，《中原文物》1983年第1期。
② 黄秀纯：《北京顺义临河村东汉墓发掘简报》，《考古》1977年第6期。
③ 《广州出土汉代陶屋 附陶仓、陶井、陶灶》，第1—2页。

三　建筑、空间与厕神定格

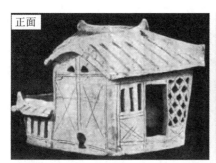

图 3-6　曲尺式　广州西郊西村石头岗出土的陶厕

见《广州出土汉代陶屋》，第 24 页

图 3-7　三合式　广东东郊出土

见《广州出土汉代陶屋》，第 35 页

院落（或更大的圈）构成，要么是由人厕、畜圈、卧室构成，人厕置于阁楼上。此外，汉代建筑已经十分讲究阴阳五行观念和等级制，这同样也反映到厕圈的设计上。

4. "半冲水"式厕所

《礼记·郊特牲》云："家主中霤而国主社。"① "中霤"即"中溜"，是后来建筑上所谓纳气聚财的"明堂"，但它最初却是厕之空间所在地，即漏井，或称井漏、井匽。

《易·系辞下》云："上古穴居而野处，后世圣人易之以宫室，上栋下宇，以待风雨。"②《释名·释宫室》亦云："溜（霤），流也，水从屋上流下也。"③《说文解字》云："霤，屋水流也。"④ 段玉裁注云："古者复穴，后室之霤，当今之栋下，直室之中。"⑤ 可见"中霤"源于氏族时期的穴居生活，头顶"开窗"，地面屋之中央便受光明和水潦，如前面所说的北方先民围"厕"而居的情况。

《周礼·天官·宫人》记载："（宫人）掌王之六寝之修，为其井匽，除其不蠲，去其恶臭。共（供）王之沐浴。凡寝中之事，扫除、执烛、共（供）炉炭，凡劳事⑥。四方之舍事亦如之。"郑玄注云："井，漏井，所以受水潦。蠲犹洁也。《诗》云：'吉蠲为饎。'郑司农云：'匽，路厕也。'玄谓匽猪，谓霤下之池，受蓄水而流之者。"疏云："谓于宫中为漏井，以受秽。又为匽猪，使四边流水入焉。井匽二者，皆所以除其不蠲洁，又去其恶臭之物。"⑦ 据郑玄之注，周

---

① 《礼记集解》，第 686 页。
② 《周易正义》，第 355 页。
③ 〔汉〕刘熙：《释名》，中华书局 2016 年版，第 82 页。
④ 《说文解字注》，第 573 页。
⑤ 《说文解字注》，第 573 页。
⑥ "劳事"，郑玄注云："劳亵之事。"《周礼正义》，第 417—422 页。
⑦ 〔汉〕郑玄注，〔唐〕贾公彦疏，黄侃经文句读：《周礼注疏》，上海古籍出版社 1990 年版，第 90 页。

三 建筑、空间与厕神定格

代的宫中厕所,厕上有漏井,厕下有窬下之池。

尚秉和在《历代社会风俗事物考》卷二十八"厕溷　便旋"中对此解说:"此等排秽之法,颇与今日之洋茅厕相类。漏井者,即上面受秽之管也;水潦者,溲溺也,言为井以受溲溺之秽而漏之于下也。猪者,蓄水,郑谓匽猪为溜下之池者,即上漏井之秽落于池中也。受蓄水而流之者,即便旋已,放蓄水荡秽使流出也。其用意纯与今之洋茅厕相同。"①此说值得商榷。

笔者认为"井"可能为"幷"字之误,而"幷"通"屏",指宫中路旁隐蔽处所设的厕所。"幷"韵属阳部,"屏"作为厕所讲韵属耕部,阳部和耕部有合韵的可能。不仅二字韵部相近,且它们的声母又都是并母。一般通转的情况,声母起着重要的作用;又因韵临近,更有这种可能。从这个角度来说,"井"很可能为"幷",即"屏"。

又《集韵·径韵》记载:"屏……偃侧。"②屏、偃二字,同义连文。"偃"即厕所。"匽"同"偃",《汉书·王吉传》记载:"夏则为大暑之所暴炙,冬则为风寒之所匽薄。"唐颜师古注:"匽与偃同,言遇疾风则偃靡也。"③《汉书·礼乐志·郊祀歌》云:"海内安宁,兴文匽武。"颜师古注:"匽,古偃字。"④"匽"与"偃"是古今字。在《战国策》里面恰出现了"屏匽"一词,指厕所。如《战国策·燕策二》云:"今宋王射天笞地,铸诸侯之象,使侍屏匽,展其臂,弹其鼻。"⑤

由上可知,"井匽"其实就是"屏偃",即厕所。所谓漏井,不过就是今中国农村还残留之坑厕。流沙河说:"漏即溜,井即阱,流

---

① 《历代社会风俗事物考》,第268页。
② 〔宋〕丁度:《集韵》,中国书店1983年版,第1257页。
③ 《汉书》,第3059页。
④ 《汉书》,第1054页。
⑤ 〔汉〕刘向集录,〔南宋〕姚宏、鲍彪等注:《战国策》,上海古籍出版社2015年版,第674页。

坑也。堰（偃），溲堰（偃），尿池也。"① 有一定道理。这里与《左传·成公十年》所载晋侯之厕相比，只是多了较为安全的蹲坑和受秽之管道罢了，最后的污秽都会流入蓄粪大池。

因此，周代的厕所，是冲水而蓄积，最多只能叫作"半冲水式"厕所，与今之洋厕不同。大小便后，用水冲洗厕坑，污秽便顺着坑道或管道流入蓄粪大池。东汉将军墓东室东北角的冲水厕所构造也与此相似。这些厕所并不以积累粪肥为主要目的，而是主要保障帝王贵族生活环境干净舒畅。他们的立场与庄稼人的立场是完全不同的。也许正是因为如此，在中国，"半冲水式"厕所并没有迅速发展为"冲水式"厕所。它无法从根本上扭转和脱离贮藏式厕所的氛围，真正的"冲水式"厕所有待于生产关系的转变，以及相伴而生的下水道问题的普遍解决。

尽管"井"本来就是"屏"，但在民俗中长期用"井"代"屏"，很可能正反映了人们在思维观念上将井和厕视为同位。二者均是在地下挖坑，在神话中往往表示同类意象，比如都沟通地下幽冥。

（二）厕之空间的功能、特征与鬼神信仰

1. 厕之空间的多重功能

① 豢豕与积粪之所：从"逐"到"豢"

人与野猪之间的斗争肯定持续了相当长的时间，直到野猪被驯化。

《山海经·西山经》记载竹山"有兽焉，其状如豚而白毛，大如笄而黑端，名曰豪彘"②。它能以脊背上的硬毫射物。《说文解字》释

---

① 流沙河：《书鱼知小》，现代出版社 2012 年版，第 119—120 页。
② 《山海经校注》，第 25 页。

"虩"为"斗相丮不解也,从豖虍,豖虎之斗不相舍……(司马相如说)虩,封豕之属"①。封豕,大野猪。"虩"实为古"剧"字。上虎下豖而"剧",表示豖虎斗争的激烈。野猪的凶猛性显露无遗。

后世民间还广泛流传着野猪要吃人的神话传说,如布农族的神话说,家猪请野猪吃地瓜,但野猪拒绝了,它只想吃人的大腿肉。② 这里将野猪和家猪分而论之,实际上,家猪正是野猪的后代,是驯化的产物。驯化前的野猪要吃人,驯化后的家猪吃地瓜。又如邹族神话说,从前野猪像牛一样巨大无比,非常凶悍。有两兄弟带着猎狗去山上打猎,遭遇了野猪。野猪先吃了猎狗,后又吃了弟弟。后来,哥哥带领大伙儿放火烧死了野猪。③ 图3-8正是史前人群围攻大野猪的场景。野猪被刻画得极其夸张,雄壮、强悍、凶猛,人和其他动物相对而言十分渺小,凸显了野猪的神性,也反映了远古人群狩猎的艰辛。

《吴越春秋》记载范蠡推荐善射者陈音,越王向陈音询问善射之道,陈音说:"弩生于弓,弓生于弹,弹起古之孝子。"又说:"古者人民朴质,饥食鸟兽,渴饮雾露,死则裹以白茅,投于中野。孝子不忍见父母为禽兽所食,故作弹以守之,绝鸟兽之害。故歌曰'断竹,续竹,飞土,逐害(肉)④'之谓也。"⑤ 野兽食人,人逐肉而食。毫无疑问,在弱肉强食的自然界,人类曾与野生动物展开过残酷的生存竞争。

后来,由"逐"而"豢"。甲骨文中的"逐"字,从趾于兽后以会追逐之意,所从之兽,正为"豖"⑥。故《说文》云:"逐,追也,

---

① 《说文解字注》,第456页。
② 《台湾山胞各族传统神话故事与传说文献编纂研究》,第151页。
③ 《台湾山胞各族传统神话故事与传说文献编纂研究》,第333页。
④ "害"应为"肉"字。见周秉高:《全先秦两汉诗》(先秦卷),内蒙古大学出版社2011年版,第555页。
⑤ 《吴越春秋》,第196—197页。
⑥ 徐中舒认为,所从之兽,除了"豖"外,还有兔、鹿等。《甲骨文字典》,第159页。

神圣与世俗之间

图 3-8　土耳其安纳托利亚史前崖壁画中的大野猪

陈兆复、邢琏：《外国岩画发现史》，上海人民出版社 1993 年版，第 134 页

从辵从豚省。"① "豢",甲骨文从豕从两手⚆,象抱持以见豢养之义。《说文》释"豢"为:"以谷圈养豕也,从豕,羑声。"② "圈"字,《说文解字注》云:"(圈)养畜之闲也。畜当作兽,转写改之耳。闲,阑也。牛部曰,牢,闲,养牛马圈也。是牢与圈得通称也。……圈,圂……养畜闲也。……疑《说文》本作圈,后人改之耳。"③ 颜师古注《汉书·张释之传》云:"圈,养兽之所在。"④ 由"逐"到"豢"(圂、圈、闲、阑、栏、栅、牢等),表明动物驯化的成功。到了新石器时代,家猪已经被广泛地养殖⑤,并常作为祭祀牺牲和财富象征⑥。

"圂"字最早出现于商周甲骨文,从甲骨文和金文中"圂"的象形来看,自然就是"豕牢","从豕在囗中,象豢豕之所。豕或作巂;囗象圈形,或又作⌒,象圈上有庇覆形;或又作||,象仅围以短垣形"⑦。《说文》:"圂,厕也,从囗,象豕在囗中也。"⑧ 与"圈"(闲、阑、栏、栅、牢等)可以蓄养别的牲畜(如牛、羊、马、驴、骡、虎等)不同,"圂"是专门的"豢豕之所"。颜师古注《汉书·五行志》"燕王宫永巷中豕出圂,坏都灶"云:"圂者,养豕之牢也。"⑨ 南朝梁顾野王《玉篇·囗部》也说:"圂,豕所居也。"⑩ 这不仅表明随着农业和畜牧业的发展,豢养牲畜种类增多,也表明猪在众多牲畜中逐渐被区分对待,有着一定的特殊地位。

《礼记·少仪》郑注云:"《周礼》圂作豢,谓犬豕之属食米谷者

---

① 《说文解字注》,第 74 页。
② 《说文解字注》,第 455 页。
③ 《说文解字注》,第 278 页。
④ 《汉书》,第 2308 页。
⑤ 王俊编著:《中国古代养殖》,中国商业出版社 2015 年版,第 55 页。
⑥ 张仲葛、朱先煌主编:《中国畜牧史料集》,科学出版社 1986 年版,第 178 页。
⑦ 《甲骨文字典》,第 697—698 页。
⑧ 《说文解字注》,第 278 页。
⑨ 《汉书》,第 1436 页。
⑩ 《大广益会玉篇》,第 131 页。

也。胰，有似于人秽。"① 孔氏曰："胰，猪犬肠也。言猪犬亦食谷米，其腹与人相似，故君子但食他处，避其胰，谓肠胃也。"君子不食"圂胰"，就是君子不吃猪狗大肠之意。原因有二：一是因为猪狗与人都是食米谷者，君子不忍同类相残；二是因为大肠是盛装秽物处，君子因肮脏不食。虽然《周礼》将圂作豢，但据《说文》，二字不同，"豢以人之萎养而言，圂以牢中溷浊而言"②。正因为"圂以牢中溷浊而言"③，所以"圂"逐渐发展为"溷"。甲骨文和铭文中均无"溷"字，"溷"是从"圂"演变而来的；"圂"亦由豕厕而引申为人厕。故《释名》说"圂"俗作溷、清、圊、轩等。④

豢豕之所，同样又是积粪之所、便溺之处、至秽之处。所以"溷"的本意是猪厕、厕所、粪便，引申为混浊、混乱、肮脏之意。《急就篇》颜师古注云："溷者，目其秽浊也。"⑤《释名·释宫室》云："……溷，言溷浊也。"⑥《广雅·释诂》亦云："溷，浊也。"⑦"溷"字的出现，也暗示积累粪肥的自觉，暗示农业生产的进步。

② 祭祀之地：从"豕居"到"人居"

《说文解字》释"家"："家，居也。从宀，豭省声。"⑧ 许慎认为"家"的本义是表示人所居之地。然段玉裁发表异议说："按此字为一大疑案。豭省声读家，学者但见从豕而已。从豕之字多矣，安见其为豭省耶？何不云叚声而纡回至此耶？窃谓此篆本义乃豕之凥也，引申叚借以为人之凥，字义之转移多如此。牢，牛之凥，引伸为所

---

① 《礼记集解》，第947页。
② 《说文解字注》，第278页。
③ 《说文解字注》，第278页。
④ 《释名》，第84页。
⑤ 〔汉〕史游撰，〔唐〕颜师古注，〔宋〕王应麟补注，〔清〕钱保塘补音：《急就篇》，中华书局1985年版，第236页。
⑥ 《释名》，第84页。
⑦ 《广雅疏证》，第383页。
⑧ 《说文解字注》，第337页。

三　建筑、空间与厕神定格

以拘罪之陛牢。庸有异乎？豢豕之生子冣多，故人尻聚处借用其字，久而忘其字之本义，使引伸之义得冒据之，盖自古而然。许书之作也，尽正其失，而犹未免此。且曲为之说，是千虑之一失也。'家'篆当入豕部。"① 也就是说，段玉裁认为"家"字本义为"豕所居"，后来才变成"人所居"，并认为这种转化的原因是"豢豕之生子最多，故人居聚处借用其字"，即人们借"豕所居"来表示"人所居"，想像家猪一样多生子。猪的驯化史表明，中国的家猪驯化不仅历史悠久，而且驯化豢养后的家猪繁殖能力很强。这又反映出"豢豕之所""积粪之所"背后的宗教信仰仍然保留着浓厚的生殖崇拜色彩。

陈梦家认为"家"指大门之内的居室，而卜辞中的"家"指"先王庙中正室以内"②；王明阁认为卜辞中的"家"是祭祀祖先的宗庙；郑慧生也认为"家"字本义即宗庙③；徐中舒认为"家"字"与宗通，先王之宗庙"④。的确，商代甲骨文中有不少"家"字，均涉及祭祀祖先。诸如"王为我家祖辛弗又王""其□报于上甲家"⑤ 等。那"家"中之"豕"，便是祭祀所用之牺牲。唐兰据考古陶文提出，早在新石器时代就已有此字⑥。这正与中国的家猪豢养史吻合。如此，"家"既是豢养家猪处、积累粪肥处，又是人居之所、祭祀祖先之地。联系前面所说的南方干栏式建筑人在楼上猪在楼下，以及北方穴居式建筑人猪同室共居的情况，当是历史事实。

如前所说，厕神源于以生殖女神为核心的大母神崇拜。她既是

---

① 《说文解字注》，第 337 页。
② 《殷虚卜辞综述》，第 471 页。
③ 郑慧生：《释"家"》，《河南大学学报》（哲学社会科学版）1985 年第 4 期。
④ 《甲骨文字典》，第 799 页。
⑤ 《甲骨文字典》，第 799 页。
⑥ "莒县陵阳河和诸城前寨大汶口文化陶器上发现的四个字，就其结构与甲骨文的'家'字一样。"唐兰：《再论大汶口文化的社会性质和大汶口陶器文字》，《光明日报》1978 年 2 月 23 日。

生殖女神，又是地母神；她既职司人自身的生产，又职司生产资料和生活资料的生产。而祖先崇拜，是生殖崇拜的延展。祖先最初都具有图腾性质。黎族人认为"祖先鬼"可以化身为猪、牛、羊、狗等。徐显之在《山海经探源》中专门讨论了《山海经》中的猪图腾崇拜，认为《中山经》中的伏牛山、桐柏山，《北次山经》的一些地方，都是以猪为图腾。[1] 马昌仪认为中国的傈僳族、哈尼族、珞巴族、彝族、白族等曾以猪为图腾，并产生了一系列禁忌，如将猪槽视为圣物，严禁跨、坐和触等。[2] 美国学者W·爱伯哈德在《中国文化象征词典》中指出契丹也是以猪为图腾："（契丹）的祖先据说长着个猪头。由于这个原因，契丹人似乎不吃猪肉。"[3]

"家"最初是养猪的地方，起初是类似栅、口垣那样的简单设置，后来随着养殖规模的扩大、农业积粪需求的增强，以及建筑技术的提高，逐渐改善。房屋附属功能的增强，使得人豕共居成为可能。再后来，随着人类文明的发展，"家"的动物性、宗教性减弱，人文性、政治性增强。"家"成为"打破氏族公有制而产生的一种新的社会机体"[4]。于是"家"用于表示"士大夫之采邑"，如《礼记·大学》"修身、齐家、治国、平天下"[5]。与此同时，信仰也会发生变化。在原始农业中，猪神、粪神、生殖女神三合一的情况，到公有制解体时逐渐发生变化。随着神话时代的逝去，"家"原本的宗教色彩逐渐褪色。人的地位最后高高凌驾于动物，"家"终于由"豢豕之所"变成了"人居之所"。原本家猪既是猪神的神体，又是献祭的牺牲。而到"人居"时代，家猪主要是献祭的牺牲，所祭祀的神灵已经演变为脱

---

[1] 徐显之：《山海经探源》，武汉出版社1991年版，第14页。
[2] 马昌仪：《论猪的文化品格——中国民间故事中的猪》，《民间文化论坛》2007年第1期。
[3] 〔美〕W·爱伯哈德著：《中国文化象征词典》，陈建宪译，湖南文艺出版社1990年版，第262页。
[4] 罗琨、张永山：《家字溯源》，《考古与文物》1982年第1期。
[5] 《礼记集解》，第1410页。

胎于自然神、生殖神、图腾神的祖先神,进入生殖崇拜的后期(见表3-9)。所以,原来"豢豕之所"是"家",后来指所养用于祭祀牺牲之猪。同理,"牢",最初是养牛的地方,后来指所养用于祭祀牺牲之牛;"宰",最初是养羊的地方,后来指所养用于祭祀牺牲之羊。故《大戴礼记·曾子天圆》说:"牲牛曰太牢……牲羊曰少牢。"① 董作宾补充说,"宰"为少牢、小牢。② 当然,不管是哪种规格的祭祀,猪("家")作为牺牲都是必不可少的。

表3-9 家:由"豕居"到"人居"

家	豕居	豕居、积粪	人豕共居	人居
养豕目的	取肉、生存竞争	取肉为主,积粪、祭祀、财富为次	取肉为次,积粪、祭祀、财富为主	取肉、积粪、祭祀、财富
相关神灵或信仰	猪神、圈神、生殖神	猪神(牺牲)、粪神(农神、地母)、生殖神等	猪神(牺牲)、粪神(农神、地神)、厕神、生殖神等	祖先、其他基于厕之空间的神
备注	类似栅、口垣	原始农业早期	原始农业中期,可能出现人厕和猪圈(猪厕)合一	"家"的动物性、宗教性减弱,人文色彩、政治性增强

总之,猪的豢养,不仅促进了血族团体的形成,而且促进了财富的积聚。在新石器时期,猪已经成为一个家庭肉食、经济的主要来源,是私有财产的重要标志。罗琨、张永山在《家字溯源》中说:"在农村部落中,唯有家猪才能象征财富……家的含义是指居住在公共房屋里,有共同财产的一个血族团体,这就是家族……打破氏族

---

① 《大戴礼记》,第95页。
② 李孝定编述:《甲骨文字集释》(第二册),台北"中央研究院"历史语言研究所1970年,第313页。

公有制而产生的一种新的社会机体。"① 可见,"家"字所凝聚的不仅仅是原始社会的生产方式和社会组织形式,也反映了原始思维、宗教文化。

③ 便溺之处:从"圂"到"厕"

最初,没有固定的如厕空间时,大地就是人们屙屎屙尿的地方。后来有了牲畜圈,有遮拦的人厕空间才应运而生。上面已说,牲畜圈(栅、口、圈、牢、家、圂等)早于人厕,人厕最初是附属于牲畜圈而产生的。在大概距今 6000 多年的仰韶文化遗址中,发现了人厕与猪圈(猪厕)合一制。甲骨文中已出现"圂"字,且有在"圂"边占卜的记载;还出现了关于"粪田"的记载,反映了积累粪肥的需求。

人厕的独立始于何时,不可考,但不会晚于周。《古今事物考》记载"礼仪曰:'隶人涽厕。'则厕名于周初也"②。《墨子·备城门》云:"五十步一厕,与下同圂。"孙诒让《间诂》云:"上厕为城上之厕,圂则城下积不洁之处。"③

《周礼·天官·宫人》记载:"(宫人)掌王之六寝之修,为其井匽,除其不蠲,去其恶臭。"郑玄注云:"井,漏井,所以受水潦。"并引东汉郑司农的说法:"匽,路厕也。"④《战国策·燕策二》亦有记载:"今宋王射天笞地,铸诸侯之象,使侍屏匽,展其臂,弹其鼻,此天下之无道不义,而王不伐,王名终不成。"⑤ 屏,即厕。匽,即井匽,路厕。

睡虎秦简《日书》的相宅术将"圂""圈""屏"相区分,已可见独立的人厕"屏",在方位讲究上与"圈"有所不同。《说文解字》

---

① 罗琨、张永山:《家字溯源》,《考古与文物》1982 年第 1 期。
② 〔明〕王三聘辑:《古今事物考》,上海书店 1987 年版,第 134 页。
③ 〔清〕孙诒让著,孙以楷点校:《墨子间诂》,中华书局 1986 年版,第 311 页。
④ 《周礼正义》,第 417—420 页。
⑤ 《战国策》,第 674 页。

云:"屏,蔽也。从尸,并声。"段玉裁注云,屏与庰通,"谓屋之隐蔽者也"①。三国魏《广雅》和西汉《急就篇》均谓庰即厕义。《文选·张衡〈思玄赋〉》云:"坐太阴之屏室兮,慨含唏而增愁。"李善注云:"屏与庰古字通。"② "屏"字,段玉裁说是古文"屋"字,而《说文》:"室屋皆从至,所止也。"徐中舒说:"大室、中室、血室等,皆宗庙中房舍之名。"③ 再次证明了豕圈(家)、厕所与宗庙的关系,以及祖先神是由生殖神脱胎而来的事实。

《释名》云:"厕,言人杂,在上非一也。……或曰轩,前有伏似殿轩也。"④ 伏,块,本义为填塞。吕微认为其实就是"厕轩门前用以遮挡视线的土墙影壁"⑤。《说文解字》说:"轩,曲辀藩车也。"段注云:"谓曲辀而有藩蔽之车也。"⑥ 藩,篱笆、屏障,遮蔽意。因轩、藩有遮蔽、隐蔽的特点,故作为厕所之称。可见,屏、轩都突出了人厕遮蔽的特征,表示人们羞耻观念的增强。当然,最初,人厕设置的主要目的并不是为了遮羞和卫生,而是为了积累粪肥。汉代以后,人厕和猪圈(厕)合一形制得到推广,并呈现出多样化色彩。先秦时期厕所已经讲究封闭,出现了"屏""轩",汉代以来又出现了男女分厕。

当然,比起人厕的独立,人厕与豕圈不分的情况更多,且持续到很晚。如《汉书·燕刺王刘旦传》记载:"厕中豕群出。"唐代颜师古注云:"厕,养豕圈也。"⑦《论衡·吉验》记载:"后产子,捐于猪溷中。"⑧ 可知当时厕与圈也在一处。唐房玄龄等撰《晋书》中

---

① 《说文解字注》,第 444 页。
② 〔南朝梁〕萧统著,〔唐〕李善注:《文选》,中华书局 1977 年版,第 219 页。
③ 《甲骨文字典》,第 800 页。
④ 《释名》,第 84 页。
⑤ 吕微:《神话何为——神圣叙事的传承与阐释》,社会科学文献出版社 2001 年版,第 121 页。
⑥ 《说文解字注》,第 720 页。
⑦ 《汉书》,第 2757 页。
⑧ 《论衡注释》,第 127 页。

《文苑·左思传》记载:"门庭藩溷,皆着笔纸。"[1] 唐李延寿《南史·范缜传》记载:"(花)落于粪溷之中。"[2] 明张溥《五人墓碑记》记载:"中丞匿于溷藩。"[3] 藩溷、粪溷、溷藩均指厕所。这些都说明古人的确长期将"圂"(豕牢)、"溷"(积粪处)和"厕"(人厕)三者统观等视。

值得注意的是,"圂"(豕牢)、"溷"(积粪处)和"厕"(人厕)并非是单线发展模式,而是具有共存关系。直至近世,一些农村和少数民族地区仍然没有专门的人厕,常常到外面的田地或者自家的圈里解决。

蒙古语中,"粪便"叫"毛利","解大便"叫"毛利哈里",其实这里的"毛利"就是"马"。韩国《译语类解》中,"血便"叫"巴尔根马","大便"叫"大马","小便"叫"小马","解便"叫"看马",总之,人的粪便被叫作"马"。[4] 从这些词也可以窥见草原民族以圈为厕的情况。

2. 厕所方位与吉凶祸福

由于农业积肥的需要,中国主要是贮藏式(收集式)厕所,几千年来没有本质变化。从 21 世纪的今天来看,贮藏式厕所有很多缺点,是落后的;但在当时的历史条件下,在小农经济中,它却扮演着重要角色,无可替代,是先进的。历史的车轮滚滚向前,当生产力逐渐提高,私有制、等级制形成并稳固,建筑技术进步时,人们的居所从单一空间中解放出来,"人豕共居"解体。与此同时,厕、圂相对于别的生活空间来说,地位日益卑下。这种情况正是我们所熟知的。

---

[1]〔唐〕房玄龄等:《晋书》(第八册),中华书局 1974 年版,第 2376 页。
[2]《南史》,第 1421 页。
[3]〔清〕吴楚材、〔清〕吴调侯编选,葛兆光、戴燕注解:《古文观止》,中华书局 2008 年版,第 311 页。
[4]《东亚的厕所》,第 85 页。

① 奥、屋漏与尊西传统

仰韶文化原始居民住房内部空间的功能分配已比较合理。半坡房屋东南隅主要用于贮存、窖藏，东北隅主要用于煮食、进食，但是"西南部隐奥处未发现储藏遗迹，稍晚的遗址西南部居住面略高起"①，可能是寝卧之处，即原始之炕。但与之相邻的同样没有发掘出器物的西北部，专家推测很可能就是厕所②。

《尔雅·释宫》记载："西南隅谓之奥，西北隅谓之屋漏。东北隅谓之宧，东南隅谓之窔。"③宋代邢昺疏云："此（奥、屋漏、宧、窔）别室中四隅之异名也。"房屋四隅（西南、西北、东南、东北）之命名，正是源于半坡这种单一建筑空间的功能分配。

关于"奥"，姜亮夫在《昭通方言疏证》中说，奥、隩、澳、窐、洼、坳等字，意思相同，都含有深邃、低洼之意。《礼记·曲礼上》记载："为人子者，居不主奥，坐不中席，行不中道。"④《尔雅·释宫》云："室户不当中而近东，则西南隅最为深隐，故谓之奥，而祭祀及尊者尝处焉。"⑤奥，室之西南隅，古之居室西南隅最为深邃，地位尊贵，适合幽居。⑥

关于"屋漏"，《诗经·荡之什·抑》云："相在尔室，尚不愧于屋漏。无曰不显，莫予云觏。神之格思，不可度思，矧可射思！"⑦注家多对"屋漏"模棱。屋漏，就是屋漏神，即厕神。《说文解字》云："厞，隐也。"段玉裁注云："隐者，蔽也。《特牲馈食礼》，佐食彻尸荐俎，敦于西北隅，几在南厞，有司彻，有司官彻馈，馔于室中西北隅，设右几厞。郑云：厞，隐也。《丧大记》，甸人

---

① 《杨鸿勋建筑考古学论文集》，第43—44页。
② 蒋志丹、王鲁民：《"屋漏"考释》，《南方建筑》2012年第1期。
③ 《尔雅》，第40页。
④ 《礼记集解》，第20页。
⑤ 《尔雅》，第40页。
⑥ 姜亮夫：《昭通方言疏证》，《姜亮夫全集》，云南人民出版社2002年版，第33页。
⑦ 《宋本毛诗诂训传》，第85—86页。

取所彻庙之西北厞薪用爨之。按室西北隅曰屋漏。厞者，又西北隅隐蔽之处也。"①

"奥"（西南隅）与"屋漏"（西北隅）相邻，均是由"西"（尚西为正阳）分化而来②，故两处（"奥"和"屋漏"）常被视为"同位"，均具有深邃、隐蔽之意。按文王后天八卦，西南为坤，西北为乾，也是尊"西"的。故远古建筑曾有尊"西"传统，以"坐西朝东"为尊。这种观念可能正是从半坡那样的穴居延续而来。河南永城保安山二号墓西北隅两室，即为厕所和浴室。③ 秦国咸阳宫第一号遗址的厕所也是在西面。④ 实际上，自西周开始的合院制中，厕所基本都是设计在西南方位的。故《礼记·曲礼上》记载："席南乡北乡，以西方为上；东乡西乡，以南方为上。"⑤ 即凡是南北向的席位，以西为尊；凡是东西向的席位，以南为尊。

这一传统在后来也有体现。东汉王充《论衡·四讳篇》中说："俗有大讳四。一曰讳西益宅。西益宅谓之不祥。不祥，必有死亡。相惧以此，故世莫敢西益宅。防禁所从来者远矣。"⑥ 尽管王充认为"西益宅"实为义理之禁，非关吉凶，但"西益宅"禁忌自古而然，历史悠久，当是可知。东汉应劭《风俗通》也说："宅不西益。俗说西者为上，上益宅者，妨家长也。"⑦《艺文类聚》"宅舍"条、"荐席"条，《太平御览》"宅"条、"荐席"条，均记载此说。

不过尊"西"传统，后来发生了变化，或并非通行于所有地方。

---

① 《说文解字注》，第448页。
② 人们最先认识的方位，应是本于太阳周日视运动而确定的东方和西方。然后再产生了南和北。在神话观念上，东和南常常同位，而西和北常常同位。
③ 河南省文物考古研究所：《永城西汉梁国王陵与寝园》，中州古籍出版社1996年版，第91—92页。
④ 秦都咸阳考古工作站：《秦都咸阳第一号宫殿建筑遗址简报》，《文物》1976年第11期。
⑤ 《礼记集解》，第35页。
⑥ 《论衡注释》，第1323—1324页。
⑦ 〔东汉〕应劭著，王利器校注：《风俗通义校注》，中华书局2010年版，第562页。

中国厕所方位应该主要是根据当地的地势、地貌、气候和风俗习惯而定，并没有绝对程式。如考古发掘的徐州北洞山汉代楚王陵，坐北朝南，厕所设置在后室东侧。而淮阳于庄汉墓陶制庄园，同样是坐北朝南，厕所却不止一处，一间在中庭庑殿西面，另外两间则分别在后院的东、西面，即庄园之东北角和西北角。① 杨宽认为："在西汉、东汉之际，都城制度发生了一次重大变化，整个都城的造向由'坐西朝东'变为'坐北朝南'。"②

因此，远古时期把厕所设置在西北隅的"屋漏"或者西南隅的"奥"（在单一空间中，寝卧和厕所往往是相邻的，类似于后来的床厕或马桶），都表示尊崇，这与前面所讲的"人豕共居"时期的猪神崇拜、粪壤崇拜、生殖崇拜也是不无关系的。大概中古以后，厕所便与尊位发生分离。如以收录唐宋道教内丹修炼古籍为主的《金丹阐秘》便说："西北隅为天门，亦不可粪秽，不可安井厕，务使清洁，大吉。"③

② 圂厕方位与吉凶祸福

甲骨卜辞中有不少关于"圂"的记载，如"贞乎作圂于专（乙八一一）""贞于圂（前四、一六、七）""□卜亡圂毁二豕二犿（乙四五四四）"。④ 这表明人们相信吉凶祸福与"圂"密切相关，即与厕神（粪神、圈神、猪神）密切相关。

睡虎秦简《日书》的相宅术直接描述了"圂""屏"的修建位置、修建日期与吉凶祸福的关系：

> 圂居西北区，利猪，不利人。圂居正北，吉。圂居东北，妻善病。圂居南，宜犬，多恶言。屏居宇后，吉。屏居宇前，

---

① 骆崇礼、骆明：《淮阳于庄汉墓发掘简报》，《中原文物》1983年第1期。
② 杨宽：《中国古代都城制度史研究》，上海人民出版社2003年版，序言。
③ 董沛文主编：《金丹阐秘》，宗教文化出版社2015年版，第755页。
④ 《甲骨文字典》，第698页。

不吉。①

圂忌日，己丑为圂厕，长死之；以癸丑，少者死之。其吉日，戊寅、戊辰、戊戌、戊申。凡癸为屏圂，必富。②

圈居宇西南，贵吉。圈居宇正北，富。圈居宇正东方，败。圈居宇东南，有宠，不终迣（世）。圈居宇西北，宜子与。③

第一条材料主要描述了在居所不同位置修建厕所是否吉利的问题。第二条材料简单介绍了修建厕所的忌日和吉日。第一条材料是将圂与屏分开来说的，这说明很有可能圂与屏就是分开建筑的；而第二条材料又将圂、厕、屏合论不分，表现出三者相类的吉凶祸福关系。从第一条材料来看，若将圂建在居所的西北方，虽然有助于猪的生长，但却对主人有害；若将其建于正北方，则大吉大利；若将其修建在东北方，会使妻子体弱多病；若将其修建在南方，虽然有利于狗，却容易让人口出恶言。此外，厕所宜修建在居所的后面，不宜修建在前面。从第二条材料可以看出，修建圂的禁忌之日是己丑日和癸丑日。在己丑日建圂，家中老人会死于此；在癸丑日建圂，家中年轻人会死于此。修建圂的大吉之日是戊寅日、戊辰日、戊戌日和戊申日。此外，凡是在癸日修建圂和屏，家中必定大富大贵。第三条材料单独说的是圈在人居所的不同方位所导致的吉凶问题。圈位于屋宇的西南方，富贵吉祥；位于屋宇的正北方，富贵；位于屋宇的正东方，家境破败，诸事不宜；位于屋宇的东南方，能得君王恩宠，但不会太长久；位于屋宇的西北方，利于生儿育女、人丁兴旺。虽然《日书》将圈、圂、屏有所区分，但三者的方位设置和吉凶关系又有相同之处，比如，都以设置在西南或西北为吉，都以

---

① 吴小强：《秦简日书集释》，岳麓书社2000年版，第123页。
② 《秦简日书集释》，第237页。
③ 《秦简日书集释》，第122页。

三 建筑、空间与厕神定格

设置在东方为不吉。

厕所修建的方位与吉凶的关系,一方面是建立在人们总结过往修建经验基础之上的,如当地的地势、风向、风俗习惯等;另一方面又是建立在对神秘力量的信仰基础上的,如对厕神(粪神、圈神、猪神)的信仰。修建厕所的诸多禁忌,正可佐证人们相信厕所有神灵的事实。他们深信触犯厕神会给自己带来祸殃。

禁忌和信仰关联的空间主要是猪圈和人厕,有时也用猪、粪便来表示这一空间。《日书》甲种《星》篇就记载有养六畜的良、忌之日。杀畜时也要特别注意,如果杀得不合其时,则会遭遇"小杀小央(殃),大杀大央(殃)"(简794—790反面)。到汉代,在谶纬学说的推波助澜之下,人们对"豕祸"大加演绎。《论衡·四讳篇》记载:"出见负豕于涂,腐渐于沟,不以为凶者,洿辱自在彼人,不着己之身也。"① 这是基于《周易·睽卦》的演绎,说外出在路上看到有人背着猪是凶兆。《汉书·武五子传》记载:汉燕王旦将败,"厕中豕群出,坏大官灶"②。梁元帝萧绎《金楼子》引用"厕中豕群出",解释说,厕内有豕,必为深坑,豕不得出。豕出,所以记异也。③ 此谓厕所中的猪群从深坑中逃出,是燕王刘旦将要失败的凶兆。

将厕所这一空间视为神圣并涉及一系列禁忌,在现代社会也存在:

> 厕所门和房子的大门同一方向不好。住宅的大门是气口,是生气吸入的地方,如果厕所的门,对着整座住宅的大门,仿佛从大门进来的生气,进入了污秽排泄、阴气极重的地方。厕

---

① 《论衡注释》,第1335页。
② 《汉书》,第2757页。
③ 〔南朝梁〕萧绎撰,许逸民校笺:《金楼子校笺》,中华书局2011年版,第671、675页。

所的门像一张大口，释放着阴森森的污秽之气，与住宅大门进来的生气形成对冲，好像秽气和生气在对骂。①

此外，还强调厕所不能设置在上风口，否则风一吹，厕所里的味道会刮满住宅。厕所在污秽排泄的地方，在五行中属阴性之水，所以厕所应该置于阴面。② 后世修建房屋，在风水上最主要的就是看厕所的方位，否则就会"犯煞"。（详见第七章第一节《畜圈、厕所与民俗信仰》）日本在建筑开工时会祭奠厕神。建房之前，木匠先要把人形木偶（有时是女木偶，有时是夫妇木偶，表示厕神）放在埋尿缸或粪桶的坑里进行祭奠。③

3. 原始大坑与冥界入口

前面已说，最早的厕所是在西安半坡遗址发现的，距今已经6000多年。其时，厕所就是一处固定的方便大坑，形制简陋，内壁未修整。④ 从西周到春秋，厕所都是如此。《仪礼·既夕礼》记载："甸人筑坅坎，隶人涅厕。"郑玄注云："隶人，罪人，今之徒役作者也。"古人不共厕，涅者填之也，是亦厕为土坑之证也。《左传·成公十年》记载："（晋侯）将食，张（胀），如厕，陷而卒。"可见当时王公贵族的厕所也是如此简陋危险。而今民间之厕，往往也是挖一深坑即可，正所谓"一个土坑两块砖，三尺土墙围四边"。掉进厕所里的概率很大，所以厕所意味着危险和恐怖。况人在如厕时，最无防备，受攻击的可能性也最大，所以厕所又常成为暗藏杀机、密谋深算或逃之夭夭的最佳场所。如"赵襄子如厕，心动，执豫让。

---

① 韩金英：《图解住宅禁忌》，团结出版社2004年版，第168页。
② 《图解住宅禁忌》，第166页。
③ 《东亚的厕所》，第206、246页。
④ 中国科学院考古研究所、陕西省西安半坡博物馆编：《西安半坡——原始氏族公社聚落遗址》，《中国田野考古报告集》（考古学专刊），文物出版社1963年版，第48页。

高祖如厕，心动，见柏人。金日磾如厕，心动，擒莽何罗。范睢佯死置厕中……文类甚多"①。

其他农耕国家的情况也差不多。日本学者金城朝永调查近世日本农村厕所时描述：厕所里摆满了粪桶，厕所"大小为南北两间，宽五间，相当于'20张榻榻米'，里面就如同黄色的粪海一样。所谓厕所就是在粪堆的上面搭了两块木板而已……如果一下踩空那就完了，这令人十分害怕"。于是，从屋顶垂下一根大绳给人攥着，以便如厕时防止掉入粪海，这绳子被称为"坚持绳"或"用心结"，不过"即使有这条绳子，也时常发生掉进粪里丢了性命的事情"②。由此可知，日本的厕所在现代化之前，也是危险恐怖的原始大坑。

传统贮藏式厕所积累粪便务农的目的，规定了它的"容器"是坑、池、穴、井、洞、缸、桶等。无论是利用现成的洞穴，还是在地下挖坑形成贮粪池，或使用缸、桶等容器，都是为了收集粪肥以利于农业生产。腐殖质转化为新的生命，周而复始，这里自然涉及粪肥与丰产崇拜。在地下挖坑贮粪，生命从地下产生，永不枯竭。既然如此，在三分世界观产生后，厕神很自然地便和冥神同位，厕所也就很自然地成了"阴阳道"和"五谷轮回之所"。再与道教、佛教思想相结合，便增加了不少惩恶扬善、因果报应的元素。

宇宙观不同，对异域空间的描述也就不同。常见的有竖型、横型、卵型三种宇宙观。在竖型宇宙观中，世界被分为天上神仙世界、中间人间世界、地下冥鬼世界③，沟通需要天柱或缺口。人界与仙界的交通依靠天柱，如山、树、飞鸟、风雨等；人界与冥界的交通依靠缺口④，如冢墓、洞穴、大壑、井、厕、河、海等。尤其是厕，它

---

① 〔宋〕周密撰，黄益元校点：《齐东野语》，上海古籍出版社2012年版，第101页。
② 《东亚的厕所》，第213页。
③ 靳凤林：《窥视生死线——中国死亡文化研究》，中央民族大学出版社1999年版，第177页。
④ 据诺依曼《大母神：原型分析》，坟墓、水道、土坑、厕所等都具有"大母神"品格，是"大母神"吞噬功能的体现。

既是水道，又是洞穴，还是至秽之所，代表"冥鬼"观念最为相宜。

中古以来的观念中，厕神基本为冥鬼。如南朝宋的厕神紫姑、唐后的厕神戚姑，均是"人死为鬼"。有的文献则说厕之鬼神职司死亡。如《太平御览》引《白泽图》说："厕之精名曰依倚，青衣，持白杖，知其名呼之者除，不知其名则死。"①《白泽图》的成书极有可能是在先秦，也可能是在三国前，最迟不会晚于东晋。在传抄过程中，内容有一定增删。② 也就是说，至迟在东晋人们已普遍认为厕神职司死亡。唐李复言《续玄怪录》亦云，厕神（即郭登）蓬头青衣，长数尺，每月六日出巡，此日必致灾难，人见即死，见人即病。③ 又《续玄怪录》卷三钱方义的故事中，厕神郭登也是阴气逼人，致人非病即死，自言为幽冥吏人。④

宋李昉《太平广记》记载了一则"冤鬼告状"的故事。荥阳氏的一对儿女被继母用野葛花汤毒死，仆人张奶要哭，亦被搥杀。继母将三人尸体埋葬于寺院北墙外的树林里。后来僧人在上面修筑厕所，导致为鬼的三人成为厕神郭登的姬仆。荥阳氏子遂来恳求即将赴任的盈州县令帮忙将三人尸骨移至别处：

> （荥阳氏子）曰："……所苦者，被僧徒筑溷于骸骨之上，粪秽之弊所不堪忍，况妹为厕神姬仆，身为厕神役夫，积世簪缨，一旦陵坠，天门阻越，上诉无阶，藉公仁德，故来奉告。"令曰："吾将奈何？"答曰："公能发某朽骨，沐以兰汤，覆以衣衾，迁于高原之上。脱能赐木皮之棺，苹藻之奠，亦望外也。"令曰："诺，乃吾反掌之易尔。"鬼呜咽再拜，令张奶密召鸾娘

---

① 《太平御览》，第112页。
② 周西波：《〈白泽图〉研究》，项楚主编：《中国俗文化研究》（第一辑），巴蜀书社2003年版，第166页。
③ 〔唐〕牛僧孺、〔唐〕李复言撰，田松青校点：《玄怪录 续玄怪录》，上海古籍出版社2012年版，第92—93页。
④ 《玄怪录 续玄怪录》，第92—93页。

子同谢明公,张奶遽至,疾呼曰:"郭君怒晚来,轩屏狼藉,已三召矣!"于是缳裳者仓皇而去,明旦,令召僧徒具以所告,遂命土工发溷以求之三四尺,乃得骸骨,与改瘗焉。①

荥阳氏子求盈州令帮忙发朽骨、沐兰汤、覆衣衾、迁高原,因为被"僧徒筑溷于骸骨之上"后,不仅粪秽臭浊不堪忍受,而且家妹由此成为厕神姬仆,自己也成为厕神役夫,累世荣耀,一日陵坠,永世不得翻身。在这里,厕神郭登明显为冥神,且役使他人是通过对厕之空间的把控而实现的。故事中,厕所的位置在寺院北边低下之处。

厕所因其独特的空间特征,往往成为鬼神聚居之地。而厕坑、厕洞、厕池,也往往被视为人界和冥界相通的缺口,即"阴阳道"。《搜神记》卷四"胡母班"条说胡母班行至泰山之侧,被泰山府君召去帮忙送信。后来他从长安回来,再次经过泰山之侧,进入泰山府君的宫殿。如厕之时,他看见自己死去的父亲"著(着)械徒作,此辈数百人"②。胡母班的父亲戴着刑具服苦役这一冥界景象,是他在厕中窥见,正说明厕所是通往冥界的入口,是冥界景象的缩影。唐代戴孚《广异记·裴徽》还讲述了一个故事,说天宝年间的河东士人裴徽,路遇容色殊丽之美妇人邀其入室,室中富丽堂皇,绮帐锦茵,喜庆非凡,不可名状。裴徽正要与其婚合,突然腹胀起如厕。"所持古剑,可以辟恶。厕毕,取裹剑纸,忽见剑光粲然。执之欲回,不复见室宇人物,顾视在孤墓上丛棘中,因大号叫。"③ 这里,厕所空间与坟墓空间是相通的。唐传奇《郭元振》中"能祸福人"的男猪精"乌将军",常常藏于大冢之中,亦具有冥神

---

① 〔宋〕李昉等编:《太平广记》,中华书局1961年版,第910页。
② 《搜神记》,第45页。
③ 〔唐〕戴孚:《广异记·裴徽》,王汝涛编校《全唐小说》(第一卷),山东文艺出版社1993年版,第464页。

特征无疑。① 英国民俗故事说,曼岛上有一头极其危险的公猪,常常掳走无辜的人们,穿过一个洞穴,进入阴间。②

《说文解字》云:"冢,高坟也,从勹,豖声。"段注云:"土部曰'坟者,墓也'。墓之高者曰冢。"③ 又,"豖,豖绊足行豖豖也。从豕,系二足"。段注云:"豖豖,艰行之貌。"④ 可见,"冢"字造字本身就与"豕"有关。这或许正是猪出入冢(阴间)的神话故事来源。

宋李昉《太平广记》中"秄儿"条还记载,彭城刘剌夫的妻子在后院,于"咸通丁亥岁,夜聚诸子侄藏钩,食煎饼。厨在西厢。小童秄儿,持器下食。时月晦云惨,指掌莫分。秄儿者,忽失声仆地而绝。秉炬视之,则体冷面黑,口鼻流血矣。擢发炙指,少顷而苏。复令数夫束缊火循廊之北。于仓后得所持器。仓西则大厕。厕上得一煎饼,溷中复有一饼焉(出《三水小牍》)"⑤。鬼神出没、遁逃的地方正是圂厕,与如愿无异。第二章已说到,"投煎饼"是"请如愿""送穷鬼"的惯用仪式,两相暗合。

《聊斋志异》卷十一还记载:

> 高苑民王十,负盐于博兴。夜为二人所获。意为土商之逻卒也,舍盐欲遁;足苦不前,遂被缚。哀之。二人曰:"我非盐肆中人,乃鬼卒也。"十惧,乞一至家,别妻子。不许,曰:"此去亦未便即死,不过暂役耳。"十问:"何事?"曰:"冥中新阎王到任,见奈河淤平,十八狱坑厕俱满。故捉三种人淘河:小偷、私铸、私盐。又一等人使涤厕:乐户也。"……至奈河边……视河水

---

① 王汝涛、徐敏鸿、赵炯译注:《唐代志怪小说选译》,齐鲁书社 1985 年版,第 32 页。
② 《亥日人君》,第 214 页。
③ 《说文解字注》,第 433 页。
④ 《说文解字注》,第 455 页。
⑤ 《太平广记》,第 2907 页。

浑赤,臭不可闻。淘河者皆赤体持畚锸,出没其中。朽骨腐尸,盈筐负昇而出……同监者以香绵丸如巨菽,使含口中,乃近岸。①

这个故事显然已有佛教因果惩戒观念。粪坑连接奈河、十八狱,既是通往冥界的入口,又是冥间恐怖世界的组成部分,是地下之鬼的居所,是个死亡空间,"河水浑赤,臭不可闻","朽骨腐尸"盈筐而出。待王十劳役完工,二鬼送其回家时,已是半死。

此外,明代谢肇淛《五杂组》卷十五"事部三"记载,扶乩占卜(紫姑卜)时,却招来为城隍送书的冥鬼,"问休咎毕,而不得发遣之符,鬼不肯去。问之,曰:'我游鬼也,为某处城隍送书,适君中途见召,今不得符验,何以得归?'诸生无如之何,鬼日夜哀啸溷厕,同学者皆惊散,逾月余,一道人善符箓,为书一道焚之始去"。② 韩国济州岛也有同类故事,说厕神是冥界城主神的司令,听从城主神的号令。③

在日本民间故事中,厕所也常是人界进入异界之入口,是变身场所或不同世界交换之境界。④ 饭岛吉晴认为这是因为厕字和厕之空间本身就意味着"交"(杂、混、转换、变化)、水边(岸),是不同东西遇合、交换的场所。比如厕所是河童出现的地方,是人世和异界沟通的境界性领域。为了驱鬼,人们经常会在厕所附近种南天竹。因为南天和"难转"谐音。正因为厕所被视为事物转换的特别空间,所以在"通过"仪式中,特别是在产育仪式中,常常出现厕神,比如之前提到的初生儿"参拜雪隐"仪式。在日本,初生儿被视为与污秽、粪便同等之物,通过"参拜雪隐",便被赋予神圣的、真正的

---

① 《聊斋志异》,第1559—1560页。
② 《五杂组》,第305页。
③ 〔日〕村山智顺:《释奠·祈雨·安宅》,《朝鲜的鬼神》,朝鲜总督府1938年版,第272页。
④ 〔日〕饭岛吉晴:《灶神与厕神——异界与人世之境》,讲谈社2007年版,第144页。

诞生。这又与前面的"血祭沃土"遥相呼应。

4. 崇病场所与生命赐予

① 崇病场所

贮藏式厕所，常与牲畜圈相连，并作为正房的附属，大都阴暗、潮湿、污秽、臭气难当，是至秽之所。《释名·释宫室》云："厕……或曰圊，至秽之处宜常修治使洁清也。"① 《广雅·释宫》："圊……厕也。"② 《玉篇·广部》："厕，圊溷也。"③ 正是因为厕所污秽，所以需要"常修治使洁清"，故厕所又被称为清、圊。这些都是从厕所具有污秽的特点来说的。日本的厕所叫作"伽瓦亚"，本义是"粪"，厕所就是装粪的地方，或者直接称厕所为"臭屋"。

大概正是因为厕所具有污秽、恶臭等特性，需要疏离和遮蔽，所以厕所常常被建造于房屋的后侧，在整体的房屋结构布局中，只是作为主屋的附属。有时还是与人所居住的房子分离开来的一间小屋，多设在侧室或者屋后、院角落，甚至是离家较远的菜地。故"厕"又言"侧"。《急就篇》颜师古注云："厕之言侧也，亦谓僻侧也。"④ 古亦多假"厕"为"侧"，如《史记·张释之冯唐列传》云："（张释之）从行至霸陵，居北临厕。"苏林曰："厕，边侧也。""厕"与"侧"音义两通。⑤ 《汉书·汲黯传》云："上踞厕视之。"⑥ 日本的厕所也常被称为侧屋、背屋、外、角、闲所、雪隐——皆隐蔽且有从日常生活或伦理范畴排除而边缘之意。

"厕"为象形字，像一间封闭的屋子。"厂"常与"广"通用，表示与房屋有关。偃、匽、屏、厕等都曾为古代厕所之名。《庄子》

---

① 《释名》，第 84 页。
② 《广雅疏证》，第 850 页。
③ 《大广益会玉篇》，第 104 页。
④ 《急就篇》，第 236 页。
⑤ 《史记》，第 2753 页。
⑥ 《汉书》，第 2318 页。

三 建筑、空间与厕神定格

说:"观室者周于寝庙,又适其偃焉。"晋代郭象注释说:"偃谓屏厕。"① 王念孙疏证说:"匽(偃)与屏皆取隐蔽之义。"②《说文解字》云:"屏,蔽也。"段玉裁注云:"此与尸部之屏义同而所谓各异。此字从广,谓屋之隐蔽者也。"③《释名》:"厕……或曰轩,前有伏似殿轩也。"④ 均突出了厕所的隐蔽性特征。考古发掘也可佐证。墓葬厕所一般也位于墓室之侧或墓葬后方。如前面岭南汉代"干栏式"陶屋,厕所基本位于房屋后面。⑤

隐蔽、污秽、卑湿的环境当然会滋生细菌,引发疾病。不过鬼神信仰者们普遍认为人的疾病和死亡并不是来自"物质性"自然界和人类社会,而是来自看不见的鬼神世界。后者通过"物质性"世界与人发生关系,导致人生病,称之为"祟病"⑥。

在内,古人认为人的身体中藏住着百神。《黄庭内景经》云:"胆神龙曜,字威明。"⑦《云笈七签》云:"胃神名同来育,字道展。"⑧ 人生病,不是身体生病,而是鬼神作祟;而鬼神作祟,又因人的"阴气"太重,即祟病的根本原因是"阴气为害"。《医钞类编》引《大全良方》云:

> 妇人梦与鬼交,由脏腑虚,神不守,故鬼气得为病也。其状不欲对人,或时悲泣,脉息乍大乍小,乍有乍无,或脉息迟伏,或如鸟啄,皆鬼邪之脉。又脉来绵绵,不知度数,而颜色

---

① 《庄子集释》,第 799 页。
② 《广雅疏证》,第 850 页。
③ 《说文解字注》,第 444 页。
④ 《释名》,第 84 页。
⑤ 《广州出土汉代陶屋 附陶仓、陶井、陶灶》,第 1—2 页。
⑥ 李建民:《旅行者的史学——中国医学史的旅行》,允晨文化有限公司 2009 年版,第 176 页。
⑦ 〔唐〕梁丘子注:《黄庭经集释》,中央编译出版社 2015 年版,第 83 页。
⑧ 〔宋〕张君房编:《云笈七签》,中央编译出版社 2017 年版,第 344 页。

不变，亦其候也。夫鬼本无形，感而遂通，因心念不正，感召其鬼，附邪气而入，体与相接，所以时见于梦。治法则朱砂、雄黄、麝香、鬼箭羽、虎头骨，辟邪之属是也。或迹其鬼所在，令法师入其中毁之，其病即安。①

这里说"夫鬼本无形，感而遂通，因心念不正，感召其鬼，附邪气而入，体与相接，所以时见于梦"，又云"凡人脏腑安和，血气充实，精神健旺，荣卫调畅，则妖魅之气安得而乘之？惟夫体质虚衰，精神惑乱，以致邪气交侵……"并引《石室秘录》说"中邪遇鬼，阳气衰也"②，即认为不是鬼主动要害人，而是阴气相感的结果。鬼为阴气，人"阴盛阳衰"，两者便会相感。这时就要服食或佩戴具有阳气之物。钱方义遇到厕神以后，用麝香塞鼻，一方面是抵御厕中恶臭，另一方面也是"以阳克阴"。

在外，人除了生活在历史、社会、地域等大环境中，还身处于日常小环境中，甚至后者还更让人身临其境。鬼神正是将"小环境"作为媒介或通道，作祟于人。李建民曾总结"祟病"发生的场所一般是宗教祭祀场所、郊野山林人迹罕至之地、坟冢尸丧之地、空房冷寓之所、客舍馆驿等五种。③无论是上面哪种场所，又多少与厕所场域有关。比如，唐李冗《独异志》和南宋洪迈《夷坚乙志》所载女鬼魅惑男子致病至死的故事，虽发生于"客舍馆驿"，但这里的女鬼都是厕鬼，出没于厕所。

更何况，厕所被认为是"阴气逼人"之处。厕所是汇聚人畜屎尿的地方，而人畜屎尿为"至阴之物"。宋唐慎微在《证类本草》中说："人屎，寒……粪清，冷。……人溺，寒。……小便，凉。"④ 因

---

① 《医钞类编》，第2000页。
② 《医钞类编》，第2001页。
③ 《旅行者的史学——中国医学史的旅行》，第233页。
④ 〔宋〕唐慎微：《证类本草》，华夏出版社1993年版，第433页。

三 建筑、空间与厕神定格

此，"妇人产后百日以来……特忌上厕便利，宜室中盆上佳"[①]。宋代《太平惠民和剂局方》记载妇女产后护养方法："满月之内，尤忌……上厕便溺。"[②] 宋代杨士瀛《仁斋直指》也说："久痢登厕，风冷入于肠胃，以致两脚削小成鼓槌风，而痢又不止。"[③] 由此可知，厕所在人们的观念中的确阴气逼人。

传统厕所具有隐蔽、危险、恶臭等特点，人们除了必要的排泄或喂猪，不会停留，自然是招致鬼神出没、停驻的绝佳场所。因为鬼神尚幽。宫室空闲，自然会有鬼怪。[④]《医钞类编》还专门记载有"室晦"病[⑤]会导致气虚阴亏，而厕所可以说是人类活动场所中的至幽之所、至晦之室。

祟病与场所的关系，为道教所吸收，并形成道教文化中常讲的"注气""注鬼"观念。如沈金鳌在《邪祟病源流》中记载：

> 邪祟，内、外因俱病也。其因于内者，若癫邪、郁冒、猝死等征，皆缘自己元神不宁，恍恍惚惚，造无为有，如有见闻，乃极虚之候，非真为鬼邪所侮也。其因于外者，若十疰、五尸、中恶、客忤、鬼击、鬼打、鬼排、鬼魅、鬼魇、尸厥等征，皆实有邪祟为患，不问其人虚实强弱，皆能犯之。
>
> 何谓十疰、五尸？……十疰、五尸，为病相似。或因人死三年之外，魂神化作风尘，着人成病。或逢年月之厄，感魑魅之精，因而疠气流行身体，令人寒热交作，昏昏默默，不能的知所

[①]〔唐〕孙思邈著，高文柱、沈澍农校注：《备急千金要方》，华夏出版社 2008 年版，第 50 页。
[②]〔宋〕太平惠民和剂局编：《太平惠民和剂局方》，人民卫生出版社 2007 年版，第 259 页。
[③]〔宋〕杨士瀛著，盛维忠等校注：《仁斋直指方论（附补遗）》，福建科学技术出版社 1989 年版，第 160 页。
[④]〔宋〕薛居正等：《旧五代史》，中华书局 1976 年版，第 766 页。
[⑤]《医钞类编》，第 2004 页。

苦，积久委顿渐成痨疾，肌肉尽削，以致于死。死后复传疰他人，惨至灭门，可胜痛矣。何谓中恶？凡人偶入荒坟、古庙、郊野、冷厕及人迹罕到之处，忽见鬼物，口鼻吸着鬼气，卒然昏倒，不省人事，四肢厥冷，两手握拳，口鼻出清血白沫，狂言惊忤，与尸厥同。……何谓客忤？即中恶之类，多于道路得之，亦由感触邪恶之气，故即时昏晕，心腹绞痛胀满，气冲心胸，不速治，亦能杀人……何谓鬼魇？人睡则魂魄外游，或为鬼邪魇屈其精神，弱者往往不得寤，至于气绝。此证于客舍、冷房中得之为多。①

所以古人讲究居所远离冢墓集中之地，以避免死气伤害②。厕所作为双重污秽之地，自然是鬼神出没之处。胡梧挺指出，"在唐代乃至整个中古时期，以厕所为媒，鬼神-厕所-疾病三者构成了一种相互交织的关系：厕所因其结构及位置上的特殊性，被视为鬼神栖居、出没的场所；而作为粪尿集中的污秽之所，厕所又成为时人观念中可能导致疾病的环境之一。换言之，厕所既是鬼神活动的'乐园'，又是滋生疾病的'温床'"③。

治疗"祟病"的方式，自然也是鬼神之法，如占卜、压胜等方式。民间常常并非按照医理来疗疾，而是遵循民俗疗法。"民俗疗法看似虚无、荒诞、不可究诘，却是心灵最真实的感受。当疾病缠身，无可遁逃时，占卜、除魅、压胜、宗教抚慰，反而成为灌注心灵的活泉，反转荒诞，回启真实的感受与意义。"④舒兹认为，构成我们日常生活现实的，是人们的主体经验意义，而非物质客体的本体结构⑤，

---

① 〔清〕沈金鳌：《杂病源流犀烛》，自由出版社 1988 年版，第 492—493 页。
② 《魏晋南北朝社会生活与道教文化》，第 209 页。
③ 胡梧挺，《鬼神、疾病与环境：唐代厕神传说的另类解读》，《社会科学家》2010 年第 7 期。
④ 崔宜明、陈泽环主编：《东方哲学》（第八辑），上海书店出版社 2015 年版，第 66 页。
⑤ 〔奥〕舒兹著，《舒兹论文集：社会现实的问题》，卢岚兰译，桂冠图书股份有限公司 1992 年版，第 235—256 页。

三 建筑、空间与厕神定格

所以受到病痛折磨时的感觉才是刻骨铭心的真实存在,至于治疗的方法,则是顺从社会的法则而已。也就是说,治疗方法的选择本身并不重要,重要的是当事人相信哪种方法,这种相信才是最真实的。事实上,很多时候疾病的痊愈正是依靠了这种"信赖"。巫术也正是基于此而产生并发生效用的①。将厕所视为祟病场所,又将厕所之物视为压胜巫术道具(详见第二章第二节之《粪尿作用的魔化:污秽压胜与治愈之药》),当然也是依赖了这种心理。

② 生命赐予

"厕"具有两面性。它既是疾病的播撒者,又是生命的赐予者;既是破坏和死亡之所,又是治愈和再生空间。人们敬重厕神是和生育文化联系在一起的。②

《国语·晋语四》记载:"昔者,大任娠文王不变,少(小)溲于豕牢,而得文王,不加疾焉。"注云:"豕牢,厕也。溲,便也。"③ "豕牢"即"厕",甲骨文作"圂""圂",象猪在厩里。大任在猪圈小便而生了文王,文王平安无事。古人崇尚万物有灵,更何况明君圣贤的诞生,岂能无神?许慎《五经异义》云:"《诗》齐鲁韩、《春秋公羊》说:'圣人皆无父感天而生。'"④ 这与《诗经·大雅·生民》"诞弥厥月,先生如达。不坼不副,无灾无害。以赫厥灵,上帝不宁。不康禋祀,居然生子"⑤ 有同样意味。生子如便,以表其顺;圣人出生于厕,以表其神。《隋书·百济》记高丽国一侍婢生了一个男孩,"(国王)弃之厕溷,久而不死,以为神,命养之,名曰东明"⑥。弃之于厕而不死,必定受到厕神护佑。

---

① 《东方哲学》(第八辑),第66页。
② 徐龙梅:《古代南京的女性信仰》,《江苏地方志》2010年第2期。
③ 《国语》,第259—260页。
④ 〔清〕陈寿祺撰,曹建墩校点:《五经异义疏证》,上海古籍出版社2012年版,第168页。
⑤ 《宋本毛诗诂训传》,第40—41页。
⑥ 〔唐〕魏徵等撰:《隋书》,中华书局2012年版,第1819页。

民俗中将厕所（马桶、粪尿）视为生育之所的比比皆是。明清两朝，陕西妇女在厕所里分娩，大多数婴儿都是降生于马桶。"在湖北农村，新娘的陪嫁品中常有一只马桶，桶里用棉子埋着红蛋。抬嫁妆的小伙子，往往以抢吃马桶中的红蛋为一大乐事。棉子者，喻子孙沿绵也。"① 今江浙一带结婚还有"担马桶"的习俗。台湾地区的"生子桶""担子孙桶"如出一辙。如《台北市志》记载："分娩时，产妇多坐在床上，身靠叠高棉被，或席地坐用'生子椅'（婚嫁时，由女家带来之低椅二只，一为坐用，一为踏用，以利催生，或称'脚踏椅'）。产褥，以旧衣、稻草、油纸类铺成，侧置'生子桶'以放秽物。"② 《台北市志》还记载了担子孙桶的习俗："挑夫将子孙桶挑至新娘房，念四喜句，可享红包。其句为'子孙桶，过户碇，夫妻家和万事成'，'子孙桶，掐入房，百年偕老心和同'。又，开轿门时，亦由轿夫念四句，如'今要轿门两旁开，金银财宝做一堆。新娘新婿入房内，生子生孙进秀才'。"③ 在古代日本和韩国，马桶不仅是女子的重要陪嫁物，也是夫妇爱情的象征物。④

此外，不少生育禁忌也与厕神信仰有关。如台湾地区，"孕妇盂兰盆时忌将腰桶（洗浴盆）放门外，以免触怒普渡公"⑤。腰桶就是产儿盆。又如台湾山地族，"妇女临盆阵痛，不告知族亲兄弟，除产婆外，其他家属概不在场，丈夫须住他处，数日后始可返家"⑥。甚至有些地方（比如中华人民共和国成立前的西藏），认为女人生子是污秽、邪恶的事情，所以必须到"至秽之所"的厕所（或者其他封闭的肮脏之地）当中去生。

---

① 陈建宪：《神祇与英雄——中国古代神话的母题》，生活·读书·新知三联书店1994年版，第29页。
② 《中国地方志民俗资料汇编》（华东卷下），第1393页。
③ 《中国地方志民俗资料汇编》（华东卷下），第1403页。
④ 《东亚的厕所》，第248—249页。
⑤ 《中国地方志民俗资料汇编》（华东卷下），第1426、1629页。
⑥ 《中国地方志民俗资料汇编》（华东卷下），第1478页。

三　建筑、空间与厕神定格

日本《古事记》还记载了春山之霞壮夫与伊豆志娘子的故事。诸神都想娶伊豆志娘子,可是都失败了。哥哥秋山之下冰壮夫对其弟春山之霞壮夫说道:

"我对伊豆志娘子乞婚,但不可得。你能够得到这娘子吗?"
回答说道:"那容易得到。"
其兄说道:"若是你得着这娘子,我便和你赌赛,脱去上下的衣服来,并且用身子一样高的酒瓮酿一瓮酒,具备了山珍海错,给你做彩。"
其弟将其兄的话告知母亲,其母即取藤蔓,在一夜里悉为缝织衣裤鞋袜,并作弓矢,取衣服着上,弓矢佩上了,遣往那娘子的家里去,那衣服弓矢悉化为藤花。于是春山之霞壮夫将弓矢挂在娘子的厕所上,伊豆志娘子见了这花,觉得奇异,持将来时,霞壮夫即立在那娘子的后边,走进屋里去,遂与寝处,乃生一子。①

春山之霞壮夫引诱伊豆志娘子,并与其交媾于厕。这与之前讲述的大物主与少女势夜陀多良比卖的故事差不多。神话中的某些情节,后来变为民俗。比如在日本的石恒岛,婚礼结束后,新娘在踏上婆家正屋的地板之前,新郎要一直躲在厕所里。这显然就是模拟春山之霞壮夫的行为,俗以为这样才吉利。

厕所与婚媾、孕生的密切关系,使厕神成为产神和小儿保护神。这种情况在日本特别多。他们在厕所里摆上用纸、稻草、泥土、玉米皮和须等材料制作而成的人偶来代表厕神,形象各异,但以背小孩的女人或夫妇人偶为多,体现出强烈的生殖祈求意愿。他们把厕所里的石头当作宝贝或者产神,或是在厕所里挂上扫把、拂尘等来表示厕神神体,然后献上米糕、点燃蜡烛进行祭拜。这些都是把厕

---

① 《古事记》,第130页。

神视为产神的缘故。日本学者大胜时彦说：

> 很奇怪的是守厕神和分娩有密切的关系。人们普遍相信：生孩子时没有产神的帮助就不能生孩子。被供奉得最多的产神是扫把神，其后是山神和守厕神……在中部地区，人们认为没有守厕神的帮忙就不能生孩子。在武州的芳野村，他们相信要做红豆饭献给守厕神和扫把神才能顺产。他们相信扫把神与守厕神的关系是很密切的。武州的入间和比企两郡，把厕所的扫把当作产神供奉，在3月19日和11月19日献上祭礼。①

人们笃信祭祀厕神可以减轻产妇的生育痛苦，所以孕妇把厕所打扫得越干净，生孩子就越顺利，所生的孩子也越聪明美丽。大胜时彦认为，这种观念大概是源于人们认为厕神是美女神的缘故。② 产妇有时也把厕神人偶放在床边或枕边获取助力，如若真的生产顺利，孩子出生后便要及时还愿答谢厕神。

厕神不仅能保佑孩子顺利出生，还是孩子一生的保护神。给孩子起名儿，要出去捡石头放在厕所里；孩子发生痉挛，要在厕所给他"喊魂儿"；孩子生病，要抱着他绕着厕所跑；孩子"长一岁"，要摆上饭菜答谢厕神；梦见掉牙齿会死掉，把梳子挂在厕所就会顺利渡过难关；孩子牙齿掉了，要将其扔到厕所的房檐或房顶上才能长出好牙；得了睑腺炎，要埋炒豆子于厕所石阶下并咒愿方能痊愈……总之，厕神几乎掌管着孩子（及家人）的所有疾病。她既能播撒疾病，又能保佑健康。③

正因如此，日本学者饭岛吉晴从空间论的角度来分析说："厕所

---

① 转引自《东亚的厕所》，第207页。
② 《东亚的厕所》，第206页。
③ 《东亚的厕所》，第194—245页。

属于房屋的背面领域，带有不净、污秽、恶心、恐怖、漆黑、腐败等否定性形象，是人们控制不住的空间。但另一方面，厕所通过这个否定性形象成为创造新的东西的场所，也是我们领悟全体性中不可缺的部分。它是我们与深层心理最密切的地方。厕所中介一个人或者东西从一个秩序到别的秩序变化的过程，它是兼有破坏和产生的两义性空间，是我们内部的异界。"①

（三）猪神与厕神合流

当厕之空间形成后，不仅粪神和厕之空间神合流，猪神也与厕之空间神合流。从远古"人豕共居"到汉代以后逐渐普及的人厕与猪圈（猪厕）合一，必然使猪神与厕神合流、神格并合，而这些神格又影响此后厕神的神格，如影随形。

1. 具创世神格的原始阴性

最初的猪崇拜，源于狩猎时代对凶猛野猪的敬畏。当自然崇拜与生殖崇拜结合后，它甚至被提高到创世神的地位。这种宗教感情存于集体无意识，不仅得以在文献中保存，更在信仰里打上了深深的烙印。

《庄子·大宗师》云："狶韦氏得之，以挈天地；伏戏氏得之，以袭气母。"②《玉篇》说："狶……楚人呼猪声。"③ 又《庄子·知北游》云"监市履狶"，注云："狶，大豕也。"④《庄子故言》引《方言》云："猪……南楚谓之狶。"⑤《说文解字》云："豕，读与狶同。"⑥ 另考战

---

① 〔日〕饭岛吉晴：《乌枢沙摩明王与厕神》，《佛教民俗学大系8：俗信与民俗》，名著出版1992年版。
② 《庄子集释》，第252页。
③ 《大广益会玉篇》，第111页。
④ 《庄子集释》，第745页。
⑤ 朱季海：《庄子故言》，中华书局1987年版，第38页。
⑥ 《说文解字注》，第454页。

国屈原《楚辞·天问》，西汉扬雄《方言》，南朝何承天《纂文》，北宋陈彭年、丘雍等《广韵》，可知豨、豨为异体字。所以，豨韦氏就是大猪神。而"挈"（契）是剖判之意，豨韦氏可以说就是盘古的前身。

田野调查中尚保留着猪神的创世神格。比如彝族创世神话说，格兹天神的四个女儿造完地之后，阿夫又放下三对野猪、三对大象去拱地，这才有了高山、平坝、大海和河流。① 印度婆罗门也有类似神话，说原始之水生成卵，从卵中生出梵天。他见大地被水淹没，于是就变成一头野猪潜入水中，用他的长牙把大地举出水面，从而创造了世界。②

在各民族创世神话中，"水"都是根本性元素。在有关猪的崇拜中，"水"也是根本性元素。猪神往往是水神。《周易·说卦传》云："坎为豕。"注云："坎主水渎，豕处污湿，故如豕也。"③《山海经·东山经》中"状如夸父而彘毛"④ 之神兽、"状如彘而人面"⑤ 之合窳，都是"见则天下大水"。

又，《山海经·海内经》记载："黄帝妻雷祖，生昌意。昌意降处若水，生韩流。韩流擢首、谨耳、人面、豕喙、麟身、渠股、豚止，取淖子曰阿女，生帝颛顼。"⑥ 前面已说到，颛顼的父亲韩流是猪形，叶舒宪认为就是井水之神⑦。《太平广记》卷四百三十九引《符子》："朔人有献大豕于燕相，令膳夫烹之。豕既死，见梦于燕相曰：'造化劳我以豕形，食我以人秽。伏君之灵得化，今始得为鲁之

---

① 《中国各民族宗教与神话大词典》编审委员会：《中国各民族宗教与神话大词典》，学苑出版社1990年版，第676页。
② 〔法〕G.-H.吕凯等著：《世界神话百科全书》，徐汝舟等译，上海文艺出版社1992年版，第500页。
③ 《周易正义》，第388页。
④ 《山海经校注》，第103页。
⑤ 《山海经校注》，第115页。
⑥ 《山海经校注》，第442页。
⑦ 《亥日人君》，第124—125页。

津伯也。'"① 津,渡口。这里的意思是猪死后变化为"鲁之津伯",成为水神。

在神话中,水和月也是同位的。所以,猪神又常是月神。在早期苏美尔神话中,海神创造了天和地,天地结合生出空气神兼风神恩利尔(Enlil)。他将混为一体的天地区分开来,并以气化生出月亮,再从月亮化生出太阳。② 由此可知,在神话中,阴性相对于阳性来讲,具有第一性,这即是溯源神话中所谓的"孤雌崇拜"。美国学者坎贝尔指出,安达曼岛居民的生产力水平尚处于石器时代,而他们的神话中,常常说到月神会变成猪。③ 猪的原始阴性特征又再一次得到了证实。

《东坡志林》中的"猪龙"是牝猪,俗称"猪母佛"④;陶都宜兴的传说中,猪龙仍然是女性,称为"猪娘"⑤;白族神话传说中,发起洪水、吞食人类的是"母猪龙"⑥。叶舒宪从语言文字的角度进行考察,认为中国汉藏语系藏缅语族以及古汉语中常常用唇音来说"猪"这个词,正反映了古代曾存在过一个雌性比雄性更重要的历史时期,这可视为母猪崇拜在语言化石中留下的痕迹。⑦ 实际上,无论此后猪神的性别为何,在本质上都是对"孤雌"崇拜的继承和改造。

2."终始相续"的地母神

随着农业和畜牧业的发展,谷物被广泛种植,野猪被驯化。接

---

① 《太平广记》,第3575页。
② 〔美〕埃里克·沃格林:《以色列与启示——秩序与历史 卷一》,译林出版社2010年版,第66—67页。
③ 〔美〕约瑟夫·坎贝尔:《神之面具——原始神话学》,转引自《亥日人君》,第94页。
④ 〔宋〕苏轼:《东坡志林》,中华书局2007年版,第110页。
⑤ 袁珂编著:《中国民族神话词典》,四川省社会科学院出版社1989年版,第32页。
⑥ 赵橹:《论白族龙文化》,云南大学出版社1991年版,第220—221页。
⑦ 《亥日人君》,第95—96页;王元鹿:《猪与古代文化》,《中文自学指导》1995年第2期。

着，豕牢与人厕合一，人类开始了自觉地规模性地积累粪肥的历史，这些观念必然都会被带到厕神信仰中来。家猪食物（谷物、人便）→家猪肥胖体型（取肉、食物、祭祀牺牲、财富象征、母体象征）→家猪粪便（促进农业生产、沃土、地母）→家猪食物……本就形成了一个终始相续、周而复始的循环系统，于是神话中常将家猪视为谷精、地母，表现出"终始相续"的特点。再加上家猪主要以谷类为食，因其食谷便能化谷，在古人的思维中也是很自然的。《说文解字》记载："豢，以谷圈养豕也。"①《国语·楚语下》韦注说："草食曰刍，谷食曰豢。"②《荀子·荣辱》注也说："豢，圈也。以谷食于圈中。"③

《说文解字》云："亥，荄也。十月微阳，起接盛阴，从二。二，古文上字。一人男，一人女也。从乙，象褢子咳咳之形。《春秋传》曰：'亥有二首六身。'……𠖌，古文亥，亥为豕，与豕同意。亥生子，复从一起。"④亥、荄、豕三字古相同，都有"终始相续"的含义，即既是开始，又是结束，还是周而复始。《方言》卷三说："荄……根也。"⑤《尔雅·释草》说："荄，根。"《淮南子·天文训》云："亥者，阂也。"⑥《释名·释天》说："亥，核也。收藏万物，核取其好恶真伪也。"⑦此外，之前也说过"豕"具有地母特质，生养、吞噬万物。

明代杨升庵《艺林伐山》云："十二属之说……天地自然之理，非人所能为也。日中有金鸡，乃酉之属；月中有玉兔，乃卯之属。日月阴阳，互藏其宅也。故篆巳字作蛇形，亥字作豕形，余可推而

---

① 《说文解字注》，第 455 页。
② 《国语》，第 381 页。
③ 〔清〕王先谦撰，沈啸寰、王星贤点校：《荀子集解》，中华书局 2012 年版，第 76 页。
④ 《说文解字注》，第 752 页。
⑤ 〔清〕钱绎撰集，李发舜、黄建中点校：《方言笺疏》，中华书局 1991 年版，第 118 页。
⑥ 《淮南子集释》，第 242 页。
⑦ 《释名》，第 5 页。

知矣。"① 他认为"亥字作豕形"有其自然天理，并非纯属杜撰，而十二支中，"亥"为末，紧挨着"子"，正是"终始相续"性的遗留。不仅如此，东巴经所载纳西人二十八宿记日法②，也体现了用"猪"来表示"终始相续"的观念。

猪的"终始相续"性、地母性，记录了猪被驯化的历史，以及畜牧业对农业的杰出贡献。所以猪在神话中常表现为不仅可以为人类提供肉食，还可以提供谷物等粮食，并成为食物、富足的象征。比如台湾排湾族神话说，无父无母的兄弟俩，难以维持生计。一位田间老人秘密传授他们耕作之方，让其翻土种下骨头与葫芦种。没过多久，骨头变成了猪，而葫芦种则变成了粟。二人兴高采烈地在田地里杀猪煮饭，将剩下的猪赶回去。可是村里人却嘲笑他们把乌鸦敬为祖父。老人听后就令谷物和猪都消失了。兄弟俩又恢复了往日的贫穷。③

种下骨头（猪骨），如同播下种子，可以生出猪，将动物的生产与植物的生产完全等同了。猪和粟是同时产生的，正反映了畜牧业和农业的同步关系及相互影响，也暗示了粪肥的使用推进了农业的进步。另外，猪的生殖作用是双重的，它不仅决定着人类种的繁衍（祖父），且赐予人食物（谷物）。"杀猪做饭"是快乐的源泉，是富足的象征。有猪则富足，无猪则饥饿。猪在这里成为"生-死""穷-富"转换的媒介，当猪消失后，人也就陷入饥饿，濒临死亡。

南太平洋赫维岛民（Hervey）也有类似神话。盲人父亲玛鲁和儿子卡申加遭遇饥荒。儿子把香蕉根和鱼留给父亲，自己只吃些贝类海生物。后来儿子骨瘦如柴，快要死了。父亲拿出所有剩余的食物备了一顿大餐。父与子大吃一顿后，父亲让儿子用树叶和草把自

---

① 〔明〕杨慎撰：《艺林伐山》，出自〔清〕李调元辑《函海》，宏业书局1968年版，第9748—9749页。
② 方铁主编：《西南边疆民族研究（一）》，云南大学出版社2001年版，第442页。
③ 《台湾山胞各族传统神话故事与传说文献编纂研究》，第194页。

己覆盖起来，并告诫儿子要等到第四天蠕虫爬出后才可揭开看。等到卡申加再次回到这里，覆盖父亲身体的东西全都散开了，从土里冒出一群颜色各异的猪。卡申加最后变成了最富足的人，并成为岛上的首领。① 这个神话中，腐烂的身体其实就是前面的骨，也是原始的肥料（原始粪肥、大自然腐蚀物、粪壤、地母），将贫瘠的土地变为肥沃的土地，并滋养出具有"谷精"特点的新生命，这就是猪。而猪作为地母的象征，带来了一切满足。

据弗雷泽《金枝》，古希腊和北欧都曾有过将猪视为"谷精""地母"的观念。他们把猪骨保存到播种时刻，届时埋到地里或和在种子里播撒。收割的最后一捆谷子被做成"圣诞猪"，届时打碎拌在谷种里，俗认为这样才能五谷丰登。② 古希腊在纪念谷物女神珀耳塞福涅的"塞斯莫福里亚节"里，众人将猪和面饼丢到地下洞穴中，并在节日里让妇女们分食"圣餐礼"。弗雷泽指出，有的神话还能复原这一仪式，证明神话隐喻所要表达的正是珀耳塞福涅及其母亲德墨忒尔既是母猪本身（植物和动物的种子），又是大地裂口、地母。③ 在这里，家猪与女神、猪肉与谷物，是一体的。"圣餐礼"吃掉的当然不仅是猪肉本身，更是神体——猪神、生殖女神、地母神、谷精的结合体。扔进洞穴中的是献给地母、女神的礼物，也是"猪种""谷种"，来年取出后奉祀于母神祭坛，并将这丢到洞穴中腐烂后的猪肉和谷种拌在一起，确保好收成。④ 这与上面的故事一样，涉及"血祭沃土"，于此笔者在第二章已有论述。

有时候，在"生命"的形成过程中，还特别强调"猪"（地母）

---

① 〔英〕安德鲁·兰:《神话、仪式和宗教》（第一卷），转引自《亥日人君》，第62—63页。
② 〔英〕J. G. 弗雷泽著:《金枝》（下册），汪培基、徐育新、张泽石译，商务印书馆2013年版，第680页。
③ 《金枝》（下册），第679页。
④ 〔英〕安德鲁·兰:《神话、仪式和宗教》（第二卷），转引自《亥日人君》，第62—63页。

是孕育和蓄积待发的关键。人通过变成"猪"分享了神圣的生命力，从而变得更加强壮。这里不仅有将家猪视为地母、谷精、富足的理念，应还有对原始野猪力量的崇拜。如《奥德修纪》记载，刻尔吉女神用魔棒把人变为猪，关在猪圈里。后来女神在奥德修的说服下放了他们，并用草药将其变回人形。再次变回人形的他们便与众不同了，他们因分享了猪（地母）的神力，所以"比以前更年轻，更壮健魁伟"①。

总之，无论是人猪转换、崇猪为图腾祖先，还是人猪交媾，其实内涵都差不多。猪作为"终始相续"的大母神是元象征（Metabolic symbolism），贯穿始终。她代表着谷精、食物、地母和一切满足，既可化身为植物、动物，又可以化身为生殖女神。

3. 物质和精神的双重污秽

"粪""厕"，以及一切肮脏、不洁、蠢笨等负面意涵——所有物质层面和精神层面的不洁——都与猪是同位关系。

《周易·说卦传》云："坎为豕。"注云："坎主水渎，豕处污湿，故如豕也。"② 猪喜污湿之地、出入溷中，天性使然。《山海经》中多"豕鹿"连用，后来专门用以指称山野无知之人。《说文解字》云："豩，二豕也，豳从此。阙。"段注云："许书豳、燹二篆皆用豩为声也。……其义其音皆阙也。二豕乃兼顽钝之物。故古有读若顽者。"③ 豩，同豲，甲骨文一期甲三六三四中已有此字，从二豕，或从三豕，表示两头猪或者很多猪。徐中舒认为"疑为献祭之牲名"④。李新魁、林伦伦则认为"象豕追逐之行"⑤。豩，由表示两头猪或者很多猪的意思，

---

① 〔古希腊〕荷马著：《奥德修纪》，杨宪益译，上海译文出版社1979年版，第127页。
② 《周易正义》，第388页。
③ 《说文解字注》，第456页。
④ 《甲骨文字典》，第1050页。
⑤ 李新魁、林伦伦：《潮汕方言词考释》，广东人民出版社1992年版，第53页。

引申出顽劣、蠢笨之意。刘禹锡《答乐天见忆》有："笔底心犹毒，杯前胆不豩。"① 王禹偁《江豚歌》有："依凭风水恣豩豪，吞啖鱼虾颇肥腯。"今潮汕一带，还用"豩"字来表示小孩野蛮顽劣。② 美国人类学家马文·哈里斯通过对大量田野调查的研究，指出人们惯常把猪视为肮脏、蠢笨的动物③。弗雷泽也说，印第安人普遍认为吃了肮脏、蠢笨的猪，会让人失去敏捷的身手。犹太教经典《旧约圣经·利未记》记载了神对摩西和亚伦说的话：

> 你们要告诉以色列人：地上的动物，你们只可以吃分蹄和反刍的，别的都不可以吃，例如虽然反刍却不分蹄的骆驼、沙番和兔子，虽然分蹄却不反刍的猪。这些动物，你们都不可以吃，也不可以摸它们的尸体，因为它们是不洁的。……分蹄而无趾，或是不反刍的动物，也不洁净。谁触摸了它们，都会成为不洁。所有用掌行走的四足动物，也不可以吃。谁触摸了它们的尸体，都会成为不洁，到日落后才算洁净。他们必须立刻洗净衣服。④

这里，兔子和猪同被归为不净的动物。由于"不净"观念而形成语言或行为禁忌。此外，加勒比人则认为吃了不洁的猪肉就会受到诅咒，长出猪一样的小眼睛。⑤

人厕和猪圈（厕）合一的形制，以及相应的日益增长的积累粪便的需求，也加速了猪的污秽化。便溺之处就是豢豕之所，也是祭祀猪神和厕神（粪神）的地方。这一空间具有污秽、恶臭、卑湿、

① 〔唐〕刘禹锡：《刘禹锡集》，中华书局 1990 年版，第 447 页。
② 《潮汕方言词考释》，第 53 页。
③ 〔美〕马文·哈里斯著：《母牛·猪·战争·妖巫——人类文化之谜》，王艺、李红雨译，上海文艺出版社 1990 年版，第 31 页。
④ 亚洲归主协会、中国圣经出版社编：《当代圣经》，香港中国圣经出版社 1979 年版，第 192 页。
⑤ 《金枝》（下册），第 712 页。

黑暗、隐蔽、恐怖等特征,从而给人们的心理造成强烈的负面效应,唯恐避之不及。猪生活的空间,就是厕所空间。正因如此,厕神往往又是猪形的。

猪的污秽性,还与它是大母神的原始象征有关。原始大母神具有正负两重性。她既职司生,也主掌死;既产生,也吞噬;既是食物,又是饥饿;既是污秽的,又是圣洁的。弗雷泽在《金枝》中说,叙利亚人把猪看作神兽,在希拉波利斯,"既不用猪献祭,也不吃猪肉。如果有人摸了猪,那一整天他都不干净,有人说这是因为猪不干净,另外有人说这是因为猪是神物。这种意见分歧表明那种宗教思想还处于一种朦胧状态,在这种状态里,圣洁与不洁这两种观念还没有明确区分开,两者混成一种动摇不定、有待解决的问题,我们名之为禁忌"①。

有禁忌,也就一定伴随着解释此种禁忌的神话系统之产生。因为神话的基本功能就是解释世界,包括解释物质系统、社会关系系统和精神系统。没有信仰的禁忌是没有根基的,也是无法维系和长久的。奥地利精神分析学家西格蒙德·弗洛伊德提出了"玛纳"(Mana,一种神秘的力量)传递理论。认为禁忌神秘之所以发生,是因为玛纳依靠或自然而直接的方式、或间接而传递的方式,依附于事物(有生命或无生命的物质)身上的一种特殊神秘力量。在宗教人类学中,禁忌具有某种"标志"的作用,即指示出种种关联之"临界点"——它的一边是世俗,另一边是神圣。

禁忌(Taboo),一定伴随着神圣,而"神圣"与"污秽",又往往成为神灵崇拜中如影随形的一对矛盾性情感体验。在《神圣的存在——比较宗教的范型》一书中,便有多处论述神圣在"神圣"的同时又是"污秽"。所以,圣者(hagios)也同时具有双重含义,既可以表达"纯洁",也可以表达"污秽"。甚至可以稍微武断地说:

---

① 《金枝》(下册),第750—751页。

"对于一切'污秽'的否定性评价,均由此对神显和力显的矛盾态度所致。"① 弗雷泽又说:"犹太人对猪的态度和异教的叙利亚人对猪的态度一样含混不清。希腊人弄不清犹太人是崇拜猪还是厌恶猪。一方面,他们可以不吃猪肉;但另一方面,他们可以不杀它。前一条表明猪不干净,后一条就更明显地说明猪是神圣的。两条规矩都可以用猪是神圣的这种推测来说明。……总的看来,我们也许可以这样说,一切所谓的不清洁的动物原先都是神圣的,不吃它们的理由就在于它们是圣灵的。"② 这种正负两方面特征在神话思维中是对立统一的,是一而二,二而一的关系。污秽可以变成圣洁,圣洁也可以成为污秽。

4. 厕神表现为恐怖猪怪

对恐怖厕神的记载并不少见。如《白泽图》说厕精依倚,若人叫不出他的真名就会死③;东汉桓谭《新论》说博士弟子谭生居东寺,遭遇厕神作祟,连夜做噩梦并致病;晋干宝《搜神记》卷九说庾亮登厕见到厕神异常恐怖,相貌如方相,两眼通红,全体发光,从土里冒出来,主疾病和死亡。④ 晋戴祚《甄异记·庾亮》亦记此事。《太平广记》引《幽明录》说阮德如如厕,看见厕鬼相貌异常恐怖,"长丈余,色黑而眼大"。⑤ 同书又记河南圣卿之母如厕,遇到一位名叫"肃霜之神"的厕鬼,"头长数尺","张目正赤,吐舌柱地"⑥,且善于变化,使人怖几死。南朝梁任昉在《述异记·道人法力》中说厕鬼"状如昆仑,两目尽黄,裸身无衣"⑦。唐李复言《续

---

① 《神圣的存在——比较宗教的范型》,第12页。
② 《金枝》(下册),第751—752页。
③ 《太平御览》,第112页。
④ 《搜神记》,第120页。
⑤ 《太平御览》,第90页。
⑥ 《太平广记》,第2320页。
⑦ 《太平广记》,第2595页。

三 建筑、空间与厕神定格

玄怪录》说厕神郭登相貌恐怖"人见即死,见人即病"[1]。这些记载虽然说到厕神相貌和神力恐怖,但似乎还并没有着重其与猪怪的联系。到《太平广记》所引唐代牛肃传奇小说集《纪闻》中,在继承前人对厕神恐怖相貌的描绘上,又特别突出其与猪怪的结合。

厕之空间形成后,厕神表现为猪神当然是基于人厕和猪圈(厕)合一形制。《太平广记》"刁缅"条、"王无有"条、"王升"条,都记载了厕所里出现恐怖猪怪的故事。厕神就是恐怖猪怪。

> 宣城太守刁缅,本以武进。初为玉门军使,有厕神形见外厩,形如大猪,遍体皆有眼,出入溷中,游行院内。缅时不在,官吏兵卒见者千余人。如是数日。缅归,祭以祈福,厕神乃灭。缅旬日迁伊州刺史,又改左卫率右骁卫将军左羽林将军,遂贵矣。(出《纪闻》)[2]
>
> 楚丘主簿王无有,新娶,妻美而妒。无有疾,将如厕,而难独行,欲与侍婢俱,妻不可。无有至厕,于垣穴中,见人背坐,色黑且壮。无有以为役夫,不之怪也。顷之,此人回顾,深目巨鼻,虎口乌爪。谓无有曰:"盍与子鞋?"无有惊,未及应,怪自穴引手,直取其鞋,口咀之。鞋中血见,如食肉状,遂尽之。无有恐,先告其妻,且尤之曰:"仆有疾如厕,虽一婢相送,君适固拒。果遇妖怪,奈何?"妇犹不信,乃同观之。无有坐厕,怪又见,夺余一鞋咀之。妻恐,扶无有还。他日,无有至后院,怪又见,语无有曰:"吾归汝鞋。"因投其傍,鞋并无伤。无有请巫解奏,鬼复谓巫:"王主簿禄尽,余百日寿。不速归,死于此。"无有遂归乡,如期而卒。(出《纪闻》)[3]

---

[1]《玄怪录 续玄怪录》,第92—93页。
[2]《太平广记》,第2648页。
[3]《太平广记》,第2648页。

吴郡陆望，寄居河内。表弟王升，与望居相近。晨谒望，行至庄南故村人杨侃宅篱间，忽见物（物字原阙，据明钞本、陈校本补。）两手据厕，大耳深目，虎鼻猪牙，面色紫而㿠斓，直视于升，惧而走。见望言之，望曰："吾闻见厕神无不立死，汝其勉之。"升意大恶，及还即死。（出《纪闻》）①

就外在形象而言，"刁缅"条"有厕神形见外厕，形如大猪，遍体皆有眼，出入溷中"，厕神的形象像猪，而且出现在外厕，在溷中出入，这里厕神、猪神、粪神三者合一。"王无有"条"见人背坐，色黑且壮……深目巨鼻，虎口乌爪"，厕神又或具人形，但"深目巨鼻，虎口乌爪"与"王升"条的"大耳深目，虎鼻猪牙"如出一辙，而"王升"条的"面色紫而㿠斓"实际上就是"刁缅"条的"遍体皆有眼"的变相表达。因此，将三条材料相互比照来看，所描述的应该是同一个厕神，其形象无一例外都是恐怖的。

就行为动作而言，"刁缅"条厕神只是"形见外厕""出入溷中"，只是显现，并无别的作为。"王无有"条厕神的"背坐""回顾"有意突出了恐怖意味，进而通过说话、引手取鞋、投鞋等动作表现怪异和恐怖。厕神出现了三次，并一再突出其恐怖，连巫师都束手无策，最后厕神预言"王主簿禄尽，余百日寿。不速归，死于此"。"王升"条，厕神"据厕""直视"，也不仅仅是显现，而是有故意恐吓显示其恐怖的意味，故最后王升"及还即死"。

就神格来说，"刁缅"条中，厕神只是显现，而无别的作为，"缅归，祭以祈福，厕神乃灭。缅旬日迁伊州刺史，又改左卫率右骁卫将军左羽林将军，遂贵矣"。厕神可以应人"祈福"而给人带来"贵"。但接下来的两条材料中，厕神有意施展其恐怖形象，直接导致或催化了人的死亡。

---

① 《太平广记》，第2649页。

三 建筑、空间与厕神定格

上面已说，三条材料中的厕神是同一个，均出自《纪闻》。《纪闻》是唐代牛肃所撰的传奇小说集。牛肃约生于武后时，卒于代宗朝。据称此书乃因所记皆牛肃本人所闻，为"纪实"之作，故名之《纪闻》。文中说"吾闻见厕神无不立死"，可知唐代以来对于猪怪类厕神的看法，基本是以恐怖神、催命鬼、勾魂冥神视之，与此时逐渐被"仙化""洁化"的厕神紫姑大相径庭。

汉代在谶纬学说的推波助澜下，喜谈各种"豕祸"，魏晋更加魔化。晋干宝《搜神记》卷六记载齐襄公在贝丘狩猎，看见一猪，随从说这是公子彭生。齐襄公怒而射之，结果猪像人一样站立起来号叫，齐襄公吓得从车上摔下来，伤了脚，失了鞋。刘向认为这是豕祸。①《晋书·五行志》专门设有"豕祸"条，记载怀帝永嘉年间"寿春城内有豕生两头而不活"，有人占卜说："豕，北方畜……勿生专利之谋，将自致倾覆也。"元帝建武元年，又"豕生八足，此听不聪之罚，又所任邪也"，所以后来有刘隗之变。成帝咸和六年六月，"钱唐人家狶（豨）豕产两子，而皆人面，如胡人状，其身犹豕"，所以后来产生危险和祸乱。孝武帝太元十年四月，"京都有豚一头二脊八足"，并且这样的妖异不止一次，最后终于导致宰相不理朝政，国家纲纪混乱，最后覆灭。②《新唐书》卷三六也记载了"贞观十七年六月，司农寺豕生子，一首八足，自颈分为二。贞元四年二月，京师民家有豕生子，两首四足。……是岁，宣州大雨震电，有物堕地如猪，手足各两指，执赤班蛇食之。……元和八年四月，长安西市有豕生子，三耳八足，自尾分为二。……咸通七年，徐州萧县民家豕出圂舞，又牡豕多将邻里群豕而行，复自相噬啮。乾符六年，越州山阴民家有豕入室内，坏器用，衔桮缶置于水次。广明元年，绛州稷山县民家豕生如人状，无眉目耳发。占为邑有乱"③。

---

① 《搜神记》，第 70 页。
② 《晋书》，第 882 页。
③ 〔宋〕欧阳修、宋祁：《新唐书》，中华书局 1975 年版，第 940—941 页。

此类记载不胜枚举。

厕神之所以表现为恐怖猪怪,一方面是因为人厕和猪圈(厕)合一的厕所形制从汉以来得到了普及,厕所空间同时又是猪圈空间。另一方面,源于人类早期对猪(野猪、家猪)的崇拜和集体记忆,且常常经验为大母神负面恐怖神格。

四　性别、异化与厕神式微

（一）厕神的卑化与仙化

1. 厕所中的性别隔离

历史是两性的历史。无疑厕所也是体现两性差异的重要参照物。对女性如厕封闭的需要是原始方便大坑向有遮拦的相对封闭性厕所转变的重要助推力。从汉代开始，厕所不仅强调封闭，而且逐渐有了男女厕所之分。

武陟出土汉代陶楼两侧各有一个带厕所的猪圈，圈内各有一头陶猪。① 一家人设置两个厕所，很可能就是为了体现男女之别。安徽寿县出土的东汉陶楼厕所有三间，三道门，中间有隔栏，可能也是照顾到男女隐私问题。② 南阳东汉墓中，不仅有左右并列的男女两个厕所，而且其中一个便坑前有尿槽，另一个则没有，形制与现代已

---

① 武陟县文化馆：《武陟出土的大型汉代陶楼》，《中原文物》1983年第1期。
② 苏希圣、李瑞鹏等：《安徽寿县出土的两件汉代绿釉陶模型》，《文物》1990年第1期。

无区别。①

《汉书·酷吏传》记载:"郅都,河东大阳人也。以郎事文帝。景帝时为中郎将,敢直谏,面折大臣于朝。尝从入上林,贾姬在厕,野彘入厕,上目都,都不行。上欲自持兵救贾姬,都伏上前曰:'亡一姬复一姬进,天下所少宁姬等邪?陛下纵自轻,奈宗庙太后何?'上还,彘亦不伤贾姬。太后闻之,赐都金百斤,上亦赐金百斤,由此重都。"② 这里,贾姬就是在女厕如厕,出于男女大防的羞耻心郅都不去相救。宋代王楙认为:"……帝姬处溷秽之地,使人臣亲往视之,无乃媟甚乎!揆之人情,似无是理。"③ 且他认为贾姬所入之厕不是溷厕,而是床厕。此说不通,若是床厕,也就不用担心有豕群出来了,所以贾姬所登之厕就是与猪圈连通的女厕。

北宋司马光在《居家杂仪》中也特别强调男女不共厕的问题。不仅如此,主人与奴婢也不能共厕,体现出强烈的封建等级色彩。日本北海道以狩猎、采集为生的阿伊努族把男厕建在正房西厕,女厕又建在男厕之西,并在形状上做了区分。④ 男女厕所并列而设之外,也履行外厕和内厕之分。外厕一般是男子使用,内厕则为女子使用。在中国农村改造之前,南方妇女都惯于使用卧室里的木桶,而男人们则统统去路边的公厕方便;⑤ 北方也是分家厕和外厕,家厕一般是建在自家的院子里,供家里的小孩、老人和女眷们使用,外厕是男人们的去处。⑥

厕所的封闭,对于男女的意义当然是不尽相同的。即便是今天,一些地方也认为"女性便溺,更是忌讳被男子看视。如万一被男子

---

① 安金槐:《河南南阳杨官寺汉画像石墓发掘报告》,《考古学报》1963 年第 1 期。
② 《汉书》,第 3647 页。
③ 〔宋〕王楙撰,郑明、王义耀校点:《野客丛书》,上海古籍出版社 1991 年版,第 5 页。
④ 《东亚的厕所》,第 192 页。
⑤ 《厕神——厕所的文明史》,第 130 页。
⑥ 郝敬堂、张红樱:《厕所革命》,《北京文学》2004 年第 8 期。

看见了,俗信对男女都不吉利,将会有祸事发生,男子会触秽气而倒霉,女子会更遭殃,或者会因此而丧失名节和性命"①。同时,虽然已有男厕,但男人大小便还是比较自由的。今天一些农村,男性随地大小便的情况还时有发生;甚至在城市,便急的时候,男人也可以在稍微遮掩的地方解决。日本20世纪末"男子汉随地小便的习俗却犹未根除,不乏'便溺于通衢者',因此,巷口墙角仍可见'小便无(勿)用'的告示"②。

从生物学、人类学角度看,女性如厕更封闭起初也是集体和谐的社会秩序需要。众所周知,动物界雄性对雌性具有占有欲。雌性发情期亮出的阴部,最易引起雄性之间的战争。进入父权社会的人类也概莫能外。人类学家常爱引用一个例证:"来自英国本特号(18世纪)双桅船上的叛逃者在皮特克恩岛上建立的侨民区的最初历史阶段……由于缺乏调节两性关系的规范和规则,甚至现代人的社会中也会导致这样的后果。在这个小小的最初由九个本特号海员、八个塔希提男人和十个塔希提女人组成的人类社会中,主要是为了女人而发生的冲突一直继续到17个男人中只剩下两个人活着的时候为止。"③人类战争争夺的主体自始至终都是生存和性,再加上"女子的生理学悲剧"④,加剧了古时男多女少、男长女幼的数量对比和年龄对比⑤——这一结论已为旧石器考古所证明。男人之间的性战争以及对女性的控制随之愈演愈烈。为了减少男性性竞争和交媾之方便,女性如厕封闭就显得更加必要。

---

① 王心喜:《关于"厕所文化"的探讨》,《杭州教育学院学报(社会科学版)》1995年第1期。
② 李长声:《厕所考现学》,《读书》1992年第8期。
③ 〔美〕爱德华·奥斯本·威尔逊著:《新的综合——社会生物学》,李昆峰编译,四川人民出版社1985年版,第154—155页。
④ 〔苏〕谢苗诺夫著:《婚姻和家庭的起源》,蔡俊生译,中国社会科学出版社1983年版,第113页。
⑤ 叶舒宪:《阉割与狂狷》,陕西人民出版社2010年版,第43页。

起初还是集体和谐的社会秩序需要,等到私有制产生、父权社会建立和强化,男女在如厕问题上的差异就更加显著。女人作为男人的私有财产和附属品的身份愈演愈烈,女人更不能随便暴露私处,因为这不仅意味着性战争危机,更意味着男人"财产"的丧失。此"财产"包括女子劳动力、姻亲家族势力、子嗣血统、地位尊严、性占有权等方面。远古"杀长子"习俗和处女情结,显然就是父权社会为了维护血统纯正而实施的性监管。伴随着君主专制制度的形成而产生的"阉人"制度,同样也是对女性进行性监管的有力证据。

可见,从性别文化视域来看,厕所的封闭是女子如厕封闭的需要;男女厕所的分离和内外厕所的隔离,也是女子如厕更加封闭的体现。女子如厕的单方面封闭,一方面有生物学、人类学的依据,另一方面也是男权社会下对女性进行性控制的文化制度使然。

父权社会中,女性被男权视角边缘化、妖魔化。像厕神这种在羞耻文明发展过程中不登大雅之堂的神灵自然也就成了女性神灵或阴性神灵(带贬义)。再加上传统贮藏式厕所污秽、危险、隐蔽、阴暗、卑湿、恶臭,而屎尿在阴阳五行观念中又是极寒之阴物,如此种种都促成了中国厕神的女性化(阴性化)和异化。

2. 从母亲神到女儿神

神格是否强调"生殖"是母亲神和女儿神的分野。所谓"母亲神",是指具有"母"的身份或者名号的一类神灵,关键是其职司与赐予生命相关。所谓"女儿神",是指具有少女或者处女的身份,或者虽已嫁为人妇但未为人母,或者即便为人母也不强调其"生育"职能的一类神灵。很明显,"母亲神"和"女儿神"主要是就其是否强调"生殖"而做出的分类。如此分类原因有三:

其一,这种分类可以便捷地反映出女神发展的规律。原始女神主要是生殖神,后世女神的神格对此大有突破。因此,是否强调"生殖"不仅能区分"母亲"或"女儿"的不同身份,也基本为原始女神和后世女神的不同特征之分野,整体勾勒出女神发展的一般态势。

其二,这种分类早有学者采用。鲁迅曾在《小杂感》一文中说:"女人的天性中有母性,有女儿性;无妻性。妻性是逼成的,只是母性和女儿性的混合。"① 而德国分析心理学家埃利希·诺依曼在《大母神——原型分析》一书中也曾引用巴霍芬的《母权论》指出,神界的女神,都是用"无数世代的母亲们和女儿们来代表"② 的。如此分类,既然符合女人"天性",也该是符合女神神性的。

其三,这种分类符合古籍提供的参照。古籍中有一类冠以"母"名的女性神灵,如黄帝母"附宝"、少昊母"皇娥"、伏羲母"华胥"、神农母"女登"、禹母"女狄"、启母"涂山氏"、契母"简狄"、后稷母"姜嫄"、汉高祖母"刘媪"等,她们最突出的神格就是生殖。也有一类所谓"神女"者(即神的女儿),如黄帝女"女魃"、炎帝女"女娃"、赤帝女"瑶姬"、帝喾女"紫姑""胥"、伏羲女"宓妃"、有莘氏女"女嬉"、尧二女"娥皇""女英"、龙王女"龙女"、天帝女"女岐""七仙女""织女"等。她们的神格均已不再强调"生育"。可见,如此分类也是符合中国神话传统的。

由于上古女神崇拜源于女性生殖崇拜,因此上古女神中母亲神无疑数量最多,神格最高。上古女神在很大程度上也就等同于母亲神,由此产生出的神话史上第一批女神,均以"生殖"作为其神格的基点和中心——包括人自身的生产和生活资料、生产资料的生产。美国人类学家理安·艾斯勒在《圣杯与剑》中曾提到:"在所有古代的农业社会中,似乎最初崇拜的是女神……就女性的生物属性来说,她正如大地那样给予生命和食物。"③ 另外,中外新旧石器时期出土

---

① 《鲁迅全集》,第555页。
② 〔德〕埃利希·诺伊曼著:《大母神——原型分析》,李以洪译,东方出版社1998年版,第52页。
③ 〔美〕理安·艾斯勒著:《圣杯与剑——我们的历史,我们的未来》,程志民译,社会科学文献出版社1993年版,第24页。

的丰乳肥臀、大腹便便的"维纳斯",也正是母亲神形象的生动写照。她们是丰产女神,"一切宗教,或者说几乎一切宗教都将丰产视为一种祈愿之事,以妇女作为丰产的象征"①。母亲和地母始终是合一的,是大母神的经常性神显。

总之,古籍所载具有创世、造人之功的神灵,无论其性别为何,本质上也都是对女性生殖功能的模拟;而那种常冠以"母"名的女性神灵,往往就是各民族的先妣神。这类生殖女神在后世虽然也得以延续,但是总的说来,原始母亲神的"生殖"统摄作用已经退居其次。

同时,尽管在远古"维纳斯"雕像中,也有女儿神像,但规格和数量都远不及母亲神,且常常是作为母亲身份的陪衬而出现的。古籍所载女儿神,数量和分量更远不及母亲神。她们往往司职少、神格低。但是,随着神话的发展,女儿神的早期尴尬局面得以改观。女神在发展过程中,逐渐突破"生殖"局限,神格范围得以扩大。比如,出现了司爱、美、性与婚姻的女神,司伦理道德的女神,以及各种行业女神。随着分工的细化,她们的神格已不再黏附于生殖。同时,不仅新产生的女神司职主题已经转向,原始母亲神本身也开始分化,其生殖神格逐渐退居次要地位,女儿化倾向十分明显,中国厕神如愿、紫姑、戚夫人、各类姑姑神,以及厕中女鬼妖等莫不如此。

自南朝宋紫姑等厕神神名出现以来,经唐宋、明清,民间多用"姑""娘""姑娘"来给厕神命名。从字义上来说,"姑",《说文解字》和《尔雅》释为丈夫的母亲。《说文》云:"威,姑也。从女,戌声。《汉律》曰:'妇告威姑。'"②《广雅·释亲》云:"姑谓之

---

① 〔法〕安德烈·勒鲁瓦-古昂著:《史前宗教》,俞灏敏译,上海文艺出版社 1990 年版,第 141 页。
② 《说文解字注》,第 615 页。

威。"① 可见，"姑"的第一义是母亲，尤指丈夫的母亲，引申为威逼、欺凌、威望、威力等义。但南朝宋以来的"姑"显然已经突破此含义，或表示"妇女"通称，或作为双音节词后缀指未婚少女，厕神紫姑、厕姑、箕姑、七姑等多是此意。清代姚东升认为世俗好谈神道，常将"少而丽曰姑，妇而容曰夫人"②。"娘"，《玉篇》《广韵》都解释为少女的号。以"娘"命名的女性，也多是年轻的未婚少女③，厕神箕娘、东施娘、茅娘等皆是如此。同样，"姑娘"也多指未婚少女。可见，从神名身份的发展上看，一些厕神已渐脱离母亲神身份，而降格为女儿神。

随着生殖女神的降格，原先被推向神坛的"男女媾精"摇身变为淫秽下作，这是伴随着父权的确立而展开的。在古时迎神狂欢中，繁衍是最重要的主题，因此男女聚众交合乃是常常发生的事情。只是随着时代的发展、文明的演进，"繁衍"变为"猥亵"，朴素的生殖主题发展为从男性中心主义出发的单方面"欲望"投射。因此，厕神兼蚕神的三姑（紫姑），变成了作祟的"桑三姐"，变成了喜欢"桑间""濮上"之行的陈三姑娘。④ 同样，厕神兼猪神、粪神的大母神特征退位后，"淫荡"的属性便显露出来，所以，猪神常被塑造成淫荡之神。中国人向来喜欢用猪的形象来象征食与色⑤，与厕所相关的一系列事物，也被视为女性（阴性）、淫秽（污秽）的象征。厕神紫姑在道教中被塑造为"房中女神"，文人士大夫在作品中也将其异化为"红颜知己"，多"戏"之。诸多笔记志怪更将厕神魔化，或将其塑造为淫秽猪怪，或将其视为吸精鬼妖。美国作家凯特·米利特说："男权制的宗教和道德都倾向于将女人和性混为一体，似乎它向

---

① 《广雅疏证》，第789页。
② 〔清〕姚东升辑，周明校注：《释神校注》，巴蜀书社2015年版，第12页。
③ 刘玥：《"姑娘"考》，《理论界》2013年第5期。
④ 秦榆编著：《风俗民情》，京华出版社2006年版，第273—274页。
⑤ 李安纲：《苦海与极乐》，东方出版社1995年版，第130页。

性强加的罪孽和耻辱完全是女人单方面的过错。"① 吊诡的是，本来是女性"独占"的生殖将其推上神坛，又是女性"单方面"的罪孽的性，将其拉下神坛钉于耻辱之柱。

总之，从神话学观点来看，是否强调生殖是母亲神和女儿神的分野。中国厕神最初源于大母神崇拜，是母亲神。她掌管着人的两种生产②。但在发展过程中，其生殖神格逐渐退居次要地位而分化、蔓生出其他神格。在俗信中，厕神的神格变得个人化、家庭化、生活化、琐碎化，其中，对厕神悲戚特征的渲染愈演愈烈，占卜娱乐化③偏好愈加明显。基于生殖崇拜的"子姑"（简狄）分化出紫姑和三霄，继道家对紫姑的仙道化之后，文人士大夫进一步将厕神异化为精通诗词歌赋、儒道禅理的"红颜知己"。无论如何，厕神的原始生殖神格已经式微，女儿化倾向非常明显。由于女神世界是对现实女性世界的反映和投射，母亲神向女儿神的转变，也说明世俗对女性的身份认同有所改变，母性本位思想有所松动。

3. 卑化、妖化与仙化

如愿、紫姑源自大母神信仰，到晋宋时期，与早期厕神都还有些关联。如愿信仰中所体现的原始粪肥崇拜笔者已经在第二章讨论过，此不赘述。紫姑信仰到南朝，还保存着主司蚕桑、年成的神格。南朝宋刘敬叔《异苑》记载紫姑"能占众事，卜未来蚕桑"④。晋干

---

① 〔美〕凯特·米利特著：《性的政治》，钟良明译，社会科学文献出版社1999年版，第78页。
② 〔德〕恩格斯：《家庭、私有制和国家的起源》，人民出版社2018年版，第6—7页。
③ 在粪堆边占卜早在甲骨文中便有。占卜发展为扶箕是娱乐化的重要体现。"扶乩"大约从唐代开始，是在迎祀厕神的时候，常常扶箕（也有扶其他器物者）问事的仪式或"游戏"，又叫"扶箕""扶鸾"等。后来则脱离"厕神"信仰，仅仅成为一种占卜游戏。"扶乩"到明清这至鼎盛，操持此业的专职人员被称为"乩仙"。至今民间仍存，其形式多样，生命力甚强。
④ 《异苑》，第44—45页。

宝《搜神记》卷四记载:"吴县张成夜起,忽见一妇人立于宅南角,举手招成曰:'此是君家之蚕室,我即此地之神。明年正月十五,宜作白粥,泛膏于上,以后年年大得蚕。'今之作膏糜像此。"① 此妇人即厕神兼蚕神的紫姑。南朝梁吴均《续齐谐记·白膏粥》亦记其事,唯个别字词不同,末说:"成如言,作膏粥,自此后大得蚕。今正月半作白膏粥,自此始也。"② 此后笔记小说、地方志、民俗资料中也有保存,但早已淹没在女儿神复杂、凌乱的神格中了。

① 卑微凄惨的"女儿神"

晋干宝《搜神记》最早记载了如愿的故事。如愿的身份是粪神青洪君的婢女,被当作礼物馈赠给欧明。她最主要的职能是使人富贵。继《搜神记》之后的南朝宋佚名氏《录异传》对之记载更详,还增加了如愿被虐待的情节:"(欧明)意渐骄盈,不复爱如愿。岁朝鸡一鸣,呼如愿,如愿不起。明大怒,欲捶之。"③ 如愿的故事在日本也得到传播。李家正文记载她跳到粪中自杀:

> 有商人正明(即欧明)者,在彭泽湖得婢女如愿带回家。如愿勤奋工作,有一天因疲倦睡过头。正明痛加训斥,如愿跳到粪中自杀。以后为了追悼如愿,于正月初六,人们以细绳作人形,投到粪壶。④

上面对如愿的记载有两点值得注意:第一,如愿的身份是青洪君的婢女,被主人当作礼物赠送与人。第二,作为神灵的如愿,居然遭人虐待。其身份低微,命运悲惨,已经毫无神灵的威严可言。厕神的这两个特点在后世得到发展。中国厕神当中的"佼佼者"紫姑

---

① 《搜神记》,第 55 页。
② 〔南朝梁〕吴均:《续齐谐记》,文渊阁《四库全书》第 1042 册,第 558 页。
③ 《古小说钩沉》,第 254—255 页。
④ 〔日〕李家正文:《厕史话》,六兴出版社 1949 年版,第 157 页。

也概莫能外。

对紫姑的文字记载最早见于南朝宋刘敬叔的《异苑》,再录于下:

> 世有紫姑神,古来相传云是人家妾,为大妇所嫉(一作妒),每以秽事相次役,正月十五日感激而死。故世人以其日作其形,夜于厕间或猪栏边迎之。祝曰:'子胥不在。'是其婿名也。'曹姑亦归',曹即其大妇也。'小姑可出。'戏(一作将"戏"字划在前,为'小姑可出戏')投者觉重,便是神来。奠设酒果,亦觉貌辉辉有色,即跳蹼不住。能占众事,卜未来(一作行年)蚕桑,又善射钩,好则大舞,恶便仰眠。平昌孟氏,恒不信。躬试往投(一作捉)①,便自跃(一作穿)茅屋而去,永失所在也。②

这是最早最完整地介绍紫姑生平的文献。由上可知两点:第一,紫姑的身份是"妾"。在中国古代,"妾"的地位卑贱("每以秽事相次役"),可由主人任意买卖。第二,紫姑命运悲惨。她为大妇所嫉妒,经常被役使劳作于厕所内干脏累之活,最后愤懑而亡("正月十五日感激而死")。甚至死而为神后,仍然惧怕丈夫和大妻("子胥不在""曹姑亦归""小姑可出戏")。此外,南朝宋东阳无疑《齐谐记》、梁宗懔《荆楚岁时记》、隋杜台卿《玉烛宝典》或他引之《洞览》《五行杂书》等,皆有对紫姑事迹的提及,但所载简略,不出于《异苑》。

唐佚名的《显异录》对她的悲惨遭遇又有所渲染:

---

① 括号中的内容均见《古今图书集成》所收版本,亦无"是其婿名也""曹即其大妇也""貌辉辉有色"等字。〔清〕陈梦雷,蒋廷锡重编:《古今图书集成》,中华书局、巴蜀书社1988年版,第60256页。
② 《异苑》,第44—45页。

> 唐紫姑神，莱阳人也。姓何氏，名媚，字器卿（丽卿），自幼读书辨利。唐垂拱三年，寿阳刺史李景纳为妾，妻妒杀之于厕，时正月十五日也。后遂显灵云。①（明陈耀文《天中记》卷四引《显异录》）
>
> 紫姑，莱阳人，姓何名媚，字丽卿，寿阳李景纳为妾，其妻妒之，正月十五阴杀于厕。天帝悯之，命为厕神。故世人作其形，夜于厕间迎祀，以占众事。俗呼为三姑。②（清陈梦雷《古今图书集成·神异典》卷四十杂鬼神部引《显异录》）

《显异录》增加了紫姑的籍贯"莱阳人"，姓名"姓何名媚，字丽卿"，丈夫姓名"寿阳李景"，成神原因"天帝悯之，命为厕神"；将《异苑》"感激而死"改为"正月十五阴杀于厕"。

日本永尾龙造在《中国民俗志》中介绍说：江南一带流行着紫姑是因穷困而死的说法；云南剑川地区说她因自己的恶作剧被发现而羞愧自尽于粪堆；而东北满族地区说她在元宵节被财主逼婚而撞死家中。③日本学者李家正文则记载："唐武则天垂拱之际，山西寿阳刺史李景者，喜欢上山东莱阳出生的何丽卿，就娶了她。她爱看书，美丽又聪明。（李景的正妻曹姑）非常嫉妒此女，每日命令她做又脏又累的杂事。正月十五日，曹姑在厕所里使人杀她，或云她厌世而自杀。"④日本的紫姑故事显然是继承中国唐朝的版本而来，不过在流播中又有了些变化而已，比如淡化了李景的罪恶。但无论如何，紫姑的命运都是悲惨的，她是作为一个被大家同情的角色进入神话领域的。

---

① 〔明〕陈耀文编：《天中记》（上册），广陵书社2007年版，第135页。
② 《古今图书集成》，第60256页。
③ 〔日〕永尾龙造：《中国民俗志》，转引自徐海燕《从紫姑信仰的民俗流变看女性地位的历史性失落》，《妇女研究论丛》2006年第5期。
④ 《厕史话》，第157页。

悲惨厕中女儿神的代表还有戚夫人（或称戚姑、七姑）。《史记》卷九《吕太后本纪》记载："太后遂断戚夫人手足，去眼，煇耳，饮瘖药，使居厕中，命曰'人彘'。"① 明陈耀文《天中记》引唐佚名《显异录》云："一曰：世俗元宵请戚姑之神，盖汉时戚夫人死于厕，故凡请之者必请其中名之。"② 明代冯应京《月令广义·正月令》也有相同记载③。我们仍可从两方面来分析：其一，戚夫人为刘邦之妃，身份尊贵，但相对于吕后来讲，仍具有"妾"的色彩；其二，戚夫人遭遇悲惨至极。她与吕后因立太子事交恶，刘邦死后吕后囚戚夫人，杀其子，"人彘"之事更令人发指。以至于连吕后的亲生儿子孝惠帝也见之大哭，"因病，岁余不能起。使人请太后曰：'此非人所为。臣为太后子，终不能治天下。'"④

无论是如愿、紫姑还是戚夫人，她们的相同之处都是身份低微、遭遇悲惨。甚至正因这两个要素，不同女性厕神之间才发生"交际"（互相借取、交流和影响）。厕神从威严的母亲神中分化、蔓生出卑微凄惨的女儿神。她们的神格已与"生殖"无甚关联（戚夫人虽有子如意，也死去了），神话的重心无非是讲述这些女子的悲惨命运，表达人们的同情，体现了民俗事项中惯常的将弱者超度为神灵的走向。

由此可知，中古以后，厕神已逐渐失去其原初核心神格，她从原始"大母神"地位降格为出身卑微又深受迫害的悲戚女儿神。这些女儿神是中国古代广大受损害妇女群像的缩影。对她们的书写，一方面是对女性（尤其是底层劳动妇女）悲惨遭际的直面反映，另一方面又是她们对幸福、希望的呐喊。故紫姑往往也被塑造为能赐予人们希望和善良的神灵。⑤ 原生态厕神的生殖、丰产神格，在紫姑

---

① 《史记》，第 397 页。
② 《天中记》（上册），第 135 页。
③ 〔明〕冯应京纂辑，戴任增释：《月令广义》（文渊阁四库全书本），第 57 页。
④ 《史记》，第 397 页。
⑤ 张承宗、魏向东：《中国风俗通史·魏晋南北朝卷》，上海文艺出版社 2001 年版，第 505 页。

身上愈加淡化。在此基础上，人们根据自己的功利需求，又给她崇增各种职能①，使其职司泛化。人们对这位不幸的少妇或少女寄予无限同情，赋予她神奇法力②，给她附会上各种故事和神格。其内在不竭的动力乃是紫姑自始至终都是广大劳动妇女的身份代言。她们之间是一而二，二而一的关系。这正是民间迎紫姑仪式经久不衰的重要原因。

表面上看，悲惨遭遇是由其低微身份所决定的，但细揆深层原因，却是一夫一妻多妾制和男尊女卑的制度根源所致。这样看来，民间紫姑信仰又具有跨时代的意义。将男性厕神和女性厕神做一对比，更可见这一导向在性别史上的意义。《玄怪录》《续玄怪录》中的男厕神郭登相貌丑陋，阴气逼人，人见则死，见人则病，自言为幽冥吏人。③《太平广记》记载刘安死后成仙，在天上言行不恭，放荡不羁，为仙伯所不容，被责罚看守污秽厕所三年，遂成厕神④。佛教厕神乌刍沙摩明王，具有不避秽恶、转秽为净之大威德，又有《解秽真言》，威力无比。（详见第五章《雪隐、东司与佛教厕神》）无论是郭登、刘安还是"舶来品"乌刍沙摩明王，其神迹故事毫无卑微、凄惨可言，人们在其身上也并未投射同情之心、怜悯之意。

② 魅惑男子的女性鬼妖

前面已说，古往今来对恐怖厕神的记载并不少见。如东汉桓谭《新论》、《太平御览》引《白泽图》、晋干宝《搜神记》、晋戴祚《甄异记》、南朝宋刘义庆《幽冥录》、南朝梁任昉《述异记》、唐李复言《续玄怪录》、《太平广记》引唐牛肃《纪闻》等，都说到厕神相貌和神格的恐怖性。由此可以大致勾勒出古人观念中的负面厕神：第一，厕神相貌丑陋、恐怖，常表现为面目狰狞的猪怪；第二，在神格上，

---

① 乌丙安：《中国民间信仰》，上海人民出版社 1996 年版，第 9—10 页。
② 《中国风俗通史·魏晋南北朝卷》，第 415 页。
③ 《玄怪录 续玄怪录》，第 92—93 页。
④ 《太平广记》，第 50 页。

厕神为凶神、死神。"见厕神无不立死""见君莫不致死""人见即死，见人即病"等都意在说明在时人心目中，厕神是职司疾病与死亡的鬼神。唐以后，随着道教和传奇小说的发展，厕神进一步发展为魅惑男子的女性鬼妖。

唐代柳宗元写有《李赤传》，原文录于下：

> 李赤，江湖浪人也。尝曰："吾善为歌诗，类李白。"故自号曰李赤。游宣州，州人馆之。其友与俱游者有姻焉。间累日，乃从之馆。赤方与妇人言，其友戏之。赤曰："是媒我也，吾将娶乎是。"友大骇，曰："足下妻固无恙，太夫人在堂，安得有是？岂狂易病惑耶？"取绛雪饵之，赤不肯。有间，妇人至，又与赤言。即取巾经其脰，赤两手助之，舌尽出。其友号而救之，妇人解其巾走去。赤怒曰："汝无道，吾将从吾妻，汝何为者？"赤乃就牖间为书，辗而圆封之。又为书，博封之。讫，如厕。久，其友从之，见赤轩厕抱瓮诡笑而侧视，势且下。入，乃倒曳得之。又大怒曰："吾已升堂面吾妻。吾妻之容，世固无有，堂之饰，宏大富丽，椒兰之气，油然而起。顾视汝之世犹溷厕也，而吾妻之居，与帝居钧天、清都无以异，若何苦余至此哉？"然后其友知赤之所遭，乃厕鬼也。
>
> 聚仆谋曰："亟去是厕。"遂行宿三十里。夜，赤又如厕。久，从之，且复入矣。
>
> 持出，洗其污，众环之以至旦。去抵他县，县之吏方宴，赤拜揖跪起无异者。酒行，友未及言，已饮而顾赤，则已去矣。走从之，赤入厕，举其床捍门，门坚不可入，其友叫且言之。众发墙以入，赤之面陷不洁者半矣。又出洗之。县之吏更召巫师善咒术者守赤，赤自若也。夜半，守者怠，皆睡。及觉，更呼而求之，见其足于厕外，赤死久矣，独得尸归其家。取其所为书读之，盖与其母妻诀，其言辞犹人也。

四 性别、异化与厕神式微

> 柳先生曰：李赤之传不诬矣。是其病心而为是耶？抑固有厕鬼耶？赤之名闻江湖间，其始为士，无以异于人也。一惑于怪，而所为若是，乃反以世为溷，溷为帝居清都，其属意明白。今世皆知笑赤之惑也，及至是非取与向背决不为赤者，几何人耶？反修而身，无以欲利好恶迁其神而不返，则幸耳，又何暇赤之笑哉？①

《太平广记》引唐李冗《独异志》亦记此事，只是较为简略：

> 贞元中，吴郡进士李赤者，与赵敏之相同游闽。行及衢之信安，去县三十里，宿于馆厅。宵分，忽有一妇人入庭中，赤于睡中蹶起下阶，与之揖让。良久，即上厅，开箧取纸笔，作一书与其亲。云："某为郭氏所选为婿。"词旨重叠。讫，乃封于箧中。复下庭，妇人抽其巾缒之。敏之走出大叫，妇人乃收巾而走。及视其书，赤如梦中所为。明日，又偕行，南次建中驿，白昼又失赤。敏之即遽往厕，见赤坐于床，大怒敏之曰："方当礼谢，为尔所惊。"浃日至闽，属寮有与赤游旧者，设燕饮次，又失赤。敏之疾索于厕，见赤僵仆于地，气已绝矣。②

二文相较，故事梗概大体一致，而柳文更加详细生动。也有一些细节不同，如柳文无友人姓名，而李文为赵敏之；柳文说李赤游宣州，而李文说他游衢州；柳文李赤是倒栽入厕而淹死，李文则是僵仆于地而气绝。虽顾炎武在《日知录》卷一九中说柳宗元包括《李赤传》在内的六篇传记"盖比于稗官之属"③，但绝不可能没有事

---

① 〔唐〕柳宗元：《柳宗元集》，中华书局1979年版，第481—483页。
② 《太平广记》，第2703—2704页。
③ 〔清〕顾炎武撰，严文儒、戴扬本校点：《日知录 日知录之余》，上海古籍出版社2012年版，第756—757页。

实根据。柳宗元应是在"纪实"之上另有托讽。郎瑛在《七修类稿》卷二十中说:"柳文载《李赤传》,人以柳州寓言讥嘲时人,以文为戏,然吕山吴汝琇家有李赤诗集数章,又读《唐诗品汇》亦载李赤诗短叙,以李后为厕鬼所惑而终。据此,则二文实有是事矣。"① 这里的厕鬼是个魅惑男性的妖娆女鬼。她能迷人心性,让人产生恍入仙境的美妙幻觉,实则是丑陋瘆人的厕鬼在用巾带缢人或用粪坑污人、淹人而取人性命。众人皆谓李赤所得是狂症心病,让他服用"绛雪"。中医药"绛雪",一名绛雪丹、红灵丹、玉药,主治霍乱吐泻、痧胀时疫、大热狂走之类热症。联系第二章粪尿的治愈作用来看,人们认为粪尿因体性极寒,是主治狂症、霍乱、闷胀等各种热病的灵药。"绛雪"与"粪尿"在功能上相同,在神话意象上同位。实际上,正因粪尿、厕坑、厕神等在现实生活和精神体验中给人们带来矛盾心理,在神话上才赋予他们正负两方面功能——既是"致病"之源,又是"治病"之方。

  学人常纠结于李赤到底是得心病产生了幻觉,还是真正为厕神所惑? 也有学人根据蛛丝马迹的"事实"(如李赤行迹、中药作用等)来反复澄清李赤果真是得了心病产生了幻觉,而非为厕神所惑。其实这种考究意义不大。这种论证也无非是囿于"唯物论"的一厢情愿,而未考虑到古人的鬼神观,也未能从神话学、民俗学的角度来进行理解和释读。这种"虚假"的故事为什么会产生? 为什么偏偏是厕神(厕鬼)而不是别的鬼神? 厕神又为什么具有这般形貌和神格? 一言以蔽之,比故事内容真假更为重要的是故事本身存在这一事实。

  宋代洪迈《夷坚乙志》卷十七"女鬼惑仇铎"与上述故事亦相类:

---

① 〔明〕郎瑛:《七修类稿》,上海书店出版社2001年版,第211页。

四　性别、异化与厕神式微

紫姑神类多假托，或能害人，予所闻见者屡矣。今纪近事一节，以为后生戒。天台士人仇铎者，本待制（寓）之族派也。浮游江淮，壮年未娶。乾道元年秋，数数延紫姑求诗词，讽玩不去口，遂为所惑。晨夕缴绕之不舍，必欲见真形为夫妇，又将托于梦想。铎虽已迷，然尚畏死，犹自力拒之。鬼相随愈密，至把其手以作字，不烦运箕也。同行者知之，惧其不免，因出游泰州市，径与入城隍神祠，焚香代诉。始入庙，铎两齿相击，已有恐栗之状。暨还舍，即索纸为妇人对事具述本末，辞殊亵冗。今删取其大略云："大宋国东京城内四圣观前居住弟子纪三六郎名爽，妻张氏三六娘，行年三十三岁，辛酉年三月十二日巳时降生，癸巳年三月十四日死。是年九月见吕先生于箕口，得导养之术。自后周游四海，于今年八月三日过高邮军，见台州进士仇铎在延洪寺塔院内请蓬莱大岛真仙，为爱本人年少，遂降箕笔，诈称：'我姊妹在蓬莱山，承子供养，今日降汝。汝宜至诚，不得妄想，我当长降于汝。'又旬日，来往益熟，不合举意写媒语诱铎，又说将来有宰相分，以此惑乱其心。十七日到泰州，要与相见，不许，又要入梦，亦不许，遂告铎云：'汝父恨汝不孝，焚章奏天上。天降旨，三日内有雷震汝，宜多设茶果香烛，稽首乞命，我当为汝祈天免祸。'又索《度人经》万卷，'三年之后，要与汝为夫妻'。意欲铎恐惧从己。又伪称吕翁在门，令来日未明，来东门外石坟侧相见。铎欲往赴，为众人挽住。又写'云房'两字，使铎食乳香半两，冀狂渴赴水死。至于引头击柱，用破磁败面，皆不死。遂称天神已降，将烧汝左臂。令铎入稿荐中，伏于床下，作吕翁救解之言曰：'天神幸以吕岩故赦此人，此人若死，岩不复为神仙。'如是经两时久，不能杀铎。至晚，方与铎言：'我非蓬仙，是白犬精，今日代汝震死，永为下鬼，宜以杯酒叙别。'明日又来，云：'我乃兴化阿母山白蛇精，从前所杀三千七百余人矣。'众人招法师来，欲见治。又降铎曰：'我只畏龙虎山张天师，余人不畏也。'缘三六娘本意耽着仇铎，迷而不返，须要缠绕本人，损其性命。今为铎诉于本郡城隍，奏天治罪，伏蒙取责文状，所供并是诣实，如后异同，甘伏重宪。"其所书凡千五百字，即日录焚之。铎后三日始醒，盖为所困几一月。妇人自称死于癸巳岁，至是时已五十三年矣。鬼趣亦久矣哉！①

这个死了五十三年的女鬼张氏三六娘是乘着"紫姑"的名号被"请"来的，迷惑仇铎长达一个月。她诈称是蓬莱之仙，对仇铎威逼加利诱，扮演多人角色，狡狯之至。其"辞殊亵冗""写媟语诱铎""惑乱其心"，要与他为夫妇，致使仇铎发狂自残寻死。张氏三六娘死后为鬼（厕鬼、紫姑），"径与入城隍神祠"，"东门外石坟侧相见"等表述又均暗示此"紫姑"的冥神性质。城隍神本为南方自然神，由水庸神发展而来。南北朝后，其影响范围日渐扩大。唐代开始，多将死去的人鬼封为城隍神，其职能也日渐繁复。城隍神除了职司原来的御守城池外，还是地方保护神、冥间神。唐宋时期，十殿阎王庙也常设其中。这个"女鬼惑仇铎"故事，不仅反映了宋代城隍神兼具冥神神格的信仰现状，还再次表明了厕神常与冥神同位的神话结构（详见第三章第二节之《原始大坑与冥界入口》）。

总之，唐宋以来迎厕神，常常会出现招来而不肯去，或招来的不是欲请之神，而是别的恶鬼的情况。此类恶鬼大多为冥界鬼神，往往施灾祸于人，甚至致人死亡。除了上面所列，还有宋沈括《梦溪笔谈》卷二十一"异事异疾附"所载②，明谢肇淛《五杂组》卷十五"事部三"所载等等。明代在道教影响下，还出现了三位凶神恶煞般迷惑众生的厕神——云霄、琼霄、碧霄三位姐妹神。

---

① 《夷坚志》，第328—330页。
② 《梦溪笔谈》，第140页。

四 性别、异化与厕神式微

《封神演义》第九十九回《姜子牙归国封神》讲三霄娘娘被封为"感应随世仙姑"。她们执掌"混元金斗""金绞剪",布下"九曲黄河阵"。她们性情凶狠,"借金剪残害生灵,且愤怒于冥数,摆'黄河'擒拿正士,致历代之门徒,劫遭金斗,削三花之元气,后转凡胎,业更造乎多端,心无悔乎彰报"①。《封神演义》写道:"以上三姑(云霄、琼霄、碧霄),正是坑三姑娘。"②清人翟灏《通俗编》说:"(紫姑)俗呼为坑三姑。"③可见,三霄就是紫姑,是厕神。

龚维英钩沉其源头,认为此三霄姐妹正是简狄三姊妹,本为生育女神。其理由是三霄姊妹正是简狄三姊妹("三人行浴"④);她们的坐骑青鸾、鸿鹄、花翎鸟实际上是为简狄遗卵的玄鸟;她们摆下"九曲黄河阵"正是简狄所生之商的活动范围黄河中游;她们使用的法宝是金绞剪、混元金斗之类,而混元金斗是净桶(马桶),"凡一应仙、凡、人、圣、诸侯、天子、贵、贱、贤、愚,落地先从金斗转劫,不得越此……"⑤这正与简狄是先妣神一样,强调生殖。龚维英的这些看法很有见地,笔者还可以补充一条:三霄"九曲黄河阵"实际上也是便道之称⑥。因此,凶神恶煞般的落魄战神三霄原本是生殖女神,只是其原初的生殖神格已经隐而不显了。尽管可以根据诸多材料钩沉出三霄与简狄的关联,但二者已经判然若二。简狄作为商民族的始祖母定格为母亲神,而三霄已俨然一组迷惑众生、残害生灵的恶战神,其主要神格已非生殖。由此又可再证前面笔者说的厕神由母亲神演变为女儿神的轨迹。

---

① 〔明〕许仲琳:《封神演义》,人民文学出版社1973年版,第970页。
② 《封神演义》,第970页。
③ 〔清〕翟灏:《通俗编》,商务印书馆1958年版,第424—425页。
④ 《史记》,第91页。
⑤ 《封神演义》,第970页。
⑥ 张政烺:《〈封神演义〉漫谈》,《世界宗教研究》1982年第4期。

表 4-1 简狄与三霄的对应关系

对比项	简狄（三姊妹）	厕神（三霄：云霄、琼霄、碧霄）
涉及鸟	玄鸟（商图腾）	青鸾、鸿鹄、花翎鸟（坐骑）
涉及厕	殷商坑厕、原始大坑	摆"九曲黄河阵"以污秽破敌
人数	三人行浴	三姊妹
神格	先妣、高禖、粪神	恶战神、感应随世仙姑、生育神兼厕神（净桶、金绞剪、黄河阵）

今川东民间祀三霄神，还常常将其当作家族保护神。重庆地区的三霄娘娘为云霄、山霄、水霄，而非《封神演义》中的云霄、琼霄、碧霄。这里的三霄，实质上就是"小神子"。她们常常作祟乡里，令人胆战心惊，十分敬畏。① 人们祀"三霄坛"如同祀"养牲坛"。② 此外，三霄还有眼光奶奶、送子奶奶、碧霞元君或者斑疹娘娘、百花娘娘、眼光娘娘等不同版本。三霄职司视力和斑疹，又让我们联想到粪尿的治愈功能。由此可知，民间的三霄信仰非常复杂，神格也更具多样性，有的从中还可窥见其与厕所、畜圈空间之关联。

③ 从"子姑"到"紫姑"

在紫姑的原型问题上，不少学者认为其来源是帝喾女胥和戚夫人。如黄石据《荆楚岁时记》《玉烛宝典》《事物纪原》三书所引之《异苑》，便认为紫姑的原型是帝喾女胥，但实际上今本《异苑》中并无帝喾女胥的记载，很可能是三书之附会。巫瑞书则认为"紫"是"戚"的音讹，所以紫姑原型为戚夫人。然将戚夫人作为神灵来祭祀，首见于北齐魏收《魏书》所载的徐州彭城戚夫人庙③，而祭祀时

---

① 胡天成：《民间祭礼与仪式戏剧》，贵州民族出版社1999年版，第1029—1030页。
② 杨月蓉：《重庆方言俚俗语集释》，重庆出版社2006年版，第342页；又见《民间祭礼与仪式戏剧》，第229页。
③ 《魏书》，第2538页。

间和地点晚见于明代《天中记》和《月令广义》。二书都没有说此俗起于何时，不过据《月令广义》可知唐代已经成为习俗。这些典籍都晚于南朝《异苑》，不可因戚夫人是汉时人，便认为此习俗始于汉代，进而说紫姑之信仰源自戚夫人，这显然是不成立的。戚姑信仰与紫姑信仰原本不同，后来相混。戚姑作为厕神，是人名附会。现在来谈谈"紫姑"一名的来源。

a. 说"子"

《说文解字》释"子"："十一月，阳气动，万物滋，人以为称。象形。凡子之属皆从子。𢀸，古文子，从巛，象发也。𢀼，籀文子。囟有发，臂胫在几上也。"① 段玉裁注云："《律书》：子者，滋也，言万物滋于下也。《律历志》曰：孳萌于子。……子本阳气动、万物滋之称。万物莫灵于人，故因假借以为人之称。象物滋生之形，亦象人首与手足之形也。"② 杨伯峻认为，"子"的本义应当是"初生儿或儿女"，而不是"十一月"。③ 尽管从字形来看，"子"的本义为"初生儿"似乎更准确，但从神话学的角度视之，人的"两种生产"始终是交织在一起的，即母亲神始终是和地母神交织在一起的。从造字法则和许慎的解说来看，正反映了这种结合。由人的"初生儿"推及万物的"初生儿"："子"表示初生的动物，如"鱼子""鸡子"；表示植物，如"种子"。"子"，表示初生的人或者动植物，是直接与生殖文化联系在一起的。

殷商的族源神话也是从"子"开始的：

> 殷契，母曰简狄，有娀氏之女，为帝喾次妃。三人行浴，见玄鸟堕其卵，简狄取吞之，因孕生契。契长而佐禹治水有功。

---

① 《说文解字注》，第742页。
② 《说文解字注》，第742页。
③ 杨伯峻：《说"子"》，《古汉语研究》（第一辑），中华书局1996年版，第1—6页。

帝舜乃命契曰："百姓不亲，五品不训，汝为司徒而敬敷五教，五教在宽。"封于商，赐姓子氏。①

殷商的族姓为"子"当然表明了其受命于天帝的始源性和正统性，具有意义重大的开篇性质。神话的表述是将人的"子"与动物的"子"、商民族的"子"三者紧密结合在一起并等而视之的。前面已说到，有娀氏女简狄其实就是"子姑"，她既是三霄的前身，又是紫姑的前身。

"子"为商姓，"子姑"就是商代始祖母简狄。"玄鸟生商"既蕴含着原始"卵生"创世思维，又与"子"（言植物为种子，言人为初生儿）崇拜、地母（粪土）崇拜密切相关。

b. 说"紫"

《说文解字》释"紫"为"帛青赤色"②，本义是指紫色的丝帛，后来用以表示任何事物的紫色，也泛指紫色的事物。

在中国传统文化中，颜色有正色、间色之分。正色为青、赤、黄、白、黑五色，分别代表东、南、中、西、北五方；间色为绿、红、碧、紫、骝黄五色。③

春秋战国时期，儒家多崇尚正色而厌恶间色。《论语·乡党》云："君子不以绀緅饰，红紫不以为亵服。"④ 紫色作为间色，不适宜用来做便服，更不能用来做制服、礼服。因此，儒家诟病齐桓公穿紫色衣服，认为间色"紫"夺取了正色"红"的地位，是有违传统礼制的。

到了秦汉时期尤其是汉朝，道教的兴起和发展极大地提升了紫

---

① 《史记》，第91页。
② 《说文解字注》，第651页。
③ 《礼记集解》，第801页。
④ 〔魏〕何晏等注，〔宋〕邢昺疏：《论语注疏》，上海古籍出版社1990年版，第87页。

色的地位,紫色的高贵由此凸显。那时,宫廷中的很多建筑都与紫色有关,如紫殿、紫闼、紫阙、紫阁、紫房等。在丞相、太尉之类达官的佩绶制度中,也有使用紫色的,如紫绶、紫缨。此外,祭祀的场所也常用到紫色,如紫坛、紫幄、紫殿。在当时,就颜色的地位而言,紫色仅次于正色赤色和间色绿色。①

从汉墓中的帛画、壁画来看,紫色在服饰中的使用同样体现了尊位、高贵。在马王堆一号汉墓中,帛画主人的服饰着重用紫。② 在偃师辛村新莽墓的八幅壁画中,有七幅画使用了紫色颜料,而穿着紫色服饰的人物,身份都相对较高。③ 新疆尉犁县营盘墓地15号墓中,墓主人穿着紫色衣服,也体现了尊者着紫。而且,紫色几乎都用在了衣服比较醒目的地方。④ 此外,徐州北洞山西汉楚王墓、烧沟61号西汉墓、河南济源市桐花沟10号汉墓中的中下层贵族服饰中也开始使用紫色。但相对而言,中上层贵族阶级更爱穿紫色衣服。⑤

道教尚紫,将紫色视为祥瑞、尊贵的象征,用"紫"字来表示尊贵、神异。⑥ 在道教那里,紫,黑赤交合,象征心肾二气交合。心肾交合,"紫气氤氲"一片生机。《大丹篇》说:"汞从南方来,至北方紫色。西方水银修炼运火,却归西方本位。经紫色谓之还丹,服之冲天,故云人出世也。"⑦ 在道教文化中,紫色成为道教的代表性

---

① 邓冬梅:《魏晋南北朝志怪小说的色彩意象研究》,中国石油大学(华东)硕士论文,2015年。
② 何介钧主编:《长沙马王堆二、三号汉墓》,文物出版社2004年版,第103、106、109、238页。
③ 黄明兰、郭引强编著:《洛阳汉墓壁画》,文物出版社1996年版,第121—122页。
④ 周金玲、李文瑛、尼加提:《新疆尉犁县营盘墓地15号墓发掘简报》,《文物》1999年第1期。
⑤ 郭羡雅:《浅析汉代服饰中的紫色应用——以考古学为视角》,《江苏第二师范学院学报》2015年第1期。
⑥ 《扶箕迷信底研究》,第13页。
⑦ 〔五代〕佚名:《大丹篇》(一卷),《道藏》第19册。

颜色，极具仙道意味。① 神仙的居所多以紫冠名，如紫宫、紫台。晋宋之际的上清经、灵宝经，均多尚紫，很多经典名字中就有"紫"字，如《龟山丹皇飞玄紫文》《太微灵书紫文仙忌真记上经》《灵书紫文》《紫阳真人内传》《洞真太极北帝紫微神咒妙经》② 等。道教学派推崇的创始人老子，自然也被渲染上了神圣的紫色光环。据传，老子在过函谷关之前，把守的关令尹喜看见一团紫气从东方飘来。尹喜认为紫气飘来，必有圣人经过，连忙迎接。只见一位老人骑着青牛徐徐走来，这就是老子。成语"紫气东来"就是出自这个故事。

到了魏晋南北朝，道教获得了很大发展，紫色被赋予的尊贵内涵被广泛应用于志怪小说中。在志怪小说中，紫色是"唯一一种在五色体系之外的重要间色"，在志怪小说中的地位相当突出。③ 或许正因为如此，刘敬叔的《异苑》才将"子姑"改写成了"紫姑"也说不定。不过，直到宋代苏轼，在他的作品中还"子""紫"互用呢！魏晋以后，尤其在唐宋，紫姑还因道教的推崇而仙化，身份得到了提升。

由此可知，"紫姑"最初应为"子姑"，源自远古生殖女神崇拜和地母崇拜，在殷商之际变成始祖母简狄（三姊妹），再后来分化出紫姑和三霄。由"子"发展为"紫"，一方面是因为二字字音相同，另一方面（很可能是更重要的原因）是因为秦汉以来的道教尚紫观念，经由南北朝时期文人改写为"紫"而延续至今；由"子姑"到"三霄"，文献记载可溯至明代的《封神演义》。尽管神灵身份发生了极大的变化，但是其生育神兼厕神的神格却还有所保留，其中还融入了大概从宋代开始的净桶（马桶）信仰。

另外，厕姑、厮姑、紫姑（子姑）之间都有音转的关系，这点

---

① 韩格平：《说"紫"》，收入侯占虎主编《汉语词源研究》（第一辑），吉林教育出版社2001年版，第351—354页。
② 丁培仁编著：《增注新修道藏目录》，巴蜀书社2008年版。
③ 邓冬梅：《魏晋南北朝志怪小说的色彩意象研究》，中国石油大学（华东）硕士论文，2015年。

早为学者所指出。田祖海认为:"紫姑实际上是对'厕姑'的一种驯雅的称呼和写法,上古音紫、厕双声,可以通假。"① 黄石说:"厕与紫音相近,紫转为厕,是很容易的。"② 不过甲骨文中无"厕"字,《古今事物考》认为该字的出现最早是在周代,自然是晚于源于大母神崇拜的"子姑"信仰的。

(二) 厕神的异化(上):苏轼紫姑书写系年正误

唐宋时期,一些厕神摇身变为美丽聪慧的文艺女神,是继道教将其仙化之后,进一步由民间信仰涌向知识分子阶层的必然产物③。这又涉及厕神的异化问题,即经由文人士大夫按照自我意志的改造,厕神的神性完全丧失,成了"衍生态"神话。我们以苏轼的紫姑书写为例来讨论这一话题。

苏轼因"乌台诗案"被贬黄州,在那里他见闻并亲自参与了当地的"迎紫姑"习俗,有感而发,写了五篇相关作品。12年后,他被贬广东再遇此俗,感而为文。前后共计六篇作品。奇怪的是,历来对东坡作品集的编订、注释和研究都不是很重视这六篇文章,甚至前五篇的写作时间都存在很大争议,遑论其他。东坡作品集的编撰和梳理工作始于19世纪末④,经过学者们的努力,虽然对大部分作品的编年已达成共识,但仍有些篇目出入甚大,苏轼作于黄州的五篇紫姑书写之作就在其列。

在进一步的研究之前,首先必须对相关篇目的时间、先后顺序做一个考订。

---

① 田祖海:《论紫姑神的原型与类型》,《湖北大学学报》(哲学社会科学版)1997年第1期。
② 《黄石民俗学论集》,第309页。
③ 赵修霈:《宋代紫姑的女仙化及才女化》,《汉学研究集刊》2008年第7期。
④ 较早的有吴雪涛《苏文系年考略》、朱祖谋《东坡乐府》、龙榆生《东坡乐府笺》、曹树铭《东坡词编年校注及其研究》等。

1.《子姑神记》

一般认为,《子姑神记》①作于元丰四年(1081)。张志烈等在《苏轼全集校注》中明确说:"元丰四年(1081)正月作于黄州。"②归根结底,该论断依据的是清人王文诰《苏文忠公诗编注集成·总案》所说的元丰四年正月记何丽卿事。但细究苏轼原文表述,绝不应是元丰四年(1081)。

据原文,苏轼元丰三年(1080)二月到黄州,"至之明年"的"至之"二字,应有一字衍文。"明年"应是指元丰四年(1081),这时进士潘丙对苏轼说了郭氏之第的紫姑神未及见他的遗憾。接着"其明年正月,丙又曰",潘丙再次说紫姑神降临郭氏之第,应是元丰五年(1082),苏轼去观看也正是这个时候。最后因紫姑神欲让世人知晓她,想托苏轼立名,苏轼"粗为录之,答其意焉"也是这个时候,即元丰五年(1082)。诸本记载相同,可知文本无误,故此作时间应为元丰五年(1082),特此订正。

由于王文诰将《子姑神记》说成是作于元丰四年(1081),这一结论直接影响了此后的苏作编年学者。无论是龙榆生《东坡乐府笺》、曹树铭《东坡词编年校注及其研究》,还是石声淮和唐玲玲共著《东坡乐府编年笺注》、邹同庆和王宗堂共著《苏轼词编年校注》、孔凡礼《三苏年谱》、张志烈等主编的《苏轼全集校注》,皆从此说,而未加考订。同时,这一系年的错误,接下来也直接导致了对苏轼其他相关篇目的系年错误。

2.《仙姑问答》

《苏轼全集校注》认为《仙姑问答》③是元丰五年(1082)作于

---

① 〔宋〕苏轼著,张志烈、马德富等主编:《苏轼全集校注》(文集卷一二),河北人民出版社2012年版,第1297—1298页。
② 《苏轼全集校注》(文集卷一二),第1298页。
③ 《苏轼全集校注》(文集卷七二),第8289—8291页。

黄州①,笔者认为正确,从之。笔者还认为此作应稍晚于《子姑神记》,故补于此,理由如下:

(一)《子姑神记》一开始有"元丰三年正月朔日,予始去京师,来黄州"这样的贬谪背景交代,而《仙姑问答》无,可知《子姑神记》更早。

(二)《子姑神记》说到苏轼初来黄州的第二年,有紫姑神降于郭氏之第,她因未见苏轼而表示遗憾,"苏公将至,而吾不及见也",又在第二年的正月才得见,这说明《子姑神记》写的是苏轼第一次见黄州紫姑。

(三)二文均有对紫姑身世的介绍。《子姑神记》记录紫姑生平较详,《仙姑问答》更详,增加了很多新内容,如紫姑父为廛民、在李志处修学、博通《九经》、嫁与伶人、良人遭囹圄等情况。我们有理由认为,这是苏轼在完成《子姑神记》以后,获得了更多信息之后写作而成的,故《仙姑问答》应晚于《子姑神记》。

(四)《仙姑问答》云"欲求其事为作传",显然是对《子姑神记》"粗为录之"的进一步细化,也是对《子姑神记》"公文名于天下,何惜方寸之纸,不使世人知有妾乎"的真正回应,由此可知,《仙姑问答》更晚,且时间差距不大。

(五)《仙姑问答》一开始就说"仆尝问三姑是神耶仙耶",说明这是对曾经发生的一次问答的回忆性记录,即《子姑神记》所载的发生于元丰五年(1082)正月的那次"迎紫姑"。

(六)《仙姑问答》所云"又问名甚?三姑云:'见有一所主,不敢言其名。'",即是《子姑神记》所言"其怨深矣,而终不指言刺史之姓名,似有礼者"。二者所指相同,隐约透露出是对同一次迎神内容的记载。如此,二作写作时间不会相差太大。

除此之外,二作内容在诸多方面亦有类同,见下表。

---

① 《苏轼全集校注》(文集卷七二),第 8292 页。

表 4－2《子姑神记》与《仙姑问答》类同处

条目	《子姑神记》	《仙姑问答》	类同处
1	粗为录之。曲终再拜以请曰："公文名于天下，何惜方寸之纸，不使世人知有妾乎？"	欲求其事为作传。三姑因以启谢云："学士刀笔冠天下，文章烂寰宇……"	紫姑欲让苏轼为之作传，借其名声而让世人知之。
2	妾寿阳人也，姓何氏，名媚，字丽卿。	妾本寿阳人，姓何名媚，字丽卿。	紫姑自报姓名籍贯。
3	自幼知读书属文。世所谓子姑神者……未有如妾之卓然者。	（父）教妾曰："汝生而有异，它日必贵于人。"遂送妾于州人李志处修学，不月余，博通《九经》。	博文强志，才华横溢。
4	公少留而为赋诗……诗数十篇，敏捷立成。	赠诗七首，篇幅长（内容略）。	思维敏捷，善赋诗。
5	且舞以娱公……坐客抚掌，作《道调梁州》，神起舞中节。	洞晓五音。	擅长音乐、舞蹈。
6	皆有妙思，杂以嘲笑。问神仙鬼佛变化之理，其答皆出于人意外。	（三姑）云："……身之品秩，命之本常。朝野共矜而不能留连，皇王怀念而未尝引拔。暂居小郡，实屈大贤。如贱妾者，主之爱而共憎，事之临而无避。罪于非辜之地，生无有影之门。赖上天之究情，使微躯之获保。何期有辱朝从，下降寒门。罪宜千诛，事在不赦。维持阴福，以报大恩。"……又云："道路无两头，学士甚处下脚？"（语涉禅机）又问："上天既为三姑理直其事，夫人后得甚罪？"三姑云："罚为下等。"（因果报应）	语涉佛理玄机。
7	为伶人妇。	父卒，母遂嫁妾与一伶人。	前夫为伶人。
8	唐垂拱中。	余问云："甚时人？"三姑云："唐时人。"……又问："（刺史）甚帝代时人？"姑云："则天时。"	唐时人。

续 表

条目	《子姑神记》	《仙姑问答》	类同处
9	寿阳刺史害妾夫,纳妾为侍妾。	时刺史诬执良人,置之囹圄,遂强取妾为侍妾。	刺史强纳为妾。
10	而其妻妒悍甚,见杀于厕。	不岁余,夫人侧目,遂令左右擒妾投于厕中。	大妇杀紫姑于厕。
11	妾虽死不敢诉也,而天使见之,为直其冤,且使有所职于人间。	幸遇天符使者过,见此事,奏之上帝。上帝敕送冥司,理直其事,遂令妾于人间主管人局。	天使见怜,为其诉冤,成为厕神。
12	予观何氏之生,见掠于酷吏,而遇害于悍妻,其怨深矣,而终不指言刺史之姓名,似有礼者。妾虽死不敢诉也。	又问名甚?三姑云:"见有一所主,不敢言其名。"	身为妾的怯弱;忍辱有礼。

由以上 12 条类同项,我们有理由认为《仙姑问答》是在《子姑神记》基础上的进一步创作。后作除了将紫姑的身世做了进一步渲染外,用了更多笔墨来突出紫姑的妙理禅机、才华横溢。所以,如果说《子姑神记》的主题侧重于作者对民俗事项的尊重、对紫姑命运的同情,那么,《仙姑问答》则是将这种同情深化,转移为苏轼对自身命运的咀嚼和咏叹,并自觉用佛理来进行开解释怀,显然有一个递进的逻辑。

3.《少年游》

对于《少年游》(并序)①,龙榆生《东坡乐府笺》、曹树铭《东坡词编年校注及其研究》、石声淮和唐玲玲共著《东坡乐府编年笺注》、邹同庆和王宗堂共著《苏轼词编年校注》、孔凡礼《三苏年谱》等均编年于元丰四年辛酉(1081 年)正月,误。合观《少年游》(并序)与《子姑神记》,类同之处甚多。

---

① 《苏轼全集校注》(词集卷一),第 336 页。

表 4-3 《少年游》（并序）与《子姑神记》比较

条目	比较项	《子姑神记》	《少年游》（并序）	比较
1	地点	有神降于州之侨人郭氏之第。	黄之侨人郭氏。	同
2	仪式	则衣草木为妇人，而置箸手中，二小童子扶焉，以箸画字。	以箕为腹，箸为口，画灰盘中为诗。	同
3	才华	诗数十篇，敏捷立成。	（为诗）敏捷立成。	同
4	求诗	公文名于天下，何惜方寸之纸，不使世人知有妾乎？	神请余作《少年游》。	同
5	答诗	粗为录之，答其意焉。	乃以此戏之。	同
6	态度	同情、赞美（自比自怜）	调侃、狎戏（自嘲自放）	异

《仙姑问答》记载了紫姑赠苏轼的七首诗，苏轼此处"乃以此戏之"和"空无数、烂文章"貌似回应，故《少年游》可能作于《子姑神记》《仙姑问答》之后。且《少年游》所记的迎神地点、迎祀仪轨、紫姑才华、求诗答诗情节，与《子姑神记》一致，所记之事相同，而有别于《天篆记》所载，所以《少年游》和《子姑神记》（包括《仙姑问答》）极有可能都是对同一次迎神的记载。故《少年游》最早应作于元丰五年（1082）正月。

值得注意的是，《少年游》（并序）与《子姑神记》二作对紫姑神的态度迥然有别。在《子姑神记》中，作者表达的是对紫姑神的同情和赞美，而在《少年游》（并序）中，与当时的文人一样，则包含着调侃、狎戏（详见下一节）：苏轼径直说是"乃以此戏之"，"戏"字虽体现了文人率尔为之的洒脱，但也包含着调侃紫姑形单影只，却"空无数、烂文章"（"烂"字也是双关），同时《少年游》全诗句句双关嘲弄。对紫姑神的不同态度，映射出作者完全不同的心理状态。故二作在写作时间上，应有一定差距。这种矛盾性情感态度源于作者被贬黄州后极不稳定的内心情绪。如果说《子姑神记》中作者是自比自怜的话，《少年游》中则是自嘲自放。从这个角度来看，他对紫姑的矛盾态度就自在情理之中了。

四 性别、异化与厕神式微

4.《天篆记》与《是日偶至》

《天篆记》[①]一开始就说"予去岁作何氏录以记之,今年黄人汪若谷家神尤奇","何氏录"为何?学者多认为"何氏录"即《子姑神记》,笔者以为不然,果若此,何不径说《子姑神记》?前已考证苏轼在元丰五年(1082)先后作《子姑神记》与《仙姑问答》,二文均有对何氏生平的描述,且《仙姑问答》描述更为完整详尽,在没有获得更多直接证据的情况下,"何氏录"当指此二文。

《天篆记》作于何时?诸家认为《天篆记》作于元丰五年(1082),依据仍是《苏文忠公诗编注集成·总案》所载"元丰五年壬戌正月"条下的注释:"二十日与潘丙、郭遘出郭寻春,和去年是日同至女王城诗,过汪若谷家,作《天篆记》并诗。"[②]

"作《天篆记》并诗",可知除了《天篆记》外,同一时间,苏轼还作了一首诗,此即《是日偶至野人汪氏之居,有神降于其室,自称天人李全,字德通,善篆字,用笔奇妙,而字不可识,云天篆也,与予言有所会者,复作一篇仍用前韵》,原诗如下:

> 酒渴思茶漫扣门,那知竹里是仙村。已闻龟策通神语,更看龙蛇落笔痕。色瘁形枯应笑屈,道存目击岂非温。归来独扫空斋卧,犹恐微言入梦魂。

这首诗整体都渗透着佛理玄机,足见苏轼的价值取舍。对《天篆记》的理解,亦可参照此诗。

《天篆记》及此诗,并非如诸家所说是作于元丰五年(1082),如前所言,这一错误是建立在对《子姑神记》系年的错误基础上的。《天篆记》云"予去岁作何氏录以记之",前面已考订《子姑神记》作于

---

① 《苏轼全集校注》(文集卷一二),第1299页。
② 〔清〕王文诰辑:《苏文忠公诗编注集成·总案》,台湾学生书局1987年版,第852页。

元丰五年（1082），那么自然《天篆记》就是作于元丰六年（1083）了。

此外，《天篆记》与《子姑神记》所载也有很多可资比较的地方。

表4-4 《天篆记》《是日偶至》与《子姑神记》比较

条目	篇目	《天篆记》《是日偶至》	《子姑神记》	比较
1	时间	正月	正月	同
2	地点	黄人汪若谷家	州之侨人郭氏之第	异
3	方式	以箸为口，置笔口中。	衣草木为妇人，而置箸手中，二小童子扶焉，以箸画字。	同
4	交流	数数画字	附身	异
5	灵验	与人问答如响。	与人言如响。	同
6	身份	吾天人也，名全，字德通，姓李氏。吾即苞也。	妾寿阳人也，姓何氏，名媚，字丽卿。	异
7	才华	天篆、天蓬咒，意趣简古	诗数十篇，敏捷立成；起舞中节。	异

从上表可以看出，二作除了迎神时间、方式和都能与人问答如响之外，细节上多有差异。但这些差异中，又包含着某些相同的因素。比如，虽然降神的地点不同，但都是采用降于人家的方式，而且又都是发生在黄州的事情；虽然迎来的神姓名、身份不同，但都饱含着"天人"、"人死为鬼"、魂魄可依附他物得以再现等中国传统鬼神思想；虽然才华表现不尽相同，但或作书或作诗均显示了神灵有奇才。苏轼说"予去岁作何氏录以记之，今年黄人汪若谷家神尤奇"，言语之间也是将二者作为同一类神灵来看待的。

5.《广州女仙》

《广州女仙》原文较短，径录于下：

予顷在都下，有传李太白（以上三字一作"太白"）诗者，其略曰:"朝披梦泽云。"又云:"笠钓清茫茫。"此非世人语也,盖有见太白于酒肆(以上两字一作"肆")中而得此诗者。神仙之有无,真不可以意度也(上句一作"神仙之道,真不可以意度")。绍圣元年九月,过广州,访崇道大师何德顺。有神降其室(以上五字一作"有神仙降于其室"),自言女仙也。赋诗立成,有超逸绝尘语。或以其托于箕帚,如世所谓紫姑神者疑之。然味其语,非紫姑神所能至。人有入狱鬼、群鸟兽者托于箕帚,岂足怪哉?崇道好事喜客,多与贤士大夫游,其必有以致之也欤("欤"一作"哉")?①

《广州女仙》写作时间很明确,无争议,"绍圣元年九月"即1094年,作于广州。

以上考订结果按照时间顺序排列是《子姑神记》(1082年正月)、《仙姑问答》(1082年正月以后,晚于《子姑神记》)、《少年游》(1082年正月以后,晚于《仙姑问答》)、《天篆记》与《是日偶至》(1083)、《广州女仙》(1094)。其中,前五篇写作时间很近,可视为苏轼同一生活阶段的产物,尤其是前三篇,极有可能作于同一年,但所反映的思想倾向却不尽一致,甚至有矛盾的地方,体现出苏轼对紫姑神态度的复杂性。

(三) 厕神的异化(下):苏轼紫姑信仰的矛盾书写及原因

1. 宋代之前的紫姑信仰与书写

紫姑信仰源于远古大母神崇拜;在殷商时期,就是"子姑"简狄;至南朝宋刘敬叔的《异苑》,成为紫姑。值得注意的是,《异苑》

---

① 《苏轼全集校注》(文集卷七二),第8311页。括号中据《东坡志林》补,见《东坡志林》,第116—117页。

记载的诸多要素，基本为后世继承和发扬，如迎神时间、迎神地点、迎神者（包括参与者）、神体、神貌、祝语、祭品、迎神目的、效验、迎神禁忌和氛围等。此外，从整体上说，《异苑》中紫姑的基本形象和故事结构也奠定了此后大小传统中紫姑信仰和书写的基调，如身份低微、地位卑下、命运凄惨等，尽管大小传统中的信仰和书写也有诸多不同之处。

故《异苑》的记载非同寻常，远远不只是对当时江淮一带紫姑信仰的实录①，也不只是反映南朝宋这一阶段的紫姑信仰，而是对厕神紫姑的信仰和书写进行了一次选择、总结和雅化，从而成为此后紫姑信仰和书写之初本。稍晚于《异苑》的南朝宋东阳无疑《齐谐记》和南朝梁宗懔《荆楚岁时记》、隋杜台卿《玉烛宝典》或其引《洞览》《五行杂书》等均援引《异苑》，但记载都极其简略，有时只有一句：

（正月半）其夕则迎紫姑以卜。(《齐谐记》)②
（正月十五日）其夕，迎紫姑，以卜将来蚕桑，并占众事。(《荆楚岁时记》)③

到了唐代，不仅民间紫姑信仰极盛，文人参与也增多。他们常托名紫姑来作诗词歌赋。紫姑在这一时期也正式获得了"厕神"之称。与此同时，神灵的世俗化特征也更加明显，逐渐被坐实姓名、籍贯、生平和时代。

---

① 《四库全书总目提要》卷一四二赞叹刘敬叔《异苑》："……词旨简澹，无小说家猥琐之习，断非六朝以后所能作，故唐人多所引用……则有裨于考证亦不少矣。"〔清〕永瑢等撰：《四库全书总目》（下册），中华书局1965年版，第1208页。
② 〔南朝宋〕东阳无疑：《齐谐记》，新兴书局1977年版，第197页。
③ 《荆楚岁时记》，第6页。

> 月色灯光满帝都，香车宝辇隘通衢。身闲不睹中兴盛，羞
> 逐乡人赛紫姑。(《正月十五夜闻京有灯恨不得观》)①

> 紫姑，莱阳人，姓何名媚，字丽卿。寿阳李景纳为妾。其
> 妻妒之，正月十五阴杀于厕。天帝悯之，命为厕神。故世人作
> 其形，夜于厕间迎祀，以占众事。俗呼为三姑。(《显异录》)②

唐代的紫姑信仰与书写情况值得注意的有以下几点：

第一，在《异苑》的基础上，《显异录》增加了紫姑的籍贯"莱阳人"。莱阳，在今山东省东部，胶东半岛中部，与《异苑》所载紫姑信仰区域不同。刘敬叔的籍贯是彭城，即今江苏徐州。从其历仕晋、宋的经历来看，他基本上是在南方活动。文中迎神地点在"厕间或猪栏边"，也透露出的是南方比较普遍的人厕与猪圈(厕)合一形制。又，《玉烛宝典》引《异苑》"小姑可出"下注云："南方多名妇人为姑。"③ 此外，受惩戒之人是平昌孟氏。平昌，即平昌县，治今山东省诸城市④。"平昌"有的版本又作"平原"，平原指今山东省德州市平原县附近。⑤ "平昌孟氏，恒不信"正反映了北方此时并没有紫姑信仰。而到《显异录》，信仰区域就已经由原来南朝宋时的江淮地区，发展到了北方山东一带。

第二，《显异录》说"天帝悯之，命为厕神"，这就明确了成神的原因是因为同情。进一步发展了《异苑》所开启的同情基调，并与天帝攀附上了关系。

第三，《显异录》将《异苑》"感激而死"改为"正月十五阴杀

---

① 〔唐〕李商隐著，〔清〕冯浩笺注，蒋凡标点：《玉溪生诗集笺注》，上海古籍出版社1998年版，第538页。
② 《古今图书集成》，第60256页。
③ 窦怀永点校：《岁时之属》(中华礼藏·礼俗卷)，浙江大学出版社2016年版，第87页。
④ 胡阿祥编著：《宋书州郡志汇释》，安徽教育出版社2006年版，第140页。
⑤ 《荆楚岁时记》引《异苑》时作"平原"。见《荆楚岁时记》，第6页。

于厕"，增强了紫姑命运的悲惨和大妇的罪恶，进一步激化了《异苑》所开启的妻妾对立关系。

第四，明陈耀文《天中记》卷四引唐佚名《显异录》说她知识宏通，"自幼读书辨利"①。这是紫姑在唐代获得的新的文艺神格。这一点估计是唐人将《洞览》中"帝喾女"神格混入的结果。南朝梁宗懔《荆楚岁时记》引《洞览》云："帝喾女，将死，云：'生平好乐，至正月可以见迎。'"②又，唐代紫姑（如《显异录》中）已经与天帝扯上了关系："天帝悯之，命为厕神"，这就为此后紫姑获得"天女""天帝女""女仙""上帝后宫女""蓬莱谪仙"等名号，大开了方便之门。

到了宋代，紫姑信仰与书写的个人化和人情化愈加浓厚。文人士大夫多将仕途、科举内容融入紫姑信仰中，别开生面。在具体的迎神仪轨上也有变化，如由传统的"偶人"形式，发展为程序化的"扶箕"活动；又如，增加了"降神"对答形式——紫姑"附身"于真人的形式，仙道化色彩更浓。

总之，唐宋民间紫姑信仰十分兴盛，且有日渐向士大夫群体上移的倾向，这从士大夫们的关注、参与和书写，以及托名紫姑所写的诗词歌赋增多可见一斑。这种偏移显然会直接影响到紫姑信仰的目的和紫姑的神格，如由原本职司农田年成、蚕桑丰歉、牲畜兴旺等为主，变为以关注个人仕途和个人情感为主。

表4-5 《异苑》和《显异录》所载紫姑生平比较

比较项	《异苑》	增减	《显异录》	备注
身份	人家妾	→	李景纳为妾。	都是"妾"的身份，后者增加"李景"，附会具体化。

① 《天中记》（上），第135页。
② 《荆楚岁时记》，第6页。

四　性别、异化与厕神式微

续　表

比较项	《异苑》	增减	《显异录》	备注
姓名籍贯	无	→	莱阳人，姓何名媚，字丽卿。	附会出具体的籍贯和姓名。
被嫉妒	为大妇所嫉。		其妻妒之。	嫉妒的程度加深；由紫姑感愤而死变为大妇阴杀。
被役使	每以秽事相次役。	→	无	
死亡之因	正月十五日感激而死。		正月十五阴杀于厕。	
天帝同情	无	→	天帝悯之，命为厕神。	从天帝的怜悯来衬托其命运悲惨；与天帝扯上关系。
因同情而祭祀，地点在厕或猪栏边。	故世人以其日作其形，夜于厕间或猪栏边迎之。	=	故世人作其形，夜于厕间迎祀。	通过祭祀地点在厕所（厕所与猪圈合一的形制下，厕所即猪圈）这样的卑微、污秽所在，暗示其身份的卑微；厕神之由来。
畏惧子胥和大姑	子胥不在，曹姑亦归去，小姑可出（戏）。	←	无	通过写畏惧子胥和大姑，暗示其身份卑微和受欺凌；代表广大受侮辱女性（或别的角色）立场。

2. 苏轼紫姑信仰的矛盾书写

苏轼一共有六篇关于紫姑的作品。笔者在本章第二节已考订其顺序。梳理了这些作品，可以看出苏轼对紫姑神的态度是极其复杂而矛盾的：既有同情、赞叹，又有自比、自悼，还有揶揄、讽刺，甚至疏离、批判。

① 细化紫姑命运凄惨，同情无处不在

如前所述，《异苑》开启了此后紫姑信仰和书写的主要基调，到了《显异录》，就进一步渲染了其生世和遭遇的悲惨，发展和凸显了同情基调（见表4-5）。与苏轼同时的沈括所著《梦溪笔谈》也对紫姑之事多有记载，不过主要提及她的神格或迎神仪式，均无对紫姑生平经历的描述。毫无疑问，在苏轼以前，对紫姑悲惨命运的渲染，一度停滞不前。检点苏轼相关作品，可以看出他明显着力渲染了紫姑的悲惨命运，前有《子姑神记》，后有《仙姑问答》。

a. 细化紫姑身世遭遇

《子姑神记》中紫姑自述身世：

> 妾寿阳人也，姓何氏，名媚，字丽卿。自幼知读书属文，为伶人妇。唐垂拱中，寿阳刺史害妾夫，纳妾为侍妾，而其妻妒悍甚，见杀于厕。妾虽死不敢诉也，而天使见之，为直其冤，且使有所职于人间。盖世所谓子姑神者，其类甚众，然未有如妾之卓然者也！公少留而为赋诗，且舞以娱公。①

籍贯由原来的"莱阳"变为"寿阳"。增加了惨事发生的具体时间"唐垂拱中"；增加了前夫伶人，紫姑是"伶人妇"；增加了被霸占为妾的情节。又《仙姑问答》通过紫姑的自述和问答进一步渲染身世：

> 三姑曰："妾本寿阳人，姓何名媚，字丽卿。父为廛民，教妾曰：'汝生而有异，它日必贵于人。'遂送妾于州人李志处修学，不月余，博通《九经》。父卒，母遂嫁妾与一伶人，亦不旬日，洞晓五音。时刺史诬执良人，置之囹圄，遂强取妾为侍妾。不岁余，夫人侧目，遂令左右擒妾投于厕中。幸遇天符使者过，见此事，奏之上帝。上帝敕送冥司，理直其事，遂令妾于人间主管人局。"余问云："甚时人？"三姑云："唐时人。"又问名甚？三姑云："见有一所主，不敢言其名。"又问："刺史后为甚官？"三姑云："后入相。"又问："甚帝代时人？"姑云："则天时。"又问：

---

① 《苏轼全集校注》（文集卷一二），第1297—1298页。

"上天既为三姑理直其事,夫人后得甚罪?"三姑云:"罚为下等。"①

此处又增加了生活时代、父母情况、修学情况、嫁为人妇的缘由和经过、前夫伶人的具体遭遇及其被强娶为妾之细节等。身份、籍贯、命运经历的介绍,或自述或问答,越来越详,大有欲坐实其事之嫌。《子姑神记》已增加许多内容,而《仙姑问答》较之更甚,比之更细。这种对紫姑悲惨经历的细化、渲染,显然饱含着作者对其命运的同情和嗟叹。

b. 突出大妇"妒悍甚"

《子姑神记》记载大妇"妒悍甚",比之前的作品多了"悍甚"二字,字少而意丰。在评论中,苏轼也对寿阳刺史及其大妇不无痛斥:"见掠于酷吏,而遇害于悍妻。"紫姑"见杀于厕",与前人作品相比少了"阴杀"二字,似乎更将悍妻之胆大妄为、猖狂无惧表现无余,反衬出紫姑地位之卑微和遭遇之悲惨。

c. 突出紫姑的恐惧感

《子姑神记》记载"虽死不敢诉也",是对《异苑》"子胥不在""曹姑亦归去""小姑可出(戏)"的更直接表达。死后成为鬼神的紫姑,还畏惧刺史和大妇,不敢为自己申冤解恨,足见她的卑弱和平日所受的欺凌。并通过天使的路见不平拔刀相助,衬托此事之人神共愤。虽《显异录》已有"天帝悯之,命为厕神"的记载,但终不似"天使见之,为直其冤"来得具体真切。

② 渲染紫姑才华横溢,塑造悲剧形象

紫姑最早与才华扯上关系,是在南朝梁宗懔《荆楚岁时记》所引之《洞览》中,明陈耀文《天中记》卷四引唐佚名《显异录》说她知识宏通,"自幼读书辨利"②,不过这些记载都只是寥寥几笔。

---

① 《苏轼全集校注》(文集卷七二),第 8289—8291 页。
② 《天中记》(上),第 135 页。

到了宋代，紫姑的才华，仍然是为人所津津乐道的话题。与苏轼同时代的沈括，在《梦溪笔谈》中记载紫姑才能稍详，说她"能文章，颇清丽，今谓之《女仙集》，行于世。其书有数体，甚有笔力，然皆非世间篆隶。其名有'藻笺篆''茁金篆'十余名"，且"善鼓筝，音调凄婉，听者忘倦"①，不过仍是粗陈梗概。

苏轼的笔法却不同。《子姑神记》一开始就通过紫姑的自述对其才华进行赞叹："自幼知读书属文。"后渲染才华又用了一百多字。说紫姑卓尔不群、善赋诗、跳舞，还精通佛道玄理。末尾作者议论，对其命运深表同情：哀其"见掠于酷吏，而遇害于悍妻"，赞叹紫姑具有"礼""知""贤"：

"……盖世所谓子姑神者，其类甚众，然未有如妾之卓然者也！公少留而为赋诗，且舞以娱公。"诗数十篇，敏捷立成。皆有妙思，杂以嘲笑。问神仙鬼佛变化之理，其答皆出于人意外。坐客抚掌，作《道调梁州》，神起舞中节。曲终再拜以请曰："公文名于天下，何惜方寸之纸，不使世人知有妾乎？"予观何氏之生，见掠于酷吏，而遇害于悍妻，其怨深矣，而终不指言刺史之姓名，似有礼者。客至逆知其平生，而终不言人之阴私与休咎，可谓知矣。又知好文字而耻无闻于世，皆可贤者。②

《仙姑问答》在这方面的渲染更甚，紫姑在自述身世的时候，就自赞才华："父为廛民，教妾曰：'汝生而有异，他日必贵于人。'遂送妾于州人李志处修学，不月余，博通《九经》。父卒，母遂嫁妾与一伶人，亦不旬日，洞晓五音。"后又用七百多字渲染紫姑的才华，称紫姑思维敏捷、对答如流、逆知命运，有赠诗七首为证：

---

① 《梦溪笔谈》，第140页。
② 《苏轼全集校注》（文集卷一二），第1297—1298页。

四 性别、异化与厕神式微

三姑戏赠一绝云:"朝廷方欲强搜罗,肯使贤侯此地歌。只待修成云路稳,皇书一纸下天河。"……再赠一绝云:"蜀国先生道路长,不曾插手细思量。枯鱼尚有神仙去,自是凡心未灭亡。"又《谢腊茶》诗云:"陆羽《茶经》一品香,当初亲受向明王。如今复有苏夫子,分我花盆美味尝。"又《谢张承议惠香》云:"南方宝木出名香,百和修来入供堂。贱妾固知难负荷,为君祝颂达天皇。"又《赠世人》云:"赠君一术眇生辰,不用操心向不平。隐贿隐财终是妄,谩天谩地更关情。花藏芳蕊春风密,龙卧深潭霹雳惊。莫向人前夸巧佞,苍天终是有神明。"又《赠王奉职》云:"平生有幸得良妻,此日同舟共济时。蜀国乃为君分野,思余自此有前期。"又为《琴歌》云:"七弦品弄仙人有,留待世人轻插手。一声欲断万里云,山林鬼魅东西走。况有离人不忍听,才到商音泪渐倾。雁柱何须夸郑声,古风自是天地情。伯牙死后无人知,君侯手下分巧奇。月明来伴青松阴,露齿笑弹风生衣。山神不敢隐踪迹,笑向山阴惧伤击。一曲未终风入松,玉女惊飞来住侧。劝君休尽指下功,引起相思千万滴。"①

此外,《天篆记》也有五十多字述说其才华:能作"天篆",笔势甚奇,而字不可识。末尾又有二百多字借事论道。② 几乎同时的《是日偶记》,全谈紫姑精通佛道玄理。《广州女仙》也有"赋诗立成,有超逸绝尘语"。

所有这些,都是在着力渲染、赞叹紫姑的才华。如此才华的佳人,命运却如此多舛,难道不是反讽吗?真正的悲剧就是把有价值的东西毁灭给人看。越是美好的东西,毁灭后就越是具有强烈的悲

---

① 《苏轼全集校注》(文集卷七二),第8289—8291页。
② 《苏轼全集校注》(文集卷一二),第1299页。

剧效应。所以，无论是前面细化紫姑的悲惨遭遇，还是此处渲染、赞叹紫姑才华，塑造紫姑这一悲剧形象，都包含着苏轼对紫姑无处不在的同情。正是基于此，巫瑞书断言，苏轼将紫姑身份"拔高"，大言其才华，完全是出于同情①。但实际情况，更为复杂。对紫姑的同情，在苏轼的情感态度中，还并非是最主要的。

③ 自比、寄托：飘摇之客的慨叹

《子姑神记》和《仙姑问答》二文均极力渲染紫姑的才华。相较而言，《仙姑问答》更甚，所以此处特拈出《仙姑问答》进行分析。

如果说《子姑神记》的主题侧重于作者对民俗事项的尊重、对紫姑命运的同情，那么，《仙姑问答》则是将这种同情深化，转移为苏轼对自身命运的咀嚼和咏叹，并自觉用佛理来进行开解释怀。在《仙姑问答》中，苏轼屡屡将紫姑的遭遇拿来自比、自悼，语语言志，句句抒情，在与紫姑的问答中宣泄情感。

表 4-6　以《仙姑问答》为例，看苏轼的"言志"表述

苏轼	三姑（紫姑）	言志
问紫姑身份、遭遇后	学士刀笔冠天下，文章烂寰宇。 身之品秩，命之本常。 朝野共矜而不能留连，皇王怀念而未尝引拔。 暂居小郡，实屈大贤。 如贱妾者，主之爱而共憎，事之临而无避。罪于非辜之地，生无有影之门。 赖上天之究情，使微躯之获保。 何期有辱朝从，下降寒门。罪宜千诛，事在不赦。维持阴福，以报大恩。	才华横溢［自赞］ 佛教思想［自叹］ 乌台诗案［愤懑］ 被贬黄州［委屈］ 被害蒙冤［自比］ —— 九死一生［惊恐］ 实有冤情［冤屈］ 希冀皇恩［希冀］
某欲弃仕路，作一黄州百姓，可否？	朝廷方欲强搜罗，肯使贤侯此地歌。 只待修成云路稳，皇书一纸下天河。	暂居黄州 仕途有望 ［出入矛盾］

①　巫瑞书：《"迎紫姑"风俗的流变及其文化思考》，《民俗研究》1997年第2期。

四　性别、异化与厕神式微

续　表

苏轼	三姑（紫姑）	言志
余欲置一庄，不知如何？	学士功名立身，何患置一庄不得？	功名一置庄 [出入矛盾]
道路无两头，学士甚处下脚？	蜀国先生道路长，不曾插手细思量。枯鱼尚有神仙去，自是凡心未灭亡。	仕途有望［希冀］ 绝处逢生［入世之心］
	《谢腊茶》：陆羽《茶经》一品香，当初亲受向明王①。如今复有苏夫子，分我花盆美味尝。	相知相惜
	《谢张承议惠香》：南方宝木出名香，百和修来入供堂。贱妾固知难负荷，为君祝颂达天皇。	登堂入室［入世之心］ 身在江湖心系朝廷
	《赠世人》云：赠君一术眇生辰，不用操心向不平。 隐贿隐财终是妄，谩天谩地更关情。 花藏芳蕊春风密，龙卧深潭霹雳惊。 莫向人前夸巧佞，苍天终是有神明。	乌台诗案蒙冤 终会体察忠心
	《赠王奉职》：平生有幸得良妻，此日同舟共济时。蜀国乃为君分野，思余自此有前期。	男女相知同患难 [暗含妻妾共患难]
	《琴歌》云：……一声欲断万里云，山林鬼魅东西走。 况有离人不忍听，才到商音泪渐倾。 雁柱何须夸郑声，古风自是天地情。 伯牙死后无人知，君侯手下分巧奇。 月明来伴青松阴，露齿笑弹风生衣。 山神不敢隐踪迹，笑向山阴惧伤击。 一曲未终风入松，玉女惊飞来住侧。 劝君休尽指下功，引起相思千万滴。	喻谗佞 联想到自我命运 知音 相知相惜相思

---

① 明王，指佛教厕神乌刍沙摩明王，又叫火头金刚（详见第五章《雪隐、东司与佛教厕神》）。陆羽自小为孤，被智积禅师养大，日闻梵音，在佛寺扫地、洁厕，故称。苏轼这里带有自比的性质。

《仙姑问答》对紫姑才华的渲染无以复加。如前所说，紫姑在自述身世的时候，就自报其才华。后又用七百多字渲染紫姑的才华，称紫姑对答如流、逆知命运，并赠诗七首。

从表格所列问答来看，显然苏轼是有心为之，醉翁之意不在酒，他是借紫姑之口来吐露心扉，排解苦闷。《仙姑问答》中，几乎句句双关影射，暗含作者心曲。无非是表达"乌台诗案"蒙冤被贬黄州的苦闷、痛苦、失落和出入仕途的矛盾心理。所谓紫姑所作的诗，自然是假托，说到底是人写的，其中不乏"才子佳作"，或许就是苏轼自己所作也未可知。这种"鬼仙诗"往往是"言者有心，听者有意"。表面上看，是紫姑向苏轼诉说心曲，将苏轼拿来自比，如紫姑说："如贱妾者，主之爱而共憎，事之临而无避。罪于非辜之地，生无有影之门。赖上天之究情，使微躯之获保。"这是紫姑把自己被大妻嫉妒杀害的遭遇拿来与苏轼惨遭谗佞被贬黄州作比，觉得苏轼与她同是天涯沦落人，但说到底，真正的叙述逻辑是反过来的。紫姑只不过是苏轼制造出来的一个"代言人"而已。紫姑是文人士大夫的"自我投射"①，是一种"假借之名"②，是士大夫"臣妾化"身份的代言。作者的目的是为了托迹以写其素衷。"对政治的追求是中国古代文人的重大使命，忠君报国则是他们的理想信念，在封建皇权下的仕途生涯中，文人属性与官吏属性的结合产生了文人的臣妾人格，并导致了他们的坎坷和不幸，但在这不幸中他们依然如妾妇般坚守着对君主的忠诚，使得中国古代文人的命运带有挥之不去的悲剧意味。"③

这样来看，文中所抒写的对紫姑无处不在的同情，本质上又是作者对自己的"自哀自怜"了。此同情并非只是指向紫姑，而是也

---

① 赵修霈：《宋代紫姑的女仙化及才女化》，《汉学研究集刊》2008年第7期。
② 郭丽：《厕神紫姑探析》，《东方人文》2010年第1期。
③ 赵盼：《从"臣妾"一词探中国古代文人的政治情结》，《兰州文理学院学报》（社会科学版）2016年第2期。

指向苏轼自己,甚至在某种程度上说,后者才是重点,才是目的。

这是极其矛盾的。一方面苏轼关注、同情的是紫姑,而且并非是作为旁观者施与同情,而是融入自身。在这里,他超越了"人-神""官-民""男-女",以及各种固有预设界限,将紫姑看作"同是天涯沦落人"的"曼卿之徒",合二为一。所以,常常在紫姑的形象中我们又会读到作者自己的影子:紫姑即苏轼,苏轼即紫姑。但是另一方面苏轼关注、同情的自始至终都是自己。苏轼写紫姑的悲惨命运,是为了抒写自己因"乌台诗案"而被贬黄州;写紫姑的才华横溢,是为了表达自己才华横溢却壮志难酬。他并非是将紫姑视为一个独立的存在主体,而是把她视为"代言人",是假想的自我"摹状物",是永恒客体。无论是紫姑,还是"曼卿之徒",抑或曼卿本身,都是苏轼自己的写照。曼卿,即石曼卿,据欧阳修《六一诗话》介绍,他"自少以诗酒豪放自得,其气貌伟然,诗格奇峭。又工于书,笔画遒劲,体兼颜、柳,为世所珍"①,但是缘悭命蹇,终生未登仕途。欧阳修对其极其推崇,并著有《祭石曼卿文》《石曼卿墓表》,范仲淹也有《送石曼卿》。欧阳修《六一诗话》云:

> 曼卿卒后,其故人有见之者……言:"我今为鬼仙也,所主芙蓉城。"欲呼故人往游不得,悠然骑一素骡,去如飞。其后又云:降于亳州一举子家,又呼举子去不得,因留诗一篇……其一联云:"莺声不逐春光老,花影常随日脚流。"②

石曼卿为鬼仙的事在苏轼之前早有流传。大家正是通过"迎紫姑"的方式让他"降临"的。宋末元初的《志雅堂杂钞》卷下记载:"金方叔,讳吾,上庠人,尝刱止庵于其家。客有降仙者,忽请石曼

---

① 〔宋〕欧阳修著,李逸安点校:《欧阳修全集》,中华书局2001年版,第1956页。
② 《欧阳修全集》,第1956页。

卿至。金乃求止庵记。仙即书云：'山名止山，水名止水，名实相符，斯可为记。今子之心，一日千里，吾见其进，未见其止。待子他日，名艮之旨，然后为之，未为晚矣。'"① 据此可知这种请鬼仙的方式自宋以来渐为普遍，所用的方式都与请紫姑差不多。

紫姑是"曼卿之徒"这一点，显然是作者主观援入的，是作者用于自比的对象。在这里，多重意象出现了，由紫姑到石曼卿，再到苏轼自身，三者叠加在一起，而最终的核心落在苏轼言己之志上。

所以，苏轼对紫姑的"同情"与老百姓对紫姑的同情是不同的。老百姓对紫姑的同情是"常态性"的，即紫姑的遭遇是他们生活的常态，他们在紫姑的身上熔铸了自身的命运，自始至终。但是在文人士大夫苏轼这里，对紫姑的同情是"非常态性"的，只有在自己命途多舛、难以排遣时，才以紫姑言志；一旦恢复常态，便不再需要紫姑了。这也解释了为什么苏轼对紫姑的信仰和书写集中在黄州时期。巫瑞书认为唐宋诗人学士对紫姑的悲惨遭遇同情而爱莫能助，于是就出现了名不副实的拔高现象②，现在看来，仅谈"同情""拔高"是有失偏颇的，至少是不全面的。

④ 陌生、疏离：男尊女卑的预设

综观苏轼的这几篇作品，苏轼在紫姑面前的骄傲之态始终是一以贯之的。

《子姑神记》中，紫姑对苏轼非常仰慕，不及见时表现出非常遗憾："苏公将至，而吾不及见也。"这若非好友潘丙的杜撰，便是苏轼自己的杜撰；而之后苏轼与紫姑的问答，肯定是苏轼的杜撰。紫姑对苏轼殷勤顾盼，甚至献歌舞取悦于他："公少留而为赋诗，且舞以娱公。"紫姑对苏轼的才华更是非常仰慕、赞叹有加，完全是"拜倒"，最后还要仰仗他的帮助才能得以留名。紫姑"曲终再拜以请

---

① 〔宋〕周密：《志雅堂杂钞》，新兴书局1985年版，第1735页。
② 巫瑞书：《"迎紫姑"风俗的流变及其文化思考》，《民俗研究》1997年第2期。

曰：'公文名于天下，何惜方寸之纸，不使世人知有妾乎？'"这当然是苏轼的杜撰。既然紫姑可以"与人言如响，且善赋诗"，为何紫姑不把她的经历遭遇，通过画灰盘直接告知世人？为何要让苏轼去告知世人？又为何偏偏是苏轼，而不是别人？无非是因为"公文名于天下"罢了。所以《仙姑问答》中，紫姑又说"学士刀笔冠天下，文章烂寰宇"，并赠诗七首。这里苏轼是在借紫姑之口肯定、赞美他自己。

二文中，紫姑面对苏轼屡屡自称"妾"，甚至在《仙姑问答》中曾两次自称"贱妾"。鲁迅曾说："女人的天性中有母性，有女儿性；无妻性。妻性是逼成的，只是母性和女儿性的混合。"① 遑论"妾"性了！有人会说"妾""妻""奴家"不过是一个称呼，那就大错特错了。"雌性"相对于"雄性"来说，之所以是贬义的，并不是因为它突出了女人的动物性，而是因为它把她束缚在她的性别中。而像"妾"这样的称呼，就不仅是束缚在自然性别中，还束缚在"男尊女卑"的社会性别中。

还有，在《仙姑问答》中，"诬执良人，置之图圄，遂强取妾为侍妾"的刺史，后来却"入相"；妒悍杀人的大妇，却只是"罚为下等"。这样的因果抒写，尽管在宋代比较合理，但从今天看来，仍然是不平等的。不仅有不可逾越的制度保障（"一夫一妻多妾"制），还笼罩着浓厚的尊卑预设（男尊女卑、妻尊妾卑）。

另外，前面已说，苏轼在《子姑神记》和《仙姑问答》中之所以极力渲染紫姑才华，并非仅仅出于赞叹和同情，而是为了宣泄自我郁郁不得志的悲愤。这一点，在《少年游》和《广州女仙》中再次得到了印证。

大部分学者都认为《少年游》（玉肌铅粉傲秋霜）是"以幽默的笔致写了一个迎紫神的故事，词篇虽出之以游戏口吻，却对紫姑神

---

① 《鲁迅全集》，第 555 页。

及郭氏的不幸深表同情"①。其实不然，同情是次要的，揶揄、讽刺或自嘲才是最主要的。

《少年游》序文说："黄之侨人郭氏，每岁正月迎紫姑神。以箕为腹，箸为口，画灰盘中为诗，敏捷立成。余往视之，神请余作《少年游》，乃以此戏之。"② 在写作缘由的介绍中，作者说这是"戏"。戏，就是开玩笑，置于男女间，常带有"狎戏"之意。之前，《仙姑问答》中紫姑也曾"戏"赠苏轼诗歌。注意，紫姑是代苏轼言，紫姑之"戏"，实为苏轼之"戏"。况且这些赠诗中多有关于男女相知、相爱、相思的主题。（见表 4-6）

和苏轼差不多同时的孔平仲，在《孔氏谈苑》"厕神"条中曾指出：

> 紫姑者，厕神也。金陵有致其神者，沈遘尝就问之，则书粉为字曰："文通万福。"遘问三姑姓，答云姓竺，南史竺法明，乃吾祖也。亦有诗赠遘。近黄州郭殿直家有此神，颇黠捷，每岁率以正月一日来，二月二日去。苏轼与之甚狎，常问轼乞诗，轼曰："轼不善作诗。"姑书灰云："犹里犹里。"轼云："轼非不善，但不欲作尔。"姑云："但不要及他新法便得也。"③

此处便明言"苏轼与之甚狎"。"狎"，亲昵而不庄重。

前人在注释苏轼《少年游》及序时，并未注意到它实际上处处带有双关意味。这些双关意味中，也可见苏轼对紫姑的"戏"，带有挥之不去的"男权话语"。

《少年游》④，"玉肌铅粉傲秋霜"本指竹子，这里是描画紫姑的

---

① 崔海正：《东坡词与民俗文化》，《中国文学研究》1995 年第 1 期。
② 《苏轼全集校注》（词集卷一），第 336 页。
③ 《孔氏谈苑》，第 19 页。
④ 文见《苏轼全集校注》（词集卷一），第 336 页。

美貌。虽然神话传说中的紫姑神是一位俏佳人,可是民间迎紫姑的仪式非常简陋,"以箕为腹,箸为口",故这里带有反讽之意。

"准拟凤呼凰",这里无论是用了箫史和弄玉的典故,还是用了司马相如和卓文君的故事,都意在说明男女成双成对。故暗含着调侃紫姑形单影只,所以"求偶心切",既有同情,也有揶揄。

"伶伦不见,清香未吐,且糠秕吹扬",这句话也是接着说竹子。黄帝臣伶伦用竹发明了乐器,但这里却是用竹做成簸箕,簸箕"糠秕吹扬",也专门盛装垃圾。迎紫姑时,用女人衣服或是花朵装扮簸箕(有的地方是装扮扫帚),同样是调侃。

"到处成双君独只",和前面的"准拟凤呼凰"照应。筷子都是成双成对的,紫姑却只用一只筷子在灰盘赋诗。迎紫姑时,具体操作是"以箕为腹,箸为口,画灰盘中为诗,敏捷立成",同时词句显然也是在暗示紫姑孤苦伶仃、只身一人。

后半句说"空无数、烂文章","烂"本指灿烂,这里明显是反讽。注家多认为,"烂文章"即是指《仙姑问答》中紫姑所作的七首诗。笔者认为不然,从《少年游》写作的时间来看,这里的"烂文章",还应包括早于它的《子姑神记》《天篆记》中紫姑所作。苏轼在《子姑神记》中虽然赞叹:"诗数十篇,敏捷立成。皆有妙思,杂以嘲笑。问神仙鬼佛变化之理,其答皆出于人意外。"说她善于"好文字"。在《天篆记》中又说:"其字虽不可识,而意趣简古,非虚落间窃食愚鬼所能为者。"从紫姑对苏轼的仰慕、崇拜来看,显然苏轼认为紫姑的这些作品,档次是不够高的,作为一代文豪的自负感,在字里行间表现无余。

接着,"一点香檀,谁能借箸,无复似张良",这里仍是否定性的评价。"一点香檀"指紫姑的口,她口中衔着筷子当笔来画,方式上如同张良为汉王计,但"无复似"表示差得太远了,这无非在说,紫姑所画乃"雕虫小技"耳。

表 4-7 《少年游》(玉肌铅粉傲秋霜)句句双关

玉肌铅粉傲秋霜	讽刺紫姑虽披着美丽的神相外衣（虚），但实际上面目不堪。
准拟凤呼凰	情侣成双成对，而紫姑形单影只，所以"求偶心切"，既有同情，也有揶揄。
伶伦不见，清香未吐，且糠秕吹扬。	无"伶伦""清香"，只见米皮、糠谷到处飞扬，反讽紫姑"金玉其外，败絮其中"之本质。
到处成双君独只	与"准拟凤呼凰"相照应。筷子都是成双成对的，紫姑却只用一只筷子在灰盘赋诗；也暗示紫姑孤苦伶仃、只身一人。
空无数、烂文章	讽刺紫姑的所谓"文采"，只不过是空洞言、文字游戏。①
一点香檀，谁能借箸，无复似张良。	她口中衔着筷子当笔画，如同张良为汉王计，但"无复似"表示像这样的献箸谋策，唯有张良，紫姑差得太远了，反讽。

12年后，苏轼被贬广州又遇到"迎紫姑"的习俗，作《广州女仙》，女仙（即紫姑）"赋诗立成，有超逸绝尘语"②，但苏轼认为像这样"超逸绝尘"李太白般的诗句，"非紫姑所能至"，显然苏轼认为紫姑所作诗词品格并不高。他怀疑："人有入狱鬼、群鸟兽者托于箕帚，岂足怪哉？崇道好事喜客，多与贤士大夫游，其必有以致之也哉？"③认为定是"与贤士大夫游"者借助紫姑之口所作，这显然又是对紫姑诗词才华的否定。前面《子姑神记》《仙姑问答》中作者对民俗事项的尊重，此处也已荡然无存，《广州女仙》表现出作者对紫姑信仰本身的疏离和批判。

3. 苏轼紫姑信仰书写矛盾的原因

由上可知，苏轼的紫姑信仰和书写是非常矛盾的。这种矛盾主

---

① 参阅苏轼著，朱德才主编：《增订注释苏轼词》，文化艺术出版社1999年版，第218页。朱靖华、饶学刚等编著：《苏轼词新释辑评》，中国书店2007年版，第594—596页。
② 《苏轼全集校注》（文集卷七二），第8311页。
③ 《苏轼全集校注》（文集卷七二），第8311页。

要表现在三个层面:

第一,一文之中自相矛盾。如《子姑神记》《仙姑问答》,二文表面上主要写苏轼对紫姑的同情和赞美,但句句说紫姑,又句句在说苏轼自己,其视域总是在紫姑和苏轼之间徘徊。这与老百姓同情紫姑遭遇是完全不同的。到了《少年游》(并序),虽还保留着些许对紫姑的赞美和同情,但全篇又充斥着对紫姑的讽刺和戏弄。《天篆记》和《是日偶至》中,既有站在信仰者角度的对紫姑才华和智慧的赞美(如《天篆记》中的"天篆""天蓬咒"、《是日偶至》中的佛道玄理),但又有站在非信仰者角度的对紫姑神到底存在与否的怀疑性讨论。

第二,诸篇之间的龃龉。如《子姑神记》《仙姑问答》主要表现对紫姑生世、遭遇的同情和对其才华横溢的赞美;《少年游》(并序)则否定其才华,进行讽刺和戏弄;《天篆记》和《是日偶至》表现出对紫姑信仰本身的质疑,认为紫姑显灵或属无稽;《广州女仙》中也表现出对紫姑才华的否定,以及对紫姑及其信仰本身的疏离和批判。

第三,诸篇共同的复杂性和矛盾性。诸篇之中始终纠葛着一些矛盾。比如,肯定紫姑(才华、形象、信仰、存在)和质疑、否定紫姑(才华、形象、信仰、存在)之间的矛盾,女性神灵的超越性(神性)和男性中心主义(男尊女卑、男强女弱)之间的矛盾,尊重民俗事项和士大夫优越感之间的矛盾,男性中心主义和男性政治受挫后依附性的矛盾。与此相应也就存在着对女性的疏离、贬抑(常态下)和对女性的依赖、寄托、歌颂(非常态下)之间的矛盾。此外,作者也始终在儒家式的追求功名和佛道式的追求隐逸之间游移不定。

当然,导致以上矛盾的原因很多,下面主要从三方面来谈。

① 贬谪心路历程:仕宦沉浮、佛道解忧

元丰二年(1079)七月发生"乌台诗案",苏轼蒙冤入狱,九死一生。李宜之、李定、何大正、舒亶等人欲置之死地。苏轼本以为命将赴黄泉,已托后事,结果被贬,可以说是意外的"恩赐"了。苏轼侥幸生还,被贬黄州任团练副使,不得签书公事,实为闲置之人。由政治中央到地方荒郊,政治理想本已受挫,再加上来黄州第二年,生活困顿,马正卿帮他请得数十亩田地,即为后来之"东坡",才得以缓解。交际上,亲友多惊散,姬妾多辞去。苏轼心理上余悸未消,恐又为祸,所以杜口封笔,整日读"佛经以遣日"。佛教成为他排遣愁绪的唯一通道。

苏辙《亡兄子瞻端明墓志铭》有载:"(兄苏轼)既而谪居于黄,杜门深居,驰骋翰墨,其文一变,如川之方至,而辙瞠然不能及矣。后读释氏书,深悟实相,参之孔、老,博辩无碍,浩然不见其涯也。"① 可见此时其于佛经获益良多。苏轼学佛,是习禅而兼习华严,不仅喜灯史、语录,且对《楞伽》《圆觉》《般若》《维摩》诸经都很熟悉。所以他能将圆融无碍与明心见性合二为一。苏轼在黄州期间,读的主要就是华严经典,加之之前的禅宗修习,于平等空观之上又体悟到了万法平等。其间,他还不断与禅僧交往。《子姑神记》《仙姑问答》《天篆记》《是日偶记》中都充斥着佛道思想,这些思想正是苏轼这一时期思维宇宙人生的产物,不过是借紫姑之口道出而已。

超脱、超越总有个过程。苏轼在黄州经历了一个从惊魂未定到虔诚皈佛的发展历程。元丰七年(1084)四月,苏轼受神宗诏移为汝州团练副使,即将离行黄州时作《黄州安国寺记》:

> 元丰二年十二月,余自吴兴守得罪,上不忍诛,以为黄州团练副使,使思过而自新焉。其明年二月,至黄,舍馆粗定,衣食稍给,闭门却扫,收召魂魄。退伏思念,求所以自新之方,反观从来举意动作,皆不中道,非独今之所以得罪者也。欲新

---

① 〔宋〕苏辙著,陈宏天、高秀芳点校:《苏辙集》(第三册),中华书局1990年版,第1127页。

其一,恐失其二。触类而求之,有不可胜悔者。于是,喟然叹曰:"道不足以御气,性不足以胜习。不锄其本,而耘其末,今虽改之,后必复作。盍归诚佛僧,求一洗之?"得城南精舍曰安国寺,有茂林修竹,陂池亭榭。间一二日辄往,焚香默坐,深自省察,则物我相忘,身心皆空,求罪垢所从生而不可得。一念清净,染污自落,表里翛然,无所附丽。私窃乐之。旦往而暮还者,五年于此矣。①

从这段文字可以看出,一方面,面对从天而降的"莫须有"罪名、君王的刻薄寡恩,他是愤懑不平、牢骚满腹的。苏轼有志于天下,被贬黄州是对其政治理想的打击,但神宗仍在,所以痛苦中又有希冀。在这一时期的《子姑神记》和《仙姑问答》中,他着力渲染紫姑命运悲惨、赞叹其才华横溢,这种无处不在的同情和着力塑造的悲剧形象,其底本都是苏轼自己。另一方面,以"忠君"为首的思想一直主宰着他,他对神宗也抱有很大幻想。《子姑神记》中所赞叹的紫姑的"礼""智""贤",何尝不是他一贯奉行的儒家准则?也是建立在此基础上,他反复反省,痛定思痛。在《仙姑问答》中,他也几度表现出出世和入世的矛盾心态。正是因为苏轼对紫姑的同情、赞美,在本质上并非是指向紫姑而是指向苏轼内心的,因此他对紫姑的态度才会是游离和变化的。

与前面二作对紫姑的态度主要是同情、赞美不同,《少年游》(并序)中,苏轼对紫姑的态度就显然有些戏谑和调侃了。苏轼径直说是"乃以此戏之"("戏"既有迎合场景的率性而为之态,也有"戏弄"之意),并讽刺紫姑"空无数、烂文章"。同时,《少年游》全诗句句双关嘲弄。三作写作时间应是同一年,但思想倾向却迥然不同,这种矛盾性情感态度正是源于作者被贬黄州后极不稳定的内

---

① 《苏轼全集校注》(文集卷一二),第1237页。

心情绪。如果说《子姑神记》中作者是自比自怜的话,《少年游》(并序)中则是自嘲自放。从这个角度来看,他对紫姑的矛盾态度又自在情理之中了。

为何在《天篆记》与《是日偶至》所记的另一次"迎紫姑"中,作者除了继续表现出极强的佛道倾向(尤其是《是日偶至》)外,又有对现世的批判和对紫姑态度的疏离呢?当有人怀疑"天人岂肯附箕帚为子姑神从汪若谷游哉"的时候,苏轼不以为然,并说:"全为鬼为仙,固不可知,然未可以其所托之陋疑之也。彼诚有道,视王宫豕牢一也。""豕牢",即厕所。民间迎紫姑,一般都在猪圈、厕所进行。苏轼思想向来"庄禅一体",这里不仅体现了苏轼万法平等的佛教思维,同时还体现了庄周"道在屎溺"① 的思想精髓。

《天篆记》中已丝毫没有作者咀嚼内心痛楚的影子,最后主题落脚在世上有无鬼神,以及天人、箕帚、紫姑三者关系等学术问题上,讨论客观佛道玄学问题。在《子姑神记》《仙姑问答》,包括《少年游》的"戏"中,作者与紫姑之间酬唱、问答,显然是肯定有鬼神存在的,否则何来紫姑,又何来"问答"和"戏"呢?但在《天篆记》中,苏轼则只是作为一个旁观者,来讨论紫姑的存在与否问题。从这种抽身、疏离中,可以从侧面看到黄州后期,他的思想已渐趋稳定:

> 苏轼已逐渐将心扉打开,无论是归于江湖明月青山,抑或是归于纵情笔墨下的安逸忘怀,他已不再束缚于初至黄州时的苦闷忧郁。这一阶段里,苏轼从封闭自我到寻求出路,从否认自我到反省自我,期间的种种否定与质疑并非是一种单向的自我否弃,他只是通过对过去人生的怀疑、沉淀、总结,去进行更深一层的认知。在不断求安、求适、求归的过程里,苏轼对

---

① 《庄子集释》,第 745 页。

四 性别、异化与厕神式微

自己九死一生的人生经历有了新的认知。虽说梦已醒，境已逝，但唯有敢于走出困境，永远直面当下的一切，才能通往更高人生之路。①

所以此时的紫姑，已经不再是苏轼的"代言人"和"替身"了，与苏轼不再是"二而一"的关系，而是一个客观存在或不存在的"陌者"。

12年后，苏轼被贬广州所作的《广州女仙》，更进一步发展了这种疏离。苏轼认为紫姑不会说出"超逸绝尘"之语，一定是别人借助紫姑之口说的。这显然又是对紫姑诗词才华的否定，甚至是对紫姑信仰本身的疏离。这与之前他对紫姑才华横溢的赞叹完全矛盾。这种前后矛盾的态度一度引起学者们的困惑。比如，许地山曾感到纳闷：

> 东坡信入狱鬼群乃至鸟兽的精灵都会降箕，只得由他。可是他又忽然怀疑起紫姑不会说出"超逸绝尘"底话，这又未免在思想上有点矛盾了。这大概因为他在前头所引底（四）、（五）故事（分别指《子姑神记》和《天篆记》讲的故事）里是很赏识紫姑底文才底。当时所传的紫姑神不止一个，或者在此地所指底不是何媚罢。②

许地山看到了矛盾，却没有找到原因，殊不知，其根本原因是苏轼的心态变了。

元祐初年，哲宗年幼，高太后摄政，苏轼又被器用而累官中书舍人、翰林学士和礼部尚书。但苏轼又不赞成尽废新法，因政见不

---

① 陆雪卉：《此心安处是吾乡——苏东坡的心路依归研究》，九州出版社2017年版，第45页。
② 许地山：《扶箕迷信底研究》，东方出版社2014年版，第22页。

合,主动请求出知杭州、颍州等地。至哲宗亲政改元,罢元祐党人,苏轼又于绍圣初年(1094)四月以讥斥先朝罪(实受党祸牵连)贬知英州,未达。八月又改贬惠州,为宁远军节度副使。

苏轼年近花甲,官却越来越小,这又有什么关系呢?多次贬谪,再加上他于佛道的进益,苏轼的心理承受力可以说渐趋稳定,越贬越超脱。"忠君爱民"虽是他的一贯信条,但屡次贬谪早已冷却了炽热的心,唯留下源自本性的爱民思想始终如一。与被贬黄州的惊惶不定、痛定思痛、出入矛盾不同,对于被贬惠州,他心生向往。再加上惠州人民对他非常热情、礼遇有加,更让他豁然开朗。《十月二日初到惠州》有载:"仿佛曾游岂梦中,欣然鸡犬识新丰。吏民惊怪坐何事,父老相携迎此翁。苏武岂知还漠北,管宁自欲老辽东。岭南万户皆春色,会有幽人客寓公。"① 从他的大量诗词也可看出,他在惠州的生活虽然艰苦窘迫,但是却善于苦中作乐。如脍炙人口的《惠州一绝》:"罗浮山下四时春,卢橘杨梅次第新。日啖荔支三百颗,不辞长作岭南人。"② 其乐观、喜悦之情溢于言表。

葛兆光在《禅宗与中国文化》中说:"(中国士大夫的)入世与出世,进取与退隐,杀身成仁与保全天年,就好像天平的两端时时在摇摆。它的外在一面是士大夫与社会发生的关系,投身于社会,以有限人生与社会盛衰相连,还是避开社会的盛衰兴亡,以求有限人生的自我生存?"③ 苏轼也是如此。然苏轼个性不同,又久经仕宦沉浮,儒释道贯通,故能圆融,此时的出入又不是割裂的。正如苏轼在《祭龙井辩才文》中所说:"孔老异门,儒释分宫。又于其间,禅律相攻。我见大海,有北南东。江河虽殊,其至则同。"④ 一般人对于佛道或是宗教崇拜式的迷狂,或是功利性的需求,知其然不知

---

① 《苏轼全集校注》(诗集卷三八),第 4440 页。
② 《苏轼全集校注》(诗集卷三八),第 4744 页。
③ 葛兆光:《禅宗与中国文化》,上海人民出版社 1986 年版,第 28 页。
④ 《苏轼全集校注》(文集卷六三),第 7067 页。

其所以然，但具有较高文化修养和思辨能力的苏轼，却能从佛道中汲取与他自身思想体系和人生价值观念深度切合的文化因素，并将其有机熔铸进自己的三观之中。苏轼学佛，并非为了"出生死，超三乘"，而是为了"期于静而达"，如他在与毕仲举的书信中谈到的：

> 所云读佛书及合药救人二事，以为闲居之赐甚厚。佛书旧亦尝看，但暗塞不能通其妙，独时取其粗浅假说以自洗濯。若农夫之去草，旋去旋生，虽若无益，然终愈于不去也。若世之君子，所谓超然玄悟者，仆不识也。往时陈述古好论禅，自以为至矣，而鄙仆所言为浅陋。仆尝语述古，公之所谈，譬之饮食，龙肉也，而仆之所学，猪肉也。猪之与龙，则有间矣，然公终日说龙肉，不如仆之食猪肉，实美而真饱也。不知君所得于佛书者果何耶？为出生死，超三乘，遂作佛乎？抑尚与仆辈俯仰也？学佛老者，本期于静而达，静似懒，达似放，学者或未至所期，而先得其所似，不为无害。仆常以此自疑，故亦以为献。①

可见，苏轼对于民间"迎紫姑"并不是全然相信的。尽管有资料显示具有人文关怀的苏轼非常重视民间文化信仰，但是我们有理由相信，若非因为黄州之贬，他对待紫姑的态度，决然不会如此亲切。

表 4-8 苏轼的贬谪心态与紫姑书写

地点	黄州	黄州	黄州	黄州	广州
时间	1082 正月	1082 正月之后，晚于《子姑神记》	1082 正月之后，晚于《仙姑问答》	1083	1094
篇目	《子姑神记》	《仙姑问答》	《少年游》	《天篆记》《是日偶至》	《广州女仙》

---

① 《苏轼全集校注》（文集卷五六），第 6183—6184 页。

续　表

地点	黄州	黄州	黄州	黄州	广州
仕途心态	遭乌台诗案,初至黄州,不适应、困窘。出入矛盾。	适应过程中		已适应,心态平和。	越贬越超脱
对紫姑神的态度	同情紫姑	嘲讽、超脱		客观谈论佛道;抽身、疏离。	对紫姑才华的否定;对紫姑信仰本身的疏离。
矛盾性	同情紫姑—同情自己		同情、赞叹紫姑—嘲讽、戏谑紫姑	迎紫姑的民间习俗—士大夫抽象的佛道谈玄	赞叹紫姑—否定紫姑及紫姑信仰

② 时代精神氛围:鬼仙佳人、实有非有

《宋史》卷三百二十八《王寀传》记载王寀因病而突然迷信神仙术,"忽若有所睹,遂感心疾,唯好延道流谈丹砂、神仙事。得郑州书生,托左道,自言天神可祈而下,下则声容与人接"①。《宋会要辑稿》"刑法类"还记载他:"议论交通踪迹,往复诗歌酬唱。"②《挥麈录》说他有道术,"可致天神出",连他的门客也能"请紫姑"作诗词。③ 王寀之术,无非就是迎请鬼仙之类。

与其同时的林灵素,少时即为苏轼书童,从小崇尚仙道。《宋史》卷四百六十二《林灵素传》记载政和末年,"徽宗访方士于左道录徐知常,以灵素对"④。林灵素将当时宫中人物与道教大仙相比附,吹嘘了一通,"帝心独喜其事,赐号通真达灵先生,赏赉无算",随后又加号"元妙先生、金门羽客、冲和殿侍晨,出入呵引,至与诸王争道"⑤。

---

① 〔元〕脱脱等:《宋史》,中华书局 1977 年版,第 10584 页。
② 〔清〕徐松辑:《宋会要辑稿》(第七册),中华书局 1957 年版,第 6705 页。
③ 〔宋〕王明清:《挥麈录》,中华书局 1961 年版,第 113 页。
④ 《宋史》,第 13529 页。
⑤ 《宋史》,第 13529 页。

《挥麈录》也说他"善役鬼神"①。王寀与林灵素甚至还因"斗法"而交恶，足见当时的风气。

既然林灵素对鬼仙之术如此精通，那么对当时盛行的紫姑之术就不可能不熟悉。加之四川地区本就有迎紫姑之民俗，深谙民俗的苏轼也不可能不知道。但苏轼之前的作品从未提及紫姑，这也只能从他被贬的心态去理解了。

唐宋民间紫姑信仰极盛，而且已普遍波及文人创作，仅唐宋诗词中就不胜枚举。就《全宋诗》而言，就有35处之多。如陈造《次韵张丞是日忽晴》写元夕灯节请紫姑："更乞紫姑丰乐语，为添喜色到颜间。"② 邓林《客孟氏塾戏降紫姑》："钗卜无凭芳信杳，酸风空度凤台箫。"③ 方回《上元立春》："可待紫姑问休咎，买牛西崦课儿耕。"④ 刘筠《灯夕寄献内翰虢略公》："简子最知天帝乐，孟家惟信紫姑灵。"⑤ 吕希纯《诗一首》："何人见卵求时夜，更著闲言问紫姑。"⑥

宋代沈括《梦溪笔谈》记载"景祐中，太常博士王纶家因迎紫姑"，"近岁迎紫姑者极多"。苏轼《子姑神记》记载紫姑神降在"州之侨人郭氏之第"。《天篆记》记载紫姑神降在"黄人汪若谷家"。总之，宋朝上至皇帝、士大夫，下至黎民百姓，迎紫姑神之风都颇盛。

但士大夫眼中的紫姑和老百姓眼中的紫姑，差别很大。宋代士大夫惯于将紫姑视为女仙，如《梦溪笔谈》卷二十一"异事异疾附"所载：

---

① 《挥麈录》，第113页。
② 北京大学古文献研究所编：《全宋诗》（卷二四三三），北京大学出版社1998年版，第45册第28145页。
③ 《全宋诗》（卷三五二〇），第67册第42042页。
④ 《全宋诗》（卷三四九二），第66册第41607页。
⑤ 《全宋诗》（卷一一一），第2册1276页。
⑥ 《全宋诗》（卷八四三），第15册第9775页。

旧俗正月望夜迎厕神,谓之紫姑。亦不必正月,常时皆可召。余少时见小儿辈等闲则召之,以为嬉笑。亲戚间曾有召之而不肯去者,两见有此,自后遂不敢召。景祐中,太常博士王纶家因迎紫姑,有神降其闺女,自称上帝后宫诸女,能文章,颇清丽,今谓之《女仙集》,行于世。其书有数体,甚有笔力,然皆非世间篆隶。其名有藻笺篆、茁金篆十余名。纶与先君有旧,余与其子弟游,亲见其笔迹。其家亦时见其形,但自腰以上见之,乃好女子;其下常为云气所拥。善鼓筝,音调凄婉,听者忘倦。尝谓其女曰:"能乘云与我游乎?"女子许之。乃自其庭中涌白云如蒸,女子践之,云不能载。神曰:"汝履下有秽土,可去履而登。"女子乃韈(袜)而登,如履缯絮,冉冉至屋复下。曰:"汝未可往,更期异日。"后女子嫁,其神乃不至,其家了无祸福。为之记传者甚详。此余目见者,粗志于此。近岁迎紫姑者极多,大率多能文章歌诗,有极工者。余屡见之,多自称蓬莱谪仙。医卜无所不能,棋与国手为敌。然其灵异显著,无如王纶家者。①

这里对女仙紫姑进行了多方面的渲染,如拔高其身份为"后宫诸女",能乘云气遨游,自称"蓬莱谪仙"②。容貌姣好,"自腰以上见之,乃好女子"。才能方面"能文章,颇清丽,今谓之《女仙集》,行于世",还会书法,"其书有数体,甚有笔力,然皆非世间篆隶。其名有藻笺篆、茁金篆十余名"。也有音乐才能,"善鼓筝,音调凄婉,听者忘倦"。此外,还有其他多方面才能,如"医卜无所不能,

---

① 《梦溪笔谈》,第 140 页。
② 蓬莱仙,即紫姑之类"鬼仙",是通过"扶乩"请来之"仙"。当时士人常托名"鬼仙"玩讽诗词。郭绍虞《宋诗话辑佚》卷上引《陈辅之诗话》云:"世有蓬莱仙者,语言极有精致。陶隐居云:'得为材鬼,犹胜顽仙。'"郭绍虞:《宋诗话辑佚》,中华书局 1980 年版,第 293 页。

棋与国手为敌"。又如，张玉娘《灯夕迎紫姑神》也有："淑气回春雪渐融，星河天上一宵通。芙蕖万点交秋月，鼓角三更度晓风。烟影晕迷光绰约，帘环声各佩玲珑。不妨鸟篆留仙迹，凤辇阜动出紫宫。"① 紫姑成了极有排场的女仙。

《夷坚志》更直接记载了传为紫姑所作的大量诗词。如《夷坚乙志》卷六"刘叉死后文"条载紫姑代唐人刘叉鸣冤叫屈文一篇；《夷坚支丁》卷十"陈元紫姑诗"载紫姑陈元巍捷命终七绝一首；《夷坚丁志》卷十八"紫姑蓝粥诗"条记载紫姑赐诗解惑；《夷坚支乙》卷五"紫姑咏手"条载紫姑代女子写情诗；《夷坚三志壬》卷七"紫姑白苎"条载世传《白苎词》正宫一阙为紫姑所作；《夷坚三志壬》卷五"邓氏紫姑诗"条录有紫姑咏物写景诗；《夷坚支景》卷六"西安紫姑"条录有紫姑咏鹊、僧、红牡丹的诗歌。

这些诗歌，可以称之为"鬼仙诗"，即托名仙、鬼而流传下来的诗歌。"鬼仙诗"可追溯到《汉武内传》上元夫人与王母侍女的诗歌对答，经由魏晋南北朝，到唐宋愈演愈烈。唐代《酉阳杂俎》引《太真科经》专辟有"鬼仙"一类说：

> 有鬼仙：丙戌日鬼名虀生。丙午日鬼名挺狋。乙卯日鬼名天陪。……厕鬼名项天竺（一曰笙）。语忘、敬遗二鬼名，妇人临产呼之，不害人，长三寸三分，上下乌衣。马鬼名赐。蛇鬼名俰石圭（一曰麈）。井鬼名琼。衣服鬼名甚辽。神荼、郁垒领万鬼，旧傩词曰"申作食"。狒胃食虎，雄伯食魅，腾兰（一曰简）食祥，搅（一曰揽）诸食咎，伯倚食梦，强梁祖名共，食砾（一曰磔）死。寄生、穷奇、腾根，共食蛊。王延寿所梦有游光、纍毅、诸渠、印尧、夒瞿、伧偆、将剧、摘脉、尧岘寺

---

① 《全宋诗》（卷三七一六），第 71 册第 44623 页。

（一曰尧岘）等。①

到了宋代，在发达的文艺理论、印刷术推动下，小说、笔记、诗话、词话、类书、总集中都频频出现"鬼仙诗"。苏轼等人还常常以记诵、吟咏"鬼仙诗"为乐。除了诗歌创作外，宋代紫姑还精通字画。《春渚纪闻》卷四"紫姑大书字"记载：

> 政和二年，襄邑民因上元请紫姑神为戏。既书纸间，其字径丈。或问之曰："汝更能大书否？"即书曰："请连黏襄表二百幅，当为作一福字。"或曰："纸易耳，安得许大笔也？"曰："请用麻皮十斤缚作，令径二尺许，墨浆以大器贮，备濡染也。"诸好事因集纸笔，就一富人麦场，铺展聚观。神至，书云："请一人系笔于项。"其人不觉身之腾踔，往来场间，须臾字成，端丽如颜书。复取小笔书于纸角云"持往宣德门卖钱五百贯"文。既而县以妖捕群集之人，大府闻之，取就鞫治，讫无他状，即具奏知。有旨令就后苑再书验之。上皇为幸苑中临视，乃书一"庆"字，与前书"福"字，大小相称，字体亦同。上皇大奇之，因令于襄邑择地建祠，岁祀之。②

可见，苏轼写紫姑善书"天篆"并非杜撰，而是宋代紫姑的一般状态。

紫姑的女仙化，与道教不无关系。唐宋紫姑与女仙萼绿华颇像。南朝梁陶弘景《真诰·运象篇》记载萼绿华诗：

> 神岳排霄起，飞峰郁千寻。寥龙灵谷虚，琼林蔚萧森。（此

---

① 〔唐〕段成式撰，曹中孚校点：《酉阳杂俎》，上海古籍出版社2012年版，第77页。
② 〔宋〕何薳撰，张明华点校：《春渚纪闻》，中华书局1983年版，第64页。

四 性别、异化与厕神式微

一字被墨浓黮,不复可识,正中抽一脚出下,似是羊字,其人名权)生摽美秀,弱冠流清音。栖情庄慧津,超形象魏林。扬彩朱门中,内有迈俗心。我与夫子族,源胄同渊池。宏宗分上业,于今各异枝。兰金因好著,三益方觉弥。静寻欣斯会,雅综弥龄祀。谁云幽鉴难,得之方寸里。翘想笼樊外,俱为山岩士。无令腾虚翰,中随惊风起。迁化虽由人,蕃羊未易拟。所期岂朝华,岁暮于吾子。①

接着又介绍其生平:

萼绿华者,自云是南山人,不知是何山也。女子年可二十上下,青衣,颜色绝整,以升平三年十一月十日夜降羊权,自此往来,一月之中辄六过来耳。云本姓杨,赠此诗一篇,并致火汗布手巾一枚,金、玉条脱各一枚,条脱乃太而异精好。神女语权:"君慎勿泄我,泄我则彼此获罪。"访问此人,云是九嶷山中得道女罗郁也,宿命时,曾为师母毒杀乳妇,玄州以先罪未灭,故令谪降于臭浊以偿其过。与权尸解药,今在湘东山,此女已九百岁矣。②

这里的萼绿华与紫姑相类处颇多:都貌美、降于人家(交通、通神)、赠诗、人死为鬼、被"谪降于臭浊"(紫姑则是因为死于厕,所以为厕神)。

北宋末年叶梦得早已注意到此二者之间的关联:

《真诰》载萼绿华事,细考之,近今之紫姑神。晋人好奇,

---

① 〔南朝梁〕陶弘景撰,赵益点校:《真诰》,中华书局2011年版,第3页。
② 《真诰》,第3—4页。

227

稍缘饰之尔。紫姑神止为诗文自托于仙，不与人相接，而萼绿华事乃近亵，岂有真仙若此哉。或曰：释氏至四禅天乃无欲，自三禅而下，皆未免于欲。萼绿华盖未离乎欲界者也，亦不然。所谓界者，岂真与世人同？仅有偶而已。后世并缘遂肆为渎慢高真之言，无所不至，流俗争信之。唐人至有为后土夫人传者。今所在多有为后土夫人祠，而扬州尤甚，皆塑为妇人像。流俗之谬妄如此，亦起于西汉所谓神媪者。谓小孤为姑，何足怪哉。后土夫人盖以讥武后，然托论亦不当如此也。①

叶梦得认为紫姑和萼绿华的分界点是"亵"："紫姑神止为诗文自托于仙，不与人相接，而萼绿华事乃近亵。"这其实只是看到了问题的表面。"亵"应是二神的相通之处，而非区别。古时迎神狂欢中，繁衍是最重要的主题，因此男女聚众交合乃是常常发生的事情。只是随着时代的发展、文明的演进，"繁衍"变为"猥亵"，朴素的生殖主题发展为以男性中心主义出发的单方面"欲望"投射。建立在道家基础上的道教，有"采阴补阳"之说，将此远古风俗发展为房中之术，与之相伴有很多"房中女神"，这便是我们看到的萼绿华、紫姑等女仙。苏轼对紫姑的"戏"，恐怕也与此有关。

总之，当时士大夫染指"迎紫姑"是个普遍现象②。士大夫笔下的紫姑，大体具有如下特征：

（1）都有貌美的女性容色。

（2）都有才艺和智慧：精通文艺，善诗词、书法、歌赋、音乐、

---

① 〔宋〕叶梦得：《避暑录话》，中华书局1985年版，第57页。
② 除了民间信仰、道教信仰的影响外，文人喜欢染指厕神恐怕也与贵族厕所条件逐渐改善有很大关系。如《世说新语·汰奢》《裴启语林》卷四都记载了石崇豪华的、有美人服侍的厕所（厕所甚至成为性事的隐喻）。典籍也记载钱思公、欧阳修等人喜欢在厕所进行阅读和创作。日本谷崎润一郎在《阴翳礼赞》中说进入厕所空间是无比快乐的事，文人普遍有此嗜好，故日本文人在抽水马桶盛行后，仍有痴迷"砂雪隐""灰雪隐"者。

舞蹈、棋艺等，这些实为当时士大夫们感兴趣的文艺项目。

（3）都有妇德，婉顺温良，有求必应。

（4）都能带来娱乐功能，具有"游戏化"特征（戏谑、嘲弄，甚至间杂鄙陋，不复文雅①）；多情，行文上多带有男女狎昵色彩。

（5）对于紫姑（以及其他鬼仙）的存在与否，宋代文人大多持矛盾心态。有的相信实有其事，如沈括就反复说"此余目见者"，"余屡见之"，故宋代笔记作者往往觉得自己是在"实录"，而非虚构。也有的对于鬼仙之事，抱着半信半疑的态度，介于有意无意之间②。有的是时而信其有，时而又觉其虚无。比如陈造既有"更乞紫姑丰乐语，为添喜色到颜间"③，又有"旧腊新年无好况，何须更问紫姑神"④，"鬓须久已沾青女，穷达何劳问紫姑"⑤。所以，宋人对于紫姑的存在与否，本就非常疑惑。

（6）能预占仕途和科举。如《夷坚志》《文昌杂录》《稽神录》等频频记载当时很多读书人都通过"迎紫姑"来卜问官职、科考和命途。⑥

这些都是苏轼紫姑信仰和书写的必然背景和借鉴。苏轼笔下的紫姑，也具有美貌、才艺精湛、温良婉顺的特点。苏轼对紫姑，也

---

① 如梅尧臣《闻曼叔腹疾走笔为戏》："方闻病下利，曾不药物止。区区溷匽间，其往宁得已。每为青蝇喧，似与紫姑喜。倾肠倒腹后，乃是胸中美。"《全宋诗》（卷二六二），第5册第3343页。
② 《夷坚乙志》序文说："逮干宝之《搜神》，奇章公之《玄怪》，谷神子《博异》，《河东》之记，《宜室》之志，《稽神》之录，皆不能无寓言于其间。若予是书，远不过一甲子，耳目相接，皆表表有据依者。谓予不信，其往见乌有先生而问之。"《夷坚志》，第185页。
③ 《全宋诗》（卷二四三三）《次韵张丞是日忽晴》，第45册第28145页。
④ 《全宋诗》（卷二四四零）《寄赵帅三首》，第45册第28242页。
⑤ 《全宋诗》（卷二四三八）《元夕遣怀二首》，第45册第28208页。
⑥ 如《夷坚志》记载徐琰观客人迎紫姑，卜问将来迁到何官（见《夷坚志》，第338页）；庞元英的家人迎紫姑，询问庞元英将来迁到何官（〔宋〕庞元英：《文昌杂录》，中华书局1958年版，第10页）；唐义迎紫姑询问自己在京南将得什么职位（《文昌杂录》，第10页）；自称秀才的支戬也戏问紫姑"他日至何官"（〔宋〕徐铉撰，白化文、许德楠点校：《稽神录》，中华书局2006年版，第108页）。

不可避免地带有"戏"的色彩。对紫姑的存在与否，苏轼也是矛盾的。仕途受挫后他也选择用"迎紫姑"来抉择出入矛盾。所有这些，都促成了他对紫姑态度的复杂性和矛盾性。

③ 性别文化心理：男尊女卑、消解人神

从性别文化视域来看，无论是苏轼同情、赞叹紫姑，还是将其作为"代言人"，自比、自悼，抑或是否定、疏离，都处处体现了男子中心主义的格局。将女性视为"他者"（the other），是父权社会不可避免的"男尊女卑"预设。因为"定义和区分女人的参照物是男人，而定义和区分男人的参照物却不是女人。她是附属的人，是同主要者（the essential）相对立的次要者（the inessential）。他是主体（the Subject），是绝对（the Absolute），而她则是他者（the Other）"①。

法国作家克劳德·莫里亚克在谈到女人时说："我们用温柔而淡漠的语调倾听着……她们当中最聪明的人的见解，我们十分清楚，她的才智多少有些聪明地反映了我们的思想。"② 这与苏轼对紫姑的赞叹，何其相似乃尔！他是一个"凝视者"，而紫姑则是一个"被凝视"的"他者"。紫姑形象的塑造、成立，主要取决于男性苏轼的心态和兴趣，取决于反映他思想的多寡。

宋代的女性观是极其吊诡的。一方面，受理学的影响，社会对女性的束缚越来越多，以贞洁观为核心，强调对女性的精神把控和道德监管。苏轼生活的时代与朱熹、程颢、程颐接近，尽管彼时理学尚未形成主流，但受其影响是肯定的。虽然历来学者认为，苏轼对女性比较尊重，很多地方超越了当时的妇女观，比如对妻妾的深情，对宫女、妓女的同情。但综观苏轼对女性的评价标准，无一例外都打上了男性中心主义的烙印。他笔下的正面女性，主要定位于美貌多情、贤妻良母、婉顺忠贞、安贫乐道、忍辱孝亲，女性的才

---

① 〔法〕西蒙娜·德·波伏娃著：《第二性》，陶铁柱译，中国书籍出版社 1998 年版，第 11 页。
② 《第二性》，作者序第 21 页。

华也不过止于家务担当、音乐舞蹈、诗词歌赋。另一方面,随着市民经济的勃兴,平民文学觉醒,歌儿舞女盛极一时,歌妓制度在宋代得到了更大的发展空间。统治者为了满足私欲,亦为了消磨思乱之心,故广设歌楼妓馆。因此,宋代的官妓、家妓、私妓均很繁荣。

苏轼自然也未能免俗,常与歌妓来往,家有数妾,并蓄养歌妓。综观苏词,歌咏妓女之作几占三分之一,高达一百多首。[①] 宋代女性观极其典型地反映了男性心理深处对女人既爱且惧的矛盾心理。对女性既狎戏,又拒斥;既亲近,又疏离;既将其作为泄欲对象,又对其进行贞洁钳制。父权社会以男人自己的喜好,在两性关系中植入了永恒悖论。

这种永恒的悖论同样存在于苏轼的心理中。一方面,他对紫姑是依赖的。尤其是因"乌台诗案"被贬黄州的初期,他惊魂未定,深陷痛苦与矛盾中。在紫姑面前,他大诉衷肠,将紫姑视为知己,诉说自己遭遇飞来横祸,含冤负屈,虽才华横溢,却不得施展。此时紫姑就是苏轼的"喉舌""替身""代言者",是男性的化身,是依赖、寄附的对象,但是本质上仍然是为男人服务的"工具"。因为"任何代言的方式都必定融合了代言者的主观意识,显示了代言者的立言倾向"[②]。再往深了说,紫姑的卑微身份和悲惨遭际,正可与中国士大夫的"臣妾化"特征相比附。无论是苏轼,还是清人陈栋、唐之凤,落魄文人郁郁不得志时,均以紫姑自喻。紫姑的"侍妾"身份颇类士大夫的"侍臣"身份,尤其是当科举失意、仕途受挫之时,他们更深觉与这位厕神同病相怜,应惺惺相惜,才华横溢的紫姑就是亟待发泄的文人自身,至此,紫姑信仰成为失意文人自我慰藉、舔舐伤口的一方净土。在更为卑微、更为凄惨的紫姑面前,苏轼的被贬黄州、壮志难酬实在算不了什么了(这多少又有点阿Q精

---

① 龙榆生:《东坡乐府笺》,商务印书馆1936年版,第20页。
② 陈力君,《代言与立言:新时期文学启蒙话语的嬗变》,浙江大学出版社2007年版,第8页。

神)。另一方面,苏轼对紫姑又是疏离甚至排斥的。他先是在《少年游》(并序)中表现出戏谑、嘲弄和讽刺,再是在《天篆记》中进行揶揄、贬低,最后在《广州女仙》中进行否定、疏离和批判,可谓态度越来越"恶劣"。究其原因,是因为苏轼的心情稳定、旷达了,在正常的、清醒的时候(常态下),又恢复了社会的"秩序",恢复了"男性中心主义"的格局。紫姑始终是一个与"自我"(self、绝对、主动、主体)既有距离又有联系的参照,始终是一个没有自主性的"他者"(the other、相对、被动、客体)。这样的视角,本就是贬斥和冷漠的,无怪乎女性主义学者愤愤不平地说:"男人写的所有有关女人的书都值得怀疑,因为他们既是法官,又是诉讼当事人。"①

而民间"迎紫姑",多少还保持着神圣性。南朝以降,"迎紫姑"本是妇女儿童的民俗活动,男性禁止参加。迎神时不得喧闹,要静穆,方能迎神。陈元靓《事林广记》还记载要用"净器",要立供牌,焚香祷告,"晨夕熏,事务在诚絜有祷",为首的迎者还必须是"善淑者",如果"初请未至,切不可怨亵,但请之以屡",且"仙降,宜速叩之,稍缓则去矣"②,恭敬之至。仪式中,要保持恭敬之心。人们认为在没有做好适当仪式准备的状态下,接近任何污秽的或神圣的对象都是危险的。③ 若有亵渎,势必会导致惩罚性后果,如《异苑》所载"平昌孟氏,恒不信。躬试往捉,便自跃茅屋而去,永失所在也";稍有不测,也可能遭来大难,如《梦溪笔谈》所载"余少时见小儿辈等闲则召之,以为嬉笑。亲戚间曾有召之而不肯去者,两见有此,自后遂不敢召"④。甚至有些时候,本来是请紫姑,结果请来了恶神、邪神,所以不得不慎,如洪迈《夷坚乙志》"女鬼惑仇

---

① 《第二性》,作者序第17页。
② 〔宋〕陈元靓:《事林广记》,中华书局1999年版,第165页。
③ 《神圣的存在——比较宗教的范型》,第12页。
④ 《梦溪笔谈》,第140页。

铎"条所载。所以，在信仰者那里，对"迎紫姑"的过程充满了敬畏和担忧。这是因为紫姑虽然神阶不高，但作为神灵的紫姑终究是超自然存在，况且人们对紫姑的功能性期待也非常多。

神圣，来自神圣的空间和时间。"迎紫姑"习俗的时间虽然各地有别，但通常都是正月十五（或前后），有的地方持续时间甚长。据孔平仲《孔氏谈苑》记载"近黄州郭殿直家有此神，颇黠捷，每岁率以正月一日来，二月二日去"，可知苏轼被贬的黄州地区"迎紫姑"习俗可持续一个月。正月是农业岁时的重要时刻，儒释道很多重要节日都云集此时。这一时间无疑是"神圣"的。其迎神之地，民间仍多在猪圈、厕所，饱含着希望来年丰收、六畜兴旺的朴素愿望，以及对于厕所这一封闭空间的恐惧感。唐宋厕神，除了紫姑外，还有郭登、乌刍沙摩明王等，且在民间还往往与瘟神、冥神相连，恐怖氛围相当浓厚。随着迎神仪式的开展，神圣的时空便得以产生、延展，重演神灵世界，"人-神"结构便得以建立。

苏轼对于神灵虽不至于笃信，但整体来看，是谨慎和敬畏的，故他在《广州女仙》中说："神仙之有无，真不可以意度也。"但是，自始至终他都没有把紫姑视为超自然存在的神灵，而是完全视为女人，有时还是柔弱、受伤的小女人。《子姑神记》和《仙姑问答》中，紫姑对苏轼的赞叹、仰慕、拜倒、依赖无以复加，完全不是超自然存在。她的性别——"女性"，遮蔽了一切别的特性，也遮蔽了"神性"。紫姑屡屡自称"妾"或者"贱妾"，婉顺之致。在"紫姑-苏轼"这一对"神-人"结构中，并没有凌驾于人之上的超自然神灵存在，反而此神灵处处表现出对人的谦卑、恭敬、仰慕、依赖。"神-人"结构是表面的、虚假的，真正的本质结构是"小女子-伟丈夫"。

苏轼对紫姑的矛盾态度是由父权社会的男性心理所决定的，是由"臣妾"心态下的双重矛盾心理所决定的，他永远不可能客观地反映紫姑。他对紫姑的再现，永远都不可能是正确的再现，而只能是低度再现（under-representation）、有误的再现（mis-representation）或者过度再现（over-representation）。而且苏轼对紫姑的低度再现和过度再现又是纠缠在一起的，比如《仙姑问答》中，既有生世可怜、遭遇悲惨、寄附苏轼的小女子紫姑，又有智慧超群、逆知命运、抚慰创伤的大女神紫姑。又如既有《少年游》（并序）中对紫姑的狎戏、嘲弄，又有《仙姑问答》中对紫姑之爱的渴望。这种对女性（女人、女神）加以"卑贱-崇高"两极性书写的例子不绝如缕，正如女性作家所揭示的那样，在男人那里女人一方面是受苦的、孤寂的、忍耐的、卑贱的，光荣的事业和辉煌的个性总是属于男人；但是另一方面，女人在人性上早超越了男人，因为生命是发生在女人身上，在女人的身体中成熟，与女人的血液交流，合着女人脉动的节拍，分享着女人的呼吸与养料。①

对无论哪种再现，紫姑都是客体。从理论上说，"没有一个主体会自觉自愿变成客体和次要者。并不是他者在将本身界定为他者的过程中确立了此者，而是此者在把本身界定为此者的过程中树立了他者。但如果他者不打算重新获得做此者的地位，他就必须十分顺从地接受这种异己的观点"②。紫姑当然没有选择，再加上她并非是一个实存的女性，所以更易被苏轼当作"他者"来塑造。她是"失语"的，所以可以被任意塑造成作者随心所欲的形象而不受现实条件的约束，在一定程度上，紫姑形象又完整展演了苏轼的女性观。

正是因为这种视角和局限，苏轼对紫姑的态度不可能不矛盾。所以，苏轼笔下的紫姑，就像是个橡皮泥人，被捏来捏去。紫姑形象的塑造、成立，主要取决于男性苏轼的心态和兴趣、需求和遭际。这里并没有超自然的神灵存在。

---

① 王安忆：《漂泊的语言》，作家出版社1996年版，第408页。
② 《第二性》，第13页。

四 性别、异化与厕神式微

苏轼是将紫姑当作"女人"而非"女神"来看待的,人情大于神性。对于鬼神和宗教问题,苏轼的态度始终是审慎且暧昧的。他并不是一味匍匐在神灵脚下,并不认为神灵是凌驾于人之上的"超自然者",而是相反,用他的男性中心主义架构一切,体现了四民社会中士大夫,尤其是宋代士大夫的优越地位。所以,苏轼对紫姑又不可能完全是认可和欣赏的,而是不自觉地带有"男权话语"的强势,带有疏离、贬低和批判。再加上紫姑是个神格较低的女厕神,在民间神祇中也是列于末等,故苏轼绝不可能完全站到柔弱女子的立场去立言。作为北宋士大夫的苏轼,可以参与到民间的娱乐活动中去,但是却无法站在民间的角度去观察,无法融入"迎紫姑"信仰,这是其身份、时代使然。

苏轼以后,文人士大夫对于紫姑的增饰并不多,典籍基本沿用旧有文献。如明陈耀文《天中记》卷四引《显异录》、清陈梦雷《古今图书集成·神异典》卷四十杂鬼神部引《显异录》、清俞正燮《癸巳存稿》引《显异录》几同。明刊《三教搜神大全》以及《道藏》,仍均采用以上记载为紫姑作传,唯《道藏》所收六卷本《搜神记》有些许补充:"其妻妒之,遂阴杀之,置其尸于厕中。魂绕不散,如厕,每闻啼哭声,时隐隐出现,且有兵刀呵喝声。自是大著灵异。"① 这里显然还杂糅了乌刍沙摩明王信仰。清代文人剧中,陈栋有杂剧《紫姑神》四折。该剧对紫姑之聪明伶俐,女工、乐器、诗赋无不精通的本领,大加渲染。② 究其本质,仍是来自唐宋的紫姑形象,苏轼的奠定功不可没。清康熙年间浙江人唐之凤的《迎紫姑神文》③,与苏轼所写的紫姑词文在思想意蕴上具有异曲同工之妙。相

---

① 《道藏》第36册,天津古籍出版社等1998年版,第293页。
② 〔清〕陈栋撰,郑振铎辑:《北泾草堂外集三种》(清人杂剧二集),北泾草堂集本影印,1934年。
③ 〔清〕唐之凤:《迎紫姑神文》,《天香阁文集》(第八卷),清康熙四十三年(1704)刻本。

对于紫姑在民间的发展脉络①而言，士大夫阶层的紫姑书写单纯得多，无非是在既定的典籍上（从《异苑》开始）进行细化、渲染、增饰，用以言志罢了。

---

① 紫姑在民间，被杜撰情节、附会人物，甚至被改造得面目全非，在民间叙事既定规则下，不同的神灵相互杂糅、交际。如紫姑信仰与如愿信仰、月神信仰、秽迹金刚信仰、小神子信仰等融合，难分彼此。

五 雪隐、东司与佛教厕神

在讨论佛教厕神之前,我们先讨论两个词语:雪隐和东司。

(一)中日禅宗文化与"雪隐"语源考析

在中国禅宗史和中日文化交流史上,"雪隐"是一个极其特殊也很重要的词汇和文化现象。它不仅关联着中国宋元时期一批重要的高僧大德,记录了中日僧人在有元一代丰富的交游佳话,蕴藏着禅宗的无漏智慧和大乘佛法的精要法门,也反映了中日文化交流的深刻性和复杂性,体现了中日文化的不同特性。然而有关"雪隐"一词的语源,缺漏和模糊之处太多,各大辞典存目也十分杂乱、所据不足。且因论题涉及不净场所"厕所",往往为学人所回避,故至今尚无专文探讨。本节通过文献整理和研究,以期对现在处于混乱状态的种种说法进行清理和检讨。此论题的研究不仅有助于我们探讨佛教厕神,更具有语言学、文献学价值,以及相当的文史价值和文化价值。

1. 中国辞典对"雪隐"的解释

检阅中国各大辞典,如《现代汉语大词典》《辞海》《辞源》《辞林》《辞通》《称谓大辞典》《事物异名别称词典》等工具书,均未收录"雪隐"一词。《汉语大词典》虽录,但只是粗陈梗概、未列所据。今"雪隐"一词最详尽的解释见于佛典中,兹将代表性词条录如下:

雪隐:佛教语。指厕所。传说雪窦山的明觉禅师曾在杭州灵隐寺打扫厕所,故有此称。(《汉语大词典》)①

雪隐:古来之说,雪为雪窦山之明觉禅师,隐为浙江之灵隐寺。雪窦尝在灵隐寺司厕职,故有此称。(丁福保《佛学大辞典》)②

西净:禅林中称西序之人所上之厕也。厕为至不净之处,必要净洁,故名为净。此外又有东净。然后世以西净为厕之总名。又西净、雪隐,唐音相近,遂失本名而用雪隐之字,雪隐者,唐灵隐净头寮(扫除拭之寮)扁额之文字也,雪窦之显禅师,曾在灵隐隐于净头职,故灵隐之净头寮曰"雪隐"。以为厕处之名,不当。见《象器笺》二。(丁福保《佛学大辞典》)③

雪隐:禅林厕所之通称。"雪隐"一语来源,有诸种说法:或以唐代"雪隐"之音与"西净"相近;或谓宋代名僧雪窦尝隐居灵隐寺,担任净头之职,而成就道业,故有此称。又灵隐寺净头寮之额上,书有"雪隐"二字,此语原仅为该寺所用,以后始通用之。盖雪,为净之意;隐,为隐处;雪隐,即有净洁隐处之意。《洞上伽蓝杂记》(《佛光大辞典》)④

下面对以上文献进行辨析。

---

① 汉语大词典编委会:《汉语大词典》,汉语大词典出版社1993年版,第631页。
② 丁福保编纂:《佛学大辞典》,文物出版社1984年版,第940页。
③ 《佛学大辞典》,第476页。
④ 慈怡编著:《佛光大辞典》,北京图书馆出版社2004年版,第4833页。

① 借用日本江户僧人说法

中国佛典的解释均采自日本江户时期僧人的说法。丁福保《佛学大辞典》引日僧无著道忠的《禅林象器笺》,《佛光大辞典》引日僧不琢的《洞上伽蓝杂记》。殊不知,日本僧人的看法也是受中国僧人的影响,不知为何舍源而取流。

② 不辨"唐宋音"

"唐宋音",亦称"唐音""宋音",与"吴音""汉音"同为日语中的汉字读音体系名。三者的不同主要在于所传的时间和方法。"汉音"是日本平安时代"遣隋使"和"遣唐使"从长安传回去的汉字读音,也是最系统的汉字读音。"吴音"是"汉音"传入之前日本原本就有的汉字发音。"唐宋音"则是镰仓时代以后,主要由禅僧等陆续传到日本的汉字读音,缺乏系统性,传播时间也较长。尤其值得注意的是,"唐宋音"是日本的发音(日本汉字音),而非中国音。

今佛学辞典,在引用日本文献时,不辨"唐音"和"唐代之音",引起一系列问题。如丁福保《佛学大辞典》在论述"雪隐"匾额名和雪窦重显关系时说:"雪隐者,唐灵隐净头寮(扫除拭之寮)扁额之文字也,雪窦之显禅师,曾在灵隐隐于净头职,故灵隐之净头寮曰'雪隐'。"① 宋代的雪窦重显做净头,怎么可能产生出唐代的净头寮匾额名呢?时序颠倒,前后矛盾。② 又如《佛光大辞典》说:"'雪隐'一语来源……或以唐代'雪隐'之音与'西净'相近。"这里的共同问题都是将"唐音"视为"唐代之音"了。今《日本大百科全书》《日本国语大辞典》《禅林象器笺》等书的"唐音""宋音""唐宋音",称谓不同,实质都一样,均指镰仓时代以后,由禅僧等陆续传到日本的汉字读音,是日本汉字音,而非中国音,更不是唐代或者宋代的发音。中国佛典忽而称"雪隐"在唐代,忽而又在宋

---

① 《佛学大辞典》,第 476 页。
② 这种错讹主要是因为丁福保的编纂参考了日本织田得能、望月信亨等人的佛学辞典,在用语上明显袭用了日本人的说法而未加辨别。

代,都是未加甄别,坐实了日本语境中的"唐""宋"所致。

③"雪""隐"二字的含义

以上四则材料均认为"雪隐"一词源于宋代高僧雪窦重显(又名雪窦禅师、明觉禅师)隐于灵隐寺持净之说,然对"雪""隐"二字的解释,又有以下几种:

> 雪,为雪窦山;隐,为灵隐寺。(《汉语大词典》)
> 雪,为雪窦重显;隐,为灵隐寺。(丁福保《佛学大辞典》)
> "西净"之转讹。(丁福保《佛学大辞典》引《禅林象器笺》)
> 雪,为净之意;隐,为隐处;雪隐,即有净洁隐处之意。(《佛光大词典》引《洞上伽蓝杂记》)

以上引用,有的不太严谨,如第四条,今查《洞上伽蓝杂记》并无此说。有的引用已添加了编者自己的看法,但未出注。如第三条,《禅林象器笺》本文是舍"雪窦重显说"而赞同"西净说",但上文丁福保《佛学大辞典》所引,显然是舍"西净说"而赞同"雪窦重显说"。另外,《禅林象器笺》还认为,"雪隐"的"隐",是"潜隐"的意思。

第一、二、四条对"雪""隐"二字的解释,说到底无非是据雪窦重显隐于灵隐寺持净之说而进行的猜想。最早对此二字含义的纠结应是《禅林象器笺》。

④"雪隐"是否为厕所名

在"雪隐"与厕所的关系问题上,也有几种不同的说法:

a. 认为将"雪隐"作为厕所的名字,不恰当。(丁福保《佛学大辞典》引《禅林象器笺》)

b. 佛教厕所名。(《汉语大词典》)

c. 禅林厕所通称。(《佛光大词典》)

今考,第一种并非是《禅林象器笺》的看法,而应是丁福保

《佛学大辞典》的看法。此说代表中国的情况，却不能囊括日本的情况。第二、三种说法，显然是从日本文献中借用的，并非中国本土的看法。从后文的论述可以看出，在中国"雪隐"或作为净头寮匾额名，或作为雪窦重显在灵隐寺做净头的美称，从未作为厕所的代名词，但后说却在日本由来已久。

导致以上种种问题的根本原因是不辨"雪隐"的源和流。其中，厘清"雪隐"的语源又具有提纲挈领的作用。统观中日相关资料，"雪隐"的语源说主要有以下五种：

a. "雪窦重显说"（《竺仙禅师语录》《空华集》）

b. "西净说"（《禅林象器笺》《日本国语大辞典》）

c. "雪峰义存说"（《大汉和辞典》《佛教语大辞典》）

d. "雪窦智鉴说"（《岩波佛教辞典》）

e. "青椿说"（《日本国语大辞典》）

以上五种语源说中，第一种"雪窦重显说"占绝对优势，今天看来这一论断也是正确的，但为什么正确，惜无人疏通论证。其次是第二种"西净说"，这一说法在日本非常流行，许多日本学者据此认为"雪隐"一词来自日本。另外，第三、四、五种说法，仅见于日本。

下面，我们先来论证"雪窦重显说"的合理性。

2. "雪窦重显说"

"雪窦重显说"是指"雪隐"源于宋代高僧雪窦重显在灵隐寺做净头的事。虽然"雪窦重显说"占绝对优势，但历来对此说的来龙去脉并不清楚，仅仅停留于感觉层面，而无人疏通、论证。要论证"雪窦重显说"，至少需要确立"雪隐""净头""雪窦重显""灵隐寺"这四个要素的关系。下面，笔者从雪窦重显的生平传记开始探究。

① 宋：雪窦重显—灵隐寺

据语录所附塔铭，雪窦重显在遂州（四川）出生，受戒后南游，在随州（湖北）智门光祚那里顿悟。塔铭并没有记载雪窦重显曾住灵隐寺，只说他"南游杭州"，十分模糊。在雪窦重显的生平中，灵隐寺的第一次出现，是在宋代觉范惠洪的《禅林僧宝传》卷十一：

> 显与学士曾公会厚善，相值淮上。问显何之。曰："将游钱塘，绝西兴，登天台雁荡。"曾公曰："灵隐天下胜处，珊禅师吾故人。"以书荐显。显至灵隐，三年，陆沈众中。俄曾公奉使浙西，访显于灵隐，无识之者。时堂中僧千余。使吏检床历，物色求之乃至。曾公问向所附书，显袖纳之曰："公意勤，然行脚人非督邮也。"曾公大笑。珊公以是奇之。①

雪窦重显受曾会举荐到灵隐寺，按理说可以谋得一个好职务，但他并没有递交推荐信，而是隐姓埋名，混迹于僧众之中长达三年。后来好友曾会奉使浙西，访重显于灵隐寺。问于群僧，都不认识重显，最后至禅堂检床历始知。曾会问起推荐信的事，重显便从袖中掏出还未拆封的信件交还于他并说：我是行脚僧人，并非是你的邮差啊！曾会听罢会意大笑。重显一时名噪，珊禅师因此也特别器重他。值得注意的是，这里只说了"显至灵隐，三年，陆沈众中"，丝毫没有提及他做净头的事。

② 元：雪窦重显—净头—（灵隐寺）

在管见的范围内，可知雪窦重显做净头的故事出现在元代，首见于元代弋咸所编的《禅林备用清规》（延祐四年，即1317年刊跋）卷七：

> 净头之职，果自因生。每朝扫地，装香及时，剔灯点烛，

---

① 〔宋〕惠洪撰：《禅林僧宝传》，《卍新续藏》，东京国书刊行会1975—1989年版，第79册第514页。

换筹洗厕，出桶拖鞋，手巾干净。……雪豆（窦）在灵隐，牧庵、妙喜宝峰会中，皆服勤斯务矣。①

此外，几乎同时代的月江正印在其语录里的《振寮元持净求警策偈》中也描绘并赞叹了雪窦重显持净日行三昧之风。偈云："执持粪器，着敝垢衣，入净入秽，入水入泥。日用常行三昧，发挥古德风规。……生扫帚，破粪箕，得便宜是落便宜。这般标致谁相似？灵鹫山中有隐之。"②"隐之"，即雪窦重显。他俗姓李，字隐之。

稍后，渡日的竺仙梵仙在其语录里的《竺仙和尚住金宝山净智禅寺语录》中，也明确指出了雪窦重显曾在灵隐寺做过净头。注意，这里不仅说到他做过净头，而且点明是在灵隐寺，且竺仙还说他亲眼看到净头寮的匾额名是"雪隐"二字。③

值得深思的是，如果雪窦重显真的曾在灵隐寺做过三年净头，这样的佳话不被记载在宋代的文献中是不正常的。从很多征兆来看，这一说法很可能是随着雪窦重显在元代声望的提高，而被元人附加上去的。

③ 元：净头—雪隐—（雪窦重显？）

检阅文献，"雪隐"一词首见于月江正印语录中收录的《赠省净头》偈中，而此条材料历来为学人所忽略，现录如下：

拟续当年雪隐弦，行菩萨行更加鞭。
蓦然自屎不觉臭，插翅蒲鞋飞上天。④

---

① 〔元〕弋咸编：《禅林备用清规》，《卍新续藏》，第63册第649页。
② 〔元〕月江正印撰，门人居简等21人编：《月江正印禅师语录》，《卍新续藏》，第71册第155页。
③ 〔元〕竺仙梵仙撰，裔尧等编：《竺仙禅师语录》，《大正藏》，东京大藏经刊行会1924—1935年版，第80册第420页。
④ 《月江正印禅师语录》，《卍新续藏》，第71册第148—149页。

经考证，此偈所作时间是元贞元年（1295）到至治三年（1323）之间。这是月江正印赠给一个叫"省"的净头的偈，以此来激励他。

遥想"当年"，鼓励"续弦"，月江正印对"雪隐"一词的含义虽未解释，但意会全出。有一种禅林"默认"之感，似乎是无须解释的专业"行话"。根据文意，可知这里的"雪隐"确实与净头工作相关。此偈虽未道出与"雪隐"最初相关的僧人，但可以肯定的是，该僧是早于省净头的，否则省净头也就无法续其弦了。从《月江正印语录》中所录偈颂整体来看，除了祖师颂外，大多都是赠给他同时代人的，所以省净头也多半是月江正印时代的人，此偈很可能是月江正印赠给省净头的开悟法语，以示勉励或共修。

到此可知，"雪隐"一词一开始就与"净头"有关，但这里并没有提到雪窦重显。虽然如此，在同一语录中的《振寮元持净求警策偈》，生动描绘并赞叹了雪窦重显持净日行三昧之风。此外，月江正印在其语录中还频繁提及"雪窦"（均指雪窦重显），共计129次。又另有九次提到云门"干屎橛"①，对于在寻常家务中悟佛法三昧的宗门风范极为推崇。摈弃思考，打破俗圣。以污秽之物代指清净之物，以低俗之体注释高妙之体，正是云门宗风。②

还有，根据下面的论述可知，稍晚于月江正印的竺仙梵仙在其语录中说到，他曾亲见灵隐净寺中净头寮匾额名为"雪隐"。竺仙梵仙稍晚生于月江正印，但却先其而逝，月江正印会不会也看到了灵隐寺中净头寮上的匾额名，并将其书写在《赠省净头》偈中呢？

如上推测，虽不能最终确定，但是有一种很大的可能，那便是"雪隐"一开始就极有可能关联着雪窦重显持净事。

④ 元：雪窦重显—净头—雪隐—灵隐寺

上面所说只是可能。"雪隐"和雪窦重显关系从文献上的真正确

---

① 〔日〕入矢义高：《自己与超越》，岩波书店1986年版，第94页。
② 魏忠编著：《方便之地话文明》，中国环境科学出版社1996年版，第66页。

立,是在竺仙梵仙的《竺仙和尚住金宝山净智禅寺语录》中。语录中说,当时整个禅宗界都对雪窦重显的《祖英集》评价极高,无人不读。

> 山僧少年时,每见人诵《祖英集》。自亦观其语句,雄伟超拔,亦慕敬之。乃想其人物必英姿气慨,方颐大耳,巍巍不可近者。及游雪窦,观众寮前石碑所镌顶相,大不相似心中所想者,如绝无福之人,而有大福。……其大福从何而来?他昔在灵隐做净头,今灵隐净头寮名曰"雪隐",即今圆觉净头寮二草字即是。不知何人好事者摹来。……今禅和子稍有智识者,那(哪)个不看《祖英集》?凡做长老说禅者,若曰不识雪窦语,亦是好笑。①

这段记载,从探寻语源的角度,可以关注几点:

a. 竺仙梵仙第一次明确了"雪窦重显说":"雪隐"源于宋代高僧雪窦重显在灵隐寺做净头的事。在这里,雪隐、净头、雪窦重显、灵隐寺四者具备。

b. 由"今"字可知,灵隐寺、圆觉寺净头寮名为"雪隐",并非是雪窦重显时代的事情,而是在竺仙梵仙时代。据考,竺仙梵仙曾居灵隐寺,并在那里受具足戒,对灵隐寺颇为了解,故其说可信。

c. "雪隐"二字的真正源头和含义在竺仙梵仙看来已是个谜,但"雪隐"的称谓彼时确实已经存在。也就是说,应该是先有"雪隐"的久远说法,再有净头寮匾额的名字"雪隐"。由此可确定,"雪隐"的语源不会是来自净头寮匾额名。

此外,竺仙梵仙在文中还杜撰了一条雪窦重显洗厕筹的事情。此条记录他处不载,《禅林象器笺》引述竺仙之语时亦不载此条。据

---

① 《竺仙禅师语录》,《大正藏》,第80册第420页。

宋代马令所撰《南唐书·浮屠传》,此为后主与小周后事①。竺仙这里很可能是"张冠李戴"了,或者为了渲染雪窦重显,崇增其事。同时,据此段也可知,此时雪窦重显在中日禅林的地位已不可撼动。作为由中国渡日的禅僧,竺仙梵仙在谈到"雪隐"一词时,援引雪窦重显加以说明,似乎就更成了顺理成章的事情。

3. "雪窦重显说"在日本的风靡和龃龉

月江正印和竺仙梵仙都对日本影响很大。据考,当时日僧出于月江正印门下者甚多,所以至今日本还收藏着他的多幅墨迹。其中,日本福冈市松永美术馆收藏的《月江正印墨迹·七言绝句七首》,被日本政府指定为"重要文化财"②。稍晚的竺仙梵仙,对日僧的影响更为直接,如《增集续传灯录》的《日东建长竺仙梵仙禅师》云:

> 自号来来禅子,见休居于保宁,得心要泰定间,日东遣使来聘。既至其国,道契其王臣,度人不可胜纪。熙怡和尚尝叙其语录有云:惟古林诸子多贤,而崭然绝出者二人,其一南堂欲公道鸣中国,其一竺仙化彻异邦。可谓二甘露门矣。③

而《竺仙禅师语录》本来就是竺仙梵仙在日本弘法时的语录集。他于天历二年(1329)东渡日本弘法。1330年入住建长寺,随后又入住净妙寺、净智寺。日本建武二年(1335)成为日本无量寺的开山祖师,为日本禅宗二十四流之一,对日本禅林影响甚大。从下面的叙述可以看出,月江正印和竺仙梵仙对"雪隐"的描述和阐释直接

---

① 〔宋〕马令撰,李建国校点:《南唐书》,收入傅璇琮等编《五代史书汇编》,杭州出版社2004年版,第5423页。
② 韩天雍:《中日禅宗墨迹研究——及其相关文化之考察》,中国美术学院出版社2008年版,第226页。
③ 〔明〕文琇撰:《增集续传灯录》,《卍新续藏》,第83册第337页。

为日本所继承,此后"雪窦重显说"在日本几为常识性问题。

① 义堂周信

在《空华集·贺净头颂轴序》中,日僧义堂周信对持净赞叹有加,并历数雪窦重显、大慧宗杲之事迹加以说明:

> 古之宗门祖师,发心入道,必先历试诸难,而役于杂务职。职之最卑,而人所甚恶,莫过乎持净。然若雪窦明觉居众,司此职于灵隐,至今有雪隐之美称。大慧师以承湛翁之训,洗筹于宝峰几一期,有终身不养爪甲之誓。是岂非卑以自牧也欤?惟二老也,出乎云门、临济之后,回狂澜于既倒,支大厦于将颠之际,可谓君子有终矣。而后学者仰止,不啻如泰山、北斗之尊,不亦卑而不可逾之谓乎?①

中日辞典在叙述"雪隐"时,常常将其作为第一引述对象,似作为源头来看,但其说实际上是本于竺仙梵仙。

② 无著道忠

同样,日僧无著道忠《禅林象器笺》中对"雪隐"一词的解释,也是直接援引了竺仙梵仙的说法。但不知何故,中国佛学辞典均舍竺仙梵仙而取无著道忠。或许是因为近代以来佛学辞典的编撰多参阅日本佛典,而日本人又极其推崇无著道忠的原因吧!无著道忠被誉为日本江户时代最重要的僧人学者,以及"整个佛教史和东方人文史"上"空前绝后"的学人,② 所以日本历来将他的引述作为权威的词条。现将《禅林象器笺》中的相关条目引录如下:

---

① 〔日〕义堂周信:《空华集》,收入〔日〕上村观光编《五山文学全集》,京都思文阁1973年版,第1637页。
② 〔日〕柳田圣山:《无著道忠的学术贡献》,收入日本禅文化研究所主编《俗语言研究》1994年创刊号,第79页。

忠曰:"和俗呼西净为雪隐,谓雪净之也,见其称西净,却为怪焉。余谓:雪若净之义,则隐又何义?按竺仙和尚说云:'灵隐净头寮,名曰雪隐,即今圆觉净头寮,二草字不知何人好事者模来?'(《净智寺录》)又按《日本禅刹一览》,建仁寺亦揭雪隐字,皆用雪窦显禅师曾在灵隐,隐潜于净头职之事。然雪隐、西净,唐音适近,遂以为雪隐而失本名。隐者,潜隐义,非取灵隐之隐也。况复雪隐是净头寮扁字,而不宜扁于西净,益见不当也。或有以西净为厕通名,而其在东者亦呼西净者,实讹称而已。"①

无著道忠说,在日本民俗中,把"西净"叫作"雪隐"。"雪"就是净的意思,但被叫作"西净"却很奇怪。他也疑惑,"雪"如果是净的意思,那么"隐"又是什么意思呢?并引用竺仙和尚的说法:灵隐寺的净头寮匾额名叫"雪隐",那就是今天圆觉寺净头寮匾额上那两个草书的字。不知道是哪个好事者搬来的!另外,在《日本禅刹一览》中,建仁寺也挂着"雪隐"的匾额(见图5-3)。大家都公认"雪隐"是来自雪窦禅师曾经在灵隐寺中,隐姓埋名地做净头。但是,道忠认为大概"雪隐"和"西净"是由于唐音恰好相似,所以"西净"失去了本来的名字,而变成了"雪隐",造成后来都说"雪隐"的现状。并更正说,"隐"是隐潜的意思,并非是取灵隐的隐。再加上"雪隐"本是净头寮的匾额,不应该挂在厕所(西净),如果这样的话,更加不恰当。

由《禅林象器笺》可知:

a."雪窦重显说"在日本已经成为公认说法,而这一解释是直接继承自竺仙梵仙的。

---

① 〔日〕无著道忠:《禅林象器笺》,蓝吉富主编《禅宗全书》杂集部第十三(第96册),北京图书馆出版社2004年版,第114—115页。

b. 无著道忠对"雪""隐"二字的含义发出疑问,足见日本学人对此比较纠结。因为月江正印和竺仙梵仙都没有解释这两个字。从月江和竺仙的行文可知,在中国的语境中,中国学人并没有纠结于此事。或许因为,禅宗强调切勿"死于句下",反对纠结于就事论事,认为这会落入"无明"的窠臼。如慧能大师教学生开示后进的方法时说道:"若有人问汝义,问有将无对,问无将有对,问凡以圣对,问圣以凡对,二道相因,生中道义。"① 名相之释,本不为禅宗所重,"雪隐"一词自然无须解释。所以当后人要求追究"雪""隐"二字的含义时,反而堕入了下尘。

c. 正是因为无著道忠无法解释"雪"和"隐"的含义,再加上当时的民俗"呼西净为雪隐",所以他在"雪隐"的语源问题上,最终否定了"雪窦重显说",而主张"西净说"。他的原因有两个:第一,他推测,在日本民俗中,把"西净"叫作"雪隐",大概是因为"雪隐"和"西净"唐音恰好相似,所以"西净"失去了它本来的名字,变成了雪隐,最终造成了都说"雪隐"的现状。第二,在日本"雪隐"的本源是"西净"(厕所),所以才挂在建仁寺的厕所里。如果是来自中国净头寮匾额的那个"雪隐",挂在厕所里就很不恰当。

无著道忠的说法当然有些欠妥。首先,日本把"西净"叫作"雪隐"主要是安土桃山时代(1573—1603)和江户时代(1603—1868)以来的事。其次,"雪隐"一词并非来自净头寮匾额名,因其与持净相关,放在厕所里也未见不妥。不过,毫无疑问,无著道忠已经感觉到在他的时代,中国的"雪窦重显说"在日本有很多龃龉之处,只是他没有厘清其间的原因。

③ 不琢

日僧不琢在《洞上伽蓝杂记》中对"雪隐"的讨论基本上继承

---

① 〔元〕宗宝编:《六祖大师法宝坛经》,《大正藏》,第48册第360页。

义堂周信和无著道忠的说法。书前有作者自序,为"明和万年第七岁"①(1770)所作,安永四年②(1775)助刻出版,可知他讨论的大概时间。现将其相关条目录于下:

> 日本东福寺额"东司"(1236年,京都市),建仁寺扁"雪隐"。盖雪窦明觉禅师,在灵隐三岁,勤净头,故后来美之有"雪隐"之称,今为之唱呼,似为厕屋之名也。……《义堂空华文集》云:古之宗门祖师发心入道,必先历试诸难,而役于杂务职。职之最卑,而人之甚恶,莫过乎持净。然若雪窦明觉居众司此职于灵隐,至今有雪隐之美称也。③

这里说,日本的东福寺的厕所以"东司"为匾额名,建仁寺的厕所以"雪隐"为匾额名。但他同样认为"雪隐"是用来赞美雪窦重显在灵隐寺三年,勤勤恳恳做净头的美称,但他又疑惑"似为厕屋之名也"。联系上下文,不琢此段虽重在谈净头事,但字里行间指出了在日本"雪隐"有不同的含义,即为厕所的代名词。

④"雪隐"在日本的新变——厕所

在无著道忠的《禅林象器笺》和不琢的《洞上伽蓝杂记》中,都说到了日本建仁寺的厕所匾额名称是"雪隐"。核之《和汉禅刹次第》,的确建仁寺的"境致"中可见"雪隐"这样的文字。④ 可知日本在近世初,"雪隐"的确被用作建仁寺的厕所之匾。

这个说法在江户后期伴蒿蹊的《闲田耕笔》(享和元年,即1801

---

① 〔日〕不琢著,荆岩慧璞编:《洞上伽蓝杂记》,收入曹洞宗全书刊行会《曹洞宗全书·清规》,东京平文社,昭和六年(1931年)初版,昭和四七年(1972年)复刻,第837页。
② 《洞上伽蓝杂记》,第866页。
③ 《洞上伽蓝杂记》,第852页。
④ 日本驹泽大学图书馆藏本,作于贞享五年(1688)。

年刊）中被明确提出。其卷四有载："东司に、雪隠の二字を額とするは、建仁寺に初る。"① 意思是，东司（厕所）以"雪隐"二字为额，建仁寺为首次。另外，喜田川守贞的《守贞谩稿》说，在日本近世后期的民间，如在关西，很多人都使用了"那边"（せっちん）这个词。

在日语中，"雪隐"通常说成"せっちん"（意思是"那边"），辞书中也有用假名表示的情况，如"せついん"，还被称为"せんち"（意思是"前线"）。虽然现在禅门不再使用这些称谓，但是却广泛地渗透到日本民间，成为习惯用语。

在中国，"雪隐"的确不曾有过"厕所"这个意思。上列《汉语大词典》和《佛光大辞典》将"雪隐"之意解释为厕所之名，实际上是借用日本文献，而未加考察。不过，日本将"雪隐"作为厕所的代名词，是较晚的事情，是"流"而非"源"。日本当代民俗学家北见俊夫也认为，在日本，"雪隐"这个词是受到中国汉字的传播和五山文化的影响而开始使用的。因此"雪隐"语源的"西净说"明显是站不住脚的。

4. 关于"雪隐"语源的其他说法
① "西净说"

在前面对《禅林象器笺》和《洞上伽蓝杂记》引文的分析中，便提到了"西净说"。此说认为，"雪隐"是"西净"的转讹。在"雪隐"的语源问题上，无著道忠虽承认"雪窦重显说"的广泛性，但因他解释不通"雪"和"隐"二字的含义，再加上当时日本民间"呼西净为雪隐"，心中有疑惑，便舍"雪窦重显说"而取"西净说"。认为因为"雪隐"和"西净"的唐音恰好相似，所以"西净"

---

① 〔日〕伴蒿蹊著：《闲田耕笔》，收入《日本随笔大成》（第1期）18，吉川弘文馆1976年版，第281页。

失去了它本来的名字，变成了"雪隐"，最终造成了都说"雪隐"的现状。而日僧不琢，虽在"雪隐"的语源上赞同"雪窦重显说"，但也对彼时"雪隐"在日本作为厕所之名而感到困惑。于此，上文已经分析指出："雪隐"为厕所之名，是"雪隐"在日本发展起来的新含义，是流而非源。此处对未尽之意再加说明。

"西净"在唐宋音中被认为是"セイチン"（Seichin），而如果用汉语来读"雪隐"的话，就是"セツイン"（Secchin），后者被认为是前者的音变。考虑到"雪隐"在中国并不曾有过表示厕所的意思，所以该词在镰仓—室町时代从中文改为日语（唐宋音）而被直接移植到日本去的可能性极低。而"雪隐"的音化"セツイン"接近日语"西净"的发音，因为这个原因，所以在日本"雪隐"后来取代"西净"，成为厕所的称谓。由此可见，"西净"和"雪隐"在词源上无关，而"雪隐"这个词成为表示厕所的词，很大程度上是因为附加了"西净"之意的原因。

② "雪峰义存说"

"雪峰义存说"是指"雪隐"因雪峰义存在厕所中大悟而得名。这种说法被记载于日本的一些佛教词典。《大汉和辞典》引《乌瑟沙摩经注》说："福州雪峰义存禅师，常在扫除，于是大悟，故名矣。"但是这个典故，笔者经多方确认，仍未能找到《乌瑟沙摩经注》的原文。笔者认为，这一说法首次见于《书言字考节用集》（享保二年，即1717年刊）的记载：

> 雪隐　セツチン　厕也。传云，福州雪峰义存禅师，常往扫除，于是得大悟，故名矣。①

---

① 〔日〕驹谷散人、植郁辑：《书言字考节用集》，〔日〕木村晟、桥本大心编《东光山学术文献集成》（第1辑），东光山文库（曹源寺内），2000年据明和三年（1766）刻本复制，第147页。

五　雪隐、东司与佛教厕神

在这里被记载为"传云"的内容和《大汉和辞典》的引用基本相同。此外，又见于江户后期的随笔——田宫仲宣的《鸣呼矣草》（文化三年，即 1806 年刊）所引《乌刍沙摩明经》："福州雪峰义存禅师，常往厕所打扫干净，于是大悟，其故名为雪隐。"①

然而，这个说法存在疑点。首先，从行文和内容来看，这应该是在日本被加入的内容。今《大正藏》所载各种关于乌刍沙摩明王的经典均不载雪峰做净头事，只说他做过饭头。见元释觉岸《释氏稽古略》卷四："雪峰义存在德山作饭头。一日德山托钵赴堂，雪峰曰：钟未鸣，鼓未响，托钵向甚么处去？"② 其次，现在所见的雪峰塔铭和其他记载雪峰行状的禅宗典籍中，并没有记载雪峰有过在厕所里悟道的事情。所以"雪峰义存说"的根据比较薄弱。

③"雪窦智鉴说"

"雪窦智鉴说"是指"雪隐"来自雪窦智鉴在灵隐寺做净头的说法。《岩波佛教辞典》（第二版）引用《洞上伽蓝杂记》对此加以说明。但核之《洞上伽蓝杂记》所引之义堂周信《空华集》，说此为雪窦重显事，雪窦重显号"明觉"，而非"智鉴"，这点不难考证。《岩波佛教辞典》的说法显然是错误的。再者，关于天童如净师雪窦智鉴的故事，在《传光录》天童如净章有载。此处记载了雪窦智鉴做净头时，参究"曾被染污，如何净尽"而最终觉悟。但这与"雪隐"的语源无关。

④"青椿说"

近代日本的茶室常常把单独建在树荫下的厕所叫作"雪隐"大概与此有关。

"青椿说"是指"雪隐"是"青椿"的转讹。《日本国语大辞典》"雪隐"条引《南齐异志》云："'蔽厕以青椿'，Seichin（セイチン）

---

① 〔日〕田宫仲宣著：《鸣呼矣草》，《日本随笔大成》（第 1 期）19，吉川弘文馆 1976 年版，第 218 页。
② 〔元〕释觉岸编：《释氏稽古略》卷四，《大正藏》，第 49 册第 878 页。

(青椿)之义。"① 据《日本国语大辞典》，此典故来自《南齐异志》，此书不详，但查到江户中期天野信景的随笔《盐尻》卷十四下面的记载：

> 《南齐异志》云：蔽厕以青椿，葺厕以黄瓦，云"邪香椿避"。(《续草木志》五)②

《南齐异志》的记载，待考。但应该注意的是，这里《盐尻》并不是把"青椿"作为"雪隐"的语源来说的。不仅如此，联系上下文，在《盐尻》的语境中，天野信景只是认为"青椿"是厕所的代名词，并非语源。另外，《盐尻》单独举了"雪窦重显说"，并认为这才是"雪隐"一词的来源。因此，从《盐尻》看来，有"雪隐→青椿"这种变化的可能性，而没有相反的可能性。言下之意，这里仍然赞成的是"雪窦重显说"。

在语源研究中，确定一个词语的来源是非常困难的，即使发现了较早的例子，也仅仅意味着在那个时代使用了那个术语，而并非代表其由来。笔者尽管广泛搜罗，但是在文献上肯定还是有遗漏的，今后也会进行必要的修正。此外，对"雪隐"的解释，除了正文中列举的外还有别的说法。例如，在日本江户后期的随笔《卯花园漫录》卷二中，把"雪隐"作为厕所的总称，而东边为"东司"，西边为"西净"，南边为"厕"，北边为"后架"③，这是用方位来定义厕所。④ 日本学者李家正文在《厕考》中又说，东边为"东司"，

---

① 日本知识数据库 www.japanknowledge.com。
② 〔日〕天野信景：《盐尻》，《日本随笔大成》（第3期）13，吉川弘文馆1977年版，第302页。
③ 《禅林象器笺》说："照堂之后有后架，大众洗面之处。"因与浴室、厕所相邻，故用作厕所之称。
④ 〔日〕石上宣续：《卯花园漫录》，《日本随笔大成》（第2期）22，吉川弘文馆1974年版，第78页。

西边为"西净",南边为"登司",北边为"雪隐"。①另外,在江户时期的寺院建筑中,厕所四季应时,春天叫"东司",夏天叫"清净",秋天叫"闲所",冬天叫"雪隐"。②但是,这些说法多为民间传说,没在文献根据中得到证实,所以在本论中没有提及。

由"雪隐"一词可以管窥有元一代雪窦重显地位的增崇和在日本的影响,以及中日禅宗的交流状况。月江正印和竺仙梵仙,对日本禅林影响巨大,这直接推动了净头传统在日本的发展以及"雪窦重显说"在日本的风靡。此外,这还与雪窦重显本身的个人魅力有关。雪窦重显是云门"中兴之祖",其"颂古百则"③,向来为禅林所重,不少临济宗师都非常推崇雪窦重显。稍晚于雪窦重显的圆悟克勤耗时20年所著的"禅门第一书"④——《碧岩录》在日本一时间"洛阳纸贵",或许可以引导我们更深入地来看待这个问题。

(二)中日禅宗文化与"东司"语源考辨

1. "东司"概念及问题的提出

"东司"是禅林厕所的称谓,虽源自中国,但相关记载在中国文献中却极少,反而在日本文献中保存得更多,这也反映出中国禅宗文化对日本的深刻影响。在日语中,禅宗表示"厕所"的词汇更多,除了"东司"(とうす)以外,还有"西净"("セイチン")、"雪隐"(せつい

---

① 〔日〕李家正文:《厕考》,《事典百科丛书》(第26卷),大空社,2012年版(原著出版于1932年),第37页。
② 〔日〕河田克博编:《近世建筑书·堂宫雏形2·建仁寺流》,〔日〕小叶田淳、内藤昌监修《日本建筑古典丛书》(第3卷),大龙堂书店1988年版,第80—97页。
③ 日本柳田圣山《解说》云:"在雪窦七部集当中,提高雪窦重显的名气者,无论如何便是《颂古》百则。"〔日〕入矢义高等:《雪窦颂古》,筑摩书房1981年版,第291页。
④ 〔宋〕圆悟编著,许文恭译述,纯一法师总编:《碧岩录》,华夏出版社2009年版,序言第1页。

ん、せっちん)、"后架"(こうか)、"闲所"(かんじょ)等称谓。

在禅宗文化中,厕所占据着重要的地位,是七堂伽蓝之一。原始佛教将修行斋戒的场所称之为"Sangharama",意谓"静园",中国音译为"僧伽蓝",简称"伽蓝"。慧苑《华严音义》记载:"僧伽蓝,具云'僧伽罗摩'。言僧者,众也;伽罗摩者,园也。或云众所乐往(住)处也。"① 七堂伽蓝分别为:"法堂、佛殿、山门、厨库、僧堂、浴室、西净。"② 西净,就是禅林之厕。

而禅林之厕又被称作"东司"。如曹洞宗道元禅师在其著名的《正法眼藏》中,便称禅林之厕为"东司",并专门辟有第五十四章"洗净"一章。此章引用了安世高所译《大比丘三千威仪经》和宗赜《禅苑清规》,对大小便的威仪方式和剪指甲、削发等洁净意义和重要性都做了论述。例如,入厕后,要用左手关上门,站着对厕槽作三个弹指;不能语笑、暴躁、高声吟咏;不能涕唾狼藉或在壁面上涂鸦等。③ 这些规定体现了道元禅师的思想精髓:所谓的威仪即佛法的日常修行本身。

在七堂伽蓝中,僧堂、浴室、西净为禁语之所,不许语笑,故又总称"三默堂"④。可见,不同于世俗厕所,寺院厕所是僧人修行之地,为"众所乐往处",故向来备受重视。同时,禅宗把厕所作为七堂伽蓝之一,说明禅宗不仅重视看经读经和祈祷仪式,还重视日常生活。

目前中日文献对"东司"一词来源的记载比较淆乱,归纳起来主要有六种认识:"东净说""郭登说""除秽明王说""洛阳官署说""东厮说"以及"东施说"。这些说法,均缺乏相关论证。不仅如此,有的出典不明,有的明显存在着谬误,有的是孤证,还有的一书中

---

① 《禅林象器笺》,第 70 页。
② 《禅林象器笺》,第 70 页。
③ 〔日〕道元著:《正法眼藏》,何燕生译注,宗教文化出版社 2003 年版,第 459—463 页。
④ 《禅林象器笺》,第 89 页。

杂糅多种说法而不加辨别和抉择。又可能因为有厕所忌讳的问题，所以学界也比较回避，迄今为止，还无学人对"东司"一词进行专门研究，遂导致"东司"的语源问题一直没有得到应有的解决。本文通过文献梳理和研究，以期对有关"东司"语源的各种说法进行整理、辨析和检讨。此论题的研究不仅有助于我们探讨佛教厕神，更具有语言学、宗教学方面的意义，而且还关系到禅宗文化交流和所涉文献的年代问题，从而具有文献学价值和文化价值。

2. 对"东司"各种语源说的辨析

①"东净说"

"东净说"认为"东司"（とうす）来源于"东净"（とうちん），是东序的厕所，也是厕所的统称，"东司"就是"东净"。这种说法见载于日僧无著道忠于宽保元年（1741）刊行的《禅林象器笺》，其云：

> 东序者知事，西序者头首，此谓两班也。犹如朝廷有文武两阶也。（"东序、西序"条①）
>
> 忠曰：朝廷制有文武两班，禅林拟之，故有东西两班也。……（明极俊禅师）云：百丈已前，无主持事也。无两序之称。亦无进退之说。……丛林熟者，归西序，谓之头首，以廉于己；世法通者，归东序，谓之知事，匡持法社。左辅右弼，可谓至矣尽矣，无以加矣。（"两班"条）
>
> 东序之厕曰东净也。（"东净"条）
>
> 西序所上之厕曰西净。（"西净"条）
>
> 东净又曰东司也。或以东司为厕通名，而在西者，亦呼为东司……（"东司"条）②

---

① 东序、西序为禅林丛规，拟于朝廷文武两班。诸知事为东序，诸头首为西序。（《禅林象器笺》，第278页）
② 以上各条分别见《禅林象器笺》，第278、277—278、115、114、115页。

《禅林象器笺》所设与厕所相关的条目有"净头寮""西净""东净""东司",在职位上,主要把"净头"和"持净"作为打扫厕所的角色。《禅林象器笺》把"西净"(せいちん)和"东净"(とうちん)视为一个概念,认为西序厕所"西净"和东序的厕所均可被称为"东净"(东净是统称),而"东司"则是"东净"的别称,所以"东司"也就成为厕所的总名。也就是说,"东司"的语源是东序的"东净"(因为东净是统称,所以也包括西序的"西净"),故"东司"就是"东净"。其证据就是大慧"宗门武库"一节:

> 钱弋郎中访真净,说话久,欲登溷,净令行者引从西边去。钱遽云:"既是'东司',为什么却向西去?"净云:"多少人向东边讨?"①

钱弋郎中想去上厕所(东司),真净克文让行者引导他往西边走,钱弋郎中突然说:"既然叫'东司',为什么不是在东边儿,而要往西走呢?"真净克文说:"会有多少人向东?"这里就有个问题,即从《禅林象器笺》中的这段话可知,"东司"原本不应是厕所的总称,而是东边的厕所。钱弋郎中去"东司"的时候所提出的疑问,以及真净克文的回答,都是基于"东司"在东边这个前提而展开的。在此情况下,是否将"东司"解释为"厕所的总称"或解释为"西净"(西序僧人的厕所),还有待考虑。很明显,仅仅依靠这些,还很难确定"东司"的确切含义。"东司"的"东"到底是指东边还是指东序,也是不清楚的。

然而,从后述《五山十刹图》和延祐四年(1317)完成的《幻住庵清规》来看,后来"东净""西净"确有可能分别指东边、西边的厕所。但是,将"东净"和"西净"并举的例子比"东司"的出现晚,又无法看到与"东司"对应的"西司"的例子。因此,《禅林象器

---

① 《禅林象器笺》,第115页。

笺》将"东司"解释为"东净"的别称,认为"东司"即"东净",以"东净"(东序的厕所)、"西净"(西序的厕所)的义为源是令人怀疑的。

② "郭登说"

"郭登说"认为,"东司"是厕神"郭登"之转讹。对此,《禅林象器笺》《大汉和辞典》等日本典籍都有记载。《大汉和辞典》"东司"条认为"东司"一词是由厕神"登司"转讹而来①,惜无进一步说明和证明。而且,日本佛教辞典的解释大多都是基于无著道忠《禅林象器笺》,所以这种观点实际上是出自《禅林象器笺》。《禅林象器笺》引明代余庭璧编的《事物异名》云:"登司,同郭登,厕神也,登主也,今人误曰登司。"② 但无著道忠接着否定了这种说法:"东讹作登,更随作厕神之义,转误矣。"③ 此外,我们也找不到任何证据。可见"郭登说"的理由是十分薄弱的。

③ "除秽明王说"

关于这种说法,《禅宗辞典》认为,除秽明王(乌刍沙摩明王、秽迹金刚)居住在东边,所以厕所建在东边,故其所在、所司之地——厕——被称为"东司"④,但这种说法也没有写明来源。丁福保《佛学大辞典》引无住的《杂谈集》说:"乌刍沙摩之真言,可于东司特诵咒,此为别段之事,不动明王之垂迹,号为不净金刚。东司不净之时,鬼若有恼人之事,则彼有守护之誓也。"⑤ 这段记载直

---

① 〔日〕诸桥辙次:《大汉和辞典》(修订版)第 6 册,大修馆书店,昭和六十一年(1986 年)版,第 5897 页。
② 《禅林象器笺》,第 116 页。
③ 《禅林象器笺》,第 116 页。
④ 《禅宗辞典》记载:"东司,又称东净,指的是现在的厕所。因除秽明王在东,护法佑人,所以厕所主要建在东方,故称为东司。在《释名》中有'所谓东司,是东净、西净中的东净。因为忌讳秽语,所以称之为东司、西司'。"〔日〕山田孝道:《禅宗辞典》,光融馆,大正四年(1915)版,第 804 页。今查《释名》中并没有提到"东司"一词,不过,说到了厕的特点"秽"。《释名》"厕、溷、圊"条云:"厕,言人杂在上非一也。或曰溷,言溷浊也。或曰圊,至秽之处宜常修治使洁清也。"见《释名》,第 84 页。
⑤ 丁福保编:《佛学大辞典》(上),上海书店出版社 2015 年版,第 1247 页。

接取自《禅林象器笺》①。乌刍沙摩（又作乌枢沙摩、乌刍涩摩、乌刍瑟摩、乌枢瑟摩、乌素沙摩等），"Ucchusma"，意译为"不洁净""秽迹""火头""火头金刚"等，有转不净为清净之德，佛教因之于厕中祭此明王。此一信仰与日本神道原初的"除秽"思想不谋而合，故大行其道。但是，日本现在禅宗寺院等地祭祀的厕神乌刍沙摩明王，尤其是他与厕所的关系，在中国并没有得到确认，没有什么信仰根基，因此这个说法的可能性很小。

④"洛阳官署说"

唐代的洛阳称为东都，官署又叫"司"，所以洛阳（东都）的官署（司）被称为"东司"。如韩愈《送侯参谋赴河中幕》有："东司绝教授，游宴以为恒。"②顾嗣立注云："《新唐书》本传：'元和初，权知国子博士，分司东都，三岁为真。'"沈钦韩注："《摭言》'元和二年十二月敕，东都国子监，量置学生一百员'。盖公于元和二年分教东都生，在是敕之前。其补学生，亦非一时所能集，故云绝教授也。"③同样，白居易《再授宾客分司》也有："分命在东司，又不劳朝谒。"④这里的"东司"，都是指唐代"东都洛阳官署总称"⑤。

一些学者据此将东司的语源溯源至唐代。如方国平说表示厕所的"东司"之语源来自"唐代设于东都洛阳的官署总称"⑥。《汉语大词典》也将此列为"东司"的第一个义项。这无非是说表示"洛阳官署"的"东司"与表示"厕所"的"东司"是同一个"东司"，是同一个源头。然而，迄今为止，在两个"东司"之间，学者们始终无法找到沟通的桥梁，以至于方国平一方面说表示厕所的"东司"

---

① 《禅林象器笺》，第116页。
② 韩愈著，钱仲联集释：《韩昌黎诗系年集释》，上海古籍出版社1984年版，第715页。
③ 《韩昌黎诗系年集释》，第717—718页。
④ 谢思炜：《白居易诗集校注》（第5册），中华书局2006年版，第2254—2255页。
⑤ 龚延明：《中国历代职官别名大辞典》，上海辞书出版社2006年版，第198页。
⑥ 方国平："东司"表"厕所"义的由来，《汉字文化》2009年第5期。

之语源来自"唐代设于东都洛阳的官署总称",另一方面他又疑惑"缘何它又能指代'厕所',《汉语大词典》语焉不详"。为了弥合二者,他补充理由说,目前在方言中还存在"上厕所"用"告状"这一委婉的说法,并引述有人说老北京叫厕所为"官茅房",简称"官房",遂由此证明"东司"源于"洛阳官署"。①

但是,从时序上看,用现存的"活态"民俗无法证明唐代"东司"具有表示厕所的可能性;从逻辑上看,表示厕所的"东司"与表示"洛阳官署"的"东司"之间缺环太多。实际上,将"上厕所"用"告状"来表达,是明清以后的事情,我们在明清之前的文献中找不到任何证据,故这一说法无法成立。结合材料,更大的可能性是,明清时人将作为"洛阳官署"的"东司"杂糅进了表示"厕所"的"东司"之中,遂形成了后来民间方言中的遗留;而它原本与笔者本文所讨论的具有"厕所"之义的"东司"风马牛不相及。

⑤ "东厮说"

《汉语大辞典》"东司"条,于第一项"官署说"之下,又记载了第二项"东厮":"(东司)亦作东厮。指厕所。"②并将《张协状元》的例子作为此项的第一个例子,这无异于认为《张协状元》中的例子就是"东司"的出处。关于这种说法,还可参见郭作飞的《〈张协状元〉词汇研究》③。

《张协状元》是南宋时④(也有元代以降说)温州九山书会才人编撰的南戏作品。在《张协状元》的台词中,"东司"是出于丑角儿

---

① 方国平:《"东司"表"厕所"义的由来》,《汉字文化》2009年第5期。
② 汉语大词典编辑委员会:《汉语大词典》(第4卷),汉语大词典出版社1989年版,第827页。
③ 郭作飞:《〈张协状元〉词汇研究》,巴蜀书社2008年版,第49页。
④ 关于《张协状元》的写成时间,学界争论颇大。如钱南扬在《永乐大典戏文三种校注》中认为是南宋初期;金宁芬在《南戏研究变迁》中认为是南宋中期;胡忌在《宋金杂剧考》中认为是南宋晚期。其中,南宋中期说证据更为充分。徐宏图在此基础上进一步认为,可确定在南宋瑞平二年(1235)之前。参见徐宏图:《南宋戏曲史》,上海古籍出版社2008年版,第177—178页。

的"戏言"。《张协状元》戏文第四十五出云:"(后下)(丑)夫人,生得好时,讨来早晨间侍奉我们汤药,黄昏侍奉我们上东司。(末)你好薰莸混杂。"①

《汉语大词典》里的示例有两个问题。第一,完全忽视了禅宗典籍的记载。《张协状元》的写作时代虽有争议,但不会早于南宋;而在禅宗典籍中,早在北宋时代就出现了"东司"一词,毫无疑问,《张协状元》不能说是"东司"的最早出处。第二,从词语先后来看,"东司"在前,而"东厮"在后,《汉语大辞典》应加以辨别,不能混为一谈。后者见于《型世言》《醒世恒言》《姑妄言》等,均是明清以后的作品。如《型世言》第八回:"入得刑部来,这狱卒诈钱,日间把来锁在东厮侧边,秽污触鼻,夜间把来上了柙床。"②《醒世恒言》第三十卷:"路信即走入厢房中观看,却也不在。原来支成登东厮去了。"③"话分两头。且说支成上了东厮转来,烹了茶,捧进书室,却不见了李勉。"④《姑妄言》第九回:"忙吩咐家人将马房隔壁打扫了两间做学房,(幸喜先生通,才在马房隔壁。若稍次,定在东厮中做馆地矣。)大大小小的七八个学生来拜了先生。不但没有贽见礼,连进馆的酒都没有。"⑤《姑妄言》第七回还出现"毛厮":"疑是在后院上毛厮,走去一看,也没有。"⑥故"东司"的来源不可能是"东厮",其最早用例,也不可能是《张协状元》。

⑥ "东施说"

"东施说"认为"东司"实际上就是"东施",音同相转。《天台

---

① 〔宋〕九山书会编撰,胡雪冈校释:《张协状元校释》,上海社会科学院出版社2006年版,第176页。
② 〔明〕陆人龙著,陈庆浩校点,王镁、吴书荫注释:《型世言评注》(上),新华出版社1999年版,第139—140页。
③ 〔明〕冯梦龙:《醒世恒言》,天津古籍出版社2004年版,第477页。
④ 《醒世恒言》,第478页。
⑤ 〔清〕曹去晶原著,林钝翁批评:《姑妄言》(第2册),香江出版社,2018年版,第440页。
⑥ 《姑妄言》(第2册),第316页。

风土略·方言》记载:"厕所曰东施(思是取其丑之义)。"① 但此说为孤证,也无甚文献依据,大概是民间说法,不可考。

3. 对"东司"一词的文献清理

如上所述,中日文献中关于"东司"语源的六种认识存在着不少问题。"东净说"主张"东司"即"东净"的别称,其语源就是两序的厕所,但其所据"宗门武库"一节,反而不能支持这个观点。"东司"之"东",最初不应是东序之"东"。且"东净"和"西净"的并提,晚于"东司",故《禅林象器笺》的说法不能成立。此外,"洛阳官署说"虽为近来学者所重,但是实际上表示"洛阳官署"的"东司"与表示厕所的"东司"风马牛不相及。明清之人才将这两个"东司"加以糅合,遂造成后来民间"官房""告状"之类的称谓。至于其余四种说法,根据更加薄弱,此不赘述。尽管根据目前的文献笔者还无法得出准确的东司语源说,但重新清理相关文献,可以找到相关痕迹。

在《大汉和辞典》中,作为佛教"东司"的例子,首先被引用的是《传灯录》中赵州从谂(778—897)和文远的问答。赵州说:"东司上不可与汝说佛。"②这则语录很有名,而且还被道元的《正法眼藏》"洗净"条所征引。但是《大汉和辞典》所征引的《传灯录》,即《景德传灯录》中的赵州章中并没有出现这句话。不仅如此,景德元年(1004)成书的《景德传灯录》本身也没有"东司"这个词语。也就是说,《景德传灯录》在成书的时候,"东司"这个词并不普遍,甚至可能还没有产生,而《大汉和辞典》的引用极有可能是错误的,掺入了后人的看法。

《赵州录》在《宋高僧传》编撰的北宋初期就已经存在,但现行

---

① 转引自戴昭铭:《天台方言研究》,中华书局2006年版,第270页。
②〔日〕诸桥辙次:《大汉和辞典》(修订版)第6册,第5897页。

版本是绍兴八年至九年（1138—1139）刊行的，即《古尊宿语要》收录本。收录了《赵州录》的灯史，还有《祖堂集》《景德传灯录》《联灯会要》等，但唯有淳熙十六年（1189）刊行的《联灯会要》中出现了"东司"一词。因此，窃以为"东司上不可与汝说佛"的公案最早应出自大慧宗杲（1089—1163）的语录《大慧普觉禅师语录》。其卷十云："赵州一日在东司上，见文远过，遂唤云：'文远。'远应：'诺。'州云：'东司上不可与尔说佛法。'颂云：赵州有密语，文远不覆藏。演出大藏教，功德实难量。"①赵州关于东司的话很有可能就是在这个时候被添加的，而非《大汉和辞典》所引的《传灯录》。

但是，表示"厕所"的"东司"一词，并非是晚至南宋孝宗乾道八年（1172）奉旨刊行并入藏的《大慧普觉禅师语录》中才开始出现，而是更早。然而，该词并没有出现在宋初及之前的禅宗文献中。另外，在《唐五代语言词典》中也不存在，而在《宋语言词典》中被立项（其引证的语料是《宗门武库》和《张协状元》）②。这似乎暗示了这个词至少是从宋代中期或以后才开始使用的。

果然，在北宋中期释道诚（生卒年不详）的《释氏要览》中出现了这个词。这是迄今为止禅林关于"东司"的最早记载，也是文献中关于该词的最早记载。

释道诚大约是宋咸平（998—1003）、景德（1004—1007）年间浙江钱塘人。他在开封时曾任汴京讲经论赐紫沙门。大约于回乡前十年，始寓龙华禅府，后住月轮兰若，寂绝外事，常课藏经。《释氏要览》正是道诚面对天禧三年（1019）秋真宗普度，僧尼数量激增，为教育新人而作。该书卷首崔育林所作序为天禧四年（1020），卷末王随所作跋是天圣甲子（天圣二年，1024）时，可作为书成之时的

---

① 《大慧普觉禅师语录》，《大正藏》，第 47 册第 851 页。
② 袁宾编著：《宋语言词典》，刘坚、江蓝生主编《近代汉语断代语言词典系列》，上海教育出版社 1997 年版，第 77 页。

五　雪隐、东司与佛教厕神

参考。

释道诚在《释氏要览》"屏厕"条中写道："（厕）或曰溷，溷浊也。或曰圊，圊清也。至秽之处，宜洁清故。今南方释氏呼东司，未见其典。"① 这说明，在《释氏要览》的写作时代，南方的僧侣已经使用"东司"这一称谓，惜无更详细的记载。

又检阅、统计北宋中期之后的文献记录，基本能印证释道诚的说法。如长芦宗赜《禅苑清规》、宗杲《大慧普觉禅师语录》②、瞎堂慧远《瞎堂慧远禅师广录》③、济颠道济《钱塘湖隐济颠禅师语录》④、道元《正法眼藏》等，都有对"东司"（或"东厮""东厕"）的记载，作者基本为"南方释氏"。这说明，从文献上看，"东司"一词最早由"南方释氏"传出并记录。

在南宋《五山十刹图》中，也绘制了"东司"。日本大乘寺内藏有此图原本。旧说是日本留学僧人彻通义介（1219—1309）在南宋开庆元年至景定三年间（1259—1262）遍游中国南方径山、天童等禅刹，拜谒名纳，见闻图写丛林礼乐，手绘而成。但横山秀哉指出，《五山十刹图》实际上经由淳祐七年（1247）到宝祐四年（1256）才得以完成，而南宋开庆元年（日本正元元年，1259）入宋的彻通义介是不可能绘制的。⑤ 值得注意的是，书中指出，《诸山额集》所记录的匾额名中就有"东司""东净""西净"⑥ 等。其中，"东司"是厕所之总称，但匾额上也会有"东净"或"西净"之名。《天童寺》和《杭州灵隐寺》等伽蓝图中，还可发现有多个"东司"，且东、西

---

① 富世平校注：《释氏要览校注》，中华书局2014年版，第380页。
② 《大慧普觉禅师语录》，《大正藏》，第47册第826、851页。
③ 《瞎堂慧远禅师广录》，《新纂续藏经》，第69册第587页。
④ 〔明〕沈孟柈叙述：《钱塘湖隐济颠禅师语录》，《古本小说集成》编辑委员会编《古本小说集成》（第4辑第1册），上海古籍出版社2017年版（据日本内阁文库藏明隆庆刊本影印）。
⑤ 〔日〕横山秀哉：《禅宗建筑随想》，收入〔日〕横山正编《日本禅文化丛书》，五轮社2002年版，第25页。
⑥ 这是"东净"与"西净"的首次并称，已是南宋。

皆有。① 由此可知，彼时无论是东面还是西面的厕所，都可以使用"东司"这个名称。这说明，禅林之厕被称为"东司"的传统一直保持着。

至于北宋中期的民间是否也有"东司"之谓，没有相关材料可以证明。日本曹洞宗禅僧面山瑞方（1683—1769）的《洞上伽蓝杂记》（日本安永四年，即1775年刊）记载："唐土于南方，咸呼'东司'，然未知其据。"② 这里说中国南方有普遍使用"东司"称谓的事实，但其文献较晚，很有可能正是遵从了《释氏要览》的说法。

不过，大约南宋中叶（很可能在1235前）温州九山书会才人编演的《张协状元》中就有"东司"一词用于丑角儿的"戏言"。可见，南宋中期的民间的确在使用这个词来表示"厕所"之意。但是，民间（或说"释氏"之外）是从什么时候开始使用的？使用是否普遍？是否在《释氏要览》时代就使用了？是源自当地民间还是借自佛语？都不得而知。

此后，明代陆人龙《型世言》、冯梦龙《醒世恒言》，清代曹去晶《姑妄言》等明清小说中频频出现的"东厮"，应是由"东司"而来。且这种表达仍较晚保存于徽语、吴语、赣语、闽语之中，扎根于中国南方方言。

由上可知，"东司"是禅林厕所的称谓。"东司"一词在作于天禧三年（1019）的《释氏要览》中第一次出现，而且由北宋中期之后的文献记录可证，它的确很可能最早是由"南方释氏"传出并记录的，南宋以后才作为"厕所"的统称，并逐渐混入戏文和小说。

4."东司"之"东"

前面已说，"东司"之"东"，最初不应是东序之"东"，更可能

---

① 参阅张十庆编著：《五山十刹图与南宋江南禅寺》，东南大学出版社2000年版，第114页。
② 《洞上伽蓝杂记》，第852页。

是东边之"东"。但是"东司"是不是就一定建立在东边呢?

① 在部派佛教中,规定厕所不能设置在东边

《正法眼藏》引用《摩诃僧祇律》说:"从今已后应作厕屋,厕屋不得在东在北,应在南在西开风道","从今已后,应作小行处。作法者,不得在北在东,应在南在西开风道。"① 无著道忠亦说天竺精舍,厕院在西或南。此外,《根本说一切有部毗奈耶杂事》卷十和《根本说一切有部毗奈耶颂》卷三说,厕所必须建在"西北之隅"②。从这些文献来看,在部派佛教中,厕所不仅没有设置在东边,而且规定不能设置在东边,一般在南、西、西北,这主要是受当地的具体位置和风向(东北风多)决定的。因寺院是集体生活,僧人聚集,厕所建设主要讲究风向,也是出于卫生考虑。③

② 印度的厕所常在西南,中国的厕所常在西面

唐代道宣的《四分律行事钞》记载:"中国(印度)伽蓝门皆东向故,佛塔庙宇皆向东开,乃至厨厕亦在西南,由彼国东北风多故。神州(汉地)尚西为正阳,不必依中土(印度)法也。"④ 要注意,引文中的"中国""中土"皆指印度。于此,《四分律删繁补阙行事钞》有很多记载。这里说,虽然印度把厕所设置在西南方向,但是汉地和印度的气候条件不一样,而且"尚西为正阳",所以没有必要遵从印度法。言下之意就是说,中国的厕所不一定设置在西南,更应设置在西面。笔者在第三章第二节曾说过中国古代的确有尊西传统。《论衡·四讳篇》说因为"尊西"的缘故不可"西益宅"。这一"尊西"传统可以上溯自仰韶文化时期。半坡遗址的西北面就是厕所。又如直接承袭自中国天童山景德寺结构的日本永平寺⑤,就是将

---

① 〔晋〕佛陀跋陀罗与法显共译:《摩诃僧祇律》,《大正藏》,第 22 册第 504 页。
② 《大正藏》,第 24 册第 247、647 页。
③ 《方便之地话文明》,第 65 页。
④ 《大正藏》,第 40 册 134 页。
⑤ 〔日〕泽田尚幸撰:《日本永平寺》,高华成译,《文明》2002 年第 7 期。

东司设置在寺院中轴线的西面。明代紫禁城的宫厕,也是安排在西面。《水浒传》中也记载厕所在正房的西面。

③ 东北角既是设置厕所的禁忌之位,也是同位之方

中国古人认为,鬼门在艮(东北角),是鬼神出没之地。汉代王充《论衡·订鬼》引《山海经》说:"沧海之中,有度朔之山,上有大桃木,其屈蟠三千里,其枝间东北曰鬼门,万鬼所出入也。"① 旧题汉东方朔的《神异经·中荒经》记载:"东北有鬼星石室,三百户共一门,石榜题曰鬼门。"② 从阴阳风水来看,鬼门至阴,故不能把厕所设置在那里③。厕所本属阴,不能再处于鬼门,因为"暗多则伤魂"④,需阴阳适中、明暗相伴才好。再加上,房子尚阳,右西左东,于是形成了建筑配置上尊西的现象。但是这与沂南汉画像石墓的情况又不吻合,沂南汉画像石墓东侧室后面有一条小走廊与蹲坑式厕所相连。厕所的设立除了模仿现实生活外,就被安排在墓室的东北角。需要注意的是,虽然处理方法不同,但可能正源于同一观念。笔者在前面已经反复说过,有时禁忌的正是崇拜的,反之亦然。东北角作为鬼门,在意象上本就与厕所同位。

关于中国厕所的设置方向,宋代元照的《四分律行事钞资持记》卷下三的这部分注释很值得注意:"今此厨厕多在东北,亦以南西风多故也。"⑤ 这里的具体情况是,元照居住在南方杭州,西南风多,所以厕所多设置在东北方向。另外,在《禅院清规》等清规中,看不到对厕所设置方向的规定。

④ 可以在东,却不必在东

---

① 《论衡注释》,第1283页。
② 〔汉〕东方朔、〔晋〕葛洪、〔晋〕王嘉:《神异经 枕中书 拾遗记》,中华书局1991年版,第30页。
③ 李长声:《厕所考现学》,《读书》1992年第8期。
④ 〔韩〕洪万选:《山林经济》,《韩国学基本丛书》(第8辑),景仁文化社1974年版,第8页。
⑤ 《大正藏》,第40册第398页。

由上可知，至少可以确定的是，"东司"的语源不是来自印度佛教。《汉语大词典》在"东圊"条记载："（东圊）即厕所。旧时建筑，厕所多在屋子东角，故称。"① 李新魁、王光汉、洪成玉、郑张尚芳也先后在自己的论著中赞同此说②。毫无疑问，这些都说明中国的确将厕所东向设置的事实。但对于厕所为什么设置在屋子东角，诸家并没有说明。实际上，中国厕所设置的方位，不必在东角，甚至最早是设在西方而忌讳东方的。有的设置在东面、东北，有的则是在西面、西南、西北，不一而足，其设置的具体方位并非一成不变，与当地的地势、地貌、风向、气候、地域民俗心理等都有关系。

（三）中国禅宗的净头传统

从前两节对"雪隐""东司"的语源考察，我们已经可以窥见佛教厕所及相关规定、沿革、信仰观念的一些特点。本节我们进一步来谈净头传统。

净头，是寺院里打扫厕所的僧人或职事，是寺院列职杂务中的最低层级。一方面，他们所从事的是俗人不愿接纳之恶臭脏乱、卑微低贱之事；另一方面，净头又往往成为佛家修道悟道的方便法门。佛教的厕所又叫"净廊"。"净"虽首先是指视觉所见、嗅觉所闻的干净之义，但在佛教里，更有"象征菩萨的世界"的深奥含义③。佛

---

① 汉语大词典编委会：《汉语大词典》（第 4 卷），汉语大词典出版社 1989 年版，844 页。
② 参阅李新魁：《潮州方言词考源》，《学术研究》1964 年第 3 期。王光汉：《辞书与错字》，《辞书研究》1997 年第 6 期。洪成玉编著：《谦词敬词婉词词典》，商务印书馆 2002 年版，第 256 页。郑张尚芳：《东西探源三题》，《南阳师范学院学报》（社会科学版）2007 年第 10 期。
③ 《东亚的厕所》，第 237 页。

教中的粪,不仅有世俗所讲的含义,更用以比喻三界之见惑、思惑①。大概从唐宋以来,禅林中便逐渐形成了一种传统,即不少有智见的僧人,或以前代著名净头作为学习榜样,模范行事,或将其参语作为座右铭,砥砺前行,并由此发心入道②,"触边明净,道业圆成"③。笔者将这种传统,称之为"净头传统"。所谓"传统",是指世代相传的精神、制度、风俗或技艺,故"净头传统"即为禅林中将做净头执事与佛家修道悟道相联系的一种风尚,是禅林世代相传的一种精神。净头的组成很复杂:犯罪受罚者、有过自省者、初入佛门者、发心入道者,不一而足。

1. 寺院列职杂务中的最低层级
① 净头缘起

由汉而晋,佛教教团有一个从以沙门为中心到以僧众为中心的巨大转变。佛教传入之初,本无教律可言。后来,僧众渐多,因管理的需要便产生了戒律、僧制。经由佛图澄、释道安、鸠摩罗什、支道林、慧远等,逐渐形成严持戒律的僧团。此后,道宣撰写成一系列僧规戒律,佛寺僧伽便由此形成了上座、尊宿、师僧、僧众、奴婢、净人等等级分明、秩序井然的结构面貌。待到中唐,禅宗极盛。百丈怀海综合大、小乘律法于元和九年(814)制订了《百丈清规》,设立了与原有律法不同的丛林新例。从此以后,复于等级森严中增加了平等因素。其所尚之"一日不作一日不食"④,倡导于生活琐事中参禅悟道,影响甚大。丛林轨范建立的过程,也是僧务工作愈加细化的过程。

丛林制度基本完善后,便有了东西二序和十务。除主持和尚外,

---

① 《东亚的厕所》,第165页。
② 〔元〕德辉编:《敕修百丈清规》,《大正藏》,第48册第1132页。
③ 《禅林备用清规》,《卍新续藏》,第63册第649页。
④ 《敕修百丈清规》,《大正藏》,第48册第1119页。

五 雪隐、东司与佛教厕神

西序班首包含首座、西堂、后堂、堂主、书记、知藏、参头、祖侍、烧香、记录、圣僧侍者等。执事为殿主、寮元、钟头、鼓头、印房、夜巡、清众、香灯、司水、耆宿、闲住、护病、打扫、行者、净头等。东序班首包含都监寺、监院、维那、副寺、库头、知众、知客、照客、悦众、典座、直岁、知浴、监收、衣钵、汤药、侍者、庄主等。执事为化主、寮元、寮主、副寮、延寿堂主、净头、米头、饭头、茶头、园头、磨头、水头、炭头、菜头、柴头等。禅林逐渐形成了一套完整的称谓系统。

以上职务中，第一层是住持。所谓住持，取久住护持佛法之意。第二层是西序头首和东序知事。西序头首下有首座、书记、知藏、知客、知浴、知殿等。东序知事下有都寺、监寺、副寺、维那、典座、直岁等。他们都是禅林的实际管理者。第三层是办事，即禅寺中从事杂务之总称，故又称为"列职杂务"。办事也是有等级的，其末等头衔中多冠以"主""头"之称号，用以表示其为某项具体工作的专职人员。净头，便是如此。

故打扫厕所，初无专门职能部门负责。随着寺院列职杂务的细分化、规范化，才产生了净头。但是有了净头之职后，并非意味着净头之外的僧人从此不再打扫厕所，所有僧人皆可发心打扫；也不是说净头别的什么事情都不干，每天只负责打扫厕所，净头的职事范围甚广。寺院的净头，往往具有流动性，常常成为僧人初期历练之必备，而终其一生为净头的僧人甚少。

② 净头职事

"净头"一词既表示打扫寺院厕所的僧人，又表示打扫寺院厕所的职事。"净头"又叫"圊头""净人""净头陀""净头僧"，因净头之事难行，所以"净头"有时又被称为"行者""苦行者"，或叫"持净""苦行"等，而其职能部门叫作"净头寮"。

《敕修百丈清规》"净头"条云："（净头）扫地装香，换筹洗厕，烧汤添水，须是及时。稍有狼籍，随即净治。手巾、净桶，点检添换。"① 这里说净头主要负责扫地、装香、添换（水、手巾、厕筹等）、洗厕（或洗净桶）、烧汤（洗澡水）、整治（随时检查、添换、保持整洁）。此外，《禅林备用清规》卷七亦云："（净头）每朝扫地，装香及时，剔灯点烛，换筹洗厕，出桶拖鞋，手巾干净。汤水宽容，澡豆频添，灰土常满。或时狼藉打并，宜勤讨柴洗筹，俯恤人力。"② 这里除了与《敕修百丈清规》差不多的规定外，还有剔灯、点烛、添换（澡豆、拖鞋、灰土）、讨柴、洗筹。

总之，净头职事繁杂、辛苦。一类是直接与打扫厕所相关，如洗厕、换筹、洗筹、倒屎尿、洗净桶、添灰土（便后拭秽用）、添水、布置手巾等。一类是与洗浴有关，如讨柴、烧水、添澡豆、布置拖鞋等。一类是别的杂事，如扫地、装香、剔灯、点烛等。除此之外，净头还会兼做侍者、园头、菜头、炭头、磨头、饭头等所做之事，如陪侍、行堂、备餐、种菜、挑水等。

值得注意的是，佛教寺院僧务虽分工明确，但因其终极目的不在"此岸"俗务，而在"彼岸"的解脱、证道，所以"净头传统"中的"净头"，工作范围所涉甚广，包括打扫厕所，以及一切打扫或底层工作；也包括磨头、菜头、园头、饭头等一切低级杂务之苦差；甚至涉及头陀行、苦行。但无论如何，都是寺院中亲力亲为的低级杂务。虽然这些僧人是寺院秩序中普通且卑微（从世俗角度而言）的一员，但是不少僧人却借此亲证佛法，故这些工作所透露出来的佛教义理和修为境界又有相通之处。对此，禅林各大清规的编撰者也往往有自觉的认知。

所以，本节"净头传统"中的"净头"，必然会溢出清规中规定的"净头"范围，而将从事一切低级列职杂务的僧人悉数考虑在内。"净头"一词是从清规职务的角度提出来的，但其实真正发心入道的

---

① 《敕修百丈清规》，《大正藏》，第 48 册第 1132 页。
② 《禅林备用清规》，《卍新续藏》，第 63 册第 649 页。

净头，又怎会仅仅局限于打扫厕所呢？同样的道理，发心入道的园头、菜头、炭头、汤头等与发心入道的净头又有何区别呢？甚至一些已经颇有修为的大师，在参悟受挫时，也常常发心领"净头"之职。故本节从"净头"出发得出的一些结论，当然也可以普适于其他列职杂务僧，乃至于更广泛的奉守戒律和苦行的僧众，唯其如此，才能对"净头传统"做一粗线条勾勒，也才有可能体会到其间的佛教精义。

③ 伽蓝圣地

既然净头的工作环境是在厕所这样污垢丛生的地方，那为何名之为"净"呢？中国古代厕所为什么也被称为"清"呢？

一来出于文雅避讳或者讨口彩。二来这里的"净""清"为动词，是用水清洁之意，引申为打扫、清洁、使干净。正因为厕所最是藏污纳垢，比任何地方都更需要洁净清洁，故名之为"净""清"。如《急就篇》颜注认为"厕"之所以言"清"，是因为"其处特异余所常，当加洁清也"①。三来从信仰的角度来看，"圣洁"和"污秽"本就是孪生兄弟。所以污秽之处自然也是可以名之为"净""清"的。没有"污秽"，就没有"圣洁"，就没有修为的方向。这正如李家正文所说："污秽的东西、很丑的东西，才有变成美丽的、被喜爱的余地。"② 同样的道理，马桶既称为"触桶"，又称为"净桶"。寺院厕所也名为"东净""西净"。《禅林象器笺》"净桶"条下解释说："旧说，净桶又名触桶，元（原）是触器，却名净桶者，凡厕是触秽处，故令极净洁为要，以西净、东净为名是也，到器亦尔，故名净桶。"③

如前所言，禅宗文化中的厕所与世俗社会中的厕所相比，有着不同的地位和色彩。寺厕是七堂伽蓝之一。原始佛教将修行斋戒的场所称之为"Sangharama"，意谓"静园"。中国音译为"僧伽蓝"，

---

① 《急就篇》，第 236 页。
② 〔日〕李家正文：《厕博士》，秋田书店 1965 年版，出版后记。
③ 《禅林象器笺》，第 202—203 页。

简称"伽蓝"。慧苑《华严音义》记载:"僧伽蓝,具云'僧伽罗摩'。言僧者,众也;伽罗摩者,园也。或云众所乐往(住)处也。"① 七堂伽蓝分别为:"法堂、佛殿、山门、厨库、僧堂、浴室、西净。"② 西净,又叫东司、净房,即指禅林之厕。又,七堂伽蓝中,僧堂、浴室、西净为禁语、禁笑之所,故又总称为"三默堂"③。可见,不同于世俗厕所,寺院厕所是僧人修行之地,故向来备受重视。

净头行常人难行之事,打扫厕所,琐碎复杂,但又井井有条、丝毫不乱。佛经说打扫厕所具有无上功德。与其说"净头"是在服务自己和广大僧众的色身,不如说是由此发菩提心,进而普度众生。所以,"净头"的净,非自净之意,"而是能代他而净他也"④。"净"也并非只是眼见鼻闻的污秽,而是精神的净洁和超越。如《杭州净慈寺守一法真禅师扫地回向文》说,扫地是为了"色尘清净,尘清净故眼根清净,根清净故眼识清净,声香味触法亦复如是。又愿一世界清净,乃至尽法界虚空界皆悉清净……"⑤《释氏要览》中专门有"屏厕""洗净"条:"洗净有三种:一洗身,二洗语,三洗心。"⑥ 日本12世纪初的《今昔物语集》卷三"长者家净屎尿女婢得道的故事"、卷十九"比睿山天狗报助僧恩的故事"等,⑦ 都可视为注脚。既然如此,那么净头所从事之职,断不能仅仅以世俗眼光——"卑贱"二字视之。

④ 世俗末等

如前所言,禅宗逐渐形成了一套完整的称谓系统。其末等头衔

---

① 《禅林象器笺》,第70页。
② 《禅林象器笺》,第70页。
③ 《禅林象器笺》,第89页。
④ 《禅林象器笺》,第363页。
⑤ 〔宋〕择贤撰,〔元〕永中补,〔明〕如卺续补:《缁门警训》,《大正藏》,第48册第1096页。
⑥ 〔宋〕道诚:《释氏要览》,《大正藏》,第54册第300页。
⑦ 〔日〕源隆国著:《今昔物语集》,金伟、吴彦译,万卷出版公司2006年版,第140页。

五 雪隐、东司与佛教厕神

中多冠以"主""头"之称号,以表示其为某项具体工作的专职人员。其中有庄主(头)、监收等可能获得不菲利益的"美差",也有炭头、园头、净头等负责脏乱低贱之活的"苦差"。① 苦差之最,又当属净头。

明代施耐庵《水浒传》第六回《九纹龙剪径赤松林 鲁智深火烧瓦罐寺》讲到鲁智深来到东京大相国寺,清长老安排他管菜园。他不愿意,想要做都寺、监寺。知客给他解释:"僧门中职事人员,各有头项;且如小僧做个知客,只理会管待往来客官僧众。至如维那、侍者、书记、首座,这都是清职,不容易得做。都寺、监寺、提点、院主,这个都是掌管常住财物。你才到得方丈,怎便得上等职事?还有那管藏的,唤做藏主;管殿的,唤做殿主;管阁的,唤做阁主;管化缘的,唤做化主;管浴堂的,唤做浴主。这个都是主事人员,中等职事;还有那管塔的塔头,管饭的饭头,管茶的茶头,管东厕的净头,与这管菜园的菜头。这个都是头事人员,末等职事。假如师兄你管了一年菜园好,便升你做个塔头;又管了一年好,升你做个浴主;又一年好,才做监寺。"② 可见,净头不仅是苦差之最,且地位最低。

从寺院的空间布局来看,以中间为主,两边为次。中间是强调象征性的神圣空间,两边是偏重功能性的世俗空间(图5-1)。厕所和浴室都设置在两边最末,归属世俗空间范畴的边缘位置。这除了功能上的考虑外,主要是宗教信仰层面的原因。以《大宋五山图说》中天童寺为例,中轴线上便是观音阁、钟楼、佛殿、法堂、穿光堂、大光明藏、方丈等。左侧为僧堂、看经堂、花园、轮藏、首座寮、后堂、宣明、老寮、洗衣处、后架、东司等。右侧则为库院、客院、行者寮、水陆堂、云水寮、涅槃堂、东司、后架、众寮、选僧堂、都

---

① 林韵柔:《唐代寺院职务及其运作》,《魏晋南北朝隋唐史资料》2012年第28辑。
② 〔明〕施耐庵著,闻钟主编:《水浒传》(上册),商务印书馆2017年版,第67页。

神圣与世俗之间

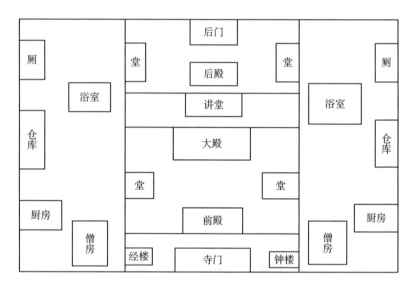

图 5-1 唐宋寺庙殿堂配置图

唐宋时期一般民间寺庙的结构布局图。寺庙中间是神圣空间,而左右两边是世俗空间,为僧人起居生活之所。厕所位于左右两边的最末,与浴室相邻。一方面是出于用水和打扫的方便,另一方面是由于其世俗地位最末

寺寮、副司及监司寮等。以同时期的灵隐寺为例，中轴线上是山门、轮藏、钟楼、佛殿、法堂、檀那（堂）、土地（堂）、祖师殿、前方丈、方丈、坐禅堂。左侧为西藏、供头、经堂、蒙藏、前资、僧堂（包含僧众的照堂、洗面处、洗脚处、火头寮等）、把针处、小遗所、东司、净头寮等。右侧则为众寮、把针处、人力寮、洗面处、东司、火头寮、浴室、水陆院、行者寮、小遗处等。此外，金山寺的情况也差不多，而且东司规模很大。以上这些寺庙的历史都十分久远。天童寺始建于西晋永康元年（300），灵隐寺始建于东晋咸和元年（326），金山寺始建于东晋明帝时期（323—325）。虽然到唐宋，在殿堂配置上已有所修改和增设，但这种"神圣-世俗"的功能区分是一样的，厕所的设置也差不多。中国唐宋寺庙的殿堂设置对日本产生了直接影响。

另外，寺厕虽为佛教七堂伽蓝之一，但在世俗思想干扰下，相比于其他伽蓝圣地，地位低下显而易见。故净头这种专门负责打扫寺院厕所的僧人，自然是属于列职杂务僧中的最末等，是底层中的底层。无怪乎日本学僧义堂周信说："职之最卑，而人所甚恶，莫过乎持净。"① 这当然也反映了宗教教义与宗教信仰在与世俗接洽过程中的妥协，或称之为"方便"行事。

2. "净头传统"的形成和传播

① 弋咸的看法

从文献上看，对"净头传统"的自觉认知始于元人弋咸。弋咸（也作式咸），生卒年不详，有《禅林备用清规》一书流传于世。弋咸本人于至大辛亥年（1311）为此书作序，可知此书流传于世的时间应在1311前后。本书卷七载："净头之职，果自因生……雪豆在

---

① 《空华集》，收入《五山文学全集》，第1637页。

灵隐、牧庵、妙喜宝峰会中，皆服勤斯务矣。"① 弋咸拈出雪窦重显（980—1052）、牧庵法忠（1084—1149）和大慧宗杲（妙喜1089—1163）三人，作为持净悟道的代表性人物，并总结了净头的职事范围：扫地、装香、剔灯、点烛、换筹、洗厕、出桶、拖鞋、换巾、洗涤、加汤、添豆（澡豆）、装灰、讨柴等。言语中对"斯务"，即打扫厕所颇为赞许，并认为净头之职"触边明净，道业圆成"②，评价甚高。

② 月江正印的看法

此后，月江正印（1267—1350后）《振寮元持净求警策偈》又有偈云："执持粪器，着敝垢衣，入净入秽，入水入泥。日用常行三昧，发挥古德风规。赵州东司头不说佛法，狼籍不少；湛堂指甲上放光动地，诚不自欺。生扫帚，破粪箕，得便宜是落便宜。这般标致谁相似？灵鹫山中有隐之。"③ "隐之"即雪窦重显。此偈专谈净头寮，且主要赞美雪窦重显持净美谈，并拈出赵州和尚（778—897）、湛堂文准（1061—1115）作为正反两方面例子，加以比较说明。

由上可知，弋咸和月江正印虽然并没有提出"净头传统"的说法，但显然已将"净头"作为一种"传统"来看待。在二人的"净头传统"序列中，均提到雪窦重显，且在所举数人中，除了赵州和尚外，雪窦重显当属最早。且赵州和尚是被月江正印作为反面例子引入的，所以应从他所认知的"净头传统"中加以排除，如此，雪窦重显实际上都被二人视为"净头传统"的第一人。

③ 雪窦重显作为"净头传统"开创者之奠定

如上所言，在元代雪窦重显是被当作"净头传统"的开创者来看待的。但是，这个看法无疑是元人的杜撰，笔者在本章第一节便

---

① 《禅林备用清规》，《卍新续藏》，第63册第649页。
② 《禅林备用清规》，《卍新续藏》，第63册第649页。
③ 《月江正印禅师语录》，《卍新续藏》，第71册第155页。

五 雪隐、东司与佛教厕神

图 5-2 雪隐

杭州生态旅游公厕中的壁挂和杭州坝子桥边的风景石

已论证雪窦重显的"净头"身份很可疑，是在元代才产生的，甚至有可能就是在弋咸的《禅林备用清规》中获得的。

惠洪（1070—1128）《禅林僧宝传》卷十一只说到"显至灵隐，三年，陆沈众中"①，并没有说到他在灵隐寺做净头。但在《禅林备用清规》中就明确说到雪窦重显从事"净头之职"②。此后，这一观点被普遍继承。

紧接着，竺仙梵仙（1292—1348）又确定了雪窦重显与"雪隐"一词的关系。《竺仙和尚住金宝山净智禅寺语录上》云："他（雪窦重显）昔在灵隐做净头。今灵隐净头寮名曰'雪隐'，即今圆觉净头寮二草字即是。"③借"雪隐"一词的影响，雪窦重显在灵隐寺做净头的事情便更加深入人心。

雪窦重显到底有没有做过净头，书缺有间，姑且不予讨论。但至少可以肯定的是，在弋咸、月江正印、竺仙梵仙以后，雪窦重显曾供职于灵隐寺"净头"的说法以及作为"净头传统"的开创者的地位已不可撼动。这标志着雪窦重显的地位和影响在有元一代进入了一个全新的发展阶段。最后到了明代的《南屏净慈寺志》，雪窦重显的生平便已被修改完毕，其卷四云："显至灵隐，浮沉众中三载，曾奉使归访师，灵隐无识之者，于净头寮舍物色得之，曾询荐书，纳之衣中。"④今日提及雪窦重显生平者基本对此已不再质问。

④"净头传统"的发扬以及在日本的传播

元人的认识直接影响了日本学人的看法，后者进一步奠定和发扬了"净头传统"。日僧义堂周信（1325—1388）在《空华集·贺净头颂轴序》中对净头之行赞叹有加。其序明确说到做杂务，尤其是做净头，是发心入道的宗门祖师的传统。所举之例也不外乎雪窦重

---

① 《禅林僧宝传》，《卍新续藏》，第79册第514页。
② 《禅林备用清规》，《卍新续藏》，第63册第649页。
③ 《竺仙禅师语录》，《大正藏》，第80册第420页。
④ 〔明〕释大壑：《南屏净慈寺志》，明万历刻清康熙增修本。

五 雪隐、东司与佛教厕神

图 5-3 建仁寺

建仁寺是日本最古老的禅寺,最初其净头寮匾额为"雪隐",今已不存

显、大慧宗杲（妙喜）、湛堂文准。亦将雪窦重显视为"净头传统"的肇始者，并认为"雪隐"一词即是对雪窦重显持净的美称。

日僧不琢（生卒年不详）亦在《洞上伽蓝杂记》中直接沿用弋咸《禅林备用清规》之说，同样仍援引雪窦、牧庵、妙喜作为"净头传统"的代表，并认为后学皆是沿着这条法脉来修持的。其云："……建仁寺扁'雪隐'。盖雪窦明觉禅师，在灵隐三岁，勤净头，故后来美之有'雪隐'之称，今为之唱（倡）呼，似为厕屋之名也。大宋牧庵、妙喜在宝峰会中，皆服司净头职，本朝义堂和尚（义堂周信）参梦窗执司役，咸是有德之芳躅也。清拙禅师住建长日，有偈示曰：'妙喜宝峰持净日，隐之灵隐结缘时。芳尘郁郁今如昔，直下承当者是谁？'"①

不琢认为，"雪隐"这个词语及其含义都是源自雪窦重显在灵隐寺做净头的美谈。隐含在这件事情中的法理，足以启迪和引领佛界后学。后面直接说到义堂周信"参梦窗执司役"，承续"净头传统"之行。清拙禅师偈语中也列举到妙喜和雪窦重显。"直下承当者是谁"显然也带有自勉之意。

从日本学人所列举的"净头传统"代表人物来看，日本完全继承了中国元人弋咸、月江正印和竺仙梵仙等人的看法，均认为雪窦重显就是"净头传统"的开创者。但实际上，文献中有早于雪窦重显的持净高僧。中国"净头传统"的代表性僧人也远不止雪窦重显、湛堂文准、牧庵、妙喜这寥寥几位。下面以元代为下限，稍加补充说明之。

3. 高僧持净典故及法语举隅

① 赵州和尚（778—897）

《大慧普觉禅师语录》卷十云："赵州一日在东司上，见文远过，遂唤云：'文远。'远应：'诺。'州云：'东司上不可与尔说佛法。'

---

① 《洞上伽蓝杂记》，第852页。

颂云：赵州有密语，文远不覆藏。演出大藏教，功德实难量。"① 表面上，赵州说东司不能说话，实际上，他却在东司叫文远过来，然后跟他说这里不能说佛法，很可能是给他一个机缘，这正是大慧所说的"密语"。又《幻住庵清规》卷一云："赵州东司头不是说佛法处之神机，（脱略），古灵为本师揩背之妙用，以报无功用行，岂小补哉！"②"神机"二字亦颇有所指。但后来诸家在引用赵州这句话的时候，并没有注意到这个意思。可见，月江正印说"赵州东司头不说佛法，狼籍不少"即是个误解。佛门清规的确一般要求规避厕所等"不敬""污秽"之处。比如，如厕时若带有佛珠，则要先取下来安放妥当，方可如厕。月江正印就此从表面来理解赵州和尚的"东司头不说佛法"是因在如厕，实在是曲解了。赵州示徒东司有"密语""神机"，且终也在"屙屎送尿"③中悟道。《黄檗断际禅师宛陵录》有载："僧（黄檗）问赵州：'狗子还有佛性也无？'州云：'无。''但去二六时中看个无字。'昼参夜参行住坐卧，著衣吃饭处、阿屎放尿处。心心相顾，猛著精彩，守个无字，日久月深打成一片，忽然心花顿发，悟佛祖之机。"④ 又，《赵州和尚语录》记载："（僧徒）问：'学人有疑时如何？'师云：'大宜小宜？'学（僧徒）云：'大疑。'师云：'大宜东北角，小宜僧堂后。'"⑤ 此处，"宜"，即"遗"。"大宜小宜"即"大遗小遗"，就是大便小便的意思。《赵州和尚语录》还记载："刘相公入院，见师扫地，问：'大善知识，为什么却扫尘？'师云：'从外来。'"⑥

② 雪峰义存（822—908）

---

① 《大正藏》，第 47 册第 851 页。
② 《幻住庵清规》，《卍新续藏》，第 63 册第 580 页。
③ 《镇州临济慧照禅师语录》，《大正藏》，第 47 册第 498 页。
④ 《黄檗断际禅师宛陵录》，《大正藏》，第 48 册第 387 页。
⑤ 《赵州和尚语录》，《嘉兴藏》，第 24 册第 365 页。
⑥ 《赵州和尚语录》，《嘉兴藏》，第 24 册第 367 页。

日本有的佛教辞典说"雪隐"一词是因雪峰义存在厕所中大悟而得名。如《大汉和辞典》引《乌瑟沙摩经注》说："福州雪峰义存禅师，常在扫除，于是大悟，故名矣。"但是这个典故，笔者经多方确认，仍未能找到《乌瑟沙摩经注》的原文。笔者认为，这一说法首次见于《书言字考节用集》（享保二年，即 1717 年刊）的记载："雪隐セッチン厕也。传云，福州雪峰义存禅师，常往扫除，于是得大悟，故名矣。"① 在这里被记载为"传云"的内容和《大汉和辞典》的引用基本相同。此外，又见于江户后期的随笔——田宫仲宣的《呜呼矣草》（文化三年，即 1806 年刊）所引《乌刍沙摩明经》："福州雪峰义存禅师，常往厕所打扫干净，于是大悟，其故名为雪隐。"② 然而，这个说法存在疑点。首先，从行文和内容来看，这应该是在日本被加入的内容。今《大正藏》所载各种关于乌刍沙摩明王的经典均不载雪峰做净头事，只说他做过饭头。见元释觉岸《释氏稽古略》卷四："雪峰义存在德山作饭头。一日德山托钵赴堂，雪峰曰：钟未鸣，鼓未响，托钵向甚么处去？"③ 其次，现在所见的雪峰塔铭和其他记载雪峰行状的禅宗典籍中，并没有记载雪峰有过在厕所里悟道的事情。但据今人释本学未出版的《秽迹金刚广论》，雪峰义存禅师曾传授秽迹金刚法④，不知其为"净头"身份是否由此法而来。《邵武县志》记载有刘、杨、龚三人跟着雪峰义存学瑜伽法⑤，其尊相就是秽迹金刚愤怒尊。这些晚起的说法仅作参考。

③ 玄沙和尚（835—908）

《虚堂和尚语录》卷四云："玄沙和尚，精持头陀苦行。日间开畲种粟，引水灌蔬。夜间勤于香灯，持净扫地。闽王不时宣，入禁

---

① 《书言字考节用集》，收入《东光山学术文献集成》，第 147 页。
② 《呜呼矣草》，第 218 页。
③ 《释氏稽古略》，《大正藏》，第 49 册第 878 页。
④ 该书称，公元 732 年译出的有关秽迹金刚的经典中有此记载，但不知何据。
⑤ 〔清〕李正芳、张葆森修纂，邵武方志委整理：《邵武县志》卷十四《仙释》，1986 年版，第 437 页。

中说法。归来其苦行寒暑不易。"①

④ 爱堂妙湛（生卒年不详）

《枯崖漫录》卷一载："爱堂妙湛禅师，依水庵于杭之净慈，为水头、净头。一日，于寺前举扇化钱，忽然猛省，因忘缩臂。旁僧诃曰：'呆子！扇上有钱了。'通身汗出，掖归白水庵而印可之。亦有颂示之云：'一堆屎上一尊佛，放出毫光照天地……'"②

⑤ 归省（生卒年不详）

嗣法于汝州首山省念禅师，大概与善沼（945—1022）、洪諲（？—901）时代相去不远。③《续传灯录》载有他的两则法语："（开堂僧）问：'如何是清净法身？'师曰：'厕坑头筹子。'问：'如何是戒定慧？'师曰：'破家具。'"④"厕坑头筹子"乃"清净法身"！在禅宗思维里，世俗的"污秽"与"圣洁"无本质区别，唯有"相"之不同耳。所以雪窦重显所说的"身如行厕"⑤与归省所说的厕筹是"清净法身"体现了相同的法理。

⑥ 大慧宗杲（1089—1163）

《大慧普觉禅师年谱》载："二十四岁，居侍者寮……一日侍次，湛堂视师指爪云：'想东司头筹子不是汝洗。'师即承训，交代黄龙忠道者，作净头九个月。按普说：'某自闻湛堂和尚此说，终生不养爪甲，才长一菽不剪，湛堂和尚便于手指上出现，此乃诚服其训导也。'"⑥ 又"二十五岁在净头寮，因书云峰悦和尚小参语于座右，

---

① 〔宋〕虚堂智愚著，妙源编：《虚堂和尚语录》，《大正藏》，第47册第1017页。
② 〔宋〕圆悟：《枯崖漫录》，《卍新续藏》，第87册第26页。
③ 李森编著：《中国禅宗大全》第三辑《中国禅宗名僧谱》，长春出版社1991年版，第1163页。
④ 〔明〕释居顶：《续传灯录》，《大正藏》，第51册第470页。
⑤ 雪窦重显曾书《戒进后学文》于壁云："身如行厕，利称软贼。百年非久，三界无安。可惜寸阴，当求解脱。"见《禅门诸祖师偈颂》，《卍新续藏》，第116册第755页。
⑥ 〔宋〕祖咏编：《大慧普觉禅师年谱》，《嘉兴藏》，第1册第794页。

一日广道者至寮见之，乃私语湛堂曰：'宣州杲兄以云峰小参为警慕，非碌碌余子之比。'湛堂曰：'此子他日必能任重致远。'"① 这些材料不仅论述大慧宗杲，也述及湛堂文准，此二人在前文弋咸和月江正印的"净头传统"论说中曾被提及，是著名的持净典故。

⑦ 佛心才（1131—1162）

《五灯会元》卷十八云："潭州上封佛心才禅师。福州姚氏子，幼得度受具游方，至大中依海印隆禅师。见老宿达道者看经，至'一毛头师子，百亿毛头一时现'。师指问曰：'一毛头师子作么生得百亿毛头一时现？'达曰：'汝乍入丛林岂可便理会许事？'师因疑之，遂发心领净头职。一夕，泛扫次，印适夜参，至则遇结座，掷拄杖曰：'了即毛端吞巨海，始知大地一微尘。'师豁然有省。"② 读经时遇到难题，也经发心做净头而参悟。

⑧ 佛鉴无准（1177—1249）

《断桥妙伦禅师语录》卷下云："佛鉴奉诏登径山。因再参焉，命掌法藏，既复自惟曰：宴安鸩毒，苟劳身利众，吾何为不勉？持净一年，拂垢涤秽，皆躬为之。佛鉴亟称于众，遂延为第二座。"③ 佛鉴因做净头，劳身利众，道业精进，名声大动。

⑨ 铁牛持定（1240—1343）

《南宋元明禅林僧宝传》卷八记载："灵云铁牛定禅师……定初得度于肯庵勤禅师处，常读《杂华经》，以为积功累行修行旷劫始得成佛。复自忖曰：'审如是众生，无有成佛之期耶？'乍闻教外别传之旨，身心踊跃，疾走参雪岩钦公，乞居槽厂，喜作净头。钦怜之曰：'禅者无太劳乎？'定对曰：'欲求无上妙道，岂敢言劳？'钦示以偈曰：'昭昭灵灵是甚么，眨得眼来已蹉过。厕边筹子放光明，直

---

① 《大慧普觉禅师年谱》，《嘉兴藏》，第1册第794页。
② 〔宋〕普济著：《五灯会元》，《卍新续藏》，第80册第374页。
③ 〔宋〕断桥妙伦：《断桥妙伦禅师语录》，《卍新续藏》，第70册第571页。

下原来只是我。'"① 铁牛持定开始笃信"积功累行修行旷劫始得成佛",进而生疑,后通过"居槽厂""作净头"这样的苦行发心得道,足见其对"净头传统"的秉承。

以上所列不过冰山一角,但由此管窥中国禅宗"净头传统"的源远流长已经足够。一种传统的形成必然有其深刻的原因,"净头传统"亦然。持净,包括做一切低级杂务、苦行,之所以成为禅家修道悟道的方便法门,与佛教自身的教义和信仰密切相关。

4. 净头的功德

① 打扫的功德

佛教原始经典就记载打扫具有无上功德。《根本说一切有部毗奈耶杂事》卷十四云:"尔时世尊意欲令彼乐福众生,于胜田中植净业故,即自执彗欲扫林中。时舍利子、大目乾连、大迦摄波、阿难陀等,诸大声闻见是事已,悉皆执彗共扫园林。时佛世尊及圣弟子,遍扫除已入食堂中就座而坐。佛告诸苾刍:'凡扫地者有五胜利。云何为五?一者自心清净;二者令他心净;三者诸天欢喜;四者植端正业;五者命终之后当生天上。'"② 打扫具有"五胜利",不仅可以让自己、他人内心清净,让天人欢喜,还是在培植正业正根,死后可以成为天人。对于信徒来讲,利益是很深厚的。

东晋僧伽提婆所译《增一阿含经》卷二十五记载世尊告诸比丘:"夫扫地之人有五事不得功德。云何为五?于是,扫地之人不知逆风,不知顺风,复不作聚,复不除粪,然扫地之处复非净洁。……扫地之人,成五功德。云何为五?于是,扫地之人知逆风、顺风之理,亦知作聚,亦能除之,不留遗余极令净好。是谓,比丘!有此

---

① 〔清〕自融撰,性磊补辑:《南宋元明禅林僧宝传》,《卍新续藏》,第 79 册第 619 页。
② 〔唐〕义净译:《根本说一切有部毗奈耶杂事》,《大正藏》,第 24 册第 266 页。

五事成大功德。"①《四分律》所载亦同。这里是从反面说，扫地虽是成就大功德的事，但是如果做不好，反作用也大，所以对待此事应严肃、恭敬、一丝不苟。

又，《缁门警训》记载《杭州净慈寺守一法真禅师扫地回向文》云："以此扫地功德，回向法界众生。色尘清净，尘清净故眼根清净，根清净故眼识清净，声香味触法亦复如是。又愿一世界清净，乃至尽法界虚空界皆悉清净，同诸如来光严住持，圆觉伽蓝清净觉地，永断习气净秽二边，凡圣垢染一尘不立，如是愿清净智亦复清净。"②此回向文，表达的是通过扫地达到"遍一切处""遍一切时"的清净。

② 扫厕的功德

据佛教清规，打扫厕所可以消灾免过、色身康泰、福慧增长。《禅苑清规》云："净头者，行人之所甚难，当人之所甚恶，可谓无罪不灭，无病不愈，无福不生。"③《禅林备用清规》亦云："净头之职……触边明净，道业圆成。"④可见，佛教教义是以"功德"来劝诫人打扫厕所的。

反之，如果某人福田薄、功德少，甚至有错犯罪，做净头或杂务就是最佳的消错灭罪良方。如"福严置和尚，东川人。初游方，见真如和尚发明正见。在沩山知客寮立僧。因语言过失，乞退作园头，以赎其罪。真如云：'汝福薄，事园供众乃所宜也。'终二年求替，辞真如，要参真净五祖去"⑤。福严置和尚因对僧人有"语言过失"，所以乞做"园头"赎罪，培植福田。

又《释氏要览》引《十诵律》云："瓶沙王见大迦叶自蹋泥修

---

① 〔晋〕僧伽提婆译：《增一阿含经》，《大正藏》，第2册第688页。
② 《缁门警训》，《大正藏》，第48册第1096页。
③ 〔宋〕宗赜著，苏军点校：《禅苑清规》，中州古籍出版社2001年版，第50页。
④ 《禅林备用清规》，《卍新续藏》，第63册第649页。
⑤ 〔宋〕道谦编：《大慧普觉禅师宗门武库》，《大正藏》，第47册第947页。

屋。王于后捕得五百贼人。王问：'汝能供给比丘，当赦汝命。'皆愿。王遂遣往祇园。充净人谓为僧作净。免僧有过，故名净人。"① 贼人供给比丘充净人就可以赎罪保命，可见做净人的功德。净人除了负责净头的工作外，还有另外两个职能：为众僧给侍及担任浴室行者。

③ 建厕、治厕、如厕是佛教修持的重要组成部分

关于建厕、治厕的要求，佛教律法也有相当程序化的规定。《摩诃僧祇律》卷三十四记载了修治厕所的详细规定，尤其要讲究设置方位、禁忌（不得在东在北）、因地制宜（地势高低、开风道）、器物规制（应作两孔三孔，孔广一不舒手、长一肘半等）、重视隔离（安厕箔）等。关于如厕，此律典又载佛言："上厕法应如是知，云何如是知？不得临急已然后上厕，应当如觉欲行便往。往时不得默然入，应弹指。若内有人，亦应逆弹指。若大急者，应背蹲先人，应相容处，不得未至便高举衣来，当随下随褰。不得着僧卧具上厕，不得厕上嚼齿木，覆头覆右肩，应当偏袒。不得在中诵经、禅定、不净观及以睡眠，令妨余人。起时不得高举衣起去，应随下随起。"② 可谓琐细之至。

随着律典的逐渐完善，有关治厕和如厕的规定愈加细致烦琐。就如厕而言，又特别注重如厕的礼仪规范和便后的清洁工作。这些轨范一直在汉传佛教中延续。如唐慧琳《一切经音义》所载："欲上东司，应须预往，勿致临时内逼仓卒。乃叠袈裟安寮中案上或净竿上，问讯而去。即先披挂子，然后左臂搭净巾，不得由尊殿经过。于东司近外净竿上安挂子手巾讫，卷裙叠偏衫，搭东司前竿上。仍置偏衫于裙上，以腰绦系之，一以记号，二恐堕地。右手瓶诣厕，弃鞋亦须齐整。轻手掩门，低手放瓶。临厕弹指三下，以警噉粪之

---

① 《释氏要览》，《大正藏》，第 54 册第 303 页。
② 《摩诃僧祇律》，《大正藏》，第 22 册第 504 页。

鬼。不得涕唾狼籍，努气作声，厕筹划地，隔门壁共人语笑。洗净之法，冷水为上，如用热汤引生肠风。右手提瓶，左手用水（仍护第一第二指），不得撒水污地及槽唇左右。用筹不得过一茎（有人用筹讫，自洗而出）。洗手先灰，次土，至后架用皂荚澡豆并洗至肘前。盥嗽讫（准律须嚼杨枝），还至本处，收挂子净巾，问讯袈裟披之。准律，若不洗净不得坐僧床及礼三宝，亦不得受人礼拜……"①

为何如此重视建厕、治厕和如厕威仪？因为这是佛教修持的重要组成部分。东晋提婆所译的《增一阿含经》卷十说："近道作圊厕，人民得休息。昼夜得安稳，其福不可计。"②南朝宋释僧伽跋摩所译的《分别业报略经》说造厕的功德是"……后无便利患。身心常清静，见者无不欢。缘是离诸垢，究竟获大安"③。北宋道诚所撰《释氏要览》引《虚空藏经》说："若忏罪人，治厕八百日能灭罪咎。"④宋代延寿所述《万善同归集》引西晋法立与法炬共译的《福田经》说，佛告诉天帝和大众，因为他前世在道旁安设了圊厕，"缘此功德，世世清净。累劫行道，秽染不污。金色晃昱，尘垢不着。食自消化，无便利之患"⑤。也正是因为此功德，《诸经要集》引《大悲经》说，凡佛陀所过之处，"一切丘陵坑坎，屏厕臭秽，丛林瓦砾，皆悉扫除，平生清净，馨香芬烈众华布地"⑥。所以佛教修持者努力求"净"，向往、追求佛陀的境界。

④"除秽"即"得净"

如上各种经典、律法的规定，不过是希望学人通过这些轨范培养学佛的勇猛精进，思维佛教义理的了了分明，破除颠倒世界的见

---

① 〔唐〕慧琳：《一切经音义》，《大正藏》，第 54 册第 540—541 页。
② 《增一阿含经》，《大正藏》第 2 册第 596 页。
③ 〔南朝宋〕释僧伽跋摩译：《分别业报略经》，《大正藏》，第 17 册第 448 页。
④ 《释氏要览》，《大正藏》，第 54 册第 300 页。
⑤ 〔宋〕延寿述：《万善同归集》，《大正藏》，第 48 册第 980 页。
⑥ 〔唐〕道世：《诸经要集》，《大正藏》，第 54 册第 3 页。

闻觉知，最后寻觅到"遍一切处""遍一切时"的真实菩提心。既然是"遍一切处"，自然包括厕所。所以，越是在"不净"的地方，越是能涤除"不净"，越是能真正实现"遍一切处"的"净"。可以说，禅学精髓乃至整个佛教，始终暗含着一条由"不净"到"求净"、"除秽"即"得净"的追寻路线。坐禅的五大法门之一，就是观不净，即观察不洁净的事物，静思其变化因由，以抑制内心欲望的扩张。这里的"秽""不净"，当然不止于事物表象的污秽肮脏，而更有精神世界的尘垢染着。因此，往往采用比较极端的方式去破除。

如佛典记载出家人要穿粪扫衣。何谓粪扫衣？《大宝积经》卷二云："粪扫衣者，多闻知足上行比丘常服衣也。此比丘高行制贪，不受施利，舍弃轻妙上好衣服，常拾取人间所弃粪扫中破帛，于河涧中浣濯令净，补纳成衣，名粪扫衣，今亦通名纳衣。"①《四分律》说到其种类有十种："牛嚼衣、鼠啮衣、火烧衣、月水衣、产妇衣、神庙中衣、若鸟衔风吹离处者冢间衣、求愿衣、受王职衣、往还衣，是谓十种粪扫衣。"② 穿这种衣服有十种利益（功德）："一、惭愧。二、障寒热毒虫。三、表示沙门仪法。四、一切天人见法衣尊敬如塔。五、厌离心者染衣非贪好。六、随顺寂灭非为炽然烦恼。七、由着法衣有恶易见。八、更不须余物庄严故。九、随八胜道故。十、我当精进行道不以染污心于须臾间。"③ 此外，《佛祖统纪》《十二头陀经》等，还记载了破除一切骄慢、散乱和烦恼的方法是"乞食法"。④

由上可知，穿粪扫衣具有"十种利益"与打扫具有"五胜利"、持净"无罪不灭，无病不愈，无福不生"一样，其内在的佛教义理

---

① 《禅林象器笺》，第71—72页。
② 《禅林象器笺》，第71—72页。
③ 《禅林象器笺》，第71页。
④ 《禅林象器笺》，第71—72页。

291

都是相通的。既然日用就是修行，那么扫厕、修厕、治厕、如厕都关联着佛教修持，暗含着禅宗精义中破除五阴的努力。只有破除了五阴，才能破除我执，最终获得解脱道或佛菩提道，如此种种正是"净头传统"绵延不绝的重要内因。

（四）佛教厕神信仰

作为一种有着古老宗教底蕴的宗教，佛教外在的日用轨范和义理又往往根植或伴生着内在的神灵信仰。"净头传统"的形成若从其信仰根源来说，即是佛教的厕神信仰。

1. 属于鬼道众生的厕神

佛教经典零零星星分布着不少厕神。大部分厕神，名为厕神，实为厕鬼，在佛教中属于鬼道众生，如毕舍遮鬼。《佛说施饿鬼甘露味大陀罗尼经》就记载厕神毕舍遮的主要职责是"守厕"，伺人不净食。① 《大佛顶如来密因修证了义诸菩萨万行首楞严经》厕神作"毗舍遮"，是梵文 Piśāca 的音译，是佛教八部鬼众之一。据玄应《音义》卷二十一、慧苑《音义》卷下、慧琳《音义》卷十八所述，他是食人精气或啖食血肉之鬼；据《吠陀》，其地位在罗刹之下，是害人的恐怖恶鬼；在密教中，位于胎藏曼荼罗外院，形象皆如饿鬼，手持人之手足或头颅。

《毗尼母经》记载厕神是盲人，在入厕之前咳三声，他就会跑走。所以日本学者西冈秀雄认为厕神为盲人的说法是从印度经朝鲜传入日本的。有的佛经说到厕神是"护厕"鬼神，是守护粪坑屎尿的。如《佛说护净经》讲到，一个比丘因为"以不净食食众僧"，遂堕入饿鬼道，日夜在厕所边呻吟。饥渴五百年，"正欲趣（趋）厕用

---

① 《佛说施饿鬼甘露味大陀罗尼经》，《大正藏》，第 21 册第 485 页。

食不净"即遭遇护厕鬼神用铁杖杖击。"此鬼食人脓血、涕唾及荡涤恶汁,常伺捕妇女产血不净,以为饮食。复经五百世,堕猪狗蜣螂之中,常食臭粪不净。受斯苦剧,累世如此,于百千劫,无有出期,难得解脱,痛不可言。"① 这则材料中不仅有"护厕神",还有"噉粪鬼"。虽同属鬼道众生,但性质又有别。

《佛说观佛三昧海经》卷五中记载佛告阿难:悭吝之人死后将受到种种惩罚,将堕入铁窟地狱,遭受"饿鬼道中最上苦法",最后"生食唾鬼、食脓鬼、食血鬼中,罪毕复生厕神猪狗,罪毕复生贫穷卑贱无衣食处,遇善知识发菩提心"②。经文大力渲染了悭吝之人死后遭遇的种种恐怖惩罚。终不得善处,一直在三恶道中流转。这里的厕神当属饿鬼类。正因为是在饿鬼道,所以需要善知识拔济。《法华经持验记》卷上"宋扬州释慧果"条也记载一长年吃素的法师,曾经在厕所里面遇到一个"噉粪鬼"求他救拔:"(噉粪鬼)昔为众僧作维那,小不如法,堕在厕鬼中。法师慈悲,望垂拔济。有钱三千埋柿树下,愿取为福。师告众掘钱,为造《法华经》一部。后复梦鬼云蒙慈力已得改生,致谢而去。"③

唐道宣所撰《四分律行事钞简正记》卷十六还记载了一系列如厕禁忌。比如,如厕前,必须在厕所外面"三弹指",否则就会犯冲;不能衣衫不整,甚至裸体如厕,否则就会触怒厕神遭遇不测。④《白泽图》也记载:"百年厕精名旗得,状如人,恶闻人音,故至厕而咳也。"⑤ 三弹指也好,假咳也好,这类行为禁忌,都是为了避免冲犯厕鬼。这一观念到底是源自中国本土,还是来自佛教,还

---

① 《佛说护净经》,《大正藏》,第 17 册第 565 页。
② 〔晋〕天竺三藏佛陀跋陀罗译:《佛说观佛三昧海经》,《大正藏》,第 15 册第 673 页。
③ 《法华经持验记》,《卍新续藏》,第 78 册第 68 页。
④ 《四分律行事钞简正记》,《卍新续藏》,第 43 册第 456 页。
⑤ 游自勇:《〈白泽图〉与〈白泽精怪图〉关系析论——〈白泽精怪图〉研究之二》,《出土文献研究》(第十辑),中华书局 2011 年版,第 353 页。

神圣与世俗之间

图5-4 《救济饿鬼道之饿鬼草纸图》（局部）

日本平安时代的六道绘，藏于京都国立博物馆。穿着木屐的男女老少蹲在路上大便，旁边是等待着食粪的饿鬼，又称为"食粪鬼"

五 雪隐、东司与佛教厕神

有待进一步考察。

生前极其贪婪悭吝，以及对出家人不恭敬的人死后会堕饿鬼道专食粪便。这种思想当然是印度佛教的产物。在佛教里面，恶鬼与污秽的粪便总是联系在一起的。这些思想在后世民间故事中比比皆是。比如，日本镰仓时代前期故事集《宇治拾遗物语》里记载了一个释源性故事：一个大胃王，别人给他十石米饭，他一吃而光。实际上并不是他吃的，是紧跟在他后面的恶鬼和妖怪吃的。但是人们肉眼凡胎看不见鬼怪。大吃一顿后的恶鬼在回去的路上呕吐，把整个街道都铺满了粪便。此后，人们便把这条路叫"小粪路"。①

上面这些厕神（鬼），属鬼道众生，神位极低。这从后世的祭祀仪轨简陋也可以看出来。《百丈清规证义记》卷八记载："（初九）普供世间诸圣凡者。一、正觉世间，佛菩萨等四圣也。二、有情世间，天人修罗等六凡也。三、器圣中。如弥陀、弥勒、文殊、普贤、观音、势至、准提地藏及达磨、百丈、天台、贤首、南山、远公，乃至斋堂、田园土地等。……凡上四圣供，不用纸元，用则反不敬。……又门神、厕神、田园神等，须用纸元。内唯圊房厕神，但供食物、纸元等，而不念诵。"②又，据《法界圣凡水陆胜会修斋仪轨》卷三记载，法师在水陆法会上祈请的神灵中，也有厕神，且被纳入城隍神众，属于冥界神灵。其云："二十四道诸土神众、中庭力士、屋上广汉、主泉神、主单神、主园林神、主后厕神。一切神众，本寺普同搭，大坟小墓，守护茔域诸神众。"③总之，依据以上顺序、规格，可知厕神位格最低，祭祀仪轨最为简陋。

如上属鬼道众生的厕神，其出现常有四种情况：1. 厕神往往是人作恶后的业报体现，是作为惩罚性结果出现的，所以需要善知识

---

① 参阅《东亚的厕所》，第180页。
② 《百丈清规证义记》，《卍新续藏》，第63册第512页。
③ 《法界圣凡水陆胜会修斋仪轨》，《卍新续藏》，第74册第803页。

的救拔。2. 有的经典明确其职司为守护厕所屎尿不为饿鬼所食,是守厕神,其活动范围在厕所。3. 还有的经典记载,厕神本身就是饿鬼,即噉粪之鬼。4. 佛教厕神也屡屡透露出其与冥间神灵的关联,具有阴森恐怖的特点,如佛教经典对厕神郭登的借用。日僧净慧在《金刚经灵验传》卷中就引用了钱方义遇厕神郭登之事。① 除了上面这些厕神(鬼),佛教最著名、威力最大的厕神当属乌刍沙摩明王。

2. 佛教厕神乌刍沙摩明王

乌刍沙摩明王,梵名"ucchusma",音译另有"乌枢瑟摩""乌枢瑟么""乌枢沙么"等,又叫"火头明王""北方金刚夜叉明王""不净洁金刚""除秽忿怒尊""毗耶夜伽""火神阿古尼""火头金刚""火大圆通""大权神王""不坏金刚""秽迹金刚""除秽金刚""金刚夜叉""金刚药叉""金刚啖食""金刚焰口明王""大黑明王"等等。意译为秽迹、秽积或不净洁等。"明王"是佛和菩萨的变化身。"明"的意思是光明,尤其突出智慧的光明。佛教认为,乌刍沙摩具有深净大悲、不避秽触、消除分别妄见、摧毁魔障、转"不净"为"净"之大威德。

《楞严经》有载:"乌刍瑟摩,于如来前,合掌顶礼佛之双足而白佛言:'我常先忆,久远劫前性多贪欲,有佛出世名曰空王,说多淫人成猛火聚,教我遍观百骸四肢诸冷暖气,神光内凝,化多淫心成智慧火,从是诸佛皆呼召我名为火头,我以火光三昧力故成阿罗汉。心发大愿,诸佛成道,我为力士亲伏魔怨。佛问圆通,我以谛观身心暖触无碍流通,诸漏既销,生大宝焰,登无上觉。'"② 乌刍沙摩性本多淫,后受释迦牟尼教化,认识到多淫如猛火聚而自焚的道理而最终修成阿罗汉,誓愿以大威光烧尽众生不净贪欲之心。其

---

① 《金刚经灵验传》,《卍新续藏》,第 87 册第 512 页。
② 〔唐〕般剌蜜帝译:《大佛顶如来密因修证了义诸菩萨万行首楞严经》,《大正藏》,第 19 册第 127 页。

形象呈愤怒相，从诸毛孔流出火焰，四臂具足，右手执剑，下手持罥索，左手持棒，下手持三股叉，所有器杖皆起火焰。（见图5-5）有的地方塑像为一面二臂，戴骷髅冠，怒发上冲如火焰。赤身，两手执独股金刚杵，四肢毒蛇盘绕。①

图 5-5 乌刍沙摩明王像

第一幅图为北魏时期麦积山第78窟火头明王及供养人等像；第二幅为南宋大佛湾第22号龛大火头明王；第三幅图为南宋大佛湾第22号龛大秽迹金刚明王。以上诸明王在佛教经典中，实际上为乌刍沙摩明王之不同称谓

佛教传入中国的同时，印度信仰也随之传入。乌刍沙摩明王最著名的故事应属"尽食粪城"。综合很多经典讲述的内容，大体如此：修罗和梵天帝释斗战时，修罗向不动明王求援。帝释认为明王嫌臭气，故以粪筑城。结果明王不忌，且速食粪城。从此以后，不动明王化身之乌刍沙摩明王作为厕神被崇拜。不动明王以愤怒之相将恶魔扫到火焰里，是用火净烧粪的厕所之神，尤被禅家所尊信。

又说，乌刍沙摩明王（不坏金刚）为如来左心所化，具有化不净为净的大威力，于如来灭后救度众生，方法主要是诵咒。如唐北天竺国三藏沙门阿质达霰译《秽迹金刚说神通大满陀罗尼法术灵要门》记载如来临入涅槃时，无量百千万众天龙八部人非人等都来供养他，并"啼泣向佛，四面哽咽，悲恼而住"，只有螺髻梵王此时正

---

① 杨郁生：《白族美术史》，云南民族出版社2005年版，第190—191页。

"将诸天女,依于四面围绕而坐。前后天女千万亿众,共相娱乐。闻如来入般涅槃而不来觐省"。众人认为螺髻梵王有我慢之心,前去捉拿,"乃见种种不净而为城堑",皆犯咒而死。这时如来"即以大遍知神力,随左心化出不坏金刚,即于众中从座而起"说:"我有大神咒能取彼梵王。"于是在"大众之中显大神通,变此三千大千世界,六返震动。天宫龙宫诸鬼神宫皆悉崩摧。即自腾身至梵王所,以指指之,其彼丑秽物变为大地"。终以金刚不坏之力,取彼梵王至如来所,众人皆赞叹,随后不坏金刚发誓愿:"若有世间众生,被诸天恶魔一切外道所恼乱者,但诵我咒十万遍,我自现身令一切有情随意满足,永离贫穷,常令安乐。其咒如是:先发此大愿,南无我本师释迦牟尼佛,于如来灭后受持此咒。誓度群生,令佛法不灭,久住于世。"①

实际上,螺髻梵王和乌刍沙摩明王(不坏金刚)是一而二、二而一的关系。如在佛教大乘经典《维摩诘经》中记载,当舍利弗抱怨国土不净说"我见此中亦有杂糅,其大陆地则有黑山石沙秽恶充满"时,螺髻梵王劝说他"贤者以闻杂恶之意,不猗净慧视佛国耳。当如菩萨等意清净,倚佛智慧,是以见佛国皆清净"。② 又如,《密迹力士大权神王经偈颂序》又说大权神王(不坏金刚、乌刍沙摩明王)降伏螺髻梵王后,"划四大宝印书、四十二灵符指结、五印契悉皆付与。螺髻梵王受持奉行。尔时化佛与螺髻梵王摩顶授记,号清净光明如来。已于是化王复隐入本王身中。本王紫金光聚隐入金棺"③。可见,螺髻梵王经由乌刍沙摩明王摄受,完全接受了"秽迹金刚法"。此处螺髻梵王就是乌刍沙摩明王(不坏金刚)的代言,就是佛

---

① 此段引用皆出自〔唐〕阿质达霰译:《秽迹金刚说神通大满陀罗尼法术灵要门》,《大正藏》,第21册第158页。
② 〔三国吴〕支谦译:《佛说维摩诘经》,《大正藏》,第14册第520页。
③ 〔元〕智昌述:《密迹力士大权神王经偈颂序》,《大正藏》,第32册第777页。

陀化现的法身大士"为欲度斯下劣人故，示是众恶不净土耳"①，由此来示现色究竟和小乘偏见："百二十恶转为功德果，八万四千转为光明相。皆汝心造非从外处来，青天无物黑云鼓扇起。"②

禅宗寺院七堂伽蓝中，每一处都有特定的佛像被供奉。据《五山十刹图》，僧堂有文殊菩萨，众寮有观音大士，佛殿有三世如来，库院有韦陀尊天，浴室有跋陀婆罗菩萨像。这里虽没有记载东司供奉的佛像，但有"牌"。上面写着使用东司时的注意事项，并附入厕、洗净、净手、净身、去秽的真言："佛制，以右手提净桶，入厕鸣指三下，以警噉粪鬼，庶令便利不污鬼面，免生魔障。"虽未说到乌刍沙摩明王，但有去秽真言遗存。此去秽真言最初应为大神咒。

据考，将乌刍沙摩明王和禅寺之厕关联起来的经典是唐代高僧善无畏译的《苏悉地羯罗经》，其卷二引《供养次第法品十八》云："若于秽处不净等处，缘事须往，先诵乌枢涩摩真言作印。印其五处，任意而往。仍须常诵其真言，不得废忘。"③唐代以后，中国民间的确存在过乌刍沙摩明王信仰，不过很快就被民间本来的巫教、道教及原始厕神信仰所吸收、融摄甚至改造、摈弃。

与此不同，乌刍沙摩明王的"除秽"功能与日本原始神道的"除秽"观念却一拍即合，遂能大行其道。在日本寺庙的禅寺中，大多供奉着此尊。如在日本长野县，厕所里的墙壁上就常挂着木牌，上面刻画着乌刍沙摩明王的神像。日本酬恩庵（即一休寺）的守厕神也是乌刍沙摩明王。日本镰仓时期梶原氏子孙无住的《杂谈集》说："乌刍沙摩之真言，可于东司特诵咒……不动明王之垂迹，号为不净金刚。东司不净之时，鬼若有恼人之事，则彼有守护之誓也。"④ 在日本民间，乌刍沙摩明王信仰也非常兴盛。他们的生育仪

---

① 《佛说维摩诘经》，《大正藏》，第14册第520页。
② 《密迹力士大权神王经偈颂》，《大正藏》，第32册第779页。
③ 《高丽国新雕大藏校正别录》，《高丽藏》，第38册第558页。
④ 《佛学大辞典》，第626页。

式、产秽祛除、恶鬼祈禳等都会遵"秽迹法"而祭祀此尊,而祭祀之地即为不净之所——厕所。

图 5-6 酬恩庵厕所外景和厕所内刻在木头上的乌刍沙摩明王像
(《东亚的厕所》,第 209 页)

3. 乌刍沙摩明王的中国化
① 融摄本地信仰的"大杂烩"

作为一种外来宗教,佛教必然会被融摄进中国本土的信仰中去,难分彼此。其中,巫文化又是各民族母文化的一部分,后来的宗教借取不少。男女、阴阳、性爱、繁衍……这些要素始终是原始巫俗的核心内容。多淫的乌刍沙摩明王,应该就是从远古生殖神发展而来的。

《楞严经》中,乌刍沙摩明王亲自对佛说自己在久远劫前性多贪欲,多淫乱。《秽迹金刚说神通大满陀罗尼法术灵要门》中说螺髻梵王(即乌刍沙摩明王)与千万亿众诸天女,四面围坐,共相娱乐,并用粪秽筑城,最后由"秽"(双重污秽——粪秽和淫欲)而悟道,这就是"除秽"即"得净"。而粪秽尽变大地,又潜藏着粪壤、地母信仰。

总之,乌刍沙摩明王的故事始终与"性"有关系。所不同的是,原始巫俗中的"性"是神圣的,而佛教则视为污秽。不过,在将乌刍沙摩明王视为本尊的密教那里,则将男女的性行为视为"圣交"。

从原始巫术和密宗教义来看,则是模拟自然宇宙的生命发生模式。

从典籍看来,"秽迹金刚法"最早是经由唐朝阿地瞿多的《金刚乌枢沙摩法》而来,接着唐朝北天竺沙门阿质达霰翻译了一系列作品,如《秽迹金刚禁百变法经》《秽迹金刚说神通大满陀罗尼法术灵要门》和《大威力乌枢瑟摩明王经》。可知"秽迹金刚法"这时开始流播并盛行起来。

但神像供奉起于何时,不可考。建于南朝梁大同二年(536)的崇福院,于唐大中二年(848)更名为岳林寺,是著名的弥勒根本道场。重建后也基本保留了原来寺庙的情况。过大影壁入内,第一座殿堂就是金刚殿,供奉的就是秽迹金刚、密迹金刚。像宽19米,高13米,深11米,俗称"哼哈二将",为岳林寺原有特色①,但与秽迹金刚根本信仰已相去甚远。不过,从殿额"合欢喜地"来看,似乎还有些联系。

唐代有"瑜伽宗",宋代民间有持"秽迹金刚法"者,宋代僧人中也有"僧瑜伽"、"善为瑜伽"②、法主公教,这些都是由从印度佛教传来的瑜伽三密与"秽迹金刚法"融合演变而成。佛教与中国土生土长的道教、巫教、民间宗教等相融合,在教派、教法、教仪上都很快世俗化、地域化。其"教主"也由"乌刍沙摩明王"而变成具有地方特色的"张圣者""刘圣者"等。宋人所编《海琼白真人语录》卷一对这种"大杂烩"现象也有论述:

> 相问曰:"今之瑜伽之为教者,何如?"答曰:"彼之教中谓释迦之遗教也。释迦化为秽迹金刚,以降螺髻梵王,是故流传此教。降伏诸魔,制诸外道,不过只三十三字金轮秽迹咒也。然其教中有龙树医王以佐之焉。外则有香山、雪山二大圣,猪

---

① 奉化市政协文史委员会编:《奉化建筑探胜》,2012年版,第21页。
② 〔明〕何乔远:《闽书》,福建人民出版社1995年版,第4075页。

头、象鼻二大圣、雄威、华光二大圣，与夫那叉太子、顶轮圣王及深沙神、揭谛神以相其法，故有诸金刚力士以为之佐使。所谓将吏，惟有虎伽罗、马伽罗、牛头罗、金头罗四将而已，其他则无也。今之邪师杂诸道法之辞，而步罡捻诀、高声大叫、胡跳汉舞、摇铃撼铎、鞭麻蛇、打桃棒，而于古教甚失其真，似非释迦之所为矣！然瑜伽亦是佛家伏魔之一法。"①

这里说原来乌沙摩明王的将吏只有"虎伽罗、马伽罗、牛头罗、金头罗四将"，后来在中国民间，就演绎出很多将吏来。宋代宗教世俗化成为一种潮流，与秽迹金刚信仰相关的一些教派也在此时涌现。华南东部的瑜伽教，即为当时佛教世俗化的产物，往往多"邪师杂诸道法之辞"。学界大多认为晚唐以后，汉地密教不复存在，但实际上不过是以更"隐蔽"的形式存在着，如宋代的天心正法、江南的"秽迹金刚"密教信仰。宋代《夷坚志》中记载了很多密教咒语，如"秽迹金刚咒""大悲咒""佛母咒""佛顶心陀罗尼咒"等。明清时期小说中也多有反映，如《水浒传》中提到的"火头金刚"，《红楼梦》中王夫人曾命贾环抄诵《金刚咒》；甚至波及医书，明代李时珍《本草纲目》和朝鲜《医方类聚》等都说到秽迹佛、秽迹咒能治病。近现代还存在于福建地区的瑜伽教、法主公教等，都崇尚秽迹伏魔法术，并杂以当地巫术和道教思想。这就将乌枢沙摩明王（秽迹金刚）由原来的释迦化身、印度瑜伽派神，世俗化为伏魔神、驱邪神。

②《夷坚志》中的相关记载

宋人洪迈的《夷坚志》中，保留了不少有关乌刍沙摩明王的信仰痕迹，但均已世俗化，已是糅合了巫术、道教以及民间信仰的大杂烩。兹将《夷坚志》中涉及此信仰的内容，罗列如下：

---

① 〔宋〕彭耜编：《海琼白真人语录》，《道藏》，第33册第114页。

五 雪隐、东司与佛教厕神

表 5-7 《夷坚志》"秽迹法"统计表

序	条目	作法者	神格	仪式、方式	效验
1	杨靖偿冤①	僧	治鬼	秽迹法	验
2	秽迹金刚②	道者	1. 治病；2. 消灾；3. 找回失物。	秽迹金刚法（1. 迎神；2. 神降附身童子；3. 法术。）	验
3	全师秽迹③	僧人全师	治鬼	1. 秽迹咒；2. 题字：秽迹神兵；3. 作法。	验
4	小令村民④	行者	祛斥鬼物	秽迹咒	验
5	福州大悲巫⑤	福州巫	治祟蛊	1. 秽迹咒；2. 行法。	甚验
6	僧法恩⑥	僧法恩	未载	秽迹咒	甚验，郡人颇神之。
7	戴世荣⑦	僧志通	治鬼	1. 秽迹咒；2. 结坛作礼。	不验
8	圣七娘⑧	女巫圣七娘	通灵，能预知未来事。	秽迹法（跣足立于通红火砖之上，首戴热鏊。）	验
9	张知县婢祟⑨	商日宣法师、梁绲	驱祟	侍奉秽迹金刚神甚严敬，便有秽迹神兵一千万数作为守护神。	验

---

① 《夷坚志·夷坚甲志》，第 156 页。
② 《夷坚志·夷坚甲志》，第 171 页。
③ 《夷坚志·夷坚乙志》，第 304—305 页。
④ 《夷坚志·夷坚丙志》，第 403 页。
⑤ 《夷坚志·夷坚丙志》，第 417 页。
⑥ 《夷坚志·夷坚丙志》，第 470—471 页。
⑦ 《夷坚志·夷坚丁志》，第 569—570 页。
⑧ 《夷坚志·夷坚支景》，第 919—920 页。
⑨ 《夷坚志·夷坚支癸》，第 1252—1253 页。

续　表

序	条目	作法者	神格	仪式、方式	效验
10	姜店女鬼①	程三客	未载	1. 食素；2. 秽迹咒。	有功
11	雍氏女②	僧	未载	1. 诵秽迹咒；2. 趺坐击磬。	未载

从上表可以看出几个问题：

第一，持秽迹法者，有僧、行者、巫或操持佛教信仰的其他人，如食素的程三客。总之，几为佛教信仰者。

第二，秽迹法的施用对象是鬼、祟、蛊，还可以消灾治病，寻找失物。如第 2 条"秽迹金刚"条，持秽迹金刚法可以"治病禳禬"。禳和禬都是古代为消灾除病而举行的祭祀。《周礼·天官·女祝》说："掌以时招、梗、禬、禳之事，以除疾殃。"③ 此条记载行秽迹金刚法，神降而附身童子，找回了被贼人盗窃之物。

第三，甚验。大多为民人所拥戴，"颇神之"。不少鬼魅法力甚高，无所畏惧，愈加横肆，只惧怕施展秽迹法招来的"秽迹神兵"（如第 9 条里的石狮子精魅），足见此法的殊胜之处。

第四，秽迹法的施行，伴随着一系列法术、道具，如第 2 条"秽迹金刚"："（作法时）即仗剑出，或跃或行，忽投身入大井，良久跃出，径趋寺门外牛粪积边，周匝跳掷，以剑三筑之，瞥然仆地"；第 8 条圣七娘"跣足立于通红火砖之上"；第 11 条，僧"趺坐击磬"。

第五，从上面可以看到宋代民间信仰中的秽迹法，主要包含了附身、咒语和法术。如第 2 条"秽迹金刚"和第 5 条"福州大悲巫"。

第六，在民间，乌刍沙摩明王信仰保留下来的多是"秽迹法"

---

① 《夷坚志·夷坚三志己》，第 1314 页。
② 《夷坚志·夷坚志补》，第 1690—1692 页。
③ 《周礼正义》，第 563 页。

"秽迹金刚咒"。其中，咒语最多。但到底是什么咒语，没有提及。此外，对于此尊"秽迹金刚"（乌刍沙摩明王）的相关神话也无提及。

第七，原始佛教神话中秽迹金刚与粪秽的关系，还隐约保留在民间信仰中。如第2条"秽迹金刚"记载："乃发粪下，见一砖臬兀不平，举之，银在其下。"粪秽乃是藏匿脏银之处。

第八，从地域来看，此一信仰在福建、江浙一带最多，尤以福建为最。漳泉间，指从福建省漳平市到福建省泉州市一带。福州，福建东部、闽江下游及沿海地区，历史上长期为福建政治中心。古田，即福建省宁德市下辖县。福建的相关信仰流传至今，在海清教、法主公教、瑜伽教中，都还有乌刍沙摩明王的影子。

③ "秽迹咒"和迎神"附体"

由《夷坚志》中关于"秽迹法""秽迹咒"或"秽迹神兵"的记载，基本可以看出当时乌刍沙摩明王信仰在当地民间的影响。从传述佛教经典，到杂糅中国本土巫术、道教，乃至民间各种信仰元素，最后主要选择了"秽迹法"（尤其咒术）和迎神附体法术。

a. 秽迹咒

这些"秽迹咒"到底指《秽迹金刚禁百变法经》末尾收录的"唵咈咭"云云，还是不空《大威怒乌刍涩么仪轨经》说的"唵俱路驮囊吽惹"，或《释氏洗净略作法》说的"乌涩瑟摩解秽真言。唵，修利修利，摩摩利，摩利，修修利，娑婆诃"①，或"唵，缚日罗，夜叉，吽！"，或"唵，俱噜驮囊，吽惹！"②，没有交代。

唐阿质达霰所译《秽迹金刚说神通大满陀罗尼法术灵要门》载乌刍沙摩明王说："若有世间众生，被诸天恶魔一切外道所恼乱者，但诵我咒十万遍，我自现身令一切有情随意满足，永离贫穷，常令

---

① 〔日〕永井政之：《乌瑟沙摩明王信仰研究试论——从中国民众看的佛教》，〔日〕铃木哲雄编《宋代禅宗的社会影响》，山喜房佛书林2002年版。
② 张曼涛主编：《密宗仪轨与图式——仪轨、真言与手印》，大乘文化出版社1979年版，第263页。

安乐。其咒如是：先发此大愿，南无我本师释迦牟尼佛，于如来灭后受持此咒，誓度群生，令佛法不灭，久住于世。……我于如来灭后常诵此咒。若有众生请愿受持此咒者，我常为给使者令所求如愿……若有众生，多被诸恶鬼神之所恼乱，诵此咒者皆不能为害，永离苦难。世尊若有善男子善女人，欲救疗万病者，诵上咒四十万遍。见有病者治之有验。无问净与不净随意驱使，我当随从满一切愿。"① 此咒之威力如此。

此外，此咒还具有他咒不可及之方便处。唐阿质达霰所译《秽迹金刚禁百变法经》又云："尔时金刚复白佛言：世尊若有善男子善女人，持我此咒无效验者无有是处。……若诵一切诸咒先须作坛，若诵我此咒者，即勿须作坛。但克一跋枳金刚橛杵，于佛塔中或于静室中，用香泥涂地随其大小，着种种香华供养，安杵坛中咒一百八遍，其杵即自动，或变作种种异物亦勿怪之。更诵咒一百八遍，其杵自去地三尺以来。或五六七尺乃至一丈以来。持法之人即须归依忏悔发愿。我于彼中即现真身。随行人意所愿乐者，并皆速得如意。我即与授菩提之记，即得身心解脱。先须诵十万遍满，然后作法若课未充不得效验。"② 无须作坛，只需做"杵"，然后念诵咒语，乌刍沙摩明王即可现真身施展种种神通，极其方便。

《秽迹金刚禁百变法经》当中载有秽迹金刚的根本咒。《秽迹金刚禁百变法经》特别说明："古经本咒四十三字。唐太宗朝人多持诵感验非一。除去十字今就录出，速获灵应无过是咒。"但后来大概变成了"三十三字金轮秽迹咒"③，此根本咒与《秽迹金刚说神通大满陀罗尼法术灵要门》当中所载的咒差不多。《秽迹金刚禁百变法经》同时录有另一短咒。该经亦特别提到此咒为"真觉禅师所传神咒，与今经咒同"。只是梵音翻译过来字语稍异。值得注意的是，不空译

---

① 《秽迹金刚说神通大满陀罗尼法术灵要门》，《大正藏》，第21册第158页。
② 《秽迹金刚禁百变法经》，《大正藏》，第21册第159页。
③ 《海琼白真人语录》，《道藏》，第33册第114页。

的《大威怒乌刍涩么仪轨经》与《秽迹金刚禁百变法经》一样，在最后都提到译字调整的问题，可能是经典所述与实际操作的方法略有出入。

从佛教清规来看，"秽迹咒"也一直得到传承。元代《增修教苑清规》记载，入厕和出厕都要念咒。入厕念："大小便利，当愿众生，弃贪嗔痴，蠲除罪垢。唵恨鲁陀耶，婆呵。"洗净念："唵贺囊蜜栗底，婆呵。"去秽念："唵拔枳罗脑迦咤，婆呵。"并引《缨络经》说："夫登溷者，不念此咒，假使以十恒河水洗至金刚际，亦不能净。凡登殿堂瞻礼，并无利益。奉劝受持，每咒诵七遍。是故鬼神常相拱护。"①

咒术作为原始巫术的重要组成部分，在民间信仰中本来就根深蒂固，所以"秽迹金刚咒"很容易在民间施行，并与当地民间信仰融合。瑜伽教的北帝派、天心正法、神霄派、清微派等都是以咒术为主，外加附身等法术。它们都是融合佛道、巫教等科仪传统，将密教法术和道教法术相结合，推行"内修外法"和"内丹外符"。

b. 附体

"附体"是通过仪式使鬼神来到人世间并附身于人或别的事物（灵媒）言事的方法。这一概念意译于梵文"āveśa"。汉译佛典称为"阿尾奢""阿尾舍"或"阿毗舍"。学者一般认为这是经印度、中亚密宗传入的。不过，各国各民族的原始宗教中几乎都有"附体"。其法多是以孩童为灵媒，凭借其问事、驱邪或治病。初传时盛行于宫廷，唐末武宗毁佛后，逐渐流于民间。后再与道士法术、民间科仪组合，流通于世。②

---

① 此段引用皆出自〔元〕自庆编撰，心皓释读：《〈增修教苑清规〉释读》，上海古籍出版社2015年版，第282页。
② 刘黎明：《〈夷坚志〉与南宋江南密宗信仰》，《四川师范大学学报》（社会科学版）2002年第3期。

"附体"表面看来最重要的是灵媒,实际上是作法者,后者才具有主导、主动性。诚如谢世维所言,附身"是一种由仪式专家主动或主导的附身现象(voluntary spirit possession)。借由实施某种仪式程序,如念咒、结手印之后,能导致神祇或鬼魂附身于灵媒,或是使某种事物成为媒介,主要目的或功用是驱邪和宗教医疗"①。仪式过程至少有三个阶段:请神、神来附体、神走(送神)。在这整个过程中,作法者,即谢世维所谓的"仪式专家"才具有主导作用。神灵来不来,何时来,如何来,何时走,如何走等,都取决于作法者的"法术",灵媒则是被动的。但是,须知,在最初的仪式中,在真正的信仰者看来,作法者(巫)和无形的神灵本身之间,有个相互沟通的过程。若要说到主动性和决定性的问题,自然是唯有无形的神灵具有此特点。但是,俗化后的情况有变,主动性和决定性会移向"巫"——作法者。

宋代洪迈《夷坚甲志》记载:

> 漳泉间人,好持秽迹金刚法治病禳禬,神降则凭童子以言。绍兴二十二年,僧若冲住泉之西山广福院,中夜有僧求见,冲讶其非时。僧曰:"某贫甚,衣钵才有银数两,为人盗去。适请一道者行法,神曰:'须长老来乃言。'幸和尚暂往。"冲与偕造其室,乃一村童按剑立椅上,见冲即揖曰:"和尚且坐,深夜不合相屈。"冲曰:"不知尊神降临,失于焚香,所(陆本作'敢')问欲见若冲何也?"曰:"吾天之贵神,以寺中失物,须主人证明,此甚易知,但恐兴争讼,违吾本心,客果不告官,当为寻索。"冲再三谢曰:"谨奉戒。"神曰:"吾作法矣。"即仗剑出,或跃或行,忽投身入大井,良久跃出,径趋寺门外牛粪

---

① 谢世维,《密法、道术与童子:秽迹金刚法与灵官马元帅秘法中的驱邪法式研究》,《国文学报》2012年第6期。

积边，周匝跳掷，以剑三筑之，瞥然仆地。逾时，童醒，问之莫知。乃发粪下，见一砖臬兀不平，举之，银在其下。盖窃者所匿云。①

这个记载说明，道者以"秽迹金刚法"请来"天之贵神"，降于童子之身，凭童子之口而言，借童子之体而行。作法者道者的主动性和决定性较强。从表5-7来看，"秽迹金刚法"虽然灵妙，但是否得以真正施行，是否真正能"治病禳禬"，很大程度上还受到作法者道行的影响。这些基本反映了当时民间的信仰情况，也证实了佛教厕神融于巫道的民俗现状。当然，除了附身于童子外②，还会附身于别的人或事物；除了秽迹金刚（乌刍沙摩明王）会附身外，民间诸多鬼神也会附身。

附身于童子可能还是佛教厕神早期祭祀仪轨的规定。在唐天竺高僧阿质达霰所译的《大威力乌枢瑟摩明王经》卷三中确实有这样的记载："若令童子沐浴涂紫檀香，衣以新衣璎珞，牛粪涂坛，遍散赤花令头戴赤花鬘，加持赤花七遍令捧而掩目。焚安悉香结娜拏印加持。本尊（乌刍沙摩明王）降问事。"③ 又如"若以紫檀香涂坛，加持童子本尊（乌刍沙摩明王）降问事"④。

除了以上所说的咒语和附体之外，乌刍沙摩明王信仰的其他要素也有附着，比如体现"秽"的"粪"一直伴随。《大威力乌枢瑟摩明王经》记载，供养此尊时，"乃以牛粪摩坛"⑤；或说"以牛粪于路上作坛安像供养，然（燃）牛酥灯"⑥；或说"于山林或大海侧，或

---

① 《夷坚志·夷坚甲志》，第171页。
② 吴秋美，《童乩——神名的代言人》，叶舒宪、陈器文主编《宝岛诸神：台湾的神话历史古层》，南方日报出版社2011年版，第379—393页。
③ 〔唐〕阿质达霰译：《大威力乌枢瑟摩明王经》，《大正藏》，第21册第149页。
④ 《大威力乌枢瑟摩明王经》，《大正藏》，第21册第153页。
⑤ 《大威力乌枢瑟摩明王经》，《大正藏》，第21册第143页。
⑥ 《大威力乌枢瑟摩明王经》，《大正藏》，第21册第148页。

泉或河大池等侧，牛栏独树或寒林制帝及花林中，若在城隍近东南角或西北隅，如是等处取便而作。以牛五净和洒其地，或用香水又以牛尿和粪摩之"①。不过，这一点在民间信仰中已保存不多。

④ 乌刍沙摩明王信仰在中国的式微和在日本的发展

中国的乌刍沙摩明王信仰比较复杂。唐代有传善无畏译《苏悉地羯罗经》和不空译《大威怒乌刍涩么仪轨经》等，可知至少在唐代，除了解秽外，乌刍沙摩已经有了诵咒功德的信仰，甚至诵咒的功德信仰超过了解秽。并且，至少在唐代，民间也已经有了乌刍沙摩明王如厕咒文。而在宋代，这方面继续发展。由上可知，有关乌刍沙摩明王的信仰在中国民间传播得并不纯粹，被中国原初的巫术、道教，以及民间信仰等融摄。在教界，有关乌刍沙摩明王的经典，倒是一直都有传播。明末，中国义僧东皋心越带去日本的便是《金刚秽迹经》。② 甚至在近代，居士高鹤年在五台山也曾见此尊："乙亥年，余在此礼秽迹金刚，此像最为神妙。"③

但是在中国，乌刍沙摩明王的信仰并没有得到真正意义上的传播，这大概与中国本土的厕神信仰有关吧！人们在侧坑供奉的大多是紫姑、三姑、厕姑等。尽管禅宗在中国士大夫群体中颇受欢迎，中国禅林也出现了不少高僧大德，但是佛教厕神以及佛教厕所如此求"净"的观念并没有被广大中国人所真正接纳，反而道教和民间厕神信仰的影响更深。中国大众始终未能对厕所形成好的印象，遑论从中"悟道"了。

与佛教赞叹净头是修道悟道的方便法门不同，对于"厕所"故事，中国人大多不严肃，要么不屑，要么嘲讽，要么贬斥，不可能有深入思考。唐代寒山作诗说："在汉淮南王，求仙为厕鬼。争如学

---

① 《大威力乌枢瑟摩明王经》，《大正藏》，第21册第153页。
② 〔日〕今濑文也：《东皋心越和水户》，浦江县政协文史资料委员会编《东皋心越全集》，浙江人民出版社2006年版，第466页。
③ 高鹤年：《五台山游访记》，《名山游访记》，上海佛学书局1995年版，第145页。

空寂，举世绝伦比。"①《太平广记》"刘安"条记载，"于是仙伯主者奏安云：'不敬，应斥遣去，八公为之谢过，乃见赦，谪守都厕三年。'"②宋庠《元宪集·默记淮南王事》亦载："室饵初尝谒帝晨，宫中鸡犬亦登真。可怜南面称孤贵，才作仙家守厕人！"③刘克庄《刘克庄集笺校》中《杂兴》还说："升天虽可喜，削地已堪哀。早知守厕去，何须拔宅来。"④以上笔触充满贬斥、叹息和嘲讽。此外，如前所述，中国民间还流传着大量女厕神，如如愿、紫姑、戚夫人、东施、三姑等。这些故事中的主人翁大多身份卑贱、遭遇悲惨、令人同情，这种情感基调与佛教中刚猛而具大威德的乌刍沙摩明王可谓天壤之别。

总之，无论如何，乌刍沙摩明王信仰始终未能取代中土本身的厕神信仰，也未能获得在日本那样的发展空间。南宋时期，日本希玄道元将曹洞宗传回日本，定于永平寺，以秽迹金刚为禅门道场厕所的护法神，门下学徒逾千。南宋时期，日本镰仓时代的临济宗僧无住也曾在自己的著作中提倡在东司诵秽迹咒，即乌枢沙摩明王真言，认为具有伏鬼护持的作用。可见，日本修此法的不限于一门一宗，很多日本禅人都兼修此法，其修行方式大体如唐代不空所译的佛经所载。如《金刚恐怖集会方广轨仪观自在菩萨三世最胜心明王经》记载"行人每于便痾处，忆念'秽身真言'"四十四字；《金刚顶一字顶轮王瑜伽一切时处念诵成佛仪轨》记载"若入便易处，用触身忿怒，乌刍瑟摩印"并诵密言。《十一面观自在菩萨心密言念诵仪轨经》记载与此类似："入一切触秽处，加护自身，用触身忿怒乌

---

① 《天台三圣诗集和韵》，《寒山子诗并和共九百二十一首》，《嘉兴藏》，第33册第395页。
② 《太平广记》，第50页。
③ 〔宋〕宋庠撰：《元宪集》（第2册），中华书局1985年版，第142页。
④ 〔宋〕刘克庄著，辛更儒笺校：《刘克庄集笺校》（第6册），中华书局2011年版，第2197页。

刍沙摩印",并诵密言。① 故日本不少禅院都供奉着"秽迹尊天"(开山将来)或保留着秽迹堂(如祇园寺)。日本学者饭岛吉晴在《乌枢沙摩明王と厕神》中说道:"乌枢沙摩被认为是佛教的厕神。不仅仅在寺院,他还通过民间宗教被人们所广泛信仰。在民间,它的发音变成 ushima-san、Utsusamushi 明王、Osanshousama、Usan 明王、Utsushiba 明神、Ususano 明神、Utsusa 明神等称呼。这表示他在民间信仰中的深度渗透。"②

---

① 以上分别见《大正藏》第 20 册第 12 页、第 19 册第 325 页、第 20 册第 143 页。
② 〔日〕饭岛吉晴,《乌枢沙摩明王与厕神》,《佛教民俗学大系 8:俗信与民俗》,名著出版 1992 年版。

六 俗化、流布与厕神渗透

（一）厕神：神圣与世俗之间

1. 关于"俗化"的一些问题

总体上说，厕神的俗化当然是随着神话时代的逝去而上演的。大传统文化①的放弃，使厕神无法以官方、正统的渠道得到发展。士大夫的染指，又使理性批判和言志抒情意识增强，不仅没有推动信仰层面厕神的发展，反而使其"夭折"于衍生态神话。与之不同，民间的厕神信仰却从未间断，流布甚广，并随着不同时代、不同地域、不同需求，杂糅进各种功利性目的。这就涉及"俗化"问题。

① 俗神与俗化

什么是俗神？学界大多认为"俗神"就是民间神。民间神，统而言之，就是现在或曾经存在于民间的神灵。这个定义宽泛得几乎

---

① "大传统文化"的代表是城市化的精英阶层，包括具有反思性的哲学家、神学家、牧师、教师和议员等"知识分子"；而"小传统文化"的代表则是缺乏反思性的广大农民社群。见〔美〕罗伯特·芮德菲尔德著：《农民社会与文化——人类学对文明的一种诠释》，王莹译，中国社会科学出版社2013年版，第95页。

囊括了中国所有神灵而丧失了它的科学性。因为从理论上说，所有神灵都具有民间源头，也都还可以在民间找到痕迹。笔者认为，"俗神"一词的关键不在于是不是在"民间"，而在于是不是"俗化"。所谓"俗"，从神话学的角度视之，就是"世俗"，其对立面是"神圣"；从文艺学、民俗学的角度来说，"俗"的对立面是"雅"。"俗"倾向于物质化、生活化，而"雅"则倾向于高于物质和生活的精神超越。合而言之，"俗"就是倾向于世俗的物质化和生活化。自然，厕神信仰就所占的比重而言主要在民间。中国的宗教信仰就其基本特点而言，是"普化的宗教"，具有俗化性和以人为本的特点，也具有存在范围广、民众根基深、信仰状态无章法，以及原始性和现代性水乳交融等特点。这就决定了它在某种程度上向"民间"的倾斜，也决定了"四民"（士、农、工、商）信仰之间具有相当的贯通性。尽管如此，我们仍不能笼统地说民间神就是俗神，要看是否"俗化"。

② 俗化的表现

厕神的"俗化"主要体现在家庭化、个人化、生活化和琐细化上。所以从某种程度上说，厕神属于"家神"。其特征主要表现在：

a. 家庭化。厕，无论是建筑在正房内，还是依附于正房设置在侧，抑或设置在家附近的菜园里，都是属于家宅的一部分，区域上一般限制于家内或者村社内。

b. 个人化和随意化。厕神的相关祭祀仪轨规模逐渐变小，甚至后来常无神体和祭品。祭祀的时间和地点也都带有相当的私人性和随意性。一方面，厕神似乎具有"随叫随到"的遥感能力和随时随处存在的神秘性；另一方面，其神圣性、威严性、仪式性也随之降低或丧失，甚至被归为"淫祀"，或者在重大节庆中附带祭祀，如除夕、元宵或祭祖，且具有很强的娱乐性和戏谑性。

c. 生活化和琐细化。厕神信仰贴近人们的日常生活。厕神往往以日常生活中的物什或建筑、空间为载体，如厕所、门角、猪圈、筷子、灶头、笤箕、簸箕、淘箩头等，不仅带有强烈的日常世俗生活气氛，职司也相当琐细。且在"男主外，女主内""男尊女卑"的传统社会里，与女性具有更加密切关系的厕神，也注定被卑化。

③ 俗化的同时也是渗透和融摄的过程

作为俗神，厕神具有很强的融摄性，最终形成一个"大杂烩"。

a. 基于中国农耕文明的早熟和原始大母信仰遗留，厕神信仰源远流长并依赖岁时民俗得以保存。岁时民俗作为以农为本的国家最重视的民俗事项，向来得到尊重和理解。所以厕神有机会像滚雪球一样，融摄儒、释、道、巫等各方面内容。正如李亦园所说："中国传统的宗教信仰是一种混合体，其间以佛道的教义为重要成分，还有许多与佛道无关的农业祭仪……它不像西方那样具有强烈的排他性，而是属于一种兼容并包的信仰状态。"① 厕神信仰便是如此。

b. 基于中国礼乐文明的规定和中国人的羞耻道德观念，中国厕神信仰隐晦曲折并一再被边缘化。这加速了厕神神格的偏移和伪装。唯其如此，他才能在"重入口，轻出口"的中国文明中得以保留和发展。试看这样的表述："提及'厕所'，因联想所致，难免油然而生不净不雅的镜像来。赫然地写在标题里，或许早已使读者兴味索然了。"② 可知"厕所"问题第一时间被归在"文雅""文明"的反面，这也在很大程度上导致了后来厕神神格的转化和失落。厕神的本来神格被遮掩，并随着时代的发展而"随波逐流"。如粪肥崇拜的雅化、隐晦化和象征化，又如厕神转变为蚕神、月神、财神等。唯其如此，才能得以保存和发展。

c. 俗神信仰具有相当的包容性、传承性、集体性、含化性和变动性，厕神也不例外。这也是导致他的神格纷繁复杂的重要原因。广大农民社群的信仰，是与生活息息相关的。日常生活始终是他们

---

① 李亦园：《宗教与神话》，广西师范大学出版社 2004 年版，第 115 页。
② 王作新：《中国古代文化语词类谭》，华中师范大学出版社 2007 年版，第 55 页。

关注的重点。生活本身就是文化，就是信仰。因此，除了代代相传的基本习俗和信仰，他们自然也会根据自己需求的变化，随时给厕神赋予新的神格。

d. 厕神信仰的巫术性和原始性一直非常浓厚。从整体上说，人类思维都是从巫术阶段经宗教阶段再发展到科学阶段的，所以文明社会也必然潜藏着巫术思维。中国俗神信仰尤与巫术联系紧密。鲁迅在《中国小说史略》中就提到这一点："中国本信巫，秦汉以来，神仙之说盛行，汉末又大畅巫风，而鬼道愈炽，会小乘佛教亦入中土，渐见流传。"① 因为巫术的原始性、根本性和稳定性，常成为各种宗教和信仰所依赖的手段。巫术又分为禳除巫术、祈福巫术和预知巫术。巫术还有两个基本规律，即相似律和触染律。"相似率"是"同类相生"或"果必同因"；"触染律"（"接触律"）是"物体一经互相接触，在中断实体接触后还会继续远距离的互相作用"②。这些在厕神信仰中都有。

下面笔者对厕神信仰的祭祀仪轨做一初步探讨。

2. 祭祀仪轨要素的神圣性与世俗化
①《祭祀仪轨要素统计表》（上）

唐宋以来，民间的迎紫姑、紫姑祭、紫姑卜、紫姑戏等，已经完全脱离了原始厕神的本来面貌，在很大程度上发生了神格偏移。其"俗化"特征非常明显，如厕神神格的家庭化、个人化、生活化、琐碎化等，且多与别的鬼神相杂糅，显得杂乱无章。在民间，人们多根据自身需求随意编排、杜撰厕神神格。在巫术思维的驱使下，人们相信各种鬼神都与他们有大大小小、不计其数的利害关系③，因

---

① 鲁迅：《中国小说史略》，人民文学出版社 2001 年版，第 81—82 页。
②《金枝》（上册），第 26 页。
③《中国民间信仰》，第 8 页。

此"不论（鬼神）职司大小，地位高低，性善性恶"①，他们都一律崇拜，并不纠结、固执于某一位神灵、某一种神格。这就容易形成一神灵与其本来神格错位，以及一神灵与另一神灵之间神格交叉的情况。如中古以来的紫姑神格，虽然还与原生态厕神神格有诸多关联（如与岁时相关，保佑蚕桑利好、年成丰稔，预占生活休咎等），但是从迎神者、迎神目的等来看，已经多少失去了原生态神话特色和群体性特征，而更多带有个体性和世俗功利性。

下面笔者从文献中找出有关厕神信仰祭祀仪轨方面的记载，并从区域、神名、时间、地点、迎神者（包括参与者）、祭品、目的、征兆、效验等几项来进行比照分析，作下表6-1，以期看出唐宋以来中国厕神在民间的存在状貌和神格特征。

由丁世良、赵放主编，并由书目文献出版社出版（后由北京图书馆出版）的六卷本（全十册）《中国地方志民俗资料汇编》基本保存和反映了唐宋至近代的民俗资料。全书由几千种地方志中有关民俗记载的材料选编而成，所选录民俗资料尽量保存原貌，其中流露出的当时各种观念如褒贬称谓等也一仍其原，具有很高的参考价值，因此本节对厕神祭祀仪轨要素的统计主要参考此书。此外，再辅以其他古籍、方志、田野调查材料等。

② 神圣时间及其俗化

一切事物都是在时间和空间中发生的，时间和空间是基础和根本。从神话学的角度来说，神圣时间和神圣空间便是基础和根本。

在神话和仪式中，神话和仪式"叙述"的时间都是神圣的时间，都被赋予了特殊的神圣性，否则我们便无法理解这些时间以及这些时间中发生的事件，也无法将神圣和世俗区别开来。众所周知，在神话、巫术或是宗教性活动中，神圣时间是迎神仪式中极为重要的

---

① 《中国民间信仰》，第7页。

表 6-1 祭祀仪轨要素统计表（上）

区域	仪式	神名	时间（农历）	地点	迎神者/参与者	祭品	目的	征兆	效验
华北	北京	姑娘	元宵前后	（厕）	妇、童女	马粪	休咎	跳动	拜、倒
华北	河北	紫姑、姑姑	元宵	室家、灯下	女郎	无	年成	无	放谷站上砧不坠
华北	河北	周公	元宵	室家、灯下	女郎	无	年成	相击	相击次数
华北	河北	戚姑娘	元至十六	厕	女人	无	休咎	（自动）	无
东北	辽宁	紫姑	正月十三	（室内）	妇女	香烛,茶酒	休咎、年成	（自动）	点、叩头
东北	辽宁	紫姑神	元宵	厕	童男女	无	年成	（自动）	点、叩头
东北	辽宁	茅姑	元宵	茅厕、床间	小儿女	香	年成、乞巧	常重于前	磕头数
东北	辽宁	紫姑	正月十一	井堰、粪际、室内	小儿女	香	年成	偶重于前	点、叩头
东北	黑龙江	姑姑神	元宵	厩、炕桌旁	妇女	无	休咎、诸事	偶重于前	前后磕头
中南	湖北	戚姑	小除至元宵	厕、（室内）	妇女	香	休咎（问事）	自动叩地	点、叩头数
中南	湖南	紫姑	元宵	（月下）	（妇女）	无	预测	（自动）	画字/点、叩头数
中南	湖南	紫姑	元宵前	（月下）	（妇女）	无	（问事）	（自动）	俯仰（数）
中南	广东	紫姑	中秋	月下	儿女	无	吉凶	摇动	摇动数

续 表

区域	仪式	神名	时间(农历)	地点	迎神者/参与者	祭品	目的	征兆	效验
华东	广西	茅厕姑	元宵	厕、月下	(妇女)	香烛	问事	(自动)	摇动数
		厕姑	元宵前	茅厮、室内	妇女	果饼	问事	(自动)	拜起(数)
	上海	紫姑	元宵	(厕、家)	小女子	无	休咎	(自动)	(点、叩头数)
		门白姑	元宵	(厕、家)	(妇女)	无	(乞巧)	(自动)	(画字、花样)
	江苏	厕姑	元宵	(厕、家)	妇女	无	(问事)	(自动)	(椓地数)
		灰七姑	元宵	厕、粪窖、室内	闺秀	香楮	问事、吉凶	粪窖有声	书字或画如意、双钱等样式
		芦姑、箕娘	正月三日	(室内)	(妇女)	无	(问事)	(自动)	写字画花
	浙江	坑三姑	正月	灶	儿童、妇女	无	决事	(自动)	(写字画花)
		天仙	元宵前后	废址、坑厕、家	老妪	香烛、酒果	休咎	桃条自动	(点、叩头数)
			正月上旬	(室内)	女子	果饵	杂事	(自动)	敲方板板数
		厕姑	正月十四	厕、家	妇女	香烛、果米	年成、吉凶杂事	随箕自动	画粉盘 (点、叩头数)

续 表

区域	仪式	神名	时间(农历)	地点	迎神者/参与者	祭品	目的	征兆	效验
安徽		戚姑娘	十月十日	厕,家	女子	无	乞巧	(自动)	掷钱成卦/乌形
		箕笀姑	中元前后	厕	女儿	无	(杂事)	(自动)	(鞋子动数)
			正月初七至元宵	内堂	小儿女,妇女	茶果,香几	问事	(自动)	点头数
江西		厕姑	中秋	檐廊下	妇女,女儿	茶酒	乞巧	自动	点画,点头次数,方向
		紫姑	正月上旬	(室内)	子女	无	吉凶,戏	(自动)	(点,叩头数)
		厕姑	元宵	(室内)	幼女	香烛	年成,休咎	(自动)	(点,叩头数)
		箕笀神	正月八日	灶前	妇女	无	生育,休咎	(自动)	(点,叩头数)
		月姑	元宵	灶前	妇女	无	生育,休咎	(自动)	(点,叩头数)
		紫姑神	中秋	月下	妇人	果饼	(乞巧)	(自动)	(点,叩头数)
		东施娘	元宵	(月下)	妇女	果烛	琐事	(自动)	(点,叩头数)
福建		月姑	元宵	(月下)	(妇女)	(香)	(乞巧)	(自动)	(画花样)
			中秋	月下	儿女	果饼	休咎	(自动)	剥啄声数

续 表

区域	仪式	神名	时间(农历)	地点	迎神者/参与者	祭品	目的	征兆	效验
西南	四川	紫姑神	元宵	厕	小儿女	香	休咎	(自动)	(点、叩头数)
		七姑娘	元宵	(厕)	妇女	无	(年成)	忽然站立	随歌起舞
		扫帚神	正月中	(厕)	小儿女	烛	(年成)	(自动)	点、叩头数
		七姑娘神	元宵	(室内)	幼女	无	戏	自动	舞或声变
		罐箸神	元宵	黑地	小儿女	香	问事	摇动偶重	揮或不动
	贵州	茅娘	正月正	(厕)	(妇女)	无	(问事)	(自动)	(脚动数)
			七夕前	中堂	(幼)女	无	占人	(自动)	(点、叩头数)
		紫姑	正月	(室内)	小儿女	无	众事	(自动)	(点、叩头数)
		七姑娘	七夕前	中堂、厕	幼女	无	占寿	(自动)	(点、叩头数)

因素。《韩非子·亡征》记载:"用时日,信鬼神,信卜筮而好祭祀者,可亡也。"① 即是在特定的时间信仰鬼神,施以祈祷或祭祀,就可以逢凶化吉。王充在《论衡》的《四讳》《讥日》《间时》《辨祟》《难岁》等篇目中都说到这个问题。法国人类学家莫斯和于贝尔认为:"举行仪式的时间和地点有严格的规定。有些仪式只能在夜间,或者在夜间的某几个小时当中举行——比如,在深夜。"② 美国学者伊利亚德也强调:"节日总是在神圣的时间里面举行。"③ 迎厕神最初当然也是如此。

如表6-1所示,迎神时间纷繁复杂。元宵当日正月十五(元宵、正月中)20次,元宵前后(元宵前、元宵前后、正月十三、正月十四、正月初三、正月初八、正月十一)十次。在正月持续很多天的,共计七次。如正月上旬(十天)两次、正月(一个月)两次、元日至十六(半个月)一次、小除至元宵(半个月)一次、正月初七至元宵(八天)一次。在正月正的,一次。以上是集中于正月的,共计28次。

这一统计结果是与古籍文献相吻合的。南朝宋刘敬叔《异苑》记载是在"正月十五";稍后的《齐谐记》和《荆楚岁时记》是在"正月半""正月十五";明代陈耀文《天中记》说唐代迎厕神是在"正月十五";北宋苏轼《子姑神记》记载黄州地区请紫姑仙是在"正月朔日";北宋陆游《箕卜诗》记载是在"孟春";南宋王灼的《碧鸡漫志》记载迎紫姑是在"春初"。

此外,据上表6-1,中秋(八月十五)四次、十月十日一次、中元前后(七月十五前后)一次、七夕前(七月初七前)两次。这些日子也是很有特点的:要么是重日,如十月十日、七月初七(有的

---

① 《韩非子集解》,第109页。
② 〔法〕马塞尔·莫斯、昂利·于贝尔著:《巫术的一般理论献祭的性质与功能》,杨渝东、梁永佳等译,广西师范大学出版社2007年版,第58页。
③ 《神圣的存在——比较宗教的范型》,第373页。

六　俗化、流布与厕神渗透

写成"七月七日",误),要么是月圆之日,如七月十五、八月十五。

除此之外,也有别的时间。如南宋范成大在《吴郡志》中记载是在"十二月十六";唐李复言《续玄怪录》中记载厕神郭登是每月六日出巡(即每月的六日、十六日、二十六日三日。韩国的厕神出巡也是这个时间)。有时甚至可以随时迎请,不管是"常日""暇日"(《夷坚志》),还是"常时"(《梦溪笔谈》)都可以。

不过,无论是什么时间,在信仰者那里都是神圣时间。神话叙述或仪式进程一开始,这一时间便获得了不均质性而成了神圣的时间,成了与世俗时间相对应的时间。因为只要有一个"力显"或"神显"降临,任何时间都可以变成神圣的时间。① 它在神话产生的时候诞生,表示宇宙节律的一切圆满,是所有时间和事件的典范。即每一个神圣时间都是一个全新的圆满的时间,暗含着"死亡-诞生"双重矛盾。它必须是刚经历死亡后的全新诞生,因为只有全新的,才是完满的②。这一时间既是延续性的,又是可以再现的,还是周期性的,"每年都会重复"。③

当神话时代逝去,信仰淡化,神圣时间就会减少。最后,它集中在一些显而易见的大事件或代表性节日中。但神圣时间所表示的含义,在信仰者那里,与最初的神圣时间是完全相同的。即每一个神圣时间仍然表示一个全新的圆满的时间,暗含着"死亡-诞生"的双重矛盾。

所谓显而易见的大事件或代表性节日,自然也是随着时代的发展而发展的。如上面民间祭祀厕神的时间,主要集中于正月和月半,实际上正是突出了"死亡-诞生"的原始主题。

正月是一年中开始的月份,是万物生发的季节。南宋范成大《上元纪吴中节物俳谐体三十二韵》有:"帚卜拖裙验,箕诗落笔惊。

---

① 《神圣的存在——比较宗教的范型》,第366页。
② 《金枝》(上册),第437—438页。
③ 《神圣的存在——比较宗教的范型》,第368页。

微如针属尾,贱及苇分茎。"并自注云:"俗谓正月百草灵,故帚苇针箕之属皆卜焉,多婢子之辈为之。"① 南宋陆游《箕卜》诗也云:"孟春百草灵,古俗迎紫姑。厨中取竹箕,冒以妇裙襦。竖子夹扶持,插笔祝其书。俄若有物凭,对答不须臾。"② 这说明,正是因为孟春正月"百草灵",所以才导致占卜活动的兴盛和有效。是神圣的时间,引发了神圣的事件。

月半,是满月之时。在原始宗教崇拜中,对月亮的崇拜十分普遍③,认为月亮的阴晴圆缺,"受到生成、诞生和死亡的宇宙规律的制约"④,代表了生命的繁盛和凋零。中国古代同样如此。人们把妇女的生育、粮食的丰收与月亮的圆缺紧密联系在一起。正因在月半时迎厕神,与女性的生产和生活密切相关,"因此成为与阴性相关的月圆日中一项常见的妇女活动"⑤。这同样在说,是神圣的时间产生了神圣的事件。再则,从岁时规律来看,八月十五与正月十五是休戚相关的。《辽阳之农家谚》记载:"八月十五日云遮月,正月十五日雪打灯。"⑥《西华之中秋节》记载:"雪打上元灯,云罩中秋月。"⑦ 再如,蔡云《吴歈》谈江苏风俗:"闷闷中秋云罩月,哓哓元夜雨淋灯。谁知篱豆花开日,养稻正需水满塍。"⑧

在魏晋以来所叙述的紫姑故事中,厕神紫姑或"感激而死",或遭"阴杀",都发生在正月十五晚上。死亡日也就是迎祭日。如是,正月十五便成为迎厕神紫姑的时间。要追问的是,是厕神紫姑的死亡导致了祭祀的时间是"正月十五"呢,还是说,人们在现实生活

---

① 《范石湖集》,第326页。
② 〔宋〕陆游著,钱仲联校注:《剑南诗稿校注》,上海古籍出版社1985年版,第2979页。
③ 朱天顺:《中国古代宗教初探》,上海人民出版社1982年版,第21页。
④ 《神圣的存在——比较宗教的范型》,第148页。
⑤ 《广东神源初探》,第257—258页。
⑥ 《中华全国风俗志》(下编),第64页。
⑦ 《中华全国风俗志》(下编),第117页。
⑧ 《中华全国风俗志》(下编),第164页。

中需要一个对"正月十五"的祭祀,才产生了紫姑的死亡时间为"正月十五"?伊利亚德讲过一个故事:在一些地方,人们普遍地认为月圆之夜会有处女被谋杀。① 紫姑的死亡便很可能并非仅仅是一个传说故事,而是一个有着古老传统的神话故事(联系前面的"血祭沃土""地母-谷精"故事)。也就是说,紫姑信仰的时间本就是原生态神话的组成要素,本就关联着拥有古老传统的神话故事,那么显然紫姑神话很可能是为了效法或复原原初的神圣时间而产生的。这些时间又常常伴随黄昏、深夜,从而造成静谧、幽深、神秘或恐惧的效果,营造出区别于一般时间的氛围,从而强化了神圣的时间。这才是造神的动因,也是神话赖以生存的不竭源泉之一。"正月十五",既是正月,又是月半。

另外,重日,表示极盛、成双成对或者阴阳和合的意味。正月正,是腊月三十夜里子时,即正月初一子时,正是新年与旧年交替之际。这些时间无一例外都包含着除旧迎新的意味,都暗含着"死亡-诞生"的原始主题,与原始大母神崇拜密切相关。只有当厕神信仰的心理不再,厕神信仰的土壤不复存在,神圣时间才会退化为世俗时间,神圣便不会凸显,表现为迎请时间的随意性和个人化。

③ 神圣空间及其俗化

在神话、巫术或是宗教性活动中,神圣空间也是基本和根本性要素。这个空间既包括"有形"的空间,也包括基于有形空间的"无形"空间。

当神话叙述或祭祀仪轨一开始,此一划定的空间便立刻具有不均质性,而区别于一般的世俗空间,成了神圣空间。这样,人们就有可以通过它与神圣沟通②,回到神的身边,获得神的力量,重温神话叙述的完美始初。莫斯和于贝尔强调:"巫术不是随便找个地方就

---

① 《神圣的存在——比较宗教的范型》,第 373 页。
② 《神圣的存在——比较宗教的范型》,第 347 页。

可以实施的,要操演巫术必须在专门规定的地方……对这些地方最低的要求是它们跟仪式的目标有些关联。"① 一切仪式的目的,最初不过是要通过模仿神灵故事回溯到神灵的时代,解释当下的存在。就厕神信仰而言,原初的仪式肯定是伴随着创世、生殖的伟大主题,是模仿创世神和生殖神的行为,比如扮演"姜嫄(姜原、地母)-后稷(弃、牺牲、谷精、神王、粪肥)"的故事、"简狄(子姑、先妣、地母、厕神)-契"的故事或者"阿女(地母)-韩流(猪神、谷精)"的故事——这些故事根源于厕之空间形成之前,主要体现的是地母(粪壤、血祭沃土)和谷精(猪神)崇拜。当厕之空间形成后,这些信仰就渐渐式微了。总之,在信仰者的心里,在最初的仪式中,神话的叙述和仪式的进程一开始,厕之空间就被神圣化,切断了与世俗空间的联系,"变成一个神圣的领域"。②

据上表 6-1,迎神地点,厕所(厕 20 次、厩一次、粪际一次、粪窖一次、荒郊废址一次)24 次、室冢三次、室内 20 次、月下八次、灶三次、井堐一次、黑地一次、檐廊一次。总的来说,在厕之空间(包括类似于厕的污秽之地,如厩、粪际、粪窖、荒郊废址等)迎厕神的时候最多。虽然在室内的也多,但此类不仅后起,且实际上常常是先在厕间请到了神,然后再移至室内,有一个"游行"的过程。如河北地区的请厕神活动:

> 茅姑疑即紫姑,俗又谓"笊篱姑姑"。于正月十五日晚间,小儿女截双榴枝为足,缚横木为臂,续以笊篱为头面,头簪彩花,身被红袄,扶令骑帚。一女童持香三炷,曳帚向茅司(厕),往来且祝且曳,觉帚重于前,为茅姑来,即抱立床间,把持两足,前设香几,令向磕头,如问年有几分,即以磕数为

---

① 《巫术的一般理论 献祭的性质与功能》,第 59 页。
② 《神圣的存在——比较宗教的范型》,第 346 页。

六　俗化、流布与厕神渗透

算。或是日为绣小鞋置墙隙,如后失去,为茅姑领受,可佑针黹精巧云。①

这里先持偶人到厕所请厕神,厕神"附身"于偶人之后,再持偶人到室内床间祭祀、询卜,甚至有的当日最后还要做小鞋置于墙隙,观其得失。又如浙江地区有称厕神为笃太君者:

> 正月:初旬中,俗有接坑三姑之说,亦谓之"笃太君",其事颇怪。用稻草一握,中扎桃枝尺许,被以衣裙,置之荒郊废址或远年坑厕间。设香烛、酒果,用老妪二人,谓之"轿夫",诡为问答,一请一辞,及请之至再,答者始允其去,而桃条忽兀兀自动矣。二妪手捧草把,任其俯仰,入请者之家,设案置方板为桃条所敲击。男妇皆以事来占,如云某事吉敲几下,某事不吉敲几下,无不应者。敲之力重,声闻百步外,二妪腕弱者几不能持。所占颇验。或有指其妄者,直趋稠人中击之。此虽妇女所戏,然不用符咒,而呼应辄灵,亦事之不可解者。(原注:按,《异苑》载坑三姑之神姓何,名媚,字丽卿,莱阳人,寿阳李景纳为妾,其妻妒之,于正月十五日阴杀之厕中。天帝怜之,封为厕神。俗传是日结草为形以祭之,占一年蚕禾之事,必验。)②

浙江地区的厕神常为坑三姑或笃太君。这里是先于"荒郊废址或远年坑厕"迎神,请到厕神以后,再移至家中"入请者之家"。可见,无论如何,厕之空间,的确是厕神最重要的出没空间,而像"月下""室内"等地点,则是后来俗化后的结果。

---

① 《中国地方志民俗资料汇编》(东北卷),第180页。
② 《中国地方志民俗资料汇编》(华东卷),第750页。

一方面，唐宋以来，经道教的推动，以紫姑为首的厕神，身份由魏晋时期常役秽事的小妾厕神、卑微凄惨的女儿神，摇身变为蓬莱仙姑（鬼仙），又经文人进一步异化为貌美、多情、有才的"红颜知己"①。这暗示着迎祭紫姑的空间也必将从厕所转移出去。毕竟对于大多数人来说，在厕所吟诗作赋实在是不雅之至。因此，这一演变趋势的背后，是文人对紫姑的洁化、雅化和合理化。

另一方面，厕神仪轨的时间多在月半满月。这正是新旧交替之际，暗含着"死亡-诞生"的原始主题。"月有阴晴圆缺"与原始厕神"终始相续"如出一辙。仅这一点来看，原始月神信仰和厕神信仰又同属大母神崇拜。这是二者糅合的内在机缘。

当然，在故事叙述的"形式"上，迎神地点变为"月下"，还是厕神紫姑、厕姑、戚姑（七姑）等与后来的七仙姑（七姑娘）、织女、嫦娥传说糅合的结果。利用"局部相同则整体相同"的原始思维特点，厕神与众多女儿神相杂相通。民间有很多地方，完全将厕姑和七仙姑混为一谈，将厕神直接称为七仙姑、七姑娘、灰七姑、灰接姑、灶王第七妹、七姑（戚姑）等。

④ 其他要素及其俗化

a. 神名

厕神的神名有个发展的过程。在厕之空间形成之前，在"厕"字产生之前，没有以"厕"命名的厕神。她主要体现为大母神统摄下的粪尿（粪壤、地母）崇拜和猪（原始阴性）崇拜。直到魏晋之前，厕神都没有确定的专有神名，只是常提到粪堆、厕中、猪圈等地有鬼神（或灵异、祭祀）。厕神的存在显然是早于厕神之名的存在的。

魏晋以来，各种精怪伴随着志怪小说的兴起而大行其道。出现

---

① 赵修霈：《宋代紫姑的女仙化及才女化》，《汉学研究集刊》2008年第7期。于丹：《论中国民间信仰中的文艺神祇》，《海南师范大学学报》（社会科学版）2015年第4期。

了厕神依倚、旗得、如愿、如方相氏的厕鬼、故溷精卑、井精观、金精猪精、丘墓精狼鬼等——这些鬼神之间有很多相通之处。南北朝以后，厕神紫姑、郭登、死婢（人鬼为厕鬼，无确定神名）、肃霜神（厕鬼）、后帝等纷纷见载于文献。唐宋以后，佛教厕神乌刍沙摩明王、守厕神、噉粪鬼，以及道教厕神刘安、三霄等亦见载于文献。但是在民间口传和地方志中，传世文献提到的诸多厕神已不复存在。此外，厕神类和紫姑类①占了绝对优势。民间关于厕神的信仰，长期以来基本上都是以紫姑为核心，可见南朝宋《异苑》以来的厕神版本对民间信仰的直接影响。

由表6-1不难发现，在迎厕神的仪式中，神名呈现出多样化和地域化的特点。比如厕神类（厕姑、茅姑、茅厕姑、茅娘）八次、紫姑类（紫姑、紫姑神、姑姑）12次、如愿类（扫帚神）一次、戚姑类（戚姑娘、戚娘娘、戚姑、七姑娘、七姑娘神、灰七姑）八次、三姑类（坑三姑）一次、其他姑姑神类（姑姑神、门臼姑、芦姑、筲箕姑、筲箕神）五次、道教鬼仙类（天仙、月姑、东施娘、周公）五次、其他类（罐箩神）一次等。

中古以后，原始厕神逐渐瓦解，母亲神演变为女儿神。就身份来看，以"姑""姑娘""娘""娘娘"命名的高达90%。笔者在第四章第一节之《从母亲神到女儿神》中已经分析了"姑"字由"母亲"到"女儿"之义的变迁。表6-1中，民间厕神基本是女性神灵，而且多以"姑娘"身份出现。这与原初厕神的身份和地位是完全不同的。

在中国六大区域中，除西北地区外，每一区域对厕神的称谓都有很多种。其中，最为突出的是华东地区，对厕神的称谓多达十余种。称谓的多样化，首先反映的是厕神的广泛性和亲民性。其次，厕神故事在流传的过程中，已渐渐与当地文化融为一体，并滋生出

---

① 神名分类，详见本章第二节之《神名的命名原则与分类》。

新的神名。如华东地区的坑三姑、天仙、月姑和西南地区的扫帚神、罐箩神、小神子，这些称谓在其他区域是极为少见甚至没有的。这种差异性，可以在某种程度上反映出不同地区的地域文化、信仰状态和民众心理。再次，厕神的命名也显得十分随意，有时根本没有神名。

b. 迎神者

最初的迎神者是具有王兼巫的特殊身份的人，后来政教分离，由专门操持通神任务的巫者把持，再后来"巫"也发生了分化。这种情况早在甲骨文中就已出现。不过，即便是今天，有的地方"巫"仍具有通神的特殊职能和无上权威。

由表格6-1可知，民间厕神祭祀仪轨的迎神者大多根本不是巫者，而是一般的妇女或儿童。也就是说，迎神者就是参与者。迎神者中，妇女（妇女24次、闺中女子八次、老妪一次、女人一次）有34次，儿童（童男女、小儿女、小女子）有16次。迎神者普遍为妇女或儿童的情况，主要是俗化的结果。

俗化简化了迎神仪式，并选择在"男尊女卑"的社会范式中边缘化、卑化的女性作为迎神主体，因为贮藏式厕所本就具有污秽、隐蔽、边缘、卑下等特征，与男性视域中的女性地位相应。况且，在"男主外，女主内"的社会分工中，打扫的工作（包括扫厕）都是属于家务劳动（图6-2），是女性的专属工作。因此，在民间有俗语说："（正月）十六日妇女祭厕姑，男子不得至。"[1] 黄石田野调查发现"今俗犹然"。若是"众中有男子，厕坑姑就不肯来"[2]。可见，成年男子是不能参与到迎紫姑仪式中的。这是一种惯常的禁忌。"但未成年的男孩，则不在此例"[3]，故"小儿辈等"[4] 也可以招来紫姑。因为未成年的男孩是被排斥在"丈夫"外的。

---

[1] 〔宋〕范成大：《吴郡志》，成文出版社1970年版，第52页。
[2] 《黄石民俗学论集》，第309页。
[3] 《黄石民俗学论集》，第309页。
[4] 《梦溪笔谈》，第140页。

六　俗化、流布与厕神渗透

图 6-2　汉代画像石中的女人涤亵器图

山东省沂南县北寨村出土的东汉墓,全墓共有画像石42块,画像73幅,其中有这幅图。厕所建于墙外,显然是贮藏式的,一个女人正握着小扫把在清扫洗涤,旁边放着虎子

民间保留迎神者主要为女性或儿童这一点，虽不免有俗化的原因，但多少也有神圣性的保留。厕神源自以生殖为基点的远古大母神崇拜。粪尿被认为是具有创世、生殖的魔力，厕所也曾是生育的地点，"如厕感生"的神话故事不绝于耳。这一空间显然凝聚着人们浓厚的生育崇拜理念。因为厕神最初掌管着人的两种生产，因此祈求多子多孙、五谷丰登、六畜兴旺也是厕神（女性）的分内之事，不容男性插足。我们前面还说到，厕神信仰与月神信仰有内在关联。故民间常有"男不祭月"的习俗。因为月乃阴性，"其与妇女和生殖有联系，月亮是一切丰产的源泉，也掌管月经周期。它人格化为'妇女之主'"[①]。俾格米人新月斋戒也只允许妇女参加。男子拜月，被视为不妥，甚至是一种禁忌，如若违背，会带来灾祸。

c. 祭品

给厕神的祭品可追溯到"血祭沃土"，彼时用人牲来祭祀厕神（见第二章《大母神、粪肥与厕神缘起》）。有资格做人牲的，最初都具有王兼巫的身份。后来才使用一般的人，再后来用地位低下的人。最后才是用一系列替代品，比如人的血、指爪、毛发等或野兽和牲畜。

统观南朝以来民间对厕神的祭祀、迎请仪轨，祭品比较简单，甚至有时整个过程都没有祭品。老百姓的普遍心理是"祭如在，祭神如神在"，即"祭百神亦如神之存在而致敬也"[②]。这强调祭祀的时候，内心要虔诚，如同神灵真的在眼前一样。如果内心不虔诚，那么再好的祭品、再繁复的仪轨，都是无效的。这种心理发展到极端，就会"重质轻文"，最后导致"质木无文，行而不远"。民间祭祀的目的，大多是为了获得眼前的、短期的世俗利益，而非宗教信仰或彼岸追求。故祭品虽因传统习俗而有一些定制，但主要还是根据人

[①]《神圣的存在——比较宗教的范型》，第157页。
[②]《论语注疏》，第2467页。

们具体的、个人的需求和方便而定。

从上表6-1的统计来看，祭祀或迎请厕神的祭品多用香烛、果饼、茶酒一类，与古籍一致。如南朝宋《异苑》中用"酒果"①，宋代《箕卜》诗用"酒食"②，明代《帝京景物略》中用"马粪"③。除了马粪外，其他祭品也通常用于七夕、中秋、年节、清明等各种节日，而无甚区别。祭品，本是为了"贿神""娱神"。既然如此，祭祀厕神，用"马粪"作为祭品，似乎更恰如其分。可是，在俗化氛围下，厕神神格会发生偏移，甚至失去其本来的神话内核，模糊掉他与别的神灵之间的神格差异，进而导致杂糅不分。"神的需求"本质上反映的是"人的需求"，故人们必然又会以自己日常所用所需去调整迎神祭品，体现出相当的随意性和个人性。

d. 目的、征兆和效验

降格后并进而俗化的厕神，虽然在中国神祇中地位极低，但民间信仰并不完全是根据神位高低来对其进行取舍的，而是很大程度上以其带来的功能效用为基准来进行选择的。即鬼神与人之间的利害关系，才是人们崇信与否与崇信强弱的必要条件。民间"逢庙就烧香，见神就磕头"，无非也是在"时时处处向神表达祈福禳灾的功利要求"④。厕所与人们的生产、生活休戚相关，厕神就显得愈加重要。因此，与文人士大夫的迎请厕神多属个人玩乐、托物言志不同，民间迎神仪式的主要目的还是祈神的功能性需求（带集体性），尽管也有很强的娱乐性。占人事、问休咎、卜年成、预吉凶这样笼统性的目的相较于乞巧、求子、占寿、卜问归期这类明确的目的而言，前者约占总数的五分之四。

---

① 《异苑》，第45页。
② 《剑南诗稿校注》，第2979页。
③ 〔明〕刘侗、〔明〕于奕正撰，孙小力校注：《帝京景物略》，上海古籍出版社2001年版，第101页。
④ 《中国民间信仰》，第8页。

迎神目的的笼统性和宽泛性，正是民间信仰的特点之一。这种特征，源自原始宗教和巫术的特点。人们越是想在祈神中获得有效目的，就越是要将神灵的职司预设得笼统和宽泛；反过来，正是人们的这种心理需求，又为厕神的存在提供了生长的土壤。随着社会的发展、分工的细化、人们功能需求的变化，厕神的职司也会随之发生变化，预占的内容自然也会与时俱进、日益丰富，甚至包揽社会生活的方方面面。但这种"全能"与原始社会统摄或黏附于生殖女神崇拜下的"全能"崇拜是完全不同的，前者变得更加家庭化、个人化、生活化、琐细化。

据上表6-1，神灵降临的征兆，不外乎两种：一是觉重，一是觉动。但无论是重还是动，大多时候只是一种心理感觉，带有极强的主观性。占卜的效验通常也是通过"动"这一点表现出来的。不管是点头、叩首，还是画花样、写字，都是"动"的一种表现。有的地方认为，将钱扔成凸或卍形是验效的标志，这又与乞巧息息相关。效验简单而微妙，实质上仍然是全凭感觉。迎神者（兼参与者）用"心"直接感知，而排斥分析和论证。同样，也正是因为认可的"随意性"，操作上简单方便，发生效用快捷而"灵验"，为广大老百姓所普遍崇信。就巫术的效用而言，如果巫术行为不包括心理功效，自然都是假的。① 英国人类学家马林诺夫斯基就指出，巫术之所以取得人们经验上的真实性，正是源于心理效力。② 迎神仪式中的主观性，正是迎神者和参与者的期待。因此，主观性、心理效力是巫术存在的前提，也是一切神灵信仰存在的前提。此时此刻，站在"无神论"的角度去分辨真假是无意义的。相比而言，更为恰当的做法是能稍微厘清信仰者的思路。

---

① 詹鄞鑫：《心智的误区——巫术与中国巫术文化》，上海教育出版社2001年版，第13页。
② 〔英〕马凌诺斯基著：《文化论》，费孝通译，华夏出版社2002年版，第75页。

3. 俗化氛围下的显圣物

显圣物（hierophany）是神圣的自我表征，即神圣的东西向我们展现它自己。① 民间厕神虽然已经俗化，但只要有信仰心理存在，那么神圣性就会得到延续，并随时寻找机会加以显现。信仰心理一方面来自集体无意识、信仰惯性、时空特点等"非理性"层面，一方面来自现实功能需求等"理性"层面。厕神的显圣物是厕神传达神圣性的媒介。厕神通过显圣物让我们感知到他的在场和神性彰显。厕神在特定的时空，凭借他物——显圣物——显现出来。在俗化氛围下，厕神的显圣物通常都是由日常生活中的物品来充当的。现在笔者主要依据下表6-3《祭祀仪轨要素统计表》（下）所列出的要素来看民间厕神信仰中的神显问题。由此得出的一些结论，同样也是适用于民间俗神信仰的。

① 《祭祀仪轨要素统计表》（下）

见第336—339页。

② 偶人与附身

在迎请厕神的仪式中，总会需要某种他物，来表达厕神神圣性的某种模态②，这种适合充当或扮演神灵的"形式"或显现物③的事物，就是显圣物。它体现了"某种超越自身的东西"④。但凡是人类眼、耳、鼻、舌、身、意所能觉察到的事物，都可成为显圣物。人、动物、植物、天体、建筑物、符号……无不囊括在内，哪怕是一块石头、一截树根或者一个手势，甚至宇宙本身，在祭祀仪轨和神话叙述中，都会成为显圣物。那些作为显圣物的事物本身并无高低贵贱之分，有区别的是它们所代表的神圣。显圣物，具有世俗和神圣二重性。一方面，它是世俗社会的存在物，与我们同在一个时空，为

---

① 《神圣的存在——比较宗教的范型》，序言第2页。
② 《神圣的存在——比较宗教的范型》，第8页。
③ 《神圣的存在——比较宗教的范型》，第416页。
④ 《神圣的存在——比较宗教的范型》，第11页。

表 6-3 祭祀仪轨要素统计表（下）

区域	仪式	偶人/附身	器具	道具	装扮	咒语	过程
华北	北京	草人	无	纸粉面,帕衫裙	（三祝）	童女掇草人,边打鼓边唱娄婆歌
华北	河北	（秸秆人）	秸秆	将秸秆折成两半,各插一枚笋簪	请周公问收成	握偶祝,祝后问卜
东北	辽宁	（笊篱人）	罩,笊篱	糊纸为衣,穿女服	无	元旦埋于厕,十六日取出问卜
东北	辽宁	（筷,笊篱人）	筷,笊篱	（做成女子形）	姑姑灵,姑姑圣,筷子姑姑有灵应	用筷子三双,祝后问卜
东北	辽宁	（笊篱人）	笊篱	笊篱糊纸,画耳目口鼻	无	童男女扶笊篱问卜
东北	辽宁	（笊篱人）	笊篱,帚	笊篱为头面,头簪彩花,身披红袄,骑扫帚上	（祝）	女童持香三炷,边向茅厕搜寻边祝,神来则设香供
东北	辽宁	（新勺/笠架扎人）	新勺,笠架扎	装束成小女子形	无	击太平鼓,持偶绕行井堰粪际,神来则供香,两人扶搜问卜
东北	黑龙江	（木勺人）	木勺	木勺包纸为头,绘眉目口鼻,头插花,身穿衣,缚双脚双足	念数语	先携偶到既中,念数语,神降后扶至炕桌旁问事

续 表

区域	仪式	偶人/附身	道具 器具	道具 装扮	咒语	过程
中南	湖北	(粪箕人、炊箒人)	粪箕、炊箒	覆女衫、画人面	祝	小除日埋厕旁，元宵取出，女子持偶，焚香拜祝，神来卜
中南	湖北	(茅人)	茅草	取鸡毛附女裙边	祝	挑至火边，边将披边祝，神来问卜
中南	湖北	(衣人)	女衣	(将女衣做成女偶状)	(请戚姑)	岁前露衣于屋上，以柳枝复之，元宵持偶，设香诵歌，神降问卜
中南	湖南	草人	茅草	束茅草为女人形	祝	将偶立起
中南	广东	苇人(竹络人)	苇、竹络	妆成苇人或给竹络穿女衣女帕，中间系钥匙	无	手捧竹络下圈人厕，焚香请神，神降后在月下焚香问事
中南	广西	纸人	纸	将纸扎成茅厕姑像	口念咒语	先迎于茅厕，后置小室，焚香神降，念咒语后持像问事
华东	上海	(饭箩、筲箕人)	饭箩、筲箕	蒙巾帕、插花胜	无	持偶问卜
华东	江苏	(筲箕人)	筲箕	插花、箸、蒙巾帕	无	持偶问卜
华东	江苏	(粪箕人)	粪箕	立一支筷子在粪箕中	无	香楮迎于厕，粪箕中有声为神降，后迎入内室，执箕问事

337

续　表

区域	仪式	偶人/附身	道具 器具	道具 装扮	咒语	过程
浙江		(芦,箕人)	芦、箕	以芦相夹,扶箕插花	无	持偶问卜
		(稻草人)	稻草、桃枝	稻草一握,中扎桃枝,做成人形,后拔打卜	无	先置于废址,坑厕迎神,后捧人家,放置方板上,桃枝敲打卜
		(溲箕人)	箸、溲箕	筷子插溲箕前,绢帕围于箕缘	祝告	两童共举至厕,祝告后返,设香烛果饵迎神,神降问卜
		(箕人)	箕	穿彩衣,跌绣鞋,盖大被	两女子问答:"请大姑","家事忙";"请二姑","洗衣忙乎","然则三姑可乎","来"	女子举至厕,祝,神来则归家问卜
安徽		(鞍箕人)	鞍箕	插花,蒙乌帕	无	人日挂内堂檐下,元宵取至室内鞍箕中,妇女举问卜
		(帛人)	帛	衣小女子襦袴	无	持偶问卜
江西		(鞍箕、筲箕人)	鞍箕、筲箕	蒙绢帕	祝	设茶酒拜月后,女儿托箕弦,移动问卜
福建		(桃李人)	桃李	削桃李头如笔	念咒	持柄桃李念咒问卜

续 表

区域	仪式	偶人/附身	器具	道具装扮	咒语	过程
西南	四川	（桃梗人）	桃梗	穿青衣	无	向厕中焚香迎神问卜
		（假踩者）	无	（真女子）	诵咒	念咒后，随歌起舞，歌止即卜
		（扫帚人）	饭匙、帚	蒙纸画头面，衣小儿衣	无	燃烛叩请以做戏或问卜
		（背凳、扁担人）	背凳、扁担	（做成人形）	无	幼女自然舞蹈，神降后，舞势随曲歌而变
		纸偶	木饭匙、箩梁	做成人形、画头面、穿小儿衣	祝（数次）	用香绕纸偶面，祝数饮，神来后问卜
	贵州	茅人	茅草	做成人形	正月正，特请茅娘来看灯，无娘单足来，有娘双足登	鸡羽拂橡叶，掠茅足
		（筲箕人）	筲箕	用巾帕蒙筲箕，簪花朵	无	两手托偶问事
		（木架人）	木架	做成人形，衣服做装饰	七姑娘，七月灵，特请姑娘下凡	祝后两女扶木架，听其叩拜以卜
		（茅人）	茅草	做成人形，穿祷者衣服	茅草歌/送茅娘	分茅问卜或备酒肉，焚之以避难

我们所看见和使用；另一方面，它又是完全不同的存在，完全不属于我们这个世界，而是"另一世界"的神秘存在。当它作为显圣物的时候，虽然看起来是一块石头，但是绝对不只是一块石头。尽管它作为石头，现实地存在于这个世界，但它还处于神圣宇宙之中，分享着宇宙的神圣性。①

任何神灵都是凭借一定的形式，即凭借显圣物来彰显自身的。也就是说，这些显圣物并不等于神圣本身，它们只是在"特定的时空"②中产生的神圣的具体表现形式而已。神圣是原初的、永恒的、无形的，而神圣的表现——显圣物，却是现实的、随机的、具体有形的。

据上表 6-3 可以看到，民间厕神的显圣物主要有两类：偶人和附身。

显圣物既可以是事物，也可以是真人。比如，厕神常常通过偶人——如箕人、帚人、茅人、笊篱人——显现出来。仪式中，厕神往往降在人偶上行事。人偶成为沟通厕神和凡人的媒介。唐宋以后，随着仙道思想的盛行，厕神也常常通过附身真人而来或直接现身与凡人进行交流。文人士大夫，尤喜此法。沈括《梦溪笔谈》说厕神附身于人家闺女言事③；苏轼《子姑神记》说厕神降于黄州侨居之人郭氏之第。这些人偶、真人，一方面存在于世俗社会中，为凡人所看见和使用；另一方面又属于另一个神秘世界，连接着宇宙最初的、完美的神圣范式。当它作为显圣物存在的时候，就意味着它与它之前以及周围的任何世俗事物截然相分④，拥有了超越本身的神圣性。

我们在前面其实已经提到厕神的各种显圣物，如粪尿、粪堆、粪壤、马粪、大地、厕所、猪圈、扫帚、石头、猪、猪骨、牺牲、

---

① 《神圣的存在——比较宗教的范型》，第 11 页。
② 《神圣的存在——比较宗教的范型》，第 3 页。
③ 《梦溪笔谈》，第 140 页。
④ 《神圣的存在——比较宗教的范型》，第 11 页。

谷物、瘟疫、月亮等。如前所说，任何事物都可能在某个特定的时空成为显圣物①来代表神圣。不过，通过上表6-3我们也发现，中古以后民间所选择和制作的显圣物，大多具有"人"形。在南朝宋《异苑》的记载中就说到，迎祀厕神要"作其形"②，南朝梁《荆楚岁时记》也说到要穿"败衣"③迎祀厕神。后来似乎更注重这一点，常常会在偶人面部勾勒出五官。人偶的制作材料主要是妇女日常生活中常见常用的工具或物品。比较具有代表性的是由箕、帚、茅、笊篱做成的箕人、帚人、茅人、笊篱人等。每类具体而言又有所不同，比如单就"箕"而言，就有簸箕、溲箕、筲箕、饭箕、粪箕等多种，皆可"作其形"而迎祀厕神。

从上表6-3还可以看出，人偶的装扮除了在形貌上越来越突出像"人"外，还极具女性化特征。有的迎神者直接将神偶做成女人模样；有的则是在做成人形的基础上穿上女性服装，戴上女性装饰物——着女衫、穿衫裙、插花簪、披红袄、配女帕、踩绣鞋等。文人对此也多有记载。如宋代苏轼《子姑神记》说厕神人偶"衣草木为妇人"④；宋代陆游《箕卜》诗中的厕神人偶"冒以妇裙襦"⑤；明代刘侗等《帝京景物略》中的厕神人偶是"首帕衫裙"⑥。由此可知，民间的厕神人偶大多为女性。迎神者十分注重人偶的装扮，在突出其女性特征的前提下，还力图将其塑造成一个美女。随着厕神的"美女化"，南朝着"败衣"的厕神渐渐与此类厕神（主要是紫姑类）相分离，而归入如愿类（穷神）厕神。人偶的女性化、美女化，一方面有远古厕神阴性特征遗留的原因；另一方面，更为重要的是，迎神者（包括参与者）主要是女性，厕神是她们的保护神，是家神。

---

① 《神圣的存在——比较宗教的范型》，第10页。
② 《异苑》，第44—45页。
③ 《荆楚岁时记》，第6页。
④ 《苏轼全集校注》（文集卷一二），第1297页。
⑤ 《剑南诗稿校注》，第2979页。
⑥ 《帝京景物略》，第101页。

此外，与唐宋以来文人士大夫将厕神"美女化"也有直接关系。

③ 咒语与游行

咒语也是显圣物。在民间信仰中，咒语被认为是有"通神的异常魔力，可以触动神灵，产生交感功能"，也"是与神鬼沟通并可以求得神鬼救助的重要力量"①。有时，咒语甚至被认为是巫术行为的核心要素。英国人类学家马林诺夫斯基认为，巫术的主要力量就是源自咒语的力量。② 咒语是仪式化的巫术语言，它最初是"神说的话"，具有语言魔力，后来才变成是人对"神说的话"的遵从和模仿。古往今来，无论怎样体现咒语的神秘性和神圣性，说到底不过是人们企图通过神明来实现自己的世俗愿望③或表达理想情感罢了。

我们在前面说到过"秽迹咒"的威力。《太平御览》卷八引《白泽图》也说道："厕之精名曰依倚……知其名呼之者除，不知其名则死。"④"呼其名"也是咒语。从上表6-3可以看出，在迎祭厕神的过程中，咒语时有时无。有咒语的约占三分之一，其中，半数有明确的咒语，半数或祝或告或歌，并不知具体内容为何。

"咒""祝""告"三字都有咒语、祷辞的意思。在甲骨文中，"祝"即"𧧝"（四期，人二二八四），像一个人跪在神前祈祷（兄，象跪而张口祷告之人）。《说文解字》说："巫，祝也。"又说"祝"是"祭主赞词者"。段玉裁注云："谓以人口交神也。"⑤《玉篇》释"祝"为"祭词也"⑥。《经典释文》释"祝"："传鬼神辞曰祝。"⑦

---

① 《中国民间信仰》，第11页。
② 〔英〕马林诺夫斯基著：《巫术科学宗教与神话》，李安宅译，中国民间文艺出版社1986年版，第56页。
③ 刘晓明：《中国符咒文化大观》，百花洲文艺出版社1999年版，第351页。
④ 《太平御览》，第112页。
⑤ 《说文解字注》，第201页。
⑥ 《大广益会玉篇》，第3页。
⑦ 〔唐〕陆德明著，张一弓点校：《经典释文》，上海古籍出版社2012年版，第544页。

《字汇》释"祝""为主人飨神之辞"。此外,"祝"还有"大""始""悦"之义。如"祝融"一词,虞翻曰:"祝,大也。"韦昭曰:"祝,始也。"省徐曰:"按《易》,兑(祝),悦也,巫所悦神也。"① 总而言之,祝词就是人跪在神灵面前祈祷的话语。这些话语用以取悦神灵,并体现出某种原初性和神圣性。而"咒"("呪")字,常与"祝"互训。《类篇》释"祝"为"诅也"②。《集韵》释"呪"(兄)也是"诅也",且将"祝、咒、詋、誯"互训。③《正字通》说法亦同。此外,关于"告",甲骨文作"㞢",本义是献牛祝祷。《尔雅》释"告"云:"告、谒,请也。"郭璞注云:"皆求请也。"④《说文解字》说:"告,牛触人,角箸横木,所以告人也,从口从牛。《易》曰:'僮牛之告。'"⑤ 僮牛,就是撞人之牛。僮,即"撞";告,即"梏"。牛力气大,凶猛强悍,最主要的凶器就是牛角。今在牛角上捆上横木,就是为了使猛牛在用于祭祀时无法"触"人。据表6-3来看,迎祀厕神的过程中,"咒""祝""告"三者都有,最主要的是"祝"。

咒语主要有三个特点。首先,咒语多是请神语。咒语中明确说到了迎请的神名,如紫姑、三姑、周公、厕姑等,迎请对象极其明确。尤其是面对厕神这样的边缘性神灵,与其说是敬畏,不如说是驱役。综观上面这些请神语,基本都是一种巫术式的命令性语言。直呼神名,语气强硬,目的就是将神迎请下来,供自己驱役⑥。其次,不少咒语中都包含着请神目的。这些目的要么笼统(此类最多),要么具体,都是世俗欲求。同时,尽管迎祀的厕神具体神名不

---

① 〔明〕梅膺祚撰,〔清〕吴任臣编纂:《字汇字汇补》,上海辞书出版社1991年版,第327页。
② 〔宋〕司马光等编:《类篇》,中华书局1984年版,第5页。
③ 《集韵》,第1269—1270页。
④ 《尔雅》,第18页。
⑤ 《说文解字注》,第53页。
⑥ 《中国符咒文化大观》,第531页。

同、身份各异,但神格似乎都差不多。其职司不外乎老百姓(多是女性)所关心的、日常生活中的惯常话题,且具有"多功能"特点。最后,咒语还常隐含着希冀仪式灵验的强烈情感。咒语的使用,本来就是为了感召厕神,就是为了让祭祀仪轨的世俗目的得以实现,自然蕴含着强烈的企盼。需要补充的是,民间迎祀厕神的咒语,虽然有的已经蜕变为带有相当娱乐性的童谣,但其具有神圣性是毋庸置疑的。

此外,迎神仪式的过程,有的简单,有的复杂,呈现出多样化的特点。简单的没有"游神"过程,直接由迎神者扶着人偶进行占卜问事。较复杂的基本都有"游神"过程。如河北地区将笊篱人糊纸为衣,穿上女服,于"元旦埋于厕,十六日取出问卜";辽宁地区将笊篱做出头面,头簪彩花,身被红袄,骑着扫帚,由"女童持香三炷,边向茅厕拽帚边祝,神来则设香问卜",或将新勺、笠架之类扎成人样,并装扮为小女子形,"击太平鼓,持偶绕行井堰粪际,神来则供香,两人扶拽问卜";黑龙江地区将木勺包纸为头,绘出眉目口鼻,头上插花,身上穿衣,缚着双臂双足,由迎神者将其先携到厕中"念数语,神降后扶至炕桌旁问事";湖北地区将粪箕、笊篱,覆女衫,画人面,于"小除日埋厕旁,元宵取出,女子持偶,焚香拜祝,神来问卜",或将女衣做成女偶状,于"岁前露衣于屋上,以柳枝冥之,元宵持偶,设香诵歌,神降问卜";广东地区,将芦苇妆成苇人或给竹络穿上女衣、披上女帕,中间系上钥匙,"手捧竹络下圈入厕,焚香请神,神降后在月下焚香问事";广西地区将纸扎成茅厕姑像,"先迎于茅厮,后置小室,焚香供果饼,念咒语后神降,持像问事";江苏地区,立一支筷子在粪箕中,"香楮迎于厕,粪窖中有声为神降,后迎入内室,执箕问事";浙江地区,用稻草一握,中扎桃枝,做成人形,后披衣裙,"先置于废址、坑厕迎神,后捧入家,放置方板上,桃枝敲打问卜",或将筷子插入溲箕前,绉帕围于箕缘边,由"两童共举至厕,祝告后返,设香烛果饵迎神,神降问

六 俗化、流布与厕神渗透

卜";安徽地区,在簸箕上插上花、蒙上乌帕表示厕神,于"人日挂内堂檐下,元宵取至室内簸箕中,妇女举箕问卜"……这些都有"游神"过程,迎祀的基本结构都是由一个空间(厕、井堰粪际、厩、圈和厕、茅厮、粪窖、废址、堂檐)或一个时间(元日、小除日、岁前、人日)转移到另一个空间(室内、炕桌、月下、小室)或另一个时间(十六日、元宵),有的还有"埋"和"取"等行为动作。甚至有的地方迎祀时,还会辗转多个地方,并有送神的环节。

"游神"活动同样是显圣物。"游神"在今天的民间节庆和民俗仪轨中还经常出现。不过,有的已经基本丧失了原始宗教内涵,蜕变为纯粹的"娱人"活动了。"游神"作为祭祀仪轨,肯定是为了模仿神的行事,再现神话内容。古今中外,各种"游神"活动的本质结构,都是在模仿"生—死—生"的过程。比如,公元前六七世纪时希腊因狄奥尼索斯崇拜而形成的大规模"游神"活动,就是在模仿这一结构。众人抬着狄奥尼索斯的神像,并高举着他的生殖器模型游行。在关于狄奥尼索斯的崇拜性节日中,"游神"是被安排于第一天的首要活动。这正突出了它的重要性。当然,"游行"的时间、地点、线路、装扮,乃至整个过程的每个环节,都是事先安排好而固定不变的。① 尽管狄奥尼索斯的神话复杂多变,但他被肢解、死而复生、后兼冥神的故事,基本一致。这与前面所讲的"血祭沃土""大地-谷精"的故事实际上是一类故事。回过头来看中古以来的民间厕神信仰,"游神"的形式虽有保留,但原始神话已不复存在。我们只是从某些仪轨片段,还能窥见厕神与原始神话和仪轨的关联,比如厕神常是人死后所化,又如上面提到的"埋"和"取"的行为动作。这些其实都体现了"地母"可使动植物"死而复生"的神格。

"游神"体现了人们通过掌握相似律或触染律希求对神圣原始进行一再模仿和复制的诉求。弗雷泽在《金枝》"用巫术招引春天"中

---

① 魏凤莲:《狄奥尼索斯崇拜研究》,复旦大学博士论文,2004年,第33页。

说，人们为了让自然界在春天复苏，采用模仿和感应的办法，这是因为他们"以为要造出他的生命依存的伟大自然现象，只有仿造这些现象。他在林间隙地、山岭峡谷、荒漠平原，或迎风在海岸演出的小小戏剧，通过秘密的交感或神秘的影响，能够立即引起更强有力的演员予以接受并在更大规模上再现出来"①。这种再现的原本，并不属于这个世界，而是与这个世俗世界所对应的神圣世界，或称之为"世界图景"。

这个再现的过程就是祭祀仪轨。这种定期的、周而复始的祭祀仪轨所要表达的，无非是人们想干预某种模式，并企图在里面寻求不竭动力和生命源泉的尝试。随着神话时代的逝去，仪轨里面的信仰内容逐渐淡去，空留仪轨外壳，就成为今天我们说的"游戏"。维特根斯坦就曾质疑信仰的功能性。他说人们有时在雨神面前祈求下雨（比如在雨季来临时），并不是真的相信雨神可以普降甘霖（因为他们并没有在干旱季节这样做），并不是有什么"意愿"②，而只是一种惯性操作，或可称之为"本能习俗"③。他们只是"把所知道的东西正确地拼凑在一起而不添加任何东西"④而已。他想表达的是，人们有时参与巫术和仪式、节日和庆典，并不是基于任何工具性、功利性的目的，而不过是"游戏"而已，或者是没有任何具体目的的惯性。维特根斯坦的理由当然不能推翻功能论。他忘了当下看起来没有实际目的和功能的"游戏"，其最初仍是对"世界图景"的模仿，只不过时过境迁，人们忘却了信仰内核而已。这一点，恰好可以用来解释厕神信仰中的"游戏化"。需注意的是，民间厕神信仰中的"游戏化"，多少还有"集体无意识"存留，与士大夫"个人化"

---

① 《金枝》（上册），第519—520页。
② 〔英〕维特根斯坦著：《维特根斯坦论伦理学与哲学》，江怡译，张敦敏校，浙江大学出版社2011年版，第19页。
③ 《维特根斯坦论伦理学与哲学》，第20页。
④ 《维特根斯坦论伦理学与哲学》，第11页。

的"游戏"是不可相提并论的。后者对"人-神"关系的解构,是男尊女卑性别观与士大夫臣妾制相结合的产物。

总之,在俗化氛围下,厕神信仰的神圣性自然会消减,甚至消失。但是民间信仰本身又杂糅儒、释、道、巫,并具有很强的包容性。如前所说,老百姓的信仰不是看重神灵的系统、神位,而是主要以实用性和功能性来进行取舍。这也是中国民间信仰动机与仪式安排的显著特征。在世代厕神信仰中,人们不断地强化这种实用价值,祈求厕神满足自己多方面的世俗利益需求。这就使得厕神信仰以"世俗"为外衣,渗透到人们生活的方方面面。尽管其间的来龙去脉已不甚了了,但厕神信仰在客观上却得以延续。也许正是因为如此,迎祀厕神的仪轨才一次又一次被民间所选择,周而复始地出现在信仰的历史舞台上。

厕神源自远古大母神崇拜,而今仍深深扎根于人民大众代代相传的言传身教,其间固然有精英文化的渗透,但更多更复杂的是精英思想与大众思想的相互碰撞和汲取,源头仍在老百姓那里,在小传统文化中。"非制度化"的家庭与社区村落的耳濡目染是民间信仰得以延续的土壤,也是导致它的稳定性与变异性的最直接因素。民间,不仅仅是个地域空间,而且是个社会、人文空间,有着命运与共的我群意识[①]。这种意识也规范着文化的整体传承与创造。

(二)神名命名、分类与统计

由上可知,中国厕神信仰在民间沉淀之深,传播之广,地方化特色之浓,神名之混杂。本节主要从神名入手,拟对分布于中国各地的厕神神名做一统计,借以鸟瞰厕神的流布情况。并结合古籍、方志、田野调查资料和神话学、民俗学的一些相关理论进行梳理,

---

① 郑志明:《社区文化的宇宙图式与神圣空间》,《鹅湖月刊》2001年第312期。

以清眉目,力求找到厕神神名之间的内在关联。

名,实之宾,名不正则言不顺。名称能反映一事物的特征和存在状态。银雀山汉简《孙膑兵法·奇正》云:"有形之徒,莫不有名,有名之徒,莫不可胜。"① 事物是先有具体的"形",再有抽象的"名"。王弼《老子指略》(辑佚)指出:"名号生乎形状,称谓出乎涉求。名号不虚生,称谓不虚出。故名号则大失其旨,称谓则未尽其极。"② 这里又将"名"分出"名号"和"称谓"两种,并加以区分。牟宗三解释说:"'名生乎彼',从客观。'称出乎我',从主观"。③ 意思是"名称"是根据客观物象而来,"称谓"则是根据主观体验而有。然本章所讨论的神名,并不做这样的区分。它既包括客观名称,也包括主观称谓。

1. "有神无话"与"有话无神"

前面已说,最早的厕神源于厕之空间形成前的大母神崇拜。主要表现为基于生殖女神崇拜的粪尿崇拜、猪神崇拜、地母崇拜等。在原始农业社会阶段,人们往往热衷于传述地母和谷精的故事,流行着"血祭沃土"的仪式。到厕之空间形成以后,厕神才从大母神统摄中分离出来,成为司掌特定空间和特定事项的神灵。由于最早的厕之空间与积累粪肥、蓄养家畜密不可分,所以生殖、丰产类神格仍是其早期主要神格。据甲骨卜辞、《山海经》、《诗经》、《周礼》、《老子》、《韩非子》等便可知中国早期粪肥的使用情况,以及牺牲、粪尿、猪、水、北方、疾病、生命等要素之间的神话关联。三代时还流传着各民族的先妣、先祖与粪肥崇拜有关的故事,如姜嫄与后稷(弃)的故事、简狄(子姑)与契的故事。两汉以来,记载了大

---

① 银雀山汉墓竹简整理小组:《银雀山汉墓竹简(一)》(线装影印修订本),文物出版社1985年版。
② 李若晖:《老子集注汇考(第一卷)》,上海辞书出版社2015年版,第770页。
③ 牟宗三:《才性与玄理》,台湾学生书局1985年版,第138页。

量"豕祸"以及发生于猪圈里的怪事儿,实际上是对猪神(厕神)的妖魔化。桓谭的《新论》提到当时厕中有鬼神,但并没有记录具名。直到魏晋时期,各种精怪之名才伴随着志怪小说的兴起开始大行其道。又经唐宋而至盛,经明清而普及。

综观古籍所载,神名五花八门,如厕神(鬼、精)、旗得、卑(湢精)、胥、倚衣(依倚)、猪精(金精)、后帝、郭登、类似方相的厕鬼、丘墓精狼鬼、刘安、肃霜之神、笙(竺、顼天竺)、乌枢沙摩明王、守厕神、噉粪鬼、如愿、青洪君、子姑、紫姑、戚夫人(戚姑、七姑)、三姑、三霄、扫帚神、黄衣女子、钱方义、李赤等。此外,更多是未录名号者。后来民俗资料中的就更多更杂,如厕神(鬼、精)、厕姑、茅姑、七姑、三姑、椅子姑、东施娘、苇姑、灰接姑娘(灰七姑)、门角姑娘、扁担神、小神子等,以及更多未录名号但与厕之空间、粪尿等崇拜密切相关的鬼神。

概而言之,有的厕神是有"话"而无"神"的,即有祭祀仪轨、神话传述、民俗禁忌等,但神名、神体却是模糊乃至缺失的。原始厕神、民间厕神以及活态厕神大多如此。有的厕神则是有"神"而无"话"的,即只记载了神名,却无甚神话传述。即由于种种原因,厕神的神名得以保留,而神话事迹却丢失掉了,如古籍所载的厕精旗得、卑、胥、倚衣(依倚)等,相关神话就极其寥落。

远古流传下来的厕神之名的确屈指可数,甚至中古典籍记载的一批厕神在中古以后就大多停止流播。毫无疑问,随着神话时代的逝去,原生态厕神必然会逐渐让位于其他形态的厕神,或不再以显著的方式存在,而是被潜藏、覆盖起来。有的时候,旧厕神借助新厕神得以延续和发展;有的时候,旧厕神被新厕神所取代;有的时候,旧厕神被分割得支离破碎并安上了新名头,神格偏移……情况实在是非常复杂。但归根结底,不过是"旧瓶装新酒"或"新瓶装旧酒"罢了。

无论如何,厕神的神名,经世代累积,日益繁多。中古以后,各种俗名、异名层出不穷。神名的增多,既与厕神神话传说传播的广泛性和地方化有关,又与厕神信仰作为俗神信仰的随意性有关。

2. 神名的命名原则与分类

综观厕神神名①,有的已经完全找不到神名来源,比如厕神旗得、胥、项天竺、依倚等。此类神名多是沿用古籍旧俗,神名之意已不甚了了。有的虽能找到一些线索,但因其上覆盖的内容太多太杂而无法分辨,比如,厕之空间形成前的原始厕神——带有地母或谷精性质的先妣先祖、粪神、猪神等。这些神名尽管看起来有的是根据空间地点命名(如姜嫄,即姜水平原),有的是根据器物命名(如粪神、弃,均依据"粪""粪弃之物"而得名;韩流依据"水""猪"而得名),但其更重要的命名标准却是"生殖",因为平原、粪、水、猪都具有原始阴性特征,都常常作为"大母神"的象征。此类厕神本来的神格已被历史掩埋,多以"无意识"方式存留于文化之中,而彰显出来的多是原始神格失落之后的"文质彬彬"。这些厕神,在唐宋后很少出现。

结合古籍、方志和田野调查,中古以后民间厕神神名的命名原则主要有以下三种:第一,随地赋名。如厕神、坑三姑、田三姑、壁角姑娘、门臼姑、月姑、灰接姑、门角姑娘等。第二,随物赋名。如簸箕神、箕帚神、饭箩仙、瓜瓢姑娘、筲箕姑娘、箩头姑娘、筷子姑姑、竹姑、箕姑、针姑、扁担神等。第三,随人赋名。如笃太君、东施娘、薛妃、姜太公、马夫人、周公等。此外,也有的是沿用古籍古俗者,如紫姑、子姑、七姑、三霄、如愿等都是古籍记载

---

① 已有学者围绕"紫姑"统计过中国厕神的种类。虽不完整,但颇有启发,从中可以看出紫姑俗名、异名之纷繁复杂。参阅娄子匡,《紫姑的姓名》,中国民俗学会编《民俗学集镌》,第275—278页;黄石,《再论紫姑神话——并答娄子匡先生》,见《黄石民俗学论集》,第312—321页;林继富,《紫姑信仰流变研究》,《长江大学学报》(社会科学版)2008年第1期。

的厕神；还有的是因谐音或音变而得名者，如坑三姑娘（抗三姑娘）、门脚姑（门臼姑、门舅姑、门角姑等）、紫姑（子姑、厕姑、厕姑）、戚姑（七姑）等。但主要不出以上三种原则。

民间厕神，命名本来就带有随意性，且各俗神之间杂糅、借取也颇多。下面在考虑神名命名原则的基础上，参考传统习惯，又将厕神细分为十类：厕神类、紫姑类、其他姑姑神类、如愿类、戚姑类、三姑类、猪神类、佛教厕神类、道教鬼仙类、职司疾病类。

① 厕神类，主要包括厕神（鬼、精、仙）、厕姑、厕坑姑、厕姑、茅姑（茅厕姑、茅厕姑）等。此类是厕之空间形成后，基于"厕所"场所和相关特征而得名的。"厕精"一词最早出现于中古时期非常流行的《白泽图》中。书中的厕神名曰"依倚""旗得""卑"。但是"依倚""旗得""卑"这样具体的神名并未在民间得以保存和流传。而基于厕之空间的"厕神（鬼、精、仙）"一词，一直流传至今。尽管厕神的具体神名越来越多，但"厕神"二字，仍是此类神灵的统称。此类神灵都或多或少与"厕"这个场所及相关事项有关，尽管它们中有些厕神最后的神格基点发生了偏移。有时"厕神"这一统称是与厕神的具名并用的，比如"厕神郭登""厕神紫姑""厕神戚姑"等，这时"厕神"就不是神名，而是具有神格定位和神格归属的性质。

② 紫姑类，包括紫（子）姑、紫（子）姑神（仙）等。在众多厕神的具体神名中，此类最多。"紫姑"虽源自远古大母神崇拜，与商代始祖母"子姑"简狄一脉相承，但后世民间流传的紫姑故事基本框架直接继承自南朝刘敬叔的《异苑》。"紫姑类"厕神对民间厕神信仰影响极大，并滋生出众多"姑姑神"，同时后者又成为前者继续存在和发展的土壤。

③ 其他姑姑神类，此类极其纷繁复杂，神名来源主要有两种情况。

随地赋名。如田姑、田三姑娘，皆因其所请地点在田间；壁角姑娘、门臼姑娘，皆因其所请地点在壁角、门臼；坑三姑、抗三姑、抗坑三姑皆因其所请地点在厕坑。

随物赋名。此类更多，主要是根据迎祀器具、道具而得名。竹姑、苇姑（又叫芦姑、九节姑、九姑娘等）、箕姑（箕娘、筲箕姑、簸箕神等）、帚姑（扫帚姑、笤帚姑、扫姑、扫娘、帚把姑娘、扫晴娘等）、箕帚姑（箕姑与帚姑的合名）、笊篱姑姑、筷子姑姑、瓢儿姑娘（瓜瓢姑娘）等，均是随物赋名。

这些姑姑神与紫姑的关系时紧时松。有的完全等同于紫姑神，有的则不是；有的虽然不等同于紫姑神，但神格又与紫姑神极其相类；有的则与紫姑神无关，司职完全不同。崇州地区有请"灰堆姑娘""灰堆婆""门臼姑""坑三姑"的习俗。这些活动似乎都是独立的，每项活动都有专属的神。比如崇川地区是赛完紫姑再赛针姑，"紫姑"和"针姑"显然不是一个神。① 而清代江昱在《松泉诗集》卷四的《紫姑乩》中，就描述当时民间紫姑职司针线女红，这里紫姑显然就是针姑。

④ 如愿类，包括如愿、箕姑（箕娘、筲箕姑、簸箕神等）、帚姑（扫帚姑、笤帚姑、扫姑、扫娘、帚把姑娘、扫晴娘等）、箕帚姑（箕姑与帚姑的合名）、灰七姑（灰接姑娘、灶王第七妹、七姑等）、茅娘（茅人）、穷神（五穷娘、穷妇人、五穷媳妇等）、赵公明、小神子（小家鬼、独脚天子、老爷、灵童等）、石秀才（石头神）等等。关联的民间习俗有捶粪（打如愿）、打灰堆、散花、得宝、送穷（送五穷、破五）等。很明显，这些称谓和习俗非常复杂。总的来说，民间的如愿信仰一般都是围绕如愿与粪扫、如愿与穷富关系展开的。

⑤ 戚姑类，包括戚姑（戚夫人、七姑等）、七姑（七姐、七姊、灰七姑、灶神第七妹、七姑娘、姑娘等）、七星妈（七姐、七星仙女、天女七姐等）、青姑娘、七姑水主等。此类也异常复杂，归类非常困难，大概可分为四类。

---

① 《中华竹枝词全编》，第 711 页。

六　俗化、流布与厕神渗透

源于汉代戚夫人死后为厕神。据北齐魏收《魏书》，徐州彭城有戚夫人庙，但祭祀时间和地点的记录晚见于明代《天中记》和《月令广义》。陈耀文《天中记》云："世俗元日请戚姑之神，盖汉时戚夫人死于厕，故凡请之者必诣其中召之。"① 此处并没有说该习俗始于何时。冯应京《月令广义》云："唐俗元宵请戚姑之神，盖汉之戚夫人死于厕，故凡请者诣厕请之。"这里也没有说该习俗始于何时，但可知在唐代已经成为习俗。戚姑，后来因音同而简化为"七姑"，又滋生出一系列包含"七姑"的厕神神名。

源于七夕乞巧。据《西京杂记》，此节日源于西汉②。唐宋诗词屡屡歌咏，到宋元形成了专门的"乞巧市"，更加隆重、热闹。七夕所祀之神，说法众多，大多都带有"七"字，如七姑、七仙姑、七仙女、七姑娘、七姊、七姐，有时也称织女、纺织娘、紫姑。"七"或表时间，如七夕之"七"，或表数量，如七仙女之"七"。还有人认为"七姑"就是"子姑"的误写。同时，戚（七）与紫（子）乃一音之转，在读音上也极容易混淆。所以在不少地方，正月十五请紫姑的习俗和七夕乞巧融为一体。如《阳江县志》记载七夕"女子有罗酒果'乞巧'及请紫姑者"③。《广宁县志》也记载："七夕，女子有'乞巧'及请紫姑者。"④《赤溪县志》也有："（七夕）各妇女谓是日有天女七姐降凡，于天未晓时汲河水以罐贮之，经年不腐，谓之圣水，可疗热病，而无'乞巧'之事。"⑤

源自星神崇拜。日、月、星这类天体崇拜极早。这里的七娘妈、七娘娘、七星娘娘、七娘星、七星妈、七星仙女、靖姑娘妈、婆姐等与上面的"乞巧"事宜虽相关，明显神格又有不同，所以特别为

---

① 《天中记》（上册），第135页。
② 〔汉〕刘歆等撰，〔晋〕葛洪辑抄，王根林校点：《西京杂记（外五种）》，上海古籍出版社2012年版，第12页。
③ 《中国地方志民俗资料汇编》（中南卷下），第839页。
④ 《中国地方志民俗资料汇编》（中南卷下），第861页。
⑤ 《中国地方志民俗资料汇编》（中南卷下），第819页。

一类。在台湾,七娘妈主要是儿童(尤其女童)的保护神;在湖北,七星仙女就是厕神;在日本,九州岛佐贺县的妇女相信在七夕早上"用七星神的尿洗头会变得漂亮",所以把田里的泥抹在头上,再用清晨的露水和水渠里的水洗脸和头发。①

与灶王有关的厕神。七姑、七妹、灰接姑、灰七姑、灶王姑姑、灶王第七妹,这类厕神与灶神相关,折射出厕神与灶神的复杂关系。在民间,流行两种完全不同的说法。一种说厕神是灶神的亲戚;一种说厕神是灶神的死对头。这些均源于人们对这两个特殊空间不同特点的思考。

⑥ 三姑类,包括简狄三姊妹(民俗中已无)、三霄(三霄娘娘、三霄神等)、三姑、三娘子、坑(抗、抗坑)三姑(娘)、厕坑姑、坑三娘娘、娘娘、姑娘、田三姑娘(田三姑、田姑)、伏三姑、小姑、小姑娘等。

"三"表示数量,指三位女神。如三霄娘娘,就是琼霄、碧霄、灵霄三位女神,后发展为民间的三位送子娘娘。有的地方三位女神分别是注生娘娘、催生娘娘②和送子娘娘,其实就是三霄女神。

"三"表示小,指第三、最末。如浙江地区迎祀的厕神是"大姑、二姑、三姑"三姊妹中的"三姑"。民间还常称厕神为小姑、小姑娘等(如台湾的椅子姑)③。南朝宋《异苑》中就记载紫姑为"小姑",与"大妇"相对,又带有"小妾"之意,地位卑微。

⑦ 猪神类,包括猪神、圈神、猪栏神、大兰神、牛栏神、厩神、厕所土地神、黄老相公(牛神)、喜神、乌将军、乌金、乌鬼、黑面神、猪瘟神(鸡瘟神、牛瘟神等)、姜太公、马夫人、朱贞菩萨(猪

---

① 《东亚的厕所》,第230页。
② 〔唐〕段成式《酉阳杂俎·前集》卷十四《诺皋记上》、〔清〕纪昀《阅微草堂笔记》、〔清〕姚东升《释神》等都记载了能催生的二产鬼叫语忘、敬遗,但在民间信仰中未见,置于此供比较。
③ 〔清〕徐珂编撰:《清稗类钞》(第一册),中华书局2010年版,第191页。〔日〕片冈岩著:《台湾风俗志》,陈金田、冯作民合译,大立出版社1981年版,第433页。

六 俗化、流布与厕神渗透

图 6-4 清代扬州纸马：圈神

选自王树村编著：《中国民间年画史图录》（上），上海
人民美术出版社 1991 年版，第 376 页

珍菩萨、猪神菩萨)、小神子等。在厕之空间形成前，就存在着基于生殖崇拜的猪神和粪神的融合；厕之空间形成后，基于人厕和猪圈合一形制二者神格合流。今中国农村，凡养猪之农户，仍广泛存在着猪神信仰。奉祀主题大多是祈祷五谷丰登、六畜兴旺、财源广进、健康长寿、远离瘟疫疾病等。

民间的喜神往往是猪神、厕神、圈神之类。《顺义县志》记载正月"养牲口，清晨随喜神方位驱之，谓'迎喜神'"①。《固安陈志》亦载："（正旦）清晨，牵驴一头，随喜神方位驱之，谓之迎喜神。"② 这里的喜神，就是保佑六畜兴旺的圈神。

袁珂认为喜神就是吉神泰逢。《山海经·中山经》："和山，其上无草木而多瑶碧，实惟河之九都。是山也五曲，九水出焉，合而北流注于河，其中多苍玉。吉神泰逢司之，其状如人而虎尾，是好居于萯山之阳，出入有光。泰逢神动天地气也。"郭璞注："言其有灵爽能兴云雨也。夏后孔甲田于萯山之下，天大风晦冥，孔甲迷惑，入于民室。"③ 泰逢即猪神。猪神作大风，能兴云雨，在典籍中比比皆是。如《山海经·中山经》："又东三百五十里，曰几山……有兽焉，其状如彘，黄身、白头、白尾，名曰闻獜，见则天下大风。"④ 而此处之猪神泰逢，又具有正负两方面特征，不仅可以是喜神，还可以作祟。

巴蜀神格多样的"小神子"，他有时是善取物的财神，有时是作祟的精怪，有时是牲畜保护神或厕神（又叫郭氏三郎，或与郭登有关）。蜀地民间祭祀"小神子"，常在"亵侮之地"设坛祭祀，谓之"下坛"。在四川西部和北部，基本上都是把他视为牲畜保护神的，有时还将其等同于坛神、圈神、赵公明（猪瘟神）、赵侯等。

⑧佛教厕神类，主要有乌刍沙摩明王（秽迹金刚、火头金刚、

---

① 《中国地方志民俗资料汇编》（华北卷），第36页。
② 《中华全国风俗志》（下编），第5页。
③ 《山海经校注》，第128页。
④ 《山海经校注》，第163页。

秽迹大士、火神阿古尼等)、守厕神毕舍遮鬼、噉粪鬼等。

⑨ 道教鬼仙类，此类既多且杂。包括紫姑仙（紫姑的仙化）、乩仙、鸾仙、天仙、天女、天孙、七仙女（天女七姐、七星仙女、织女、七娘星等）、狐仙（阿紫、紫狐①）、月仙（月神、月姊、月姐、月姑、嫦娥、太阴星君等）等。此外，基于"人死为鬼"的"附会人名类"厕神，也多可归入此类，如薛妃、东施娘②、刘安、岳飞、钱义、李赤③等。"道教鬼仙类"虽在很大程度上保留了原始宗教和巫术的特点，但受道教神仙思想影响颇大，复经士大夫推波助澜，厕神便遭异化。宋代沈括笔下的紫姑就是一位"常为云气所拥"的美丽女仙。她是"上帝后宫诸女"，能乘云遨游，自称"蓬莱谪仙"④。而在民间信仰中，道家和道教思想本来根基深厚，又杂佛教，常常成为民间造神之动因。浙江遂昌俗信鸾仙，"此种迷信，为近数年所兴，现迷信者已日见其多。所谓鸾坛，已林立各处矣。入坛者，茹素持斋，终朝跪拜，为鸾仙之弟子。宣传入坛者能洗除以前罪过，将来能登天成佛。以此号召，故愚者趋之若鹜也"⑤。

⑩ 职司疾病类。包括厕神、猪神、粪神、猪瘟神（疫神）、痘神（痘神䖝国公、痘神哥哥、痘花五圣、痘花娘娘等）、⑥ 眼光娘娘（职司眼睛）、催生娘娘（催生）等，厕神还能治疗皮肤病、热病等各种疾病。前面说过，厕之空间与疾病密切相关。粪尿场所既是疾病滋生的温床，又是治愈疾病和赐予生命的场所。厕神、猪神本身又是瘟疫神、死神、冥神。四川民间至今传说小孩种痘时任何人都不能

---

① "旧说野狐名紫狐，夜击尾火出，将为怪，必戴髑髅拜北斗。髑髅不坠，则化为人矣。"〔唐〕段成式撰，曹中孚校点：《酉阳杂俎》，上海古籍出版社 2012 年版，第 88 页。
② 《天台方言研究》，第 270 页；郭肖华、林江珠等著：《闽台民间节庆传统习俗文化遗产资源调查》，厦门大学出版社 2014 年版，第 204 页。
③ 《齐东野语》，第 101 页。
④ 《梦溪笔谈》，第 140 页。
⑤ 《中华全国风俗志》（下编），第 263 页。
⑥ 《释神校注》，第 184 页。

动厕所。韩国民间也传说职司"痘"的是厕神。前面我们还说到，三霄有眼光娘娘、送子娘娘、碧霞元君的说法或斑疹娘娘、百花娘娘、眼光娘娘等不同版本。三霄职司眼睛视力和斑疹，也让我们联想到粪尿的"治愈"功能。

需要说明的是，以上分类屡屡交叉。几乎每一类都不可避免地会与别的类有些重合。如"厕神类"涵盖了下面九类厕神；"其他姑姑神类"中有不少神灵与紫姑完全相同；"其他姑姑神类"中的寻姑、箕姑、箕帚姑又可放在"如愿类"；赵公明和小神子既可以放在"如愿类"，又可以放在"猪神类"；紫姑既属"紫姑类"，又被发展为道教鬼仙；三霄既属于"三姑类"，又属于"职司疾病类"；虽专门列出"职司疾病类"，但诸多类别中都有厕神职司疾病的神格；关于"七姑"就更复杂，既可以放在"紫姑类"，又可以放在"戚姑类"，还可以放在"道教鬼仙类"。由此也可管窥民间俗神的互渗性和弥散性特征。因此在分类时无须削足适履，允许类别之间的重复和涵盖，正能反映民间厕神的复杂状貌。

除了上面列出的十类外，其实还有别的类别，如蚕神、土地神、社神、床公床母、山魈、筷仙、大神（胡仙、黄仙）等。这些神灵多少也与厕神相关，更何况厕所是百鬼出入之处。不过，这些神灵，离厕神更为遥远，虽然可能最初来自厕神或神格借鉴于厕神，但后来分离、演化出其他神格，神格发生转移，最终南辕北辙。

通过统计，我们也可看到原始厕神、古籍文献中的厕神在民间已不复存在。原始厕神的失落，表明后世民间信仰中母亲神确实已经失落，神格散落在各类女儿神中；古籍文献所载的依倚、旗得、卑、胥、笙（项天竺）、郭登、后帝、肃霜之神等众多厕神在民间信仰中的失落，表明大小传统在厕神问题上的分道扬镳。

3. 神名的取舍原则与统计

对厕神神名的统计，尽量遵循文献记载和传统习惯，主要统计

六 俗化、流布与厕神渗透

显名①。

下面统计仍主要依据《中国地方志民俗资料汇编》，再结合古籍、其他方志、田野调查等资料，从地域、神名、神名关系略解、条数、种类几个栏目进行列表统计。"地域"，为方便起见，仍采用传统区域划分法，划分为华东、华北、西南、中南、东北、西北六个大区域，下以省（市）为最小单位。"神名关系略解"，是对一个区域或省份中出现的神名及相关问题进行必要的略解。条数和种类是对一省（市）神名之不完全统计。

需要说明的是，民间神名错综复杂。有的地方，诸多神名实为同一神名，即一厕神有众多异名或俗名；有时同一厕神之名，在不同的地方，含义又不同，或分属不同类别；有些厕神名看起来毫无关联，实际上却辗转相通，同出一源。诸如此类，自然导致神名的"条数"和"种类"都无法精确，难免有疏漏或重复之处。

表6-5　《厕神神名统计分析表》

地域		神名	神名关系略解	条数	种类
华东地区 215	上海	紫姑（紫姑神）7 厕姑 5 坑三姑娘（抗三姑娘、抗坑三姑娘）4 箕姑（筥箕姑）1 箕帚姑 1 九节姑（苇姑）1 小姑娘 1 壁角姑娘 1 田三姑娘 1	1. 抗三姑娘为坑三姑娘音变，抗坑三姑娘，"抗坑"应有一字衍文；2. 坑三姑娘、壁角姑娘、田三姑娘是据迎神地点而得名；3. 箕姑、筥箕姑、箕帚姑、筥帚姑等往往互用，是据迎神器物而得名	22	5
	山东	紫姑（紫姑神、紫姑仙）10 厕姑 2 小姑 1 七姑 1 石秀才 1 箕帚姑 1 七姐 1	1. 紫姑、子姑、紫（子）姑神、紫（子）姑仙为同一神名；2. 石秀才、石头神、姑、紫姑为一类神	17	5

---

① 见本章第三节之《显名和隐名》。

续 表

地域	神名	神名关系略解	条数	种类
江苏	紫姑16 厕姑6 门臼姑（门臼姑娘、门角姑、门脚姑、门神）3 饭箩仙2 针姑2 田姑1 九节姑娘1 九姑神1 坑三姑娘1 箕姑1 灰七姑1 苇姑1 灌郎神1 红娘子1 芦姑1 秽迹大士1 扫晴娘（箕帚姑、笤帚姑）1 帚姑1 如愿1 蚕姑1 笤箕姑1	1. 九节姑、九节姑娘、九姑神即苇姑；2. 饭箩仙、田姑、九节姑在江苏又称紫姑；3. 门臼姑、门舅姑、门角姑、门脚姑、门姑为同一神名；4. 灌郎神、罐（饭）箩神、饭箩仙应为同一神名之音变；5. 饭箩仙、紫姑、坑三姑娘往往也是混淆的	46	7
浙江	厕姑18 天仙9 紫姑（紫姑神）7 芦姑6 门舅（门舅姑、臼姑、门姑）4 三姑2 箕娘2 簸箕神2 如愿2 扫神1 竹姑1 苇姑1 针姑1 痴姑1 坑三姑1 笃太君1 三娘子1 灰七姑1 灶神第七妹1 关仙1 猪栏神1 黄老相公1 淘箩头娘子1 笤箕姑1 苇姑1 蚕姑1 帚姑1	1. 灰七姑，又称灶王第七妹，浙江地区也常称其紫姑；2. 坑三姑为笃太君的说法独见于浙江；3. 扫姑、竹姑、苇姑、针姑等众多姑神，与紫姑的关系时紧时松；4. 猪栏神、黄老相公属圈神	70	8
安徽	紫姑（紫姑神、紫姑仙）9 厕姑（厮姑）6 笤箕姑2 天仙2 三姑1 九娘神1	1. 三姑、紫姑、天仙通用；2. 仪式时间多在人日初七，或始于此日而终于元宵	21	6
江西	厕姑（厕姑神）2 笤箕神2 天仙1 紫姑神1 七姑1	1. 江西地区的紫姑神信仰往往与七夕乞巧和八月中秋相融合；2. 箕姑、紫姑、月姑、七姑混杂不清	7	5
福建	紫姑3 东施娘2 月姑2 木勺神1 如愿3 三姑（伏三姑、卜三姑）1 纺织娘1 娘娘1 坑三娘娘1 扛门臼娘娘1 厕姑1 秽迹金刚（乌乌沙摩明王）1	1. 福建月姑信仰仪式中夹杂着用筐占卜等要素，但与紫姑关系较为疏离；2. 木勺神即紫姑；3. 娘娘、纺织娘、坑三娘娘，扛门臼娘娘，都是厕姑	18	8

六　俗化、流布与厕神渗透

续　表

地域		神名	神名关系略解	条数	种类
	台湾	关椅仔姑（椅仔姑）2 关箸神 1 关扫帚神 1 关分担神 1 关三姑 1 子孙桶 1 临水夫人婢女（婆姐）1 七娘妈（七星娘、七星妈、七娘、七姑星、七姊妹、织女）6	1. 关椅仔姑（椅仔姑）信仰在台湾非常兴盛，笔者怀疑其源于"子孙桶"信仰；2. 七娘妈、七星娘娘、七娘星、七星妈、七星仙女等源于星神信仰，与织女、七仙女故事有关，在台湾主要是儿童保护神，但在湖北，七星仙女就是厕神；3. 台湾关三姑，一指传说中的一个三岁丧母被嫂虐待惨死的可怜女孩；一指椅仔姑	14	4
华北地区 43	北京	姑娘 1 喜神 1	此处喜神为牲畜的保护神，属圈神、牲畜神类	2	2
	天津	紫姑 1 厕姑 1	厕姑、厮姑、紫姑三者一声之转	2	2
	河北	紫姑 10 五穷娘（五穷、五穷媳妇、打粪堆、如愿、破五、送穷、穷神等）5 厕姑 4 石头神 2 扫帚姑（笤帚姑）1 箕针姑 1 苇姑 1 周公 1 戚姑娘（笊篱姑娘）1 三霄娘娘 1 仙姑 1 灶王姑姑 1 扫晴娘 1 针姑 1	1. 破五、送穷习俗在中国民间广泛存在，但五穷娘、五穷媳妇、穷神独在此处可见，这些与如愿有关；2. 打粪堆与如愿信仰有关；3."扫晴娘"意涵复杂：（1）即扫娘，与紫姑、箕帚姑等相通（2）与如愿、五穷娘有关（3）与生殖女神、女娲信仰有关；4. 请石头神、姑姑和周公，皆为迎紫姑之比	32	7
	山西	穷媳妇 5 麻老姑 2	无	7	2

361

续表

地域		神名	神名关系略解	条数	种类
西南地区 74	四川	紫姑（紫姑神）11 厕神1 戚姑1 茅娘2 劝茅、送茅、茅人替身、破五（五穷神）2 七姑（七姑娘）4 罐（饭）落神2 扫帚神1 背篼神1 扁担神1 三霄神1 如愿1 小神子1 猪瘟神1 姜太公1 马夫人1 猪贞菩萨1	1. "罐落神"即"饭落神"，虽因"以木板匙纸糊之，画头面，束于落梁，缚扎如人形，以小儿衣衣之"①而得名，但与茅娘称呼互用②；2. 三月上巳日己三霄节，盖古者祀高禖神意，虽在民俗中已与紫姑判然若二③，但其渊源有关，故列于此	33	7
	贵州	紫姑（紫姑神）4 罐落（箩）神3 七姑2 茅娘（劝茅、送茅、茅草、斩茅、茅人）10 七姑娘（姑娘）1 扫帚神1 泥神1 扁担神1 小神子1 茅（茅厕姑）1	川、贵地区劝茅、送茅、斩茅、茅草、茅人替身中所隐含的信仰就是茅娘信仰，有时候茅娘与紫姑、七姑是等同的	26	6
	云南	小神子（小家鬼、独脚天子、老爷、灵童）④ 5 七姑娘（姑娘）2 青姑娘8⑤	云南少数民族地区鬼神信仰浓厚，直到近世也无专门的厕，但有圈神信仰	15	3
中南地区 88	河南	七姐3 紫姑2 簸箕神1 七姑娘1 鳖姑娘1 石头神1 散花（如愿）1	1. 七姐、紫姑、簸箕神为同一神，据迎神时间，七姑娘应即七姐；2. 抬"石头神"与请鳖姑娘和七姑娘的仪式有诸多要素相同，此三者与紫姑、如愿信仰密切相关；3. 河南地区请七姑娘的地点是在粪堆前⑥	10	47

① 《中国地方志民俗资料汇编》（西南卷），第40页。
② 《中国地方志民俗资料汇编》（西南卷），第109页。
③ 《中国地方志民俗资料汇编》（西南卷），第177页。
④ 〔清〕丁柔克撰，宋平生、颜国维等整理：《柳弧》，中华书局2002年版，第364页。郑祖荣：《滇南杂俎》，云南民族出版社2006年版，第314页。
⑤ 王国仙：《白族"青姑娘祭"与内地"请紫姑"习俗的异同》，《民族艺术研究》1993年第4期。
⑥ 见《中华全国风俗志》（下编），第127页。

六　俗化、流布与厕神渗透

续　表

地域		神名	神名关系略解	条数	种类
中南地区 88	湖北	紫姑（紫姑仙、紫姑神）20 子姑 7 乩仙 1 七姑 3 戚姑 2 笊篱姑 1 茅姑 1 毛姑 1 针姑 1 薛妃 1 七姑娘 6 茅厕姑 1 七星仙女 1	1. 湖北不少地方，戚姑、笊篱姑姑、七姑、茅姑（毛姑）、针姑（薛姑）都是一类神，而有别于乩仙（紫姑），但武汉乩仙、紫姑、七姑三者又是相同的；2. 紫（子）姑神、茅厕姑、戚姑、七姑、七星仙女、七姑娘均为一种神，不加区别	46	5
	湖南	紫姑神 7 筲箕神 1 月姑 1 月姊 1 帚把姑娘 1 瓢儿姑娘（瓢姑姑）1 筷神 1 送穷 1	八月十五"歌月姑""迎月姊"中融合了紫姑信仰。俗认为正月十五和八月十五的月之晦明互相关联	14	4
	广东	紫姑 3 月姊 1 麻篮神 1 菜蓝姑 1 蓝姑 1 篮饭姑 1 插箕姑 1 伏三姑 3 天女七姐 1 穷媳妇 1 厕坑姑 2	1. 梅县、汕头、韶关等地迎紫姑多在八月十五或七夕，名之"接月姊""踏月姊"，其迎接仪式与迎紫姑类似，也有的地方是在上元迎紫姑的；2. 此处天女七姐是水主，具有至阴特征，神格独特①	16	6
	广西	茅厕姑 1 紫姑 1		2	2
东北地区 20	辽宁	紫姑（紫姑神）5 天仙 1 姑姑 2 筷子姑姑 1 姑娘 1 笊篱姑姑 1 茅姑 2 三霄娘娘 2 扫帚神 1	辽宁地区紫姑、天仙、姑姑、筷子姑姑、笊篱姑姑，完全是相通互用的。吉、黑相关记载甚少	16	6
	吉林	紫姑 1 笊篱姑姑 1		2	2
	黑龙江	姑姑神 1 三霄娘娘 1		2	2

---

① 《中国地方志民俗资料汇编》（中南卷下），第 819 页；《中国地方志民俗资料汇编》（西北卷）第 9 页。

363

续表

地域		神名	神名关系略解	条数	种类
西北地区 7	陕西	七姑水主1 送穷（穷妇人、扫帚神、五穷神）3 圈神1 紫姑（巧姑娘）1	陕西地区俗在七夕"缚草作女像"谓之"巧姑娘"占巧拙，与迎紫姑仪式相类	6	4
	甘肃	紫姑1		1	1

（三）神名流布特点及神名关系

1. 分布与板块

据表6-5，厕神信仰密集度较高的地区是华北、华东的沿海地区，其次是华东腹地和西南地区，再次是中南地区，而西北地区和东北、华北内陆非常稀少。具体而言，最多的是浙江、江苏、上海等地，其次是河北、湖北、四川、贵州、云南、台湾、福建等地，再次是山东、安徽、湖南、辽宁、广东、江西、河南、陕西等地，而广西、黑龙江、吉林、甘肃等地则较少。

厕神信仰呈现出以江浙为中心，向四周扩散的趋势。笔者曾在第四章第三节提到唐代紫姑的信仰区域已经由南朝的江淮地区，发展到了山东一带。王国仙说，"请紫姑"习俗最初就在长江中下游荆湘一带，后来才逐渐扩散开去，进而分布南北各省的。① 巫瑞书认为，紫姑信仰习俗源自楚地巫文化，后来渐渐又在巴蜀、吴越等地得以滋长，并在流变过程中不断融入地方特色②。焦杰也说，紫姑最初是南北朝时江淮某些地区民间所信奉的蚕桑之神，后来逐渐传

---

① 王国仙：《白族"青姑娘祭"与内地"请紫姑"习俗的异同》，《民族艺术研究》1993年第4期。
② 巫瑞书：《"迎紫姑"风俗的流变及其文化思考》，《民俗研究》1997年第2期。

播到全国。① 这些看法正可与笔者上面的统计相呼应。不过这一规律似乎仅适用于"紫姑类"厕神的发展演变。更多情况是，各类厕神相互渗透、杂糅，根本无法理出统一的哪怕是近似的规律。

据表6-5的统计和分析，我们还可看到各地独具特色并形成一定的板块结构：

① 以江浙为中心，上海、江苏、浙江、安徽、江西等地类别重复率极高，主要是"紫姑类"和"如愿类"厕神。这两类厕神的故事结构在这些地方基本雷同，传述的重心是"身份卑微""遭遇悲惨"等。《搜神记》《异苑》《荆楚岁时记》等所载很有可能就是对这些地方厕神信仰的记录，这些信仰未曾断裂。

② 四川、贵州、陕西的类别基本重复，而有别于其他地方，主要是"如愿类"和"其他姑姑神类""猪神类"等。其中"如愿类"厕神的信仰有别于江浙一带。这三个地方都普遍存在着"送穷"习俗和茅娘崇拜。四川地区有劝茅、送茅、送茅人替身、破五等习俗；贵州地区有茅娘、劝茅、送茅、斩茅、茅人等信仰；陕西地区也有送穷习俗，谓之"送穷妇人"或"送扫帚神"。此外，云贵川地区还有比较独特的罐篓神、扁担神、小神子信仰。

③ 湖南和两广地区的厕神信仰相似度较高。最值得注意的是，这里普遍将月神信仰、七夕乞巧和厕神紫姑信仰混为一谈。无论是迎神时间、地点、人物，还是迎神仪式、目的，乃至神体、司职，都在很大程度上存在着交叉。

④ 河南、湖北、河北、辽宁等地，看起来像个"熔炉区"。这里众多厕神神名完全不加区分地"张冠李戴"，尤其是河南和湖北两地。如河南和湖北，七姐、紫姑、簸箕神、七姑、七姐等均被视为一个神；在湖北的不少地方，戚姑、笊篱姑姑、七姑、茅姑（毛

---

① 黄永年主编：《古代文献研究集林》（第三集），陕西师范大学出版社1995年版，第219页。

姑)、针姑、薛姑等完全等同；在湖北地区，紫（子）姑神、茅厕姑、戚姑、七姑、七星仙女、七姑娘实际上也不加区分。此外，河北、辽宁似乎还同时受到来自江浙和西南两方面的影响。如西南地区流行的破五、送穷、斩茅、送茅、送穷妇人等习俗明显波及河北地区，并成为其厕神信仰中颇有特色的一部分，河北谓之"送五穷娘""送五穷媳妇"。另外，河北的灶王姑姑，也可能受到江浙灰七姑、灶王第七妹的影响。不过书缺有间，也可能影响的路径相反。尽管依据魏晋以来的文献，紫姑、如愿故事发源自江浙，再传到别的地方，但这并不能说明其他地区只是被动接受，而没有自己的类似厕神。

此外，据古籍和地方志统计，山西、内蒙古、西藏、海南、青海、新疆等地无相关数据，但据笔者田野调查，这些地方还是有与厕神相关的神灵。如蒙古盛行的"送傩""占卜"，藏民流行的"占岁""送牛瘟神"等，其实都与厕神信仰有不小关联。笔者在吉林满族博物馆考察时，还发现有笊篱姑姑信仰。可见此一信仰对满族仍有波及。与农业发达地区的厕神信仰不同，游牧民族的厕神信仰主要与牲畜神、圈神、污秽禁忌相关。藏民游牧，日常食物以动物产品为主，农作物极少，所以没有粪肥崇拜。直到近代，吉林地区还有"地贵开荒，一岁锄之犹荒，再岁则熟，三、四、五岁则腴，六、七岁则弃之而别锄矣"①的情况，对粪肥的利用不多，所以建立在此基础上的信仰自然很有限。加之民风古朴，文明观念约束较少，便溺空间——厕——的产生也是近几十年的事情，所以厕神信仰极少。这与当地农业发展比较缓慢有直接关系。

2. 通名和具名

所谓"通名"，就是惯常而通用的名字。由于在历史上积淀更

---

① 《中华全国风俗志》（下编），第71页。

六 俗化、流布与厕神渗透

深,它往往具有超时空性,且常常具有"统名""总名"的整体性、囊括性和规定神格的作用。"通名"除了因"厕"而命名(厕神、厕鬼、厕精、厕怪、厕姑、厮姑等)外,往往都来自古俗和古籍,如子姑(紫姑)、戚姑(七姑)、三姑(三霄)等。这些神名在古籍中记载得较早,又经文人发扬,所以知名度较高,使用较为广泛,具有跨时空特征。有些神名甚至在古代就具有"通名"性质。如苏轼说:"盖世所谓子姑神者,其类甚众,然未有如妾之卓然者也!"① 这说明在宋代子姑(紫姑)已然成为"通名",其下有很多具体神名和类别。宋代"迎紫姑"习俗很兴盛。无论是民间老百姓,还是文人士大夫,都十分热衷。虽然通名之为"迎紫姑",但所迎来之鬼神,却往往不是"紫姑",而是别的有具体名姓的鬼仙,这一情况至今如此。清人项朝棻也曾指出"紫姑"具有"通名"性质:紫姑"即箕姑……其类有帚姑、针姑、苇姑"②。

所谓"具名",就是依具体的时空、器物、状况等而获得的名称,带有很强的地域性、时效性、随意性和民俗性特征。"具名"主要来自民间日常生活,或是古俗和古籍的演变,如大兰神、五穷娘、瓢儿姑娘、灰七姑、笃太君、东施娘、木勺神、椅仔姑、周公、罐箸神、七姑水主、淘箩头娘子、鳖姑娘、石头神等厕神神名。他们虽然也可能与原始厕神一脉相承,但更多是在民间具体环境中滋生出来的鲜活形象和信仰,具有相当的地域性和时代性。甚至有些神名唯见于此地而独具特色,如浙江的笃太君、台湾的椅仔姑等。

更多时候,"通名"和"具名"共存于一地。如扫晴娘,又叫五穷娘、紫姑,其中紫姑是通名,而扫晴娘、五穷娘等则是具有地方特色的具名。又如,箕姑,又叫筲箕姑、天仙、紫姑。其中,紫姑为通名,而天仙一名唯浙江、安徽等地有,具有相当的地方特色;

---

① 《苏轼全集校注》(文集卷一二),第1297页。
② 王国平主编:《西湖文献集成》,杭州出版社2004年版,第278页。

至于箕姑、筲箕姑,是依据具体的迎神器物而获得的神名,也是具名。再如上海地区,坑三姑娘、壁角姑娘、田三姑娘分别是据厕坑、壁角和田间这些迎神地点而得名的,为具名,但这些神又被称为紫姑,有通名。此外,在江苏,饭箩仙、田姑、九节姑均又被称为紫姑。前面已说,这些姑姑神们与紫姑的关系时紧时松。有的时候就完全等同于紫姑,有时则不是;有的虽然不同于紫姑,但神格又与紫姑极其类似。足见"通名"与"具名"的关系也异常复杂。

还有,"通名"和"具名"可以相互转化。"具名"可以转化为"通名"。比如从神格来说,紫姑源自远古大母神信仰;从具体的神名来说,紫姑直接脱胎于子姑。而子姑实为商代始祖母简狄,后受道教影响改为紫姑。紫姑是南朝时期的"具名",到了宋代则成了"通名"。从"具名"到"通名",往往是民间信仰经文人系统或官方系统整理和提炼的结果。"通名"也可以转化为"具名"。例如台湾的"三姑",并非是三霄或小姑(紫姑),而是关三姑,含义有二:一指传说中的一个三岁丧母被嫂虐待惨死的可怜女孩;一指关椅仔姑(椅仔姑)。关椅仔姑信仰在台湾地区非常兴盛,笔者怀疑其源于净桶("子孙桶")信仰,其本质上仍是厕神生殖神格的体现。关三姑为可怜女孩的故事结构也显然与中古时期的紫姑、如愿故事多有类似,但地方化特点更浓。从"通名"到"具名",是传世文献中的神名地方化之必然结果。

一般说来,"通名"往往传播得更久更广,在大小传统中影响更大;与此相反,"具名"往往在时间上传播不太长,地域上传播不太广,不怎么反映到大传统文化中,但却是最为鲜活的信仰形态。当然"通名"和"具名"是相对的,它们不仅可以相互转化,本身也可能发生偏移、异化,甚至消失。比如厕神"后帝"是南朝至唐宋厕神常用之"通名",后来却渐渐消失。又如"郭登"本为"具名",随着唐以来流传渐广则具"通名"性质。宋人将其称为"郭君",苏轼也说过黄州的厕神要降在"郭氏之第",明代以后就不怎么见载于典籍。今巴蜀有些地方称爱作祟且具有圈神神格的小神子为"郭氏三郎",应该也是郭登之名的演化。

相比而言,"具名"显然更为复杂,淆乱而随意,常互相借用,甚至有些水火不相容的神灵之名也可相互借用、张冠李戴。如正月十五夜"请灶王姑姑及石头神,以卜一年休咎者"①。此处的灶王姑姑就是"灶王第七妹",或称"灰七姑""灰婆"。"灰七姑",或本是灶神,但不少地方(如江苏、浙江、上海等地)都已经把她当作厕神了。有时迎厕神就在灶前"夜以炉箸插灰上,请灰七姑决事(或用饭箕从灶下请,俗云灶神第七妹)"②。

灶神和厕神相杂,大体有四个原因。其一,可能将"七妹"与"七姑"完全混淆了。其二,以厕神配祀灶神。在民间,灶神为大,厕神是边缘化鬼神,所以在信仰中,常会有厕神依附于灶神享祭的情况。如河南地区请石头神和迎鳖姑娘、七姑娘,都要将所请所迎之神置于灶前③。一年之中,祭祀灶神的时间很多。最常见的便是在除夕祭祀他——或祈求他上天言事时多说些好话,或直接用糯米、糖等封其嘴而不容言说。其三,祭祀灶神的除夕和请厕神的正月上旬,在时间上非常接近,且都有"弃旧迎新"的意味。其四,灶和厕,都是家宅世俗空间,都属于女性的家务范围。在日本,还有这样一种说法:厕神和灶神不仅不是死对头,还是夫妻。无论是何种关系,厕神和灶神都关系密切。

将神名分为"通名"和"具名",与其说是讨论厕神神名之间的关系,不如说是一种研究厕神的视角和策略。如通过"通名"和"具名"的变化,可以看出一神名及一神之发展演变,及其背后所折射出的信仰状态和文化心理。再如,因"通名"具有定位神格的作用,故找到了"通名",也就确定了神格。从表6-5来看,很多神名

---

① 《中国地方志民俗资料汇编》(华北卷),第502页。
② 《中国地方志民俗资料汇编》(华东卷中),第651—652页。
③ 《中华全国风俗志》(下编),第126—127页。

看起来风马牛不相及,但一找到"通名"就会发现它们的内在关联。如河北的石头神,河南的石头神、鳖姑娘、七姑娘,山东的石秀才等,其实与紫姑神、如愿神是同一类。他们的神格、仪轨多有相同、相通之处。既然紫姑、如愿是厕神,那么石头神、石秀才、鳖姑娘、七姑娘①当然也应是厕神。又如光绪《川沙厅志》记载坑三姑娘就是紫姑,职司占卜休咎;浙江临安,上元节前后张灯五夜,妇女召寻姑、针姑、苇姑、筲箕姑卜问吉凶、祈蚕②;《寿春岁时记》记载安徽寿春正月初九妇女迎九娘神,卜将来蚕桑及一切杂事③;福建人把紫姑称作"娘娘"或"纺织娘",一名"坑三娘娘"或者"扛门臼娘娘",又叫"厕姑";江浙一带又称其为"筲箕姑""簸箕神""饭箩仙""淘箩头娘子""三姑"等。④ 面对纷繁复杂的"具名",只要找到里面"紫姑""厕姑"这样的"通名",也就确定了其神格基调。

总之,很多看起来完全不相干的神名,实际上却是同一个或同一类。一神而具多名,神名变动不居,是民俗信仰的一般特点。神名也是故事结构中最不稳定的要素之一。

3. 显名和隐名

所谓"显名",就是显现出来的比较明确的神名。所谓"隐名",就是未显现出来的隐藏的神名。

本章的神名统计主要是显名,自不必说;也有极少部分隐名,如《玉田县志》载:"巫祝之事,妇女多信之,然亦不盛行。其他'迎紫姑'、'乞巧'、正月逢三若'清明日',皆不得举针黹。"⑤ 此处"皆不得举针黹"禁忌就隐含了"针姑"。《乐亭县志》载:"上元,

---

① 《中华全国风俗志》(下编),第127页。
② 《中华全国风俗志》(下编),第230页。
③ 《中华全国风俗志》(下编),第283页。
④ 《中华风俗历》,第49页。
⑤ 《中国地方志民俗资料汇编》(华北卷),第243页。

童男女焚香，拜请紫姑。女辍针，俗云恐穿仙姑眼。"① 同样，此处的仙姑、紫姑其实就是针姑。又如，在两广地区，中秋满月时敬拜月神时用到箕卜，这里显然也有"箕姑""紫姑"在其中，但并未道出。四川地区流行用竹筷"立水柱"，虽未道出"筷子姑姑""筷仙"之类神名，但实际上就是迎该神的仪轨体现。福建月姑信仰仪式中夹杂着用筐占卜等扶乩要素，也与紫姑信仰相关。川、贵地区劝茅、送茅、斩茅等仪轨中所隐含的信仰就是茅娘信仰，而有时候茅娘与厕姑、如愿、紫姑、七姑又是等同的，因此这些信仰中虽未道出厕姑、如愿、紫姑、七姑等名，实已道出。

又如河南的"散花"习俗，虽未指出神名，但实际上已暗含了如愿。前面已说，如愿信仰源自原始粪肥崇拜。这类神灵女儿化之后，也始终关联着"穷-富""福-祸""生-死""吉神-瘟鬼"之类正负双重神格。因此，如愿既是女财神，又是穷媳妇；既是福神，又是瘟鬼。河南的"散花"，又名"打灰堆"。《沁源县之灯节》记载，正月十四到十六这三日"各家用芊草束缚成把，插纸花于其上，分散各粪堆旁，名曰散花"②。"散花"继承自南朝的"捶粪""请如愿"习俗，后来发展为鞭春牛、鞭春之类习俗后，神格就逐渐偏移了。民间的鞭春牛习俗，一般被认为祭祀的是春神、芒神，早已忘却了其最初与粪肥崇拜、如愿崇拜的关联。但无论是习俗的形式还是内容，都隐约透露出二者的关系。如刘德龙主编的《民间俗信与科学文化》"山西木板年画"题词芒神（春神、春牛）云："不吃人间草和料，专吃散灾小鬼头。"③ 这里的芒神又类似方相氏、钟馗、赵公明这样的"驱瘟神""瘟神"了。河南《沁源县之灯节》记载正月十四到十六这三日，在"散花"同时"各家……又以秫秸数根，将一

---

① 《中国地方志民俗资料汇编》（华北卷），第 258 页。
② 《中华全国风俗志》（下编），第 126 页。
③ 《民间俗信与科学文化》，第 55 页。

端劈成篾子,每篾尖端,仍扎一短节秫秸,插于户外檐旁,谓之挞鬼棒"①。"散花"和"挞鬼",时间相同,形式相类,内涵相关。

又《良乡杨志》记载:"(正旦)候阴晴,观日色,以占年岁丰歉。……迎喜神、贵神。"② 这里面也有扫晴娘、紫姑、圈神的影子。《三河陈志》记载:"(正月)自一日至十日,以阴晴卜六畜人谷菜果之丰耗。"③ 这里也有扫晴娘和紫姑的影子。当然,也可以换个角度说,看阴晴、卜丰耗,并非是某一特定神灵之神格,而是农业社会普遍的民间信仰,在不少神灵信仰中都掺杂了这种思想。这也是厕神信仰大多依赖岁时民俗得以保存下来的重要原因。

值得注意的是,有时民间在迎神或者其他巫术活动中,使用了某种道具,但并不能简单据此说里面就有此种道具所凭依的神灵。像筷子、碗、淘箩头、木勺、扫帚,这些惯常的家务劳动工具或日常器具,都是民间信仰仪式经常凭借的物什。哪些有"隐名",哪些没有,要注意分辨。如《长沙新年俗记诗》说:"不道水瓢亦有神,闺中迎接信弥真。姑姑解得儿童意,喜把糕团分赠人。"注云:"闺中妇女,每于新年迎接瓢姑姑神。取厨中水瓢一只,上缚一竹筷,两人以手托之,口中祝词毕,瓢上竹筷即能写字,家人可卜休咎。如小孩索糕饼时,瓢能转动竹筷,与案上供品赠之。"④ 这里不仅有瓢姑姑神,还隐含着筷子姑姑。再来看浙江《海宁风俗记·婚嫁》的记载,冰人将"庚帖送来时,乾宅以米淘箩一只,红筷一把,上覆红巾,供天井中,设香案一,冰人即将庚帖安放箩中,不顾而去"⑤。这里的"米淘箩""红筷"就不能视为米淘箩姑娘和筷子姑姑。又如,"天津小儿跳墙之风俗"讲到孩子12岁跳墙还俗时,要

---

① 《中华全国风俗志》(下编),第126页。
② 《中华全国风俗志》(下编),第5页。
③ 《中华全国风俗志》(下编),第5页。
④ 《中华全国风俗志》(下编),第330页。
⑤ 《中华全国风俗志》(下编),第234页。

用到簸箕一只、毛帚一把。小儿持簸箕及毛帚，拂拭香案，洒扫地面。当旁观人喊到"赶和尚"时，小儿就向后撒旧铜钱，并撒腿直奔家中。这里簸箕和毛帚表示扮演者"扫除"、告别过去的意思，并无簸箕神或者扫帚神在其中。① 总之，要注意区分哪些是厕神的显圣物，哪些包含着"隐名"，而哪些只是通用的巫术道具而已。

---

① 《中华全国风俗志》（下编），第52页。

七 口传、遗留与活态厕神

笔者在第一章第二节《中国厕神研究的内在格局》中说到,近年来学者们将内地紫姑信仰习俗与少数民族或闽台地区的相类习俗进行比较研究比较多。这些研究切入点比较小,在方法上都属于个案研究与比较研究的结合。比如将白族的"青姑娘祭"、满族的"笊篱姑姑"、土家族的"七姑娘"、闽台的"关三姑"等与紫姑进行比较得出结论:紫姑是"源"而青姑娘、笊篱姑姑、七姑娘等是"流"。另外,这些研究均是以某一个厕神为中心的考察,不及其余,且研究集中于东北、东南和中部地区,而从本文第六章第三节对中国厕神流布的统计可知,中国西南地区仍应是重要的考察对象,故今以西南汉源地区为代表做田野调查,拟对当地厕神的遗留生态,做一描摹和分析,此为第一节内容。

此外,由于中、日、韩的特殊文化关系,故将中国厕神研究纳入东亚文化视野进行研究就十分必要。这也是当前厕神研究中所缺乏的。笔者在前几章的研究中,已多有比较。另,笔者在韩国客座期间,发现济州岛厕神노일제대(笔者译:怒一底大)信仰正可与中国紫姑信仰进行对比分析。这些内容形成了此章的第二、三节。第一节和第二、三节之间,虽表面上没有逻辑关联,但均属口传、遗

七　口传、遗留与活态厕神

留与活态神话，均具调查报告性质，均是商业化、现代化境遇下厕神的存在状态，且拟在一定程度上呈现各文化对比，故置于一章之中，结构上不必过于削足适履。

中国四川汉源地区的厕神遗存基本能代表商业化、现代化浪潮下中国厕神所面临的尴尬境遇，以及"厕所革命"以来厕神逐渐消失的现状和不可再生性。与此不同，韩国济州岛所流传的厕神故事，却通过独特的"巫堂"继承而得以较为稳定的传播。

（一）畜圈、厕所与民俗信仰：中国现代进程中的厕神活态

厕所民俗在一定意义上可以呈现一个地区的经济生产方式、社会组织形式乃至文化价值取向。中国是文明古国，改革开放后经济获得了腾飞，迅速现代化，但中国的厕所长期以来却算不得"文明"。十八大以来，习总书记在调研中，开始注意到中国的厕所问题，2015年4月1日做出重要指示，强调厕所问题不是小事情。全国旅游系统开始将"厕所革命"作为基础工程、文明工程、民生工程。2017年，习总书记就推进"厕所革命"做出重要指示，"厕所革命"取得显著成效，却还存在发展不平衡、不充分的问题。深入推动"厕所革命"向纵深发展，努力补齐这块影响群众生活品质的短板，还任重道远。[①]

一方面，相比经济的迅速腾飞，"厕所革命"进程相对缓慢。为什么文明古国的中国厕所发展如此"滞后"？习惯于传统生活方式的农村，大部分地区还是喜欢使用人厕和猪圈合一的"茅厕"（máo sī），延续着"一个厕坑两匹砖，三尺土墙围四边"的贮藏式厕所。这种习惯以及与此相应的根深蒂固的厕所民俗和信仰，与中国源远流长的以农为本的经济生产方式息息相关。

---

① 本报评论员：《把"厕所革命"一抓到底》，《人民日报》2017年11月28日01版。

另一方面，随着"厕所革命"的推进，传统厕所将一去不复返，从现代化、文明卫生的角度来说，当然是件值得欢庆的事。然而，这些即将被替代的传统厕所关联着怎样的民俗文化？这方面的文化研究严重滞后于厕所的经济、物质更新。在现代化、文明的进程中，我们有责任，并应该努力对传统优秀历史和文化进行"抢救性"记录和分析。

正是出于对这些问题的关注和思考，笔者通过对汉源及周边具有代表性的民俗现象进行考察，感知中国传统厕所观念在现代化进程中的体现，进而阐释其功能价值并揭示其存在的内在理据，以期对厕所问题的相关研究提供一家之言，并对当下"厕所革命"论题及落实有所裨益。

选择汉源作为调查地区，主要有三个方面的原因：①汉源的地理、地形、地质特征比较特殊，其自给自足的小农经济和与此相关的厕所民俗及信仰保存相对完整。②汉源的厕所形制基本上能代表20世纪中国农村的一般状貌。③汉源历来为多民族聚居地，其厕所发展也相当不平衡，厕所文化观念也存在多元化。所以汉源也能代表中国少数民族与汉族杂居过程中的厕所发展状貌和观念的融合。

基于以上原因，笔者对汉源农村厕所文化进行了调查。本次调查地点主要为宜东镇、大堰乡、清溪镇、九襄镇、汉源县城、安乐乡、皇木镇、河南乡、坭美彝族乡、乌斯河镇等十余个乡镇。以上考察地点，就区域而言，既涉及汉源县城，如萝卜岗等地，又涉及与他县交壤地区，如乌斯河镇、坭美彝族乡、皇木镇、河南乡等地；就民族而言，调查地点包括汉族聚居地、彝族聚居地以及藏族聚居地；就行政区划而言，全县现辖12个镇9个乡，调查地点基本能覆盖汉源县大部分乡镇，调查结果能较为全面地反映汉源农村厕所形制和民俗。

七 口传、遗留与活态厕神

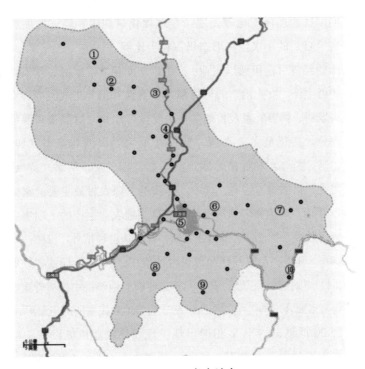

图 7-1 考察地点

①宜东镇②大堰乡③清溪镇④九襄镇⑤汉源县城⑥安乐乡⑦皇木镇⑧河南乡
⑨坭美彝族乡⑩乌斯河镇

1. 四川汉源地区地缘特征

汉源地理位置非常重要,很早就受中央统辖。其地形、地质独特,以高山、低山、丘陵、河谷阶地为主,属川西南山地亚热带气候区,因地势山高谷深起伏较大,从河谷到低山、低山到中山,又有亚热带、温带、亚寒带之分。日照充足,光热资源多,物产相当丰富。但因其地理环境比较闭塞,在现代化过程中,经济发展相对落后,自给自足的小农经济形态仍占相当比例。

汉源的经济目前仍然以农业①为主,与此相应,家庭劳作模式主要还是"男主外,女主内"的传统模式。男性外出务工或经商,女性在家照料老弱、饲养牲畜及耕地劳作。女性劳动是家庭经济来源的重要组成部分,甚至是主要来源。女性在家主要以饲养家畜(如猪、牛、羊、马、兔等)和种植林副产品(如花椒、梨、苹果、黄果柑、红橘、樱桃、核桃等)为主。其中,养猪是汉源农村最主要的家庭副业。1949年后,政府将养猪事业作为发展当地农业生产的一项主要措施,并多次鼓励、奖励。② 种植业方面,除了粮食种植外,汉源一年四季瓜果飘香。其中,花椒种植和黄果柑种植在20世纪后期被省政府纳入重点项目加以扶持。正因为农业和养猪业在当地经济中扮演着重要角色,人厕与猪圈合一的贮藏式厕所形制成为当地农民厕所的主要形式。

汉源20世纪50年代后相继出现了现代化农业机械设备和新型肥料。新型肥料主要有氮肥、氨水、磷肥、复合肥、碳酸氢铵、尿素、钾肥、微肥等。但是汉源的复杂地形决定了仍有部分地区无法使用现代化机械设备,而只能采用传统耕作方式和使用传统生产工具。这些地方,人畜粪也仍是最主要的农作物肥料③。老百姓坦言,家家果园菜地中都有蓄粪池(俗称"旱茅厕")。贩卖的瓜果蔬菜才使用新型肥料和农药,自家吃的仍以农家肥浇灌。可见,人畜粪肥

---

① 汉源县志编纂委员会:《汉源县志》,四川科学技术出版社1994年版,第173页。
② 《汉源县志》,第310—311页。
③ 黄础平编著:《肥料学》,云南人民出版社1958年版,第75页。

七　口传、遗留与活态厕神

的存在仍有较大空间。

汉源境内历来为多民族聚居①，除占总人口90％以上的汉族外，有彝、藏、回、满、苗、壮、羌、土家等17个少数民族。②民族融合和现代化是主要趋势，但各地经济、文化发展极不平衡。有的少数民族聚居区，还保存有"堡（bǔ）子"等较为原始的组织形态，价值观念上也存在多元化的特点。西康旧俗认为，负水、耕地、种植、收获、打麦、捡柴、牧畜等耕织之事，均为妇职，而男职主要以撑门面、理外交为主。男子除赘婿奴仆等地位同于女子者，不肯操持妇职。③这种情况在汉源少数民族聚居地目前尚未得到根本性改变。此外，多种宗教与民俗信仰杂糅，如佛教、道教、天主教、基督教与本地巫、傩文化水乳交融，而彝、藏等少数民族还有相当部分处于万物有灵阶段。④

汉源历史文化绵长悠久，从旧石器时代晚期的"富林文化"⑤算起，到现在已有两万年历史了。但直到近现代，汉源一些民族和地区还有先民遗风，生活比较原始。在"厕所革命"时代，还常常出现无厕和随地大小便的情况。所以，汉源厕所民俗具有复杂性和多元化特点，现代与传统并存，区域发展又极不平衡。这种情况并非汉源独有，而是中国南方不少农村现代化之前的一般面貌。

2. 普遍厕所形制：人厕与猪圈合一

随着汉源现代化进程的加快，尤其是5·12汶川地震和4·20雅安地震重建以后，农村新建房屋均为西式，传统厕所也悄然变成现代卫生间，抽水马桶走进了千家万户。但是，传统的高圈、地圈，

---

① 先后有邛、笮、徙、氐羌、丹犁、旄牛、焚夷、僚、番等族在此留下遗迹。参阅《汉源县志》，第105页。
② 《汉源县志》，第142页。
③ 任乃强：《西康图经》，西藏古籍出版社2000年版，第135—136页。
④ 《汉源县志》，第112、131页。
⑤ 汉源县县志编撰委员会编：《汉源年鉴2009》，汉源县县志编撰委员会出版2010年版，第23页。

家家户户依然保留。

所谓高圈，是于地面挖一大坑，作为储粪池，在上面搭建猪圈，其地板和围栏皆由木材或石板建成。猪的屎尿可通过木材、石材的天然缝隙落到储粪池。随着社会的发展，后改为土墙、砖墙或钢筋混凝土结构，而圈内地面也多为水泥面，墙角留一粪洞（图7-2右），便于将猪粪推到储粪池。但在笔者考察的汉源农村，原始木材、石材建筑的猪圈还比较常见。猪栏前面或旁边留有一两个蹲坑，便于人如厕。所谓地圈，是于地面上直接搭建围栏或房屋，下无储粪池，也无厕坑。

选择高圈还是地圈考虑的因素主要是地形地势、功能需求和成本预算。地势上，一般地圈建于平地，高圈建于坡地，但也不可一概而论，高圈在平地和低山也屡屡可见。尤其是成都平原地区，大多都是高圈。功能上，高圈功能更多，有厕坑，有储粪池，便于收集、处理粪肥，也方便制造沼气。三头猪产生的粪便所制成的沼气，足供一家五口使用。这对广大农民来说，可谓一举多得。但高圈也有局限，高圈有承重和规模的限制，不适合养大型或大量牲畜。所以养牛羊以及大规模养猪都会选择地圈。成本上，显然高圈挖坑、搭建所费工程量更大。总的来说，汉源地区高圈和地圈各有优劣、并行不悖。

汉源农民贫富差距较大，有的农民非常富有。他们有钱后首先修房，新建房屋都有新式马桶，但是家家户户又都离不开茅厕。洪福村万启松老人家里就有三个厕所，两个高圈（图7-2）、一个现代化卫生间。据他介绍，老百姓对传统茅厕的难以割舍主要有四个方面的原因：一是养猪的需要。除了专业养"经济猪"外，养"过年猪"[①] 仍

---

① 汉源所养之猪有两种：一是"经济猪"，二是"过年猪"。前者以出售并获取经济利益为目的；后者以供自家食用或赠送亲朋好友为目的，又叫"礼猪"。因目的不同，二者在喂养方式上也有明显差异。"经济猪"多用饲料喂养，所以生长速度快，一般170天体重即可达100公斤。"过年猪"，顾名思义，通常要喂养一整年，年末才宰杀，因是自家使用，为了保证其生态性，多喂玉米、红苕、猪草等农作物，生长速度慢。在大规模养猪之前，汉源大多是养"过年猪"。家家户户通常于二三月买进小猪，一直养到年末。

七 口传、遗留与活态厕神

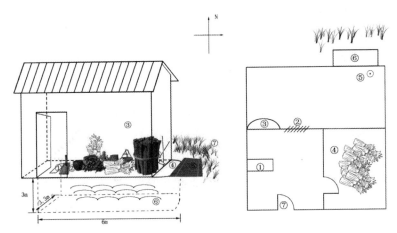

图7-2 万启松老人家的两个高圈

左图：人厕与杂物间
①厕坑②盖厕板③杂物、农具④淘粪坑⑤盖坑板⑥储粪池⑦菜园
右图：人厕、猪圈与杂物间
①厕坑（无盖）②猪圈门③猪槽④杂物⑤粪洞⑥淘粪坑⑦厕门

是汉源重要风俗。二是收集粪肥的需要。虽然新式肥料已经普及，但人畜粪肥仍是有益补充，且是生态肥料的唯一选择，甚至成为有机蔬菜的广告宣传点。三是制作沼气的需要。汉源目前还未通天然气，主要的能源为沼气和电。四是使用厕所的需要。虽然有了新式抽水马桶，但是农家生活仍离不开传统茅厕。万启松说："逢年过节，农家乡亲朋友多，现代化的抽水马桶供不应求，而且大家感觉拘束，都喜欢上茅厕。"

除了这种较为常见高圈和地圈，吊脚楼的厕所和猪圈也值得注意。吊脚楼一般依山而建。原始吊脚楼的屋基一律用圆木或砌石柱支撑，在上面搭棚建房，楼上供人居住，下面直接挖坑圈养猪牛羊，这样牲畜圈又是厕所。居住在吊脚楼上的人，在楼板上留个洞口，人的大便可以直接从洞口掉到猪圈，这个洞口平时都用遮板盖住。现在改进后，往往以土墙或砖墙代替，也不在楼板上留粪洞，而是搭建楼梯，或者从堂屋绕道下楼到厕所如厕，人厕、高圈和地圈并存（图7-3）。5·12和4·20之后，这种吊脚楼已极为罕见。

综上所述，汉源的"茅厕"都是人厕和猪圈合一的形制。其产生一方面是为了节省猪食，但更重要的原因则是为了收集粪肥，所以对于以农为本的中国人来说，"猪"与"厕"很早就结下了不解之缘。① 由于人厕与猪圈相连，所以二者在老百姓观念中往往是同位关系，民俗观念上也往往水乳交融，从而形成了厕神、猪神、圈神三位一体的情况。

3. 普遍厕所民俗与信仰

对于信仰者来说，空间和时间是不均质的。这是神圣产生的基础。当地特别重视厕所修建的时间和空间。概而言之，厕所修建在

---

① 《中国畜牧史料集》，第221—222页。

七 口传、遗留与活态厕神

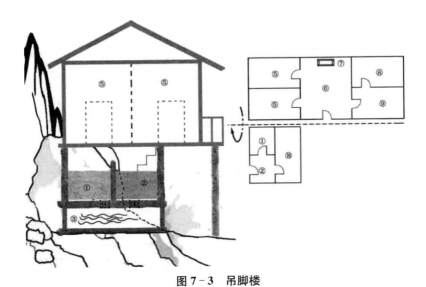

图 7-3 吊脚楼

在山坡上推出平地建房，中间为堂屋，左边山顶方向建厨房和家长寝室，右边山脚方向建子女寝室、人厕和牲畜圈。山体外的部分，下由石柱支撑，由此搭建成吊脚楼。上面住人，下面为人厕和牲畜圈。①猪圈（高圈）②人厕③储粪池④漏粪孔⑤子女寝室⑥堂屋⑦神龛（供奉天地君亲师和祖先）⑧家长居住⑨火塘（灶房和餐厅）⑩地圈

寅、卯、未方（东方、东北、西南）最好，辰巳（东南）、午方（南方）次之，最忌亥方（西北）。建厕所的日子一般是在庚辰（干支历法中的第 17 天）、丙戌（第 23 天）、癸巳（第 30 天）、壬子（第 49 天）、己未（第 56 天）、己卯（第 16 天）、壬午（第 19 天）、乙卯（第 52 天）、戊午（第 55 天）和"天聋地哑日"（农历正月二十）这几天。这种讲究一直在民间秘传。

今日农村，虽去古已远，但很多地方仍沿用旧习。民间修建房舍、厕所大多要请风水先生查看山形、地脉，结合天干地支、五行以及当家人的生辰八字选吉日，用罗盘测量方位（图 7-4），以免犯"三煞"（天煞、地煞、人煞），招祸殃。① 调查期间，笔者听到很多犯煞的恐怖故事，大多都是因为修建时没有遵循正确的时间和方位所致。不仅房主人怕犯煞，掌墨师也怕。他们深信风水，讲究动土、门禁的忌讳，因此出门必烧香祭拜鲁班，一来祈祷建筑平安，二来避免自身犯煞。修厕时，掌墨师尤为重要，万万不可得罪。否则，他故意把厕所、猪圈门尺寸开在"六害"② 上（图 7-4），就会导致犯煞，或如厕、养猪不顺，甚至诸事不利。

当地流传着"前不挖坑，后不挖凶""前面一个坑，一辈子都整不清"等俗语，所以，通常大门口忌讳挖茅厕。旧时大户人家有三进门，各进门左右皆不可设厕所，以免来客闻到臭味。房后一般也不挖厕，但若房后不远处有菜园，可在园中顺势挖坑为厕，便于浇灌。此外，厕所切忌与正房的堂屋门相对，因为堂屋中有祖神，有"天地君亲师"，而厕所为至秽之所，与之相对则会冲犯神灵。所以，

---

① 《汉源县志》，第 825 页。
② "六害门"主退财、公事、灾害、孤独。风水中认为"门"乃阳宅三要素（门、主、灶）中最重要因素，因为它是人出入的通道，决定着这家人的生死存亡、前途命运和福禄寿喜。大门一般开在"福德门"；中门则开在"官禄门"；内门、后门、如圈门、厕门等一般开在"财宝门"；厨门一般开在"义顺门"。所有门都不能开在"生离门""长病门""六害门""劫盗门"上。就圈门和厕门而言，特别忌讳开在"六害门"上。

七 口传、遗留与活态厕神

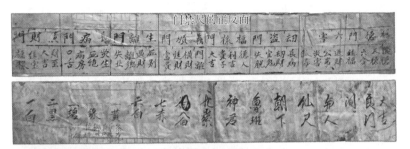

图7-4 门禁尺与罗盘
笔者摄

这是萝卜岗龙道士修建房舍时使用的门禁尺和罗盘。门禁尺为他本人所绘,材质为纸板,这样便于卷折携带。罗盘是他的一位香港友人所赠。图为龙道士正在用罗盘给我们演示如何测量厕所方位。门禁尺和罗盘是当地匠人和阴阳师必备工具

旧时四合院，如果院子不够大的话，厕所是不能设在厅房的，原因就是避免厕所与堂屋门相对。（图7-5）

一般而言，厕所最好设于厢房，这与《汉源县志》中的记载是相吻合的："两厢，左右各为厨房、厕所和圈坑。"① 但当地阴阳先生说，具体情况还是得看山形地脉。还有，灶房与厕所要分开，但因为灶房也常设于左右厢房，有时为了处理废水和垃圾的方便，在符合风水的前提下，也会与厕所相邻甚至紧挨，这时就要特别注意隔墙的封闭性，避免厕所的臭味窜到灶房，所以二者的门会开在不同方向。（图7-5）这些忌讳都是源于传统茅厕卫生条件有限，臭味难除。基于这样的生活经验，民间往往把厕神和灶神说成是死对头的说法。具体故事虽不详，但依稀能寻得某些古迹。中国典籍曾记载厕神紫姑（妾）与曹姑（正妻）是死对头，而韩国济州岛至今流传着厕鬼（后妻）与灶神（正妻）是死对头的说法。这些故事在情节和结构上都出奇相似。由于如厕涉及个人隐私，而厕所又是至秽之地，所以厕所难登大雅之堂，厕神也难跻神坛高位。当地民间在祭祀时也常把厕神置于末尾：先祖先，再灶神，最后厕圈神。

基于人厕与猪圈合一，当地的厕神和圈神也是合流的。当地风水讲究"庙在岗、坟在凼、圈在洼"，所以养猪最好在暗处洼地。修猪圈时，须先念"鲁班书"，然后用罗盘测量方位，用门禁尺规定圈门。当地匠人有供奉鲁班的习俗，世世遵循鲁班定下来的各种规矩，牢记修圈禁忌。比如，修猪圈时不能乱说话，否则会有"打圈猪"。如果修建时，圈中有石头，也不能说："唉哟，这里有石头，猪儿可能要跳上去啊！"这样说的话，将来猪就一定会翻栏。若是匠人修圈时在圈门口打闹或者拉扯绳子，那么以后猪、牛、羊要么赶不进圈，要么进去了之后就不出来。

汉源风俗二、三月在地圈中选崽，然后赶入高圈，俗称"扫圈"。

---

① 《汉源县志》，第812页。

七 口传、遗留与活态厕神

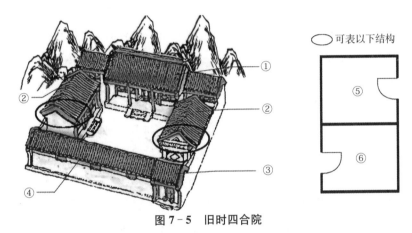

图 7-5 旧时四合院

①正房，背山而建。②厢房，可在这里修建厕所（包括牲畜圈）和灶房。如果左厢房设厕所的话，右厢房则设灶房，反之亦然，总之，厕所与灶房一般分开修建。但若按风水两者可以相邻，厕所和灶房的门也应开在不同方向，且特别注意隔墙的封闭性。③大门。大门附近不可设厕，大门前不可挖坑。④厅房，厅房也可以修建厕所，但需避开大门，也不可与堂屋门相对。

赶猪上高圈时,要用新扫帚把猪圈打扫干净,由当家人手持木棍,边指边念,指着食槽说"这儿吃",指着墙边说"这儿睡",指着粪洞说"这儿屙",最后说"吃了乖乖长肉!日长千斤,夜长万两!"忌讳说不吉利的话,这种习俗在四川地区普遍存在。

此外,当地风俗还认为猪生病是"猪瘟神"在作怪,而姜子牙就是驱瘟神的"圈神",所以在民间猪圈中往往供奉姜子牙。今天养猪的农户还常用白石灰在圈内墙壁上画神符、神龛,蒙红布,以供此神。逢年过节或初一十五,都要端猪头和鸡祭拜圈神。祭拜时点上香蜡,盛上水饭,并放一碗水,拿三根点燃的香,绕水碗转。一边虔诚烧香,一边默默念叨:"吾奉姜太公敕令在此,左收天瘟,右收五瘟,病火罡煞速退!急急如律令!"(图7-6)然后用扫帚扫两下圈,最后泼水饭,认为这样就可以驱赶猪瘟神。如果遇到猪打圈,也可用此法祓除。万启松老人说,以前他家的猪就打过圈,厉害得很,把土墙凿出一个窟窿,奇怪的是后来这口猪在别人家却不会打圈。大家普遍认为这是猪瘟神在作怪。据代胜学回忆,小时候他家也出现过打圈猪、翻栏猪,而且光吃不长,便请来阴阳先生作法。阴阳先生一边烧纸钱,一边念咒语,一两个小时过后,此猪便不再打圈、翻栏了。

到了腊月,汉源家家户户开始宰杀"过年猪"。杀猪前在圈神神龛前、圈门前烧香蜡纸钱,并向圈神姜太公、祖先或本宅地盘业主(宅神、土地神)祷告。杀猪后用纸钱在猪刀口上沾抹上血,贴于圈门,祭祀六畜菩萨。这种做法主要有两个意思:一是杀了猪,请求猪原谅;二是以"血祭"(俗称"见红")的方式,来保佑来年六畜兴旺。若是不祭,就可能会出现猪杀不死,或踢人咬人,或杀猪不出血等怪现象。一旦出现上述现象,就会请"扛神匠"唱傩戏或请"当功"做道场,当地文化人李锡荣先生介绍"经功会下,敲铛念经"是为了让猪的亡灵得以超度,不要为祸人间。这里显然又把这被杀的猪当作猪神(圈神)在供奉了。民间除了杀猪要祭祀圈神外,宰杀牛羊同样也要祭祀圈神。可见,圈神信仰已深深扎根于老百姓的

七 口传、遗留与活态厕神

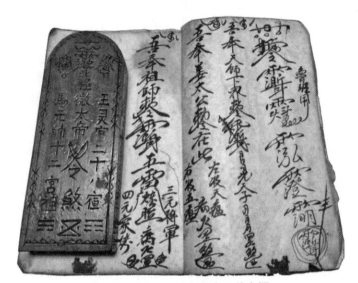

图7-6 龙道士的鲁班书　笔者摄

汉源萝卜岗龙道士曾专门帮人做法事驱圈厕内的鬼神，图为他驱鬼神时所用的鲁班书和令牌。口诀是吾奉姜太公敕令在此，左收天瘟，右收五瘟，病火罡煞（速）退！

内心深处了，待到"新桃换旧符"的时刻，还会在圈门和厕门上贴上对联，而对联的内容无非是祝愿六畜兴旺，出恭安康。

汉源还十分流行"立水柱"巫术。小孩若遇瘟神，舀半碗水，手扶三根筷，立于水中，喊祖先、鬼神或"活走阴"①的名字，若喊到的名字让筷子立于水中不动，则具有此名的鬼神就是瘟神，正是他在作怪。此时，若迅速用尿罐盖住筷子，则可祓除此瘟神。"立水柱"与典籍所载的厕神紫姑信仰颇有关联，表现有三：①"立水柱"实际上就是扶乩巫术，又称扶箕、降笔、卜紫姑、卜厕姑等。民间正月十五夜有在厕所祷请紫姑的习俗，届时常以畚箕为架，插以竹筷，令小儿女手扶之，观竹筷于畚箕下草木灰中所画之图案来预测吉凶。唐段成式《酉阳杂俎》、宋苏轼《子姑神记》《天篆记》皆有记录。后来简化，去掉畚箕，直接用筷子占卜，俗称"请筷仙""立水柱"。②民俗中的"瘟神"本来就特指家畜瘟神，具体又有鸡瘟神、猪瘟神、牛瘟神等。由于人厕与猪圈合一形制源远流长，所以旧时迎请厕神常在猪栏边，如南朝刘敬叔《异苑》所载"迎紫姑"。③人们用尿罐祛除瘟神，是因为屎尿乃至秽之物，所以"泼屎撒尿就被认为是驱除鬼魅的有效手段"②，这与《韩非子·内储说下》所载"燕人惑易，故浴狗矢"的故事、袁枚《子不语》所载女子"为狐所染"的故事遥相呼应。此外，汉源还普遍存在着遭遇鬼怪时投之以女人内衣裤的做法，亦属此类。

4. 少数民族地区厕所形制及风俗

汉源少数民族杂居有着相当长的历史，各民族有其自身的历史

---

① 能通阴间鬼神的人。当人家中有人生病或者遇到灾难时，就请他去阴曹地府走一遭，俗称"下阴"，见到了祖先亡灵或者作祟的阴间恶鬼，就占卜念咒、燃烧香蜡纸钱以祓除灾难。有的"活走阴"也不公然从事巫术活动，但具神经质特征或行为话语表现极不正常，人们便把一些怪事与他们相附会。
② 《心智的误区：巫术与中国巫术文化》，第269页。

七 口传、遗留与活态厕神

沿革、地域文化和风俗习惯,其厕所民俗与信仰也有其自身特点。

1949年前,汉源县的彝、藏等族,以游牧、狩猎为主,逐水土而居,刀耕火种,没有与农耕、蓄养及定居相伴而生的贮藏式厕所。彝族以前多用木板树皮搭建成屋①,森林大量减少后,改用土房,上盖瓦草②,不修厕所。境内已基本汉化的藏族,以前也多住乱石碉楼,室内虽有四方形锅庄,亦无厕。无论男女,都是随地大小便。1906年到1912年间,清廷曾针对西康地区的少数民族制定了一系列规范,包括令其男女着裤;扫除街道牛马骨殖、猪羊粪草;其无论男女,不能随便出恭,各家应皆设家厕,分别男女,并蓄积粪水以肥田等。③但是该规定的效果显然不理想,这种情况在20世纪初还屡屡可见。他们大小便的地点一般是自家牲畜地圈或房屋附近的菜园。彝族女性所穿多褶长裙,有着很宽的下摆,方便时蹲下即可。若不巧看见人家正在大小便,低头走开即可,并不觉污秽或倒霉。但是,忌讳在别人家地里或墙脚方便,认为这样会玷污别人家的土地神或家神,使人倒霉。若有类似情况发生,定会引起纷争,甚至打斗。随着汉化的深入、现代化的推进,生活条件越来越好,他们才逐步兴修房舍,新挖茅厕。④

今天在永利、片马、坭美等彝族乡还能看到一些老房子,用土墙瓦草搭建,修上下两层,没有厕所。上层住人,下层养牛羊。上层楼板缝隙,可漏人的粪便到地圈。因牛羊是家庭的主要经济来源,为了防止被盗,彝家还会将地圈与人居所紧挨着修建,甚至共处一室,人们就在牛羊圈里大小便,非常简单实用(图7-7)。典籍所载"夷人房屋常一列三间,中为厨房客室,或供祀祖先,中置大火塘,一家人老幼环而坐。左为内室,外人不能入;右为畜棚、磨

---

① 〔清〕刘传经修,〔清〕陈一沺纂:《清溪县志》,成文出版社1970年版,第442页。
② 《汉源县志》,第114页。
③ 李亦人:《西康综览》,正中书局1947年版,第42—51页。
④ 《西康综览》,第114页。

神圣与世俗之间

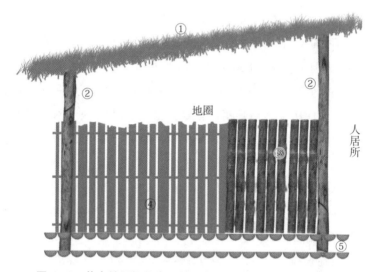

图7-7 苏古社区锅儿凼一村民家的羊圈，旁边就是人居所

①瓦草为屋顶②圆木柱，后多为泥墙，现在也有砖墙、水泥墙③木桩圈门④木桩圈栏⑤以木板或石板铺成的地面

房"①，是汉源彝家房屋的基本造型。只有官寨（土司与大头人所住之碉寨）② 才在高墙外建只容一人的小楼，这便是厕所，高两三丈，在楼板上开穴为粪孔③。彝族老百姓家厕所的出现，始于20世纪中后期，但未能普及。近二十年来，随着生活的改善，才逐步兴修了房舍，挖了茅厕，有的甚至用上了沼气。

彝族的人居所与地圈紧连，有的甚至与牲畜共处一室，多少保存了中国房屋建筑的早期形态，也能让我们更进一步地理解"家"字的意涵。从甲骨文和金文来看，"家"字的结构主要有两方面：房屋和猪。许慎《说文·宀部》认为："家，居也，从宀，豭，省声。"④ 即认为家的本义是人的居所，只是取"豭"的声。而段玉裁《说文解字》却认为家字本义"乃豕之居也，引申假借以为人之居"，因"豢豕之生子最多，故人居聚处借用其字"⑤。二人说法看似矛盾，实则一致。首先，汉字的声符原本也是有意义的⑥，所以"家"必然不会只是取"豭"的声，其义一定与"豕"有关。其次，事实上在人类早期的房屋建筑中，人的居所与猪圈本来相连，甚至同为一室。（图3－2）

因不需要专门的人厕，所以彝家牲畜圈一般只为地圈，且非常简陋，最初不过是随意搭棚堆石围成圈，能关住牲畜即可，后来改建后与汉族地圈类似。在当地政府鼓励养猪的政策下，逐渐有了高圈，越来越多的彝家也开始储粪务农，也出现了厕坑专门供人如厕。高圈修建前，应由毕摩依据黄历、天干地支及当家人的生辰八字、五行来进行时间和方位的推算，修建时要念彝族经文。不少禁忌也与汉族相类，比如忌讳厕所与灶房相连。一般大门左边是猪

---

① 《西康综览》，第104页。
② 《西康图经》（民俗篇），第30—31页。
③ 《西康图经》（民俗篇），第45页。
④ 《说文解字注》，第337页。
⑤ 《说文解字注》，第337页。
⑥ 唐兰：《中国文字学》，上海古籍出版社1979年版，第107页。

圈，右边是灶房。猪圈有时还修建上、下两层，上层用来蓄养鸡、鸭、兔等小家禽（图 7-8），或者堆砌柴草、杂物，甚至还可以铺上稻草、秸秆、苞谷壳等供彝族成年未嫁女子居住，而下层则用来养猪。

所以猪圈以前也是彝家男女谈情说爱的好去处。大概因为这里是一个比较冷僻的场所，外人一般不会到这里来。彝家女子成年后，就被家长安排住在猪圈上，她们婚前可以与男子自由交往。她们的父亲总以做"老丈人"为荣，在外与年轻小伙调侃时常说："晚上来嘛，我家女子就住在猪圈上！"如果谁家的女子没人追、没人撵，反而会被认为是非常可耻的事情。这种现象在 20 世纪末还比较普遍。

地圈还常常是西康藏族妇女生育的场所。生育被认为是污秽之事，所以不能到家神所居之地产子，这样会触怒神灵，而要到最污秽的畜棚内产子。产妇产后进灶房前，也必须先洗干净脚，否则不得入内。[①] 这种将女性生育与畜圈污秽同位的观念，在不少国家与民族中都存在。前面我们已提到，这里实际上存在着"圣洁-污秽"双重观念。在藏族人那里，地圈既是"污秽"的，又是"圣洁"的，这种看似矛盾的观念，往往在民俗信仰中并行不悖，甚至共存一体。请看这样的表述："神圣同时是'神圣的'又是'污秽的'"；"'圣者（hagios）'也有同样的双重含义，既可表达'纯洁'，也可以表达'污染'的意思"；"对于一切'污秽'的否定性评价均由对神显和力显的矛盾态度所致。"[②]

5．"厕所民俗"与"厕所革命"

汉源的历史渊源、地缘特征、民族构成、经济形态等决定了它

[①]《西康图经》（民俗篇），第 138 页。
[②]《神圣的存在——比较宗教的范型》，第 12 页。

七 口传、遗留与活态厕神

图 7-8 乌斯河镇村民常友成家中高圈

①蓄养鸡、兔等小家禽，也可以堆放柴草杂物。②猪圈（高圈）③厕坑（无盖）④储粪池⑤原木柱，现在更多为泥墙、砖墙。⑥堆放杂物。以前一般为彝家成年未嫁女子居住，不过住人时图中养小家禽与堆放杂物的空间往往会合并，且下多为地圈。⑦瓦草房顶

能成为我们今天讨论中国传统厕所形制和厕所民俗信仰的代表。一方面，汉源"茅厕"这样的人厕和猪圈合一形制，很具有代表性，它在中国不仅普遍，而且历史非常悠久。另一方面，汉源高圈、地圈、吊脚楼这样的形制，又是以汉源为代表的部分南方丘陵、山地所独有的。总之，汉源地区还在相当程度上保留着中国传统的贮藏式厕所形制，并呈现出复杂性和多元化特点。

基于此，汉源地区的厕所民俗和信仰也有着较大程度保留。比如，当地茅厕和猪圈的建造、治理以及相关事宜，特别讲究时间和方位。又如，当地人特别惧怕犯煞，并因此形成了一套行为语言禁忌。在日常生活中，甚至还保留着一些口诀、敕令或咒语，来规避某些事情的发生或者攘除某些不吉利的现象。再如，当地的"立水柱"巫术及相关迷信心理，完全就是厕神紫姑民俗信仰和扶乩活动的翻版。

厕所形制以及与此相应的根深蒂固的厕所民俗信仰，与中国源远流长的以农为本的经济生产方式息息相关。通过考察汉源农村畜圈、厕所形制，挖掘其背后的社会功能和民俗信仰，就能明白它之所以延续千年的原因，也能理解世世代代农民的期待。

如今，新农村建设和"改厕改圈""厕所革命"落实后，大多数农民都用上了现代化马桶，但同时很多还是需要"茅厕"。因此，汉源农民经济较好的人家，往往有两三个厕所，而"茅厕"必不可少。这些厕所形制的变迁和共存，本身就能反映出当地经济、社会、文化的发展。再加上汉源农村的教育程度相对较低，务农者多，当地以农为本的经济生产方式势必还会延续较长时间，"茅厕"也就还有一定生命力。

值得注意的是，厕所革命的落实应以尊重当地厕所民俗为前提，认清其存在的现实依据，不能盲目鄙弃，更不能一刀切，否则只会导致民族文化的断裂和阵痛。与小农经济相应的厕所民俗信仰不仅是"茅厕"时代的精神标本，更是广大劳动人民宗教信仰的有机组成部分。当"厕所革命"势在必行——尤其是随着十九大的召开,这一力度大大增强——"厕所民俗"就必将转变为"非物质文化遗产"而一去不复返,从民俗文化的角度视之,又是极其珍贵的。作为学者,应该在"厕所革命"的同时,努力对这些民俗进行"抢救性"记录和分析。让中国在厕所现代化进程中,也要补齐"厕所民俗"研究这块短板。

(二)古巫歌《门前本解》:韩国现代进程中的厕神活态

上面我们以中国西南汉源地区田野调查为例,对当地厕神的遗留生态,做了一番描摹和分析。接下来,我们再看看商业化、现代化境遇下韩国厕神的存在状态。

韩国古巫歌《门前本解》,主要传述了灶神、厕神和门神的由来及相互关系。这一巫歌流播时间长、范围广,至今在韩国民间尚有影响,是标准的"活态神话"。这些形象同样可以拿来与中国民俗和神话中的相关形象进行比较分析,惜无中译。巫歌在各地长期流传中,版本很多很杂。通过对《门前本解》各个版本进行比较和分析可知,日本学者赤松智城和秋叶隆采录的这一版本,最早最完备,非常值得译介。笔者在翻译过程中,比照、补充了别的版本,并在不同之处加以著录和说明,以求为建立在此基础上的进一步研究提供有益参照。

1.《门前本解》释名

《门前本解》是由巫师(韩国叫"巫堂")口传的故事,这种口耳相传的古巫歌,虽然可能已经杂糅了一些后世观念,但是仍然传承着最古老的故事。与传世文献相比,显然更为古老纯正,是"活态神话"。这种由巫堂口传的故事又叫"巫歌""神歌""巫俗神话"。韩语常作"본푸리"或"본풀이",读音为"ben puli",意思是"本解"。

"本"就是根本,"解"有两个意思。

一是解释。"本解"即说明根本的事。神话本身就是通过仪式重演神话的根本性事件，模拟宇宙的最初范式。神话具有永恒的回归性，掌握神话就是获得根本。所以知晓神话的巫师往往被认为具有统御万物的力量。神话不是一种知识，而是以实践再现太初之由来和变化为责任。神话实践的方式是通过仪式、舞蹈、歌唱等重演、模拟最初的社会范式和宇宙范式——宇宙范式是社会范式的范式，所以社会范式从根本上说，也是宇宙范式。总之，"本解"是一种口头演唱的巫歌，用以说明神、人和万物的起源。《门前本解》就是解说"门前"根本的事，解释事物的来源，在这里主要就是解释灶神、厕神和门神的由来，以及他们之间的相互关系。

二是解除。韩语"살풀이"，就是"煞解"，即"解煞"，驱除煞气。巫堂唱巫歌，举行巫术仪式，目的无非就是为了通过巫术行为来驱傩、解除煞气，以达到消灾避祸的目的。巫歌并不是一般人都会唱，也不是随时随地都能唱。只有巫堂会唱，并通过口耳相传的方式严格传承下来。巫堂也不会无缘无故唱巫歌，而是一定发生了什么不好的事情，应人们的需求"煞解"之时，才会唱巫歌。所以，"풀이"，显然有解除、驱傩的含义。

2.《门前本解》版本

有关韩国古巫歌《门前本解》的版本，从1937年到现在，笔者认为有13个版本值得一说，如下列表。[①] 这些版本无一例外都是源自巫堂的口诵，一般人不会。这表明《门前本解》的流传有严格的渠道，具有相当的神圣性。也可能正是因为这个原因，所以虽然采集的时间跨度这么长，但相对别的民俗故事来说，巫歌的基本内容

[①] 〔韩〕刘宝京（박봉춘）在《家神神话中人物形象与神格的关系——以〈城主释〉和〈门前本释〉为例》（高丽大学，2015年）中曾列举过15个版本，但有些版本意义不大，重复较多，如文武斌（이춘아）和姜青植（신명옥）采录的版本，在内容和结构上都与贤容俊本差不多。

和结构显得十分稳定。这 13 个版本按照时间先后顺序，排列如下：

表 7-9 韩国古巫歌《门前本解》的版本

版本	题目	口诵者	地点	调查者	发表处	时间
1	门前本解	朴逢春（박봉춘）	济州	赤松智城、秋叶隆	朝鲜巫术的研究	1937
2	门前本	李春儿（이춘아）	济州	秦圣麒（진성기）	南国的巫歌	1960
3	门前本	申明玉（신명옥）	济州	秦圣麒（진성기）	南国的巫歌	1960
4	门前本	朴南夏（박남하）	济州	秦圣麒（진성기）	南国的巫歌	1960
5	门前本	安思忍（안사인）	济州	贤荣俊（현용준）	济州岛巫俗资料辞典	1976
6	门前本解	安思忍（안사인）	济州	贤荣俊（현용준）	济州岛神话	1980
7	门前本	文正凤（문정봉）	济州	文昌宪（문창헌）	风俗巫音	1982
8	门前本解	姜青植（이용옥）	济州	济州大学校耽罗文化研究所	李用玉（이용옥）巫堂主题巫歌	2008
9	门前本解	金允树（김윤수）	济州	韩国学中央研究院制作	韩国口碑文学大系（韩国精神文化研究院刊）	2009
10	门前本解	梁昌普（양창보）	济州	济州大学校耽罗文化研究所	梁昌普（양창보）巫堂主题巫歌	2010
11	门前本解	洪宝元（홍보원）	济州	姜正直（강정식）姜小全（강소전）宋政喜（송정희）	韩国口碑文学大系（韩国精神文化研究院刊）	2011
12	门前本解	李承顺（이승순）	济州	姜正直（강정식）姜小全（강소전）	韩国口碑文学大系（韩国精神文化研究院刊）	2012
13	门前本解	李万松（이만송）	济州	国立文化财研究所	济州岛迎宅神巫歌	2013

虽然各个版本基本内容和结构差不多，但有些差异性内容还是值得一提。最早的版本内容相对简单些，特别是当正妻骊山夫人找到丈夫南儒生后，没有丈夫不认识妻子的情节，也没有第七个儿子怀疑后妻怒一底大身份后的试探性内容。

表中的第二、三、四本，均为秦圣麒采录。在 1960 年出版的《南国的巫歌》中，三个版本的叙述情节都比较完整严密。第二、三本有第七个儿子试探后母时，让她找家里钥匙的内容，但是没有高乙的一位娘娘（婆婆）听到后母要杀七个儿子的消息后提前秘密透露给他们的情节。第四本渲染了南儒生的诞生，说他是从天上降落下来的神异之人，邂逅了人间的女人后，便与那女人结合，放弃了回到天上去的资格。这一内容是采录自一般口述者，不是出自巫堂，且其他版本都没有。第五、六本虽都是贤荣俊采录，但第五本增加了作者的主观意见，而第六本则是纯客观记录口传文本。第七个版本的特出之处是，当第七个儿子怀疑后母的真实身份时，其他六个儿子都被她迷惑而相信她是自己的亲生母亲。第八、十本是耽罗文化研究所出版的资料集中记录的内容，都在巫堂自己表演的巫歌中有存留。第 13、14 本是在迎宅神的仪式中提到的，但是诸本都有的小儿子怀疑后母的情节却漏掉了。

《韩国民族文化百科辞典》中的《门前本解》取用的是第五、六本，即贤荣俊采录的版本。济州岛《巫俗资料辞典》中的《门前本解》也首先引用了这个版本，并据别的版本加以补充说明。而在这之前，还有一个最早最完备、非常值得译介的版本，即日强占期日本学者赤松智城和秋叶隆于 1937 年采录的版本，保留了不少古风。故今勉力将此版本翻译为中文，以供神话学、民俗学以及比较文学的学者参阅。但因为这个版本中有不少当时济州岛的方言和古韩语，所以翻译上有相当难度。为了保证内容的准确，尽量直译；为了保证语言叙述形式的原貌，排行也一仍原文。

3. 赤松智城、秋叶隆采录本汉译

《门前本解》①

门前爷爷是达满国,门前奶奶是海满国;

门前爸爸是南儒生,门前妈妈是保身国。

多心妈妈是怒一底大鬼逸的女儿。②

南儒生家里有七个儿子,家里人口太多,

荒年饥岁,家境贫寒。③

他带了银百两和钱百两,坐船

到了梧桐国,去买米,④

过了三年没有回来。

---

① 〔日〕赤松智城、秋叶隆著:《朝鲜巫俗的研究》(上),〔韩〕沈雨晟译,东文选1991年版,第332—336页。
② 根据文本来看,"怒一底大鬼逸(노일제대귀일)的女儿"叫"怒一底大"(노일제대)。但第五、六本写作"厕鬼的女儿"或"厕鬼怒一底大鬼逸的女儿"。可是"厕鬼"本是"怒一底大"死后所变,而此《门前本解》目的之一便是解释厕鬼的由来,所以此处读来有些本末倒置。或许可以理解为厕鬼原本就有,也非一,但济州岛后来所说的厕鬼,是由怒一底大死后所变。
③ 诸本南儒生出去赚钱的背景都差不多。第九本,非常详细地叙述了出发前的准备。比如,选择风平浪静的日子出行。又如,出发前妇人要求南儒生提供信物。南儒生说:如果我三年不回来的话,将我所给你的梳子的齿用线绕成网状在海里捞,如果捞到我的东西哪怕是一根头发,就说明我死了。如果什么也没捞到,就说明我没死。于是给妇人梳子作为证信之物。妇人去海边打捞之前,七个儿子分别给她一双麻鞋。就这样,三年不停打捞,七双麻鞋都走破了,连一根头发也没有捞上来,于是妇人确定丈夫没有死。妇人让儿子做船,领前去寻夫。再如,当南儒生乘船离开时,背后的妇人注目他远去,突然出现大波浪(可能是对后面遭遇的预设)。这些描述,别的版本没有。但是,我们觉得某些要素应该是属于母本的。比如,如果没有给证信之物的情节,许多版本中的打捞情节便不能被理解,也不能解释七个儿子允许妈妈出去寻找父亲的行为,因为证物打捞的结果表明父亲还活着,所以孩子们同意妈妈去找,妈妈也才会离开儿子去找。
④ 第五、六本这里有以下内容:夫人打算活下去,劝丈夫做谷物生意。丈夫同意后,就准备了一条船离开了南鲜,去了梧桐国。在梧桐国,以恶毒闻名的怒一底大鬼逸的女儿听到南儒生来了,就飞奔到渡口船舱去引诱他。被迷惑了的南儒生打开象棋棋盘与她下棋赌输赢,最后输光了买米的钱,甚至卖掉了船。没有办法回家的南儒生,为了讨口饭吃,无奈以她为妻。

他的妻子很担心，到海岸找他。

五个月的日日夜夜，总是找不到。

妻子把渔网撒向海里，

祈祷：如果他死了，衣服或头就被捞上来。

可是，没有捞上来。

于是她相信丈夫没有被淹死。

她坐船到梧桐国去找丈夫。①

看见丈夫在草棚里生活得很可怜。②

他的眼睛已经瞎了，什么也看不见。

妻子问："这是怎么回事呢？

怎么会到这种地步呢？"

丈夫说："我现在是怒一底大鬼逸女儿的丈夫，

我把银百两和钱百两都输光了，

所以到了这种地步。"

怒一底大问丈夫："她是什么女人？"

妻子说："我是南儒生的正妻。③

他很久没有回来，我找他来了。"

怒一底大很热情地叫她"姐姐"：

---

① 第九本，妇人听小孩子唱着有关南儒生的歌，便问小孩南儒生住在哪里，这样才找到了丈夫。
② 第五、六本作：厕鬼的女儿只给他吃糠粥，不给他吃米饭。后来他的眼睛也瞎了。骊山夫人在家苦等丈夫，但没有消息。她叫儿子们做了一条船，独自坐船去找丈夫，来到了梧桐国。在一位孩子的帮助下她见到了丈夫。瞎眼丈夫怀里抱着糠坛子正在窝棚旁要饭。在吃了她自己带来的米做的饭后，他连声感叹："我和骊山夫人一起生活的时候，也吃过这样的饭啊！"骊山夫人随后道出了自己身份。第11本，南儒生从声音判断出妇人是他的原配。第九本与诸本不同，妇人说出了证信之物梳子的故事，南儒生才确定她是前妻。
③ 第五、六本作，厕鬼的女儿回家后质问丈夫那个女人是谁，丈夫说："她是我的前妻，我很久没有回家，所以她来找我。"厕鬼的女儿假装对骊山夫人很好，口口声声叫着"姐姐"，并说："我们一起回你的家南鲜国吧！"回家途中，厕鬼的女儿对骊山夫人说："我们一起洗澡吧！"趁骊山夫人不注意，把她推下池中。

七 口传、遗留与活态厕神

"（这么贫苦的日子）姐姐怎么活下来了呢？我们一起到姐姐家去吧！"

正妻答应了。

在回去的途中，

怒一底大劝正妻："我们先一起去池里洗个澡吧！"

正妻答应了。洗澡时，

怒一底大趁着帮她洗后背的时候，把她投进池里，杀了她！

她穿着正妻的衣服回来（假扮成正妻），对丈夫说：①

"怒一底大她太过分了，我把她杀了！"

眼瞎的丈夫以为她说的是真的，他说：

"怒一底大是坏蛋，你把她杀了很好。"②

于是上船回家。

他的七个儿子来迎接他们，③

儿子们怀疑那个穿着母亲衣服的女人不是母亲，

但无奈之下还是引他们回家了。④

有一天，怒一底大想出了一个恶毒的计谋。

她假装病了，对丈夫说：

"我病得很重，可能要死了，你向东走一段路，那里有个算命先生，你去给我算算命吧！"

怒一底大却提前走路去了，自己假装成算命先生（对南儒

---

① 第九本，假装妇人的声音对他说话。
② 第九本暗示怒一底大复仇的心从这里开始。
③ 第九本，父母回来之前，小儿子做梦，在梦中有人告诉他：来的不是你的亲生母亲，而是杀你母亲的仇人。父亲变为盲人，也是因为她。正是因为有这样的梦提示，即便是怒一底大像妈妈一样说话，但他仍然不相信，更何况她找不到回家的路，也搞不清家里东西的摆放。小儿子多次确认这不是母亲。
④ 第五、六本，七个儿子来迎接，可怎么看乔装后的怒一底大也不像他们的母亲。母亲怎么会找不到自己的家呢？怎么会不懂家务呢？儿子们越来越怀疑。

生）说：

"你妻子的这个病，百药无效，

除非吃七个人的肝。"

"哪里有人肝可以吃啊？"

"拿你七个儿子的肝给她吃！"

丈夫回家时，怒一底大已经提前回家躺着了。

她问丈夫算命先生是怎么说的，

丈夫如实以告。（他）磨着刀想要取儿子的肝给她吃。

邻居的一位婆婆猜到了这是个阴谋，就告诉了七个儿子。

小儿子想出了一个办法，对父亲说：

"把刀给我吧，

我悄悄地把哥哥们的肝拿出来。

如果那样还治不好的话，把我的肝也拿出来给她吃。"

（小儿子）拿着刀上山了，

他抓住了六只兔子，取出了它们的肝。①

（对父亲说）"我取出了哥哥们的肝让她吃。"

于是便奉上肝。

怒一底大一边假装吃，一边却把肝放在了垫褥下面。

这些都被小儿子猜到了，他就在这时进来说："我来给你整理垫褥。"

怒一底大的脸色突然变了，说："不用了！"

小儿子发怒了：

"你是什么妖女？

你把我的母亲杀死在哪儿了？"

---

① 第九本，小儿子做梦，梦中母亲告诉他：爬上山，将小鹿的肝取下来。醒来的他按照母亲的提示去山里，刚好碰到小鹿，正要取小鹿的肝时，小鹿说：不要用我的肝，用猪的肝吧。于是小儿子取下了猪的肝，然后七兄弟将猪剩下的部位烤来吃。

七 口传、遗留与活态厕神

不说真话，我把你杀掉！"

于是小儿子就去磨刀。

怒一底大害怕极了，逃到厕所。①

父亲也怕得逃跑了，②

奔到门前的横木上吊死了。③

（七兄弟）把怒一底大的手臂扯下做成大门的横木，

把腿扯下做成脚踏石，

把额头扯下做成猪饲料桶，

把头扯下做成神心，④

把指甲拔下做成了石鳖⑤，把牙齿取下做成了大小章鱼⑥，

粉碎身体撒向空中，随风飘扬，

---

① 第五、六本，怒一底大自己掐死了自己，成了厕神，这就是"厕道妇人"的由来。
② 金光彦在《东亚的厕所》中将这部分写作："小儿子看出情况不妙，主动说自己会把自己和哥哥们的肝奉献上，然后七兄弟就上山去。上山后，小儿子在山上睡着了，做了一个梦。他的母亲出现在了梦中，并告诉他把狍子的肝拿去当作七兄弟的肝给厕鬼的女儿。这时，果然有七只狍子跑了过来，然后小儿子就取了狍子的肝拿给了厕鬼的女儿。她装作吃下，把肝藏在椅子下。就在这时，儿子们跑了进来，厕鬼的女儿见事情不妙，就逃走了。后来她在石头上吊死了。南儒生也在大门的横木上吊死了。"（《东亚的厕所》，第68页）金光彦未列所据版本，但从内容来看，应该根据的是贤荣俊本。
③ 第五、六本，死了以后，成了柱木之神。第九本，怒一底大的谎言被识破，南儒生吓了一大跳，他奔向厕所，脖子被厕所门上的木头拦住，卡死了。第11本，南儒生奔出去摔倒，脖子摔断了。
④ 韩国人沈雨晟将此处所化之物写为"신의"，但他自己在注释中也说不知道"신의"为何物。（《朝鲜巫俗的研究》（上），第334页）"굼벳"，汉译出来为"神心"，意思上前后龃龉。此处照理也应该是些昆虫类或海产类动物。
⑤ 此本中指甲所化之物是"굼벳"，汉译即为"石鳖"。贤荣俊本中是将手指甲和脚趾甲分开来叙述的。手指甲变成了"쇠굼벳"，脚趾甲变成了"돌굼벳"。"쇠"是"铁"之意，表示坚硬；"돌"是"石"之意，也是取其坚硬。"굼벳"和"군벳"发音差不多，而且只有济州岛才有。综合前面的信息，笔者认为此处汉译为"石鳖"是准确的。
⑥ 所变之物原文作"대소팔"，辞典中无此词。《济州岛方言辞典》中只有"대팔초어"（大章鱼）和"소팔초어"（小章鱼）。"대"为"大"意，"소"为"小"意，由此推测"대소팔"意思为大小章鱼。

变成了蚊子、跳蚤、臭虫……①

七个兄弟坐船到了梧桐国。

为了找母亲,

他们抓住了怒一底大的母亲说:

"你的女儿把我的母亲杀死了,在哪儿?"

(怒一底大的母亲说:)"在龙池,淹死了!"

七个兄弟到那儿,哭了七天七夜。

瞬间龙池的水干了,露出了母亲的尸体。②

(七个兄弟)哭的时候,杜鹃鸟边飞边说:

"千金大牛③干牛肉,做好十二个,

你坐上我的背,

飞往西天花田,

找倒还生花来。"

小儿子割好了干牛肉,坐在杜鹃鸟背上。

(杜鹃鸟)说:"去的时候六,回的时候六,

我鸣叫时把肉一个个喂给我,

那样的话我们有去有回。"

他们到了西天花田拿回了倒还生花,

放到母亲的身体上,她活了。

母亲还生以后,感叹地说:"我的儿子们真孝顺啊!"

回家以后,母亲说:

"大儿子掌管上柱,

---

① 金光彦在《东亚的厕所》写作:"七兄弟把继母的头扔到海里,结果变成了大大小小的紫菜,脖子变成了猪food桶,眼睛成了碓臼,肚子成了渔网,肚脐成了海天螺,肛门成了海葵,大腿成了脚踏石,手成了铁耙,手脚指甲成了贝壳,剩下的在碓臼里碾了之后都随风飘散成了大蚊子飞走了。"(《东亚的厕所》,第69页)

② 第九本,到了龙池,六个儿子祈祷:池中的水赶快干,母亲的骨头快出现。只有小儿子最聪明刚毅,用器物将水舀干。

③ 一种好吃而名贵的干牛肉。

二儿子掌管中柱，

三儿子掌管下柱，

四儿子掌管椽子，

五儿子和六儿子成了五方神将，

七儿子掌管门前，

我便是灶王娘娘。"①

4.《门前本解》中的基本形象

上文对迄今为止《门前本解》的各个版本进行了分析和比较，并对日本学者赤松智城和秋叶隆采录的这一最早最完备的版本进行了翻译，翻译过程中比照了别的版本，在不同之处也加以著录和说明。

《门前本解》的朴素伦理主题是维护家庭的人是好人，反之破坏家庭的人就是恶人。所以这首巫歌主要是以保护家庭的和谐、安全为目的，也体现了恶有恶报、善有善报的道理。从《门前本解》的情节来看，赞扬了正妻多方面的美好品性和她七个儿子的孝顺和智勇，无情地批判和鞭挞了破坏家庭的恶人怒一底大和软弱冷漠的南儒生。

① 正妻（灶神）作为最主要的正面形象被歌颂

第一，善良、宽容。她千辛万苦找到丈夫后，虽然丈夫已经另娶怒一底大，但并无怨言。当怒一底大要求正妻带他们一同回家时，

---

① 金光彦在《东亚的厕所》中写作："他的儿子们后来从西天的花园里得了还生花救活了母亲。说：'母亲春夏秋冬都在水里生活，多冷呀！我们供奉你为灶王奶奶，天天烤火温暖。每天还能舒服地吃上三顿饭。'因此就把她当作守灶王供奉了起来。南儒生成了大门神，大儿子成了东方青大将军，二儿子成了西方白大将军，三儿子成了南方赤大将军，四儿子成了北方黑大将军，五儿子成了中央黄大将军，六儿子成了后门殿守护神，小儿子成了前门殿守护神。而死在厕所的继母也成了守厕所的厕道夫人。"（《东亚的厕所》，第69页）

正妻也并无嫌隙，而是很爽快地答应了。

第二，感情真挚、吃苦耐劳。她爱丈夫，爱儿子，爱家庭的和谐，是个标准的贤妻良母形象。丈夫出门三年未归，她独自操持家务，抚养七个儿子。她一直很担心丈夫，日夜寻找了他五个月，后来长途跋涉去梧桐国寻找。

第三，真诚、诚实。正妻自始至终都是以礼待人，以诚待人。她说的每一句话都是真的，没有虚假和欺骗。这一点和怒一底大形成鲜明对比。

第四，全心全意付出、努力，是财富的象征。正妻从头至尾都在无私付出。财富的象征这一点是通过怒一底大的口说出来的："（这么贫苦的日子）姐姐怎么活下来了呢？我们一起到姐姐家去吧！"在第五、六本中还有"夫人打算活下去，劝丈夫做谷物生意"的记载；而且荒年饥岁，她却能一人操持家庭，养活七个儿子，暗示她持家有道、能保有财富。她能做出"米饭"，而怒一底大只能做出"糠粥"。主妇（灶神）是财富的象征这一观念，至今仍在韩国民间流传。

第五，生了七个儿子。多子，是丰产、大地之母的象征。

第六，死而复生，成为灶神。七个儿子在杜鹃鸟的帮助下采来了西天花田的还生花，救活了母亲。死而复生、不竭源泉，仍属生殖主题范畴。生命、生育、富贵，在神话结构上，说到底都是同位关系。

② 突出儿子（尤其小儿子）的正面形象

第一，智慧、勇敢。当父亲南儒生要取七个儿子的心肝时，小儿子挺身而出，说："把刀给我吧，我悄悄地把哥哥们的肝拿出来。如果那样还治不好的话，把我的肝也拿出来给她吃。"机智的小儿子猜到后母会将肝藏在垫褥下，窥住时机说"我来给你整理垫褥"，结果抓了个现行。第五、六本还有儿子怀疑后妻身份后进行的试探性内容。

第二，孝顺。这一点主要体现在寻找母亲的艰难曲折过程中。第五、六本在孝顺上又有所增饰。如有七个儿子帮母亲做船的情节；他们找到母亲后用还生花救活了母亲，说："母亲春夏秋冬都在水里生活，多冷呀！我们供奉你为灶王奶奶，天天烤火温暖。每天还能舒服地吃上三顿饭。"因此就把她当作灶王供奉了起来。

③ 怒一底大（厕神）是"恶"的代言

怒一底大这一形象是正妻的对立面，是个与正妻完全相反的、针锋相对的恶人形象，是"恶"的代言。

第一，心狠手辣。这主要体现在对正妻和七个儿子的谋杀上面。

第二，善于伪装、欺骗，时刻表现出虚情假意。比如对正妻的热情是假，杀了正妻后乔装正妻欺骗丈夫和七个儿子，假装生病，假装算命先生，假装吃肝等情节。怒一底大，就是虚假和欺骗的化身。

第三，是索取、穷困的象征。她所居住的地方是草棚，给丈夫吃的是糠粥，在荒年饥岁中难以存生。南儒生的所有家当包括自己都输给了她，厕神是败家的象征。

第四，具有变化的功能。她生前不断变换角色进行伪装、欺骗，死后"（七兄弟）把怒一底大的手臂扯下做成大门的横木，把腿扯下做成脚踏石，把额头扯下做成猪饲料桶，把头扯下做成神心，把指甲拔下做成了石鳖，把牙齿取下做成了大小章鱼，粉碎身体撒向空中，随风飘扬，变成了蚊子、跳蚤、臭虫"①，怒一底大（厕神）这一化生功能，还保留着早期厕神生殖崇拜母题。

④ 丈夫南儒生也是个负面角色

第一，残忍、无情。当听"算命先生"说只能用七个儿子的肝

---

① 金光彦在《东亚的厕所》中翻译为："七兄弟把继母的头扔到海里，结果变成了大大小小的紫菜，脖子变成了猪食桶，眼睛成了碓臼，肚子成了渔网，肚脐成了海天螺，肛门成了海葵，大腿成了脚踏石，手成了铁耙，手脚指甲成了贝壳，剩下的在碓臼里碾了之后都随风飘散成了大蚊子飞走了。"（《东亚的厕所》，第69页）

做药时，他毫不犹豫开始磨刀，打算取儿子的肝。当听说"怒一底大"被杀死时他说："怒一底大是坏蛋，你把她杀了很好。"丝毫也不念及夫妻情分。文本中南儒生对正妻的感情貌似真挚，但这似乎也是建立在荒年饥岁背景下的利益依附关系基础上的。当他跟着怒一底大吃了很久的糠粥后，再次吃到了正妻做的饭时首先说的是："我和骊山夫人一起生活的时候，也吃过这样的饭啊！"故事中，南儒生是以"米饭"还是"糠粥"来取舍正妻和怒一底大的。

第二，轻信、无能，经不住诱惑，没有家庭责任感。南儒生本来是受正妻的嘱咐去梧桐国买米的，结果受怒一底大诱惑，与怒一底大赌输赢，输光了所有。于此，第五、六本更详："在梧桐国，以恶毒闻名的怒一底大鬼逸的女儿听到南儒生来了，就飞奔到渡口船舱去引诱他。被迷惑了的南儒生打开象棋棋盘与她下棋赌输赢，最后输光了买米的钱，甚至卖掉了船。没有办法回家的南儒生，为了讨口饭吃，无奈以她为妻。"

韩国古巫歌《门前本解》就是解说"门前"根本的事，由巫堂演唱，并伴以戏剧性舞蹈。通过举行巫术仪式和神话观念来驱傩、解煞，以达到消灾避祸的目的。《门前本解》中，主要传述了厕神、灶神和门神的由来，所记载的是海岛国的故事，而且主要流传于济州岛。在那里，巫堂讲唱《门前本解》无一例外都是出于保护家宅安危、希求家庭和睦，对于破坏家庭和谐的恶人，是极其痛恨的。

从以上对《门前本解》基本人物的介绍可以看出，这些人物形象具有相当浓厚的神话色彩。其中，具有生殖功能和财富象征的正妻（灶神）与死后化万物的怒一底大（厕神），实为"大母神"形象之一分为二。巫歌讲唱的终极目的，无非是要回到创世初期的宇宙之初，从而去消解这种矛盾性和缺失性，同时，也是通过这种回溯最初起点的方式，来达到"解煞"，让人们的生活回归到最初的完美范式。

（三）东亚儒家视域下的善恶厕神：以怒一底大和紫姑为例

1. 韩国厕神的现代遗存

在韩国，厕神历来都被诠释为"全恶"形象，就像韩国古巫歌《门前本解》中的怒一底大那样。这一点与中日极为不同。韩国人眼中的厕神，无不是恶的。也许正是在这个意义上，韩国人才说不能称"厕神"，应该称"厕鬼"，因为不是信仰、崇奉的对象，而只是害怕的对象。此外，他们还认为韩国厕神不是作为信仰而存在的神，而是通过巫者口传下来的神。换句话说，他们认为在现实生活中，是找不到其信仰根基的。

韩国人认为在所有家神中，厕神是唯一的坏家神，常常带来的是"凶祸"（흉화）和"神罚"（신벌）。所以，人们总是很怕她，躲避她，由此形成很多禁忌。村山智顺引用《芝峰类说》的记载说，厕神在每月的6日、16日、26日住在厕所里面，所以这三天最好不要去厕所。如果一定要去，得非常小心才行。① 人们进入厕所时一定要假咳（真咳就不礼貌了），表示对厕神说"打扰了"②，厕神才不会生气，不会害人。一说，因为厕神是盲人或眼睛不好，她住在厕所的墙上，人大便时她便用一只手接粪便。这样的情形她不愿意被人看见，所以厕所里面不点灯，人进去的时候也要假咳三声。如今，在济州岛的很多地方，还保留着这样的做法。人们进入厕所时，要"呸"三声，或假咳三声。另外，厕所也任其昏暗。

《韩国民俗学的理解》记载，厕鬼是女神，又叫厕所娘，她性情凶恶、暴躁。人们认为在厕所里面遇到任何糟糕的事情，比如摔倒、磕碰（甚至认为在厕所摔倒或受伤就会死）等，都是来自厕神的煞

---

① 《朝鲜的鬼神》，第148页。
② 一说是对厕神的预示，怕惊吓了她。〔韩〕印权焕：《韩国传统文化的现代探索》，太和社2003年版，第185页。

气,或是厕神发怒所致。假如受到他的惩罚,人的脸就会变成土色,或者昏厥,甚至死亡。这时必须请巫人来作法禳除才行。同时,厕所不能随便修治,必须要请巫人来看具体时间、方位和八字。就算柴草不够,也绝对不能动用厕间的木材和干草。① 此外,韩国的厕神常常是长发女人。如果有人冒犯她,她就会用头发勒住人的脖子,致人生病。所以修建、治理厕所时要非常小心。如果是小孩子不小心掉进了厕坑,俗认为是厕神拉下去的。如果小孩在厕所中摔倒,也会认为他的灵魂就丢了。②

在家宅里,厕所是人们最不想去的地方。那里肮脏、黑暗、偏僻、卑湿。住在这样环境中的厕神,脾性又怎么会好呢?韩国有句俗话说:"厕所和亲家母的家越远越好。"因为在所有的家庭关系中,最难相处的就是与亲家母之间的关系。从这种类比足以看出人们对厕神避之唯恐不及。韩国还有俗语说:"媳妇和厕所要远一点好。"因为娘家近了,媳妇会常回家,也很麻烦。

韩国朝鲜时代成俔所著的杂记《慵斋丛话》里还写了一个故事,表明人们对厕神的敬畏之情:

> 都中有明通寺,盲人所会也。朔望一会,以读经祝寿为事,高者入堂,卑者守门,重门施戟,人不得入。有一书生,纵身直入,升梁栋间,盲者击小钟,生引钟纽举之,盲挥枹打空,然后复下钟焉,盲以手扪之,则钟在如旧,如是数日。盲曰:堂中小钟,为物所举矣。众盲还坐推占,一盲云:此物当为蝙蝠附于壁间。于是皆起扪壁,竟无所获。又一盲云:此物当为夕鸡坐于梁上。于是争以长竿薄于梁上,生不堪苦坠地,于是缚致书生,争加捶楚,生匍匐而还。翌日,得麻绳数引,隐寺厕间,

---

① 韩国民俗学会编:《韩国民俗学的理解》,文学学术院1994年版,第152页。
② 韩国国立民俗博物馆编:《韩国民俗信仰辞典·家庭信仰篇》,国立民俗博物馆2011年版,第675页。

七　口传、遗留与活态厕神

> 有主盲方来踞厕，生遽以绳结阳根钩之，盲大叫求救，群盲争来呕祝曰：主师为厕鬼所祟。或有呼邻救药者，或有鸣鼓祈命者。①

这里本来是书生为了报复盲人而使的恶作剧，但大家一致认为是厕鬼在作祟。甚至有的人听说厕鬼出来了，还跑来求药祈命。

实际上，从《门前本解》中厕神残留的化育功能和《慵斋丛话》中厕神职司医药、生命的迹象来看，韩国所谓纯粹"恶"的厕神，应是后来才产生出来的。一方面可能受到古巫歌《门前本解》中怒一底大负面形象的直接影响；另一方面应是韩国传统贮藏式厕所危险性的集体无意识投射。

总的来说，韩国因为现代化进程迅速，抽水马桶普及快，厕神基本消失了。只是在济州岛老年人的记忆中还存在着口传的《门前本》；在农村贮藏式厕所那里，还有些关于古老厕神的遗迹。据笔者调查，韩国家神信仰方面的资料确实很少，遑论厕神了。对于韩国厕所、厕神方面的研究，也是日本人捷足先登。这既与日本曾经的统治有关，也与日本人神道中的"除秽"理念有关。日本学者村山智顺在《朝鲜的鬼神》的《释奠・祈雨・安宅》中谈到朝鲜的家宅神有土主宅神、圣主、帝席、业位、基主、守门将、厨主、厕神、岭东神等十几位②，但是在今天已经很难再找到踪迹。此外，济州岛遗存的家神信仰中，一方面有从古代传下来的巫风古俗；另一方面也早已受到道教、佛教的影响。

2. 怒一底大：对双重"污秽"的强调与"全恶"形象

韩国厕神怒一底大的故事今天仍流行于济州岛。她不仅代表了

---

① 〔朝鲜〕成伣：《慵斋丛话》，大洋书籍1982年版，第191页。
② 《朝鲜的鬼神》，第249—275页。

韩国厕神的基本形象，也是迄今所见韩国各类厕神的主要来源。怒一底大的故事首末被记录在韩国古巫歌《门前本解》中，古籍中未曾有见。《门前本解》到底何时产生，不得而知。自从日本学者赤松智城和秋叶隆于1937年首次在济州岛采录该古歌之后，陆续又有不少学者进行采录。综观十多个版本，其故事结构、主要内容和感情倾向都基本一致，唯有某些具体细节不同。

其中，厕神怒一底大是最值得注意的形象。这一形象在韩国民间历来都被视为"全恶"形象，学者们也基本上是从这一角度去阐发的。她在巫歌文本中的具体表现和象征意义大体如下：

① 怒一底大是以恶毒闻名的厕神怒一底大鬼逸的女儿。可见，怒一底大的脾气、品性正是天然遗传自她的母亲。怒一底大的厕神身份和神格获得有两个来源：一是继承自她的厕神母亲；二是她最后死于厕之空间。

② 在梧桐国，怒一底大过着极其贫困的生活，当听到南儒生带着"银百两和钱百两"驾船来了，就飞快地跑去勾引他，并诱骗他下棋。南儒生输光了所有，无奈娶她为妻（实际上是连自己都输给了她）。这些细节意在突出怒一底大贫困交加、道德败坏的特点。

③ 怒一底大假装与骊山夫人关系亲密，口口声声唤她作"姐姐"，但骨子里却一直盘算如何谋杀她。怒一底大诱骗骊山夫人一起去洗澡，终将其推到池中淹死。怒一底大穿上骊山夫人的衣服，并假装她的声音说话，欺瞒瞎眼的南儒生和多年未见母亲的七兄弟。装扮成骊山夫人的怒一底大假装生病，后又装扮成算命先生告诉南儒生说一定要吃七兄弟的肝才能痊愈。怒一底大假装吃人肝（小儿子已悄悄用猪肝代替了人肝），暗暗将其藏于垫褥，最后阴谋败露……巫歌以极大篇幅渲染了怒一底大善于伪装和欺骗的阴暗面。

④ 怒一底大引诱、占有、欺骗南儒生，害得他有家难回、病瞎双眼。怒一底大诱骗、谋杀骊山夫人，并绞尽脑汁，借南儒生之手谋杀七兄弟……如此种种，又意在突出怒一底大自私、邪恶、狠毒、

凶残的特点。

⑤ 在梧桐国，怒一底大原本就过着极其贫困的生活。南儒生与她一起生活后，也只能日日喝糠粥，最后连眼睛都瞎了。厕神怒一底大象征着索取、败家、穷困和使人穷困。

⑥ 作为"后妻"的厕神怒一底大是作为"正妻"的灶神骊山夫人的对立面而存在的。怒一底大谋杀了骊山夫人，她俩是仇人关系。与骊山夫人的宽容、善良、真挚、诚恳相比，怒一底大自私、狠毒、邪恶、伪善；与骊山夫人（灶神）象征的赐予、富裕、丰产、多子相反，怒一底大（厕神）象征的是掠夺、贫困、饥饿和死亡。

⑦ 怒一底大逃到厕所中自杀，死后成为厕神。她身体的一些部位，变成了与厕所有关的污秽的东西。如七兄弟把怒一底大的腿扯下来，做成厕坑两边的脚踏石；把她的头扯下来，做成了猪饲料桶；并将她的身体粉碎，撒向空中。碎末随风飘扬，变成了蚊子、跳蚤和臭虫。这些"化生"之物，都意在强调怒一底大所处空间的污秽以及怒一底大自身的污秽。

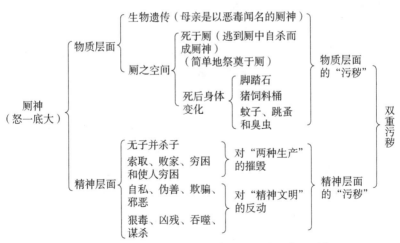

图 7-10 韩国厕神怒一底大的双重污秽和全恶形象

由上可知，韩国古巫歌《门前本解》从物质和精神两个层面否定了怒一底大，突出了其双重"污秽"和"全恶"形象。这里的"污秽"，不只是表示视觉、嗅觉层面的"肮脏"（pollution），而且可以说是一切严重的甚至偏激的否定性意义的浓缩——包括物质层面和精神层面——当然，实际上这两个层面始终无法截然相分，因为我们在说一个层面的时候，必然会延伸或者跳跃到另一个层面。这里的"恶"同样如此，"恶""游""色""贱"四者总是浑然一体地浓缩于"恶所"之中的。① 而怒一底大，集此四者于一体，故名之"全恶"。

在物质层面，首先，怒一底大是以恶毒闻名的厕神怒一底大鬼逸的女儿。怒一底大的厕神身份和败坏德性正遗传自此，甚至可以说，"污秽"属其天然本性。其次，厕之空间本就是至秽之处、卑下之地和死亡之所。她死于厕，并成为专司此地的厕神，自然是"污秽"的代言。因此，她死后身体的某些部位，变成了与厕所有关的污秽之物：脚踏石、猪饲料桶、蚊子、跳蚤和臭虫。这些都意在突出其所代表的空间之污秽。在精神层面，首先，她无子并杀子，是对人类自身的生产即种的繁衍②的摧毁；其次，她代表着生产生活资料的匮乏，是索取、败家、穷困和使人穷困的象征。最后，她自私、伪善、恶毒、凶残等败坏品性，又是对精神文明之反动。毫无疑问，巫歌文本几乎全面否定了怒一底大，强调了她在物质层面和精神层面的双重"污秽"和"全恶"形象。（图7-10）

3. 紫姑：对"污秽"的超越、转化与道德典范形象

中国厕神紫姑最早见载于南朝宋刘敬叔的《异苑》。稍晚的《齐谐记》《荆楚岁时记》等也有记载。到唐宋，紫姑信仰更甚，相关记录和歌咏也越来越多。笔记、散文如《显异录》《孔氏谈苑》《梦溪笔谈》《子姑神记》《仙姑问答》《萍洲可谈》《稽神录》《夷坚志》

---

① 〔日〕冲浦和光著：《"恶所"民俗志：日本社会的风月演化》，张博译，上海三联书店2015年版，第280页。
② 《家庭、私有制和国家的起源》，第6—7页。

七 口传、遗留与活态厕神

等；诗歌如《正月十五夜闻京有灯恨不得观》《新岁》《上元立春》《箕卜》等，异常丰富。明清以至于近代，仍然不衰，如《道藏·搜神记》《随园诗话》《帝京景物略》《闽杂记》《清宫节令戏》等。当代田野调查资料中也多有所见，如白族的"青姑娘祭"、满族歌谣《笊篱姑姑》、达斡尔族"请笊篱姑姑"、土家族"请七姑娘"、闽台"关三姑"等等。

与怒一底大不同，"紫姑"的相关异名、异文极多。南朝宋刘敬叔《异苑》所奠定的故事基调主要讲述了貌美的小妾紫姑为大妇曹姑所嫉妒，每每被役使做打扫厕所之类的秽事，于正月十五日愤懑而亡（唐《显异录》说她是被大妇"阴杀"于厕，并说"天帝悯之，命为厕神"）。后来人们在她的忌日奠设酒果、制作人偶，于夜晚在厕间或猪栏边迎祀之，并念祝词"子胥不在，曹姑亦归，小姑可出"。紫姑神位不高，但神格广泛，能"占众事，卜未来（一作行年）蚕桑"，十分灵验，并会惩罚不诚者。① 此后，紫姑故事在民间和文人士大夫中遵循不同的道路发展。民间注重迎祀过程，多有"游神"环节，关心与生产生活相关的预占和问卜，如生育、婚恋、丰产、家庭琐事等；文人士大夫则不太注重迎祀过程，关注的是科考、仕途、才艺等主题，故多将紫姑发展为"言志工具""红颜知己"。经道教改造，本已仙化的紫姑，又与文人士大夫的趣味相结合，便形成雅洁超拔的形象。到苏轼《子姑神记》《仙姑问答》《天篆记》等作品，紫姑命运悲惨、才华横溢、德行完美等被渲染得无以复加。现将紫姑的主要形象和发展路径做一梳理。

① 从南朝典籍记载到当代活态神话，《异苑》所奠定的基调一直未变，甚至愈演愈烈：紫姑貌美、身份卑微（贱民、小妾）、善良柔顺、遭遇悲惨、死而成厕神、令人同情等。苏轼的《子姑神记》增加了惨事发生的具体时间、前夫伶人被陷囹圄、紫姑被霸占为妾的

---

① 《异苑》，第44—45页。

经过。《仙姑问答》增加了紫姑的生活时代、父母情况、修学情况、嫁为人妇的缘由和经过、前夫伶人的具体遭遇及其被强娶为妾之细节等,又突出了大妇的"妒悍甚"和紫姑的恐惧感——死后为鬼仍畏惧丈夫和大妇,不敢为自己申冤解恨,足见她的卑弱和平日所受之欺凌。此后无论是民间还是文人士大夫,大体都是沿着这条线路去发展的,并逐渐塑造了一类影响颇大的厕神形象——卑微凄惨的女儿神形象,代表如紫姑、如愿、戚夫人、三姑等。

② 《异苑》所载的"(紫姑)能占众事,卜未来(一作行年)蚕桑",也是此后民间紫姑信仰的主要内容。在民间,紫姑的神格非常广泛,其中,职司生产(包括人自身的生产及生活资料的生产和再生产)注定是老百姓最为关心的话题,自然也成了紫姑的重要神格。紫姑信仰之所以经久不衰,也与她和岁时信仰紧密相连不无关系。紫姑沟通"两种生产",是"大母神"在新时代的显现。至于"紫姑卜"在唐宋以后渐渐发展为"扶乩",则是另外一回事了。

③ 小妾紫姑与大妇曹姑是对立关系。紫姑卑微、柔顺、善良、受害,令人同情;而大妇位高(妻对于妾而言)、嫉妒、狠毒、施暴,令人憎恶。《异苑》中说大妇曹姑因嫉妒紫姑,役使她做打扫厕所之类的"秽事",逼得她愤懑而亡。《显异录》则直接说是大妇将其阴杀于厕中。《子姑神记》《仙姑问答》《道藏·搜神记》等在此基础上,更渲染了紫姑的"冤屈"之感。

④ 紫姑才华横溢、道德完美的特点主要是经由文人的推波助澜而完成的,并反过来对民间巫俗产生影响。梁宗懔《荆楚岁时记》引《洞览》说紫姑(帝喾女)"生平好乐"①,颇具文艺天赋。明陈耀文《天中记》卷四引唐佚名《显异录》说她知识宏通,"自幼读书辨利"②。到宋代,更加踵事增华。沈括《梦溪笔谈》说紫姑文章清丽,

---

① 《荆楚岁时记》,第6页。
② 《天中记》(上),第135页。

有《女仙集》行于世；其书法"有数体，甚有笔力"，绝非世间篆隶可比；又"善鼓筝，音调凄婉，听者忘倦"①。苏轼《子姑神记》和《仙姑问答》言其对诗赋、歌舞、佛道、棋艺、论辩等无不精通，并盛赞她具有"礼""智""贤"②，是符合儒家道德准则的典范形象。

⑤ 紫姑的仙道化和雅洁化，主要是受道教的影响和文人的改塑，亦反过来对民间巫俗产生影响。汉代道教文献中已多房中女神，魏晋诸派也普遍继承。房中女神们貌美，降于人，诗词歌赋样样精通，逐渐成为文人士大夫们的"白日梦"对象。南朝以来，就已见紫姑与房中女神合流。《荆楚岁时记》中喜好音乐的帝喾女（实紫姑）与对黄帝陈五女之法的素女何其相似乃尔！③ 沈括《梦溪笔谈》说紫姑自称"蓬莱谪仙"，是"上帝后宫诸女"。④ 这与《真诰》所载房中女神萼绿华"谪降于臭浊"⑤一致。袁枚《随园诗话》则直接将紫姑描述为主"司云雨之事""愿荐枕席"的"上清仙女"。⑥

由上可知，紫姑的信仰比较复杂，其形象也是逐渐发展的。在物质层面，紫姑成为厕神的原因，无非也是因为她与厕之空间有关，或被役使做打扫厕所之类的秽事，或死于厕。人们在她的忌日当天晚上或者黄昏，在猪栏或者厕所旁祭祀她。值得注意的是，虽然厕神紫姑司掌的是污秽之地，但她却又是超越"污秽"的，甚至是追求净洁的。不仅如此，沈括笔下的紫姑简直就有"洁癖"。闺中女子

---

① 《梦溪笔谈》，第 140 页。
② 《苏轼全集校注》（文集卷一二），第 1297—1298 页。
③ 张衡《同声歌》："邂逅承际会，得充君后房。情好新交接，恐慄若探汤。不才勉自竭，贱妾职所当。绸缪主中馈，奉礼助蒸尝。思为苑蒻席，在下蔽匡床。愿为罗衾帱，在上卫风霜。洒扫清枕席，鞮芬以狄香。重户结金扃，高下华灯光。衣解巾粉卸，列图陈枕张。素女为我师，仪态盈万方。众夫所希见，天老教轩皇。乐莫斯夜乐，没齿焉可忘。"〔东汉〕张衡著，张震泽校注：《张衡诗文集校注》，上海古籍出版社 1986 年版，第 7 页。
④ 《梦溪笔谈》，第 140 页。
⑤ 《真诰》，第 3 页。
⑥ 王英志编：《袁枚全集》，江苏古籍出版社 1993 年版，第 193—194 页。

欲与紫姑云游，紫姑对她说："汝履下有秽土，可去履而登。"① 于是女子脱掉鞋子与之登云而游。在精神层面，紫姑沟通"两种生产"，是"大母神"在新时代的显现。民间巫俗中还继续保留着她的"生殖"神格——虽然并未说到紫姑"生子"的问题，但"紫姑"实际上是由"子姑"而来。"子姑"即商始祖母简狄（三姊妹）②，自然司掌着人的繁衍，只是南朝以来的紫姑信仰在这一点上已不甚明显。紫姑能预占众事、掌管蚕桑、行年，也是丰产女神。其次，紫姑美貌善良、身份卑微、遭遇凄惨，令人同情，出于幻想性的弥补，人们同情她并赞美她，将一切美好赋予她。最后，主要经过道教和文人士大夫的通力改塑，紫姑完成了"雅洁超拔"形象的塑造。她不仅才华横溢，还具有"礼""智""贤"的完美德性。（图7-11）

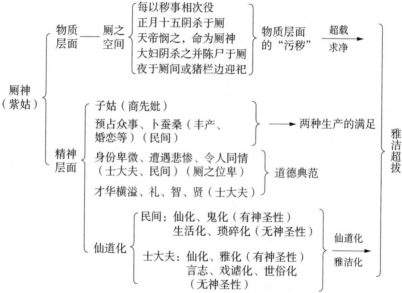

图7-11 中国厕神紫姑对污秽的超越、转化与道德典范形象

---

① 《梦溪笔谈》，第140页。
② 龚维英：《厕神源流衍变探索》，《贵州文史丛刊》1997年第3期。

4. 从表层到深层：形象的对立、同源、易位与改塑

如上所述，韩国厕神怒一底大是个双重污秽的全恶形象，而中国厕神紫姑则逐渐超越污秽，最终成为雅洁超拔之形象。

在《门前本解》中，怒一底大是"施暴"的一方，是"恶"的代言人。她的"恶"表现在诸多方面。无论是对丈夫、骊山夫人还是七兄弟，她都充满了残忍、邪恶和欺骗。一开始怒一底大就引诱、欺骗南儒生，后来处心积虑地要谋杀正妻和七兄弟。她这个"后妻（妾）"，完全没有中国紫姑那样的柔顺、卑微、可怜和令人同情，而是嚣张跋扈，令人生厌和痛恨。在《门前本解》中，人们同情的反而是正妻骊山夫人，尽管怒一底大生活贫困交加，被南儒生在感情上遗弃，最后自杀于厕，并被七兄弟将身体撕碎，也并不可怜，而是咎由自取，大快人心。人们在其身上投射的感情是厌恶、惧怕和痛恨。

而中国人对紫姑却主要是施以同情、爱怜和赞美。与紫姑类似的厕神，还有如愿、戚夫人、三姑等。她们都是卑微凄惨的女儿神：具有"妾"的身份、地位卑下、命运悲惨、令人同情。她们的故事尽管各地版本不同，但是神话的重心无非都是在讲述这些女子的悲惨命运，表达人们的同情，体现了民俗事项中惯常的将弱者超度为神灵的走向。尤其值得注意的是，这一"卑微""可怜"的倾向在发展中相当稳定。① 民间底层妇女，常将紫姑作为自己的代言人；唐宋之后的文人士大夫，也常将紫姑视为自己的"红颜知己""言志工具"。在道教的影响下，紫姑又被发展成为女仙、帝女、成道女师。这些显然都是同情、爱怜的同向发展。

另外，正因为韩国人认为厕神是"全恶"的，所以绝不会主动招惹她，并由此形成了一系列语言行为禁忌。韩国人也普遍认为，

---

① 刘勤：《中国厕神神格演变发微：从母亲神到女儿神》，《学术界》2013 年第 7 期。

别的家神都是避祸赐福,唯有厕神相反,她是造祸作祟的。所以人们并不把她作为崇奉的对象,只是因为畏惧才姑且提及,且并没有祭祀仪轨。别的家神都有神体,唯独厕神没有。① 逢年过节,别的家神神案前总是摆满了祭品,但是厕神那里,却什么也没有,有的地方最多点一盏油灯或是摆一碗茶而已。

但中国古代民间却盛行着"迎紫姑"的习俗,今天有些民族和地区还有类似的习俗遗存。迎祀的仪式过程,有的简单,有的复杂,呈现出多样化的特点。简单的没有"游神"过程,直接由迎神者(包括参与者)扶着人偶进行占卜问事。较为复杂的基本都有"游神"过程。其基本结构都是由一个空间(厕、井堰粪际、厩、圈、茅厕、粪窖、废址、堂檐)或一个时间(元日、小除日、岁前、人日)转移到另一个空间(室内、炕桌、月下、小室)或另一个时间(十六日、元宵)。甚至有的地方迎祀时,还会辗转多个地方,并有送神环节。有的在迎祀过程中还有念诵祝咒、装扮人偶、敬贡祭品等环节。于此笔者在第六章第一节已经论述,此不赘举。至于祭品,随着社会的发展,也会与时俱进,如马粪、酒果、酒食、香烛、果饼、茶酒等,不一而足。在习俗惯性之外,人们常根据自身所需,去安排祭品。在整个仪式中,人们对紫姑神充满了"功能性"期待。这与韩国人对怒一底大的一味"避祸"大相径庭。关于二者形象的对立,详见表7-12。

表7-12 怒一底大和紫姑形象之对立

序	比较项	怒一底大	紫姑	结果
1	成妾	主动(勾引男方)	被动(被强娶)	反
2	品德	全恶	善、德行完美	反
3	暴力	施暴	受害	反

① 〔韩〕秦圣麒,《济州文化民俗丛书2:南国的传说》,学文社1978年版,第129页。

续 表

序	比较项	怒一底大	紫姑	结果
4	命运结局	咎由自取、大快人心（喜剧）	同情、惋惜（悲剧）	反
5	人的繁衍	无子而杀子	先妣神蜕变	反
6	生活资料的生产与再生产	破坏	护佑	反
7	神体	无	有	反
8	祭品	无	有（与时俱进）	反
9	仪轨	无	兴盛	反
10	污秽	双重污秽	对污秽的超越和转化 雅洁超拔	反
11	情感态度	厌恶、避祸、痛恨	喜爱、崇奉、赞叹、同情	反

尽管怒一底大与紫姑是对立的形象，二者也有很多相同、相通之处。就显而易见的层面来看：都是厕神、女性、身份卑微、死后成神、与灶神关系对立等。就隐性的层面来看：二者在神格深层都继承了原始女性生殖崇拜，是"大母神"混沌神格之一分为二。怒一底大死后"化生"，正是生殖神格之体现，只是存在于隐性层面，且倾向于负面（恶）。文本所突出和宣扬的，是她对生殖和丰产的破坏。至于紫姑，如前所述，实则由"子姑"而来，脱胎于先妣神。后来虽"人自身的生产"已隐而不显，但"生活资料的生产"还比较明显。文本所突出和宣言的，倾向于正面（善）。

紫姑也有负面形象，但在发展过程中并不是主要的。汉代以来对恐怖厕神的记载并不少见，如东汉桓谭《新论》、《太平御览》引《白泽图》、晋干宝《搜神记》、晋戴祚《甄异记》、南朝宋刘义庆《幽冥录》、南朝梁任昉《述异记》、唐李复言《续玄怪录》、《太平广记》引唐牛肃《纪闻》等，都说到厕神具有相貌丑陋、神格恐怖的特点。唐以后，随着道教和传奇小说的发展，进一步将厕神发展为魅惑男子的女性鬼妖。如唐柳宗元《李赤传》、《太平广记》引唐李冗《独异志》等记载妖娆女鬼能迷人心性，让人产生恍入仙境的美妙幻觉，实则是丑陋瘆人的厕鬼在用巾带缢人或用粪坑污淹人。洪迈《夷坚乙志》"女鬼惑仇铎"条与上述故事相类。一个死了53年的女鬼张氏三六娘乘着"紫姑"的名号被"请"来，迷惑仇铎长达一个月。她诈称为蓬莱仙，对仇铎威逼加利诱，扮演多人角色，狡狯之至，致使仇铎发狂自残寻死。《梦溪笔谈》"异事异疾附"条也载，迎紫姑时，有时会出现送不走而作祟的情况。这里的紫姑也是"恶"的，是"污秽"的。紫姑的这些负面形象切实存在于民间信仰之中。它并不是凭空产生的，而是源自"大母神"负面特征，源自原始思维，并借由志怪而流通。只是在发展过程中，被正面形象所掩盖，而显得次要罢了。

如此看来，怒一底大与紫姑也不是全然对立的形象，而是有很多相通之处。极有可能，最初她们的形象是比较接近的，都有正负面，只是后来经由改塑而变成了矛盾对立的关系。那么改塑的标准是什么呢？还有，如果把怒一底大（小妾、厕神）与曹姑（大妇、灶神）的形象进行对比，还会发现她们的形象极其类似，都是负面、施暴、无德、受鞭挞和令人憎恶的对象。而紫姑（小妾、厕神）与骊山夫人（大妇、灶神）的形象也极其类似，都是正面、受害、有德、受褒扬和令人同情的对象。可知，中韩厕神故事在结构上是一样的，很可能是一个故事的变体，欲说明的也是一个道理。小妾、厕神可以是善的，也可以是恶的；正妻、灶神可以是善的，也可以是恶的，其善恶的评价标准，到底是什么呢？

5. 善与恶：东亚视域下的儒家文化道德准的

无论是改塑的标准还是善恶评价的标准，实际上都是儒家（或称儒教）的伦理规范。

中韩文化具有一定的趋同性，是整个儒家文化圈（14、15世纪逐渐形成)的重要组成部分。儒家文化中重视集体、家庭、秩序、礼法、伦理、稳定等特征,对两国的国民性都产生了极深的影响。毫无疑问,人物形象和国民性之间,存在着很大的关联性。怒一底大和紫姑的形象自然也是受到国民性的影响的,因为叙事者的思想必然影响到所叙述的对象。

儒家伦理规范下,男性是一家之主,是话语者。善恶评价标准都是"他"说了算,一切都是维护着"他"的利益群体。现在再回过头来看《门前本解》,善与恶主要分属给骊山夫人和怒一底大,南儒生虽然也是恶的,但却是个"无辜"者,因为他是被怒一底大引诱、蒙蔽、欺骗而变恶的,不是恶之源。怒一底大的恶,总的来说,是因为她对南儒生以及其"家",造成了伤害——巫师唱《门前本解》常是在家祭场合,即是为了家庭的和谐、幸福而进行的祭仪、禳除,包括生育、婚恋、疗病、祈愿、安宅、除厄、丰产、安全等方面。怒一底大破坏了儒家伦理道德的规范:为人妇却不安于人妇,居妾位却不安于妾位,想方设法要取代正妻,造出一系列恶果。与她相对应的正妻(骊山夫人、灶神)多生多育、持家有道、任劳任怨、宽容不妒、逆来顺受,正是儒家伦理规范的维护者。紫姑和曹姑的形象和关系正好是前二者的逆转。厕神紫姑美貌柔顺、多才有德、忍辱安命,是男人心目中的完美女性,是儒家伦理规范的顺应者和牺牲者,故苏轼对其大加赞叹:"予观何氏之生,见掠于酷吏,而遇害于悍妻,其怨深矣,而终不指言刺史之姓名,似有礼者。客至逆知其平生,而终不言人之阴私与休咎,可谓知矣。又知好文字而耻无闻于世,皆可贤者。"[①] 可见,忍辱、顺从、安命就是"礼"和"智",得传佳名即为"贤"。"礼""智""贤",最终剥夺了紫姑的一生。这正是中国传统社会广大妇女的命运和缩影。曹姑居妇位而善妒,不容小妾,造出虐待、阴杀紫姑的恶果。无论如何,"丈

---

① 《苏轼全集校注》(文集卷一二),第 1297—1298 页。

夫"是没有错的。与此同时，凡是顺应"丈夫"的（包括顺应他的错），都是对的，得到"善"的赞美和补偿；凡是不顺应的（包括不顺应他的错），都是错的，要得到"恶"的惩罚和鞭挞。故孟子对新嫁女子说："必敬必戒，无违夫子。以顺为正者，妾妇之道也。"①

故事的善和恶分属于"妻"和"妾"，而无论是怒一底大的丈夫南儒生，还是紫姑的丈夫"子胥"（刺史、李景），表面上看是"失语"的形象，但实际上却是"永恒的裁判者和监视者"。今天看来，所有的矛盾，"丈夫"才是"恶"之源；从制度上说，正是这种基于男权的一夫一妻多妾制才是"恶"之源。如此看来，怒一底大也好，曹姑也好，都不过是"替罪羊"；紫姑也好，骊山夫人也好，也不具有"普遍的善"。

因此，不难看出，中韩厕神故事是经过儒家伦理道德彻底改塑过的故事，去掉了很多巫俗的成分，而使得人物形象更加鲜明。无论是塑造怒一底大这样彻底反面的形象，还是塑造紫姑这样彻底正面的形象，无非都是在不厌其烦地讲述男权社会儒家伦理道德规范下的妇女抉择。恩格斯谈到男权社会不可避免地会持续利于男性的单方面的"淫游制"，"使旧时的性的自由继续存在，以利于男子。在实际上不仅被容忍而且特别为统治阶级所乐于实行的淫游制，在口头上是受到诅咒的。但是实际上，这种诅咒绝不是针对着参与此事的男子，而只是针对着妇女：她们被剥夺权利，被排斥在外，以便用这种方法再一次宣布男子对妇女的无条件统治乃是社会的根本法则"②。一些学者已指出："自进入男权社会以后，我国经历了奴隶社会、封建社会、半殖民地半封建社会，以封建社会对中国女性的影响最大、最深。传统中国女性在封建礼教的压制下，视封建伦理纲常为金科玉律，形成近乎本能的行为方式和思维方式，成为男权社

---

① 〔清〕焦循：《孟子正义》，《诸子集成》（第一册），上海书店1986年版，第245页，
② 《家庭、私有制和国家的起源》，第71—72页。

会驯服的奴仆。"①

儒家认可现有的权威和秩序,强调国家和集体利益。国之本在于家,所以尤其重视家庭关系。家庭和谐、稳定,尊卑、亲疏、等级秩序是根本。② 同样的道理,儒家伦理规范将性别的不平等定义为永恒真理。夫为天,妻为地,天尊而地卑;丈夫虽贱皆为阳,妇女虽贵皆为阴,阳尊而阴卑。所以一切都是围绕"丈夫"的利益和利益群体而展开的。同样是阳,讲究君君、臣臣、父父、子子;同样是阴,讲究妻高于妾。因此,大妇曹姑虽为丈夫的"奴仆",却又是"奴仆头"。她奴役、阴杀小妾,不过是在行使自己的权利罢了,而绝无反过来的道理。作为更卑贱的小妾,绝无谋杀大妇的可能,若如此,必然是大逆不道,必群起而攻之,这就是怒一底大的命运。因此,在儒家文化氛围下,"端正的行为就是顺应这种严格的等级社会的行为"③。并且要"随时确定个人在这种排比中的位置进而确定其恰当的态度和行为,并由群体的态度和行为左右其态度和行为,依靠教化纠正其乖戾和偏差"④。

这种基于血缘家庭、宗法制度的儒家文化所评价出来的"善"与"恶",必然不是真正的、客观的"善"与"恶",不具有普遍的法则性和规律性,并反对普遍的法则性和规律性。正因为如此,孟子必然会骂主张"兼爱"的墨子为"无父"的"禽兽"。⑤ 所以,尽管看起来紫姑和骊山夫人不仅具有伦理的美德(ethical virtues),还具有品格的美德(virtues of character),但是这些美德并不是普遍的、客观的、绝对的,是因人而异和因社会而异的。它的受益者不

---

① 王凤华、贺江平等著:《社会性别文化的历史与未来》,中国社会科学出版社 2006 年版,第 140 页。
② 李文:《重新评价东亚儒教文化的历史作用》,《世界宗教研究》2002 年第 2 期。
③ 李文:《重新评价东亚儒教文化的历史作用》,《世界宗教研究》2002 年第 2 期。
④ 李文:《重新评价东亚儒教文化的历史作用》,《世界宗教研究》2002 年第 2 期。
⑤ 《孟子正义》,第 269 页。

是"人",而是"男人"。美国哲学家玛莎·努丝鲍姆多次强调美德应具有普遍性,好的品德应该是"人类善"或是对"人类繁荣"的贡献,它不是"来自局部传统和实践,反而是来自潜在一切局部传统之下的人性特点"。道德不应该是非正义的或是受压迫的,也不应该是与人类繁荣相违背的。①

儒家文化对中国和韩国的影响自然不尽相同。这也在一定程度上体现在怒一底大和紫姑的形象塑造上。带有否定性、禁忌性的怒一底大身上所体现的儒家教化色彩更浓厚。这是因为虽然中韩都受到儒家文化的深刻影响,但相比而言,韩国更甚。韩国长期以来尊崇中国文化,接受、信奉儒家准则,再加上受到其他思想的挑战少,以及作为单一民族小国在继承传统上的优势,韩国可以说是全盘接受了儒家文化,尤其是宋明理学。经过这样的洗礼,怒一底大自然被塑造为"全恶"的彻底反面,以示警诫。此外,韩国巫俗保留的完整性、巫歌传播的稳定性,也使得其形象少于变化。诚如李越所说:"中国、日本、越南等国家的巫俗文化在发展过程中逐渐混种化,而韩国的巫俗文化却依然很好地保存和维持着它原本的形态,不断展现着民族及地区特性。"②从这一点来说,怒一底大的形象也更为原始。她是"恶"的,而"'恶'之中存有一种放浪不羁的力量,它会破坏原有秩序,引起各种混乱纷争",所以它正"象征了这深不见底的混沌(chaos)力量"③。因此,日本民俗学家冲浦和光如是说:"我以为'恶'应该是逐渐侵蚀人类的本质属性的东西。而且出乎许多人的想象,'恶'与人类一同起源。"④紫姑的故事,不是靠巫歌代代相传,而是被记载于典籍,后又经文人重塑或民俗浸润,

---

① 转引自程炼著:《伦理学导论》,北京大学出版社2008年版,第200页。
② 李越:《韩国儒教与巫俗的死亡仪礼比较研究》,大连外国语大学硕士论文,2019年。
③ 《"恶所"民俗志:日本社会的风月演化》,第279页。
④ 《"恶所"民俗志:日本社会的风月演化》,第284页注二。

与诸俗神相杂糅。儒家文化虽原发于中华大地，但中国文化历史悠久、博大精深，非儒家之一家，更非一味奉其为圭臬，而是能不断地批判、继承、调适，遂能常新。因此，紫姑的形象相对而言更具包容性。其形象有正有负，又有民间和士大夫的不同抒写，体现出多民族大国多元一体的开放性特点。

结　语

厕神信仰源于以女性生殖为基点的"大母神"信仰,跨越原生态、再生态、新生态、衍生态等四个形态,历时很长。原始厕神常表现为生殖女神、地母(沃土、粪肥)、谷精、猪神等的统一。"粪""弃"等字的本义中就蕴含着粪肥(地母)、谷精崇拜,而"三弃三收"正是关于血祭沃土的神话仪轨。周弃的"豪土"之功,很可能正是包括继续推行具有宗教意义的血祭沃土以及发现了粪肥作用而理性"养地"两方面内容。关于粪尿创世、造人的始源性神话以及将粪尿作为压胜道具、治愈之药的故事,乃至以粪为宝的观念,皆是原生态厕神神话观念的延续。

厕神神格定格的基本条件是厕之空间的形成。自此以后,厕神便始终与"厕之空间"(包括同位意象)紧密相连,或被打上了"厕之空间"(包括同位意象)的烙印。由早期"人豕共居"到汉代以后逐渐普遍起来的人厕和猪圈(猪厕)合一的厕所形制,我们可以进一步认识"家"字和"以农为本"的内涵。同时,传统"厕之空间"的形制、特点、功能,又产生了相应的吉凶观念和鬼神信仰。厕神与猪神、冥神也进一步合流。

历史是两性的历史。无疑厕神也是体现两性差异的重要参照物。

结　语

　　随着母系氏族社会和神话时代的逝去、生产力的发展和生产关系的变化，再加上礼乐文明的进一步催化和男权性别投射，人与大地（沃土、粪肥、地母）的宗教关系开始割裂，厕神终由"母亲神"发展为"女儿神"：既有卑微凄惨的小妾，又有魅惑男子的鬼妖，还有凶神恶煞的三霄……此外，以紫姑为首的厕神，在被道教仙道化之后，进一步被士大夫异化为"红颜知己"。厕神神话终究失去神圣性而成为衍生态神话。于此，笔者尤以苏轼的紫姑书写为例做了比较细致的分析，并探索了苏轼乃至唐宋文人鬼仙信仰的矛盾性。

　　在大传统文化中被异化的厕神，最后偏安于小传统文化，并经历了由"娱神"到"娱人"的发展。不过，民间信仰中的厕神，虽经普遍性俗化（家庭化、个人化、生活化、琐细化），但仍多有神圣性显现。此外，中古以后厕神神名变动不居，时隐时显，且一神而多名、多神而一名的情况很多。民间信仰对"厕神"要素的不断借取，一方面暴露了厕神信仰的俗化、式微和依附，另一方面正是通过"俗化"这一手段，厕神对民间信仰乃至中国文化进行着潜移默化的渗透和影响。

　　在习惯于造神的宗教中，同样能发现厕神的影子。道教厕神刘安之外，其尚"紫"传统、上清派房中女神等，皆与紫姑信仰杂糅。佛教经典中，零零星星分布着不少厕神，如毕舍遮鬼、噉粪鬼、守厕神等，而最著名的厕神当属乌刍沙摩明王。笔者以考辨雪隐、东司的语源为契机，正本清源，抽丝剥茧，过渡到净头传统的形成，最后揭示佛教轨范和义理下潜藏的厕神信仰。佛教厕神在中国和日本的命运不同。"雪隐"一词虽源自中国，但却无厕所、厕神之义，传到日本后，遂获得了此新义。在中国逐渐式微的乌刍沙摩明王，在日本也很兴盛。这可能与日本原始神道的"除秽"观念有关。

　　随着商业化和现代化的到来，传统厕所形制必然受到冲击，相应的厕神信仰必将一去不复返，相关的"抢救性"记录和分析就显得尤为重要。笔者以中国西南四川汉源地区和韩国济州岛地区的田野调查为例,以求由点及面,管窥厕神的活态面貌。截至笔者考察之时,四川汉源地区大多还保留着人厕和猪圈(猪厕)合一形制,残存着多方面的厕所民俗和厕神信仰。与此同时,韩国济州岛还流传着多个版本的解释厕神缘起的古巫歌《门前本解》。将中韩厕神相比较还会发现:韩国厕神怒一底大和中国厕神紫姑有很多可资比较之处。异中有同是因东亚儒家伦理的深刻影响,同中有异是因两国不同的文化土壤。

参考文献

古代文献

B

《博物志》，〔晋〕张华，上海古籍出版社1990年版。

《抱朴子外篇校笺》，〔晋〕葛洪撰，杨明照校笺，中华书局1991年版。

《北史》，〔唐〕李延寿，中华书局1974年版。

《避暑录话》，〔宋〕叶梦得，中华书局1985年版。

《白居易集》，〔唐〕白居易著，顾学颉校点，中华书局1979年版。

《备急千金要方》，〔唐〕孙思邈著，高文柱、沈澍农校注，华夏出版社2008年版。

《本草纲目》，〔明〕李时珍，人民卫生出版社1979年版。

《北泾草堂外集三种》，〔清〕陈栋撰，郑振铎辑，《清人杂剧二集》，北泾草堂集本1934年影印版。

《碧岩录》，〔宋〕圆悟编著，许文恭译述，纯一法师总编，华夏出版社2009年版。

《辨正论》,〔唐〕释法琳撰,陈子良注,《永乐北藏》,线装书局2000年版。

《百丈清规证义记》,〔清〕仪润证义,《卍新续藏》第63册。

C

《春秋左传正义》,〔晋〕杜预注,〔唐〕孔颖达正义,李学勤主编:《十三经注疏(标点本)》,北京大学出版社1999年版。

《春秋左传注》,杨伯峻注,中华书局1981年版。

《春秋公羊传注疏》,〔战国〕公羊高著,〔汉〕何休注,〔唐〕徐彦疏,中华书局1980年版。

《春秋繁露》,〔汉〕董仲舒,上海古籍出版社1989年版。

《楚辞》,〔汉〕刘向编集,〔汉〕王逸章句,中华书局1985年版。

《重订诗经疑问》,〔明〕姚舜牧,五经疑问本(万历刻)。

《春渚纪闻》,〔宋〕何薳撰,张明华点校,中华书局1983年版。

《初学记》〔唐〕徐坚撰,中华书局1962年版。

《禅林僧宝传》,〔宋〕惠洪,《卍新续藏》第79册。

《禅林备用清规》,〔元〕弋咸编,《卍新续藏》第63册。

《禅苑清规》,〔宋〕宗赜著,苏军点校,中州古籍出版社2001年版。

《敕修百丈清规》,〔元〕德辉编,《大正藏》第48册。

《传法正宗记》,〔宋〕契嵩编修,《大正藏》第51册。

D

《大戴礼记》,〔汉〕戴德撰,〔北周〕卢辩注,中华书局1985年版。

《大广益会玉篇》,〔南朝梁〕顾野王,中华书局1987年版。

《段成式诗文辑注》,〔唐〕段成式著,元锋、烟照编注,济南出版社1995年版。

《独断》,〔汉〕蔡邕,中华书局1985年版。

《东京梦华录注》,〔宋〕孟元老编,邓之诚注,中华书局1982年版。

《东坡志林》,〔宋〕苏轼,中华书局2007年版。

《东坡乐府笺》,龙榆生校笺,商务印书馆1936年版。

《帝京景物略》,〔明〕刘侗、〔明〕于奕正撰,孙小力校注,上海古籍出版社2001年版。

《大同府志》,〔清〕吴辅宏修,〔清〕王飞藻、〔清〕文光校,清乾隆四十七年(1782)版。

《大慧普觉禅师年谱》,〔宋〕祖咏编,《嘉兴藏》第1册。

《大慧普觉禅师宗门武库》,〔宋〕道谦编,《大正藏》第47册。

《大威力乌枢瑟摩明王经》,〔唐〕阿质达霰译,《大正藏》第21册。

E

《尔雅》,〔晋〕郭璞注,〔宋〕邢昺疏,中华书局1985年版。

F

《氾胜之书辑释》,万国鼎辑释,农业出版社1980年版。

《风俗通义校注》,〔东汉〕应劭著,王利器校注,中华书局2010年版。

《方言笺疏》,〔清〕钱绎撰集,李发舜、黄建中点校,中华书局1991年版。

《范石湖集》,〔宋〕范成大,中华书局1962年版。

《封神演义》,〔明〕许仲琳,人民文学出版社1973年版。

《浮山县志》,〔清〕鹿学典等修,〔清〕武克明等纂,清光绪六年（1880）版。

《佛说施饿鬼甘露味大陀罗尼经》，《大正藏》第 21 册。

《佛说护净经》，《大正藏》第 17 册。

《法苑珠林校注》，〔唐〕释道世著，周叔迦、苏晋仁校注，中华书局 2003 年版。

《法华经持验记》，《卍新续藏》第 78 册。

《法界圣凡水陆胜会修斋仪轨》，《卍新续藏》第 74 册。

《佛说维摩诘经》，〔三国吴〕支谦译，《大正藏》第 14 册。

G

《国语》，〔战国〕左丘明著，〔三国吴〕韦昭注，胡文波校点，上海古籍出版社 2015 年版。

《管子新注》，姜涛注，齐鲁书社 2006 年版。

《广雅疏证》，〔清〕王念孙，上海古籍出版社 1983 年版。

《广博物志》，〔明〕董斯张，上海古籍出版社 1992 年版。

《古今事物考》，〔明〕王三聘辑，上海书店 1987 年版。

《古文观止》，〔清〕吴楚材、〔清〕吴调侯编选，葛兆光、戴燕注解，中华书局 2008 年版。

《广异记》，〔唐〕戴孚，王汝涛编校：《全唐小说》，山东文艺出版社 1993 年版。

《桂海虞衡志辑佚校注》，〔宋〕范成大原著，胡起望、覃光广校注，四川民族出版社 1986 年版。

《广川画跋校注》，〔宋〕董逌著，张自然校注，河南大学出版社 2012 年版。

《高僧传》，〔南朝梁〕惠皎撰，汤用彤校注，中华书局 1992 年版。

《根本说一切有部毗奈耶杂事》，〔唐〕义净译，《大正藏》第 24 册。

《古本竹书纪年辑校·今本竹书纪年疏证》,〔清〕朱右曾辑,王国维校补,黄永年校点;王国维撰,黄永年校点,辽宁教育出版社 1997 年版。

H

《黄帝内经》,〔战国〕佚名著,段青峰注译,崇文书局 2008 年版。

《韩非子集解》,〔清〕王先慎撰,钟哲点校,中华书局 1998 年版。

《汉书》,〔汉〕班固撰,〔唐〕颜师古注,中华书局 1962 年版。

《后汉书》,〔南朝宋〕范晔撰,〔唐〕李贤等注,中华书局 1965 年版。

《华阳国志校注》,〔晋〕常璩撰,刘琳校注,巴蜀书社 1984 年版。

《黄庭经集释》,〔唐〕梁丘子注,中央编译出版社 2015 年版。

《韩昌黎诗系年集释》,〔唐〕韩愈著,钱仲联集释,上海古籍出版社 1984 年版。

《韩昌黎文集校注》,〔唐〕韩愈著,马其昶校注,马茂元整理,上海古籍出版社 2014 年版。

《海录碎事》,〔宋〕叶廷珪撰,李之亮校点,中华书局 2002 年版。

《海琼白真人语录》,〔宋〕彭耜编,《道藏》第 33 册。

《幻住庵清规》,〔元〕明本,《卍新续藏》第 63 册。

《黄檗断际禅师宛陵录》,〔唐〕裴休编,《大正藏》第 48 册。

《秽迹金刚说神通大满陀罗尼法术灵要门》,《大正藏》第 21 册。

《秽迹金刚禁百变法经》,《大正藏》第 21 册。

《淮南子集释》,何宁著,中华书局 1998 年版。

J

《焦氏易林》，〔汉〕焦赣撰，中国书店 2014 年版。

《急就篇》，〔汉〕史游撰，〔唐〕颜师古注，〔宋〕王应麟补注，〔清〕钱保塘补音，中华书局 1985 年版。

《金楼子校笺》，〔南朝梁〕萧绎撰，许逸民校笺，中华书局 2011 年版。

《荆楚岁时记》，〔南朝梁〕宗懔，中华书局 1991 年版。

《经典释文》，〔唐〕陆德明著，张一弓点校，上海古籍出版社 2012 年版。

《晋书》，〔唐〕房玄龄等，中华书局 1974 年版。

《集韵》，〔宋〕丁度，中国书店 1983 年版。

《集仙录》，〔前蜀〕杜光庭，文渊阁四库全书本。

《旧五代史》，〔宋〕薛居正，中华书局 1976 年版。

《稽神录》，〔宋〕徐铉撰，白化文、许德楠点校，中华书局 2006 年版。

《剑南诗稿校注》〔宋〕陆游，钱仲联校注，上海古籍出版社 1985 年版。

《嘉靖建宁府志》，〔明〕夏玉麟、汪佃修纂，福建省地方志编纂委员会整理，厦门大学出版社 2009 年版。

《金刚经灵验传》，《卍新续藏》第 87 册。

《金刚恐怖集会最胜心明王经》，《大正藏》第 20 册。

《嘉定钱大昕全集》，陈文和主编，凤凰出版社 2016 年版。

K

《孔氏谈苑》，〔宋〕孔平仲，中华书局 1985 年版。

《枯崖漫录》，〔宋〕圆悟，《卍新续藏》第 87 册。

L

《老子校释》，〔春秋〕李耳著，朱谦之校释，中华书局 1984

年版。

《论衡注释》,〔汉〕王充著,北京大学历史系《论衡》注释小组注释,中华书局 1979 年版。

《礼记集解》,〔清〕孙希旦撰,沈啸寰、王星贤点校,中华书局 1989 年版。

《龙龛手镜》,〔辽〕行均编,中华书局 1985 年版。

《柳宗元集》,〔唐〕柳宗元,中华书局 1979 年版。

《论语注疏》,〔魏〕何晏等注,〔宋〕邢昺疏,上海古籍出版社 1990 年版。

《类篇》,〔宋〕司马光等编,中华书局 1984 年版。

《刘克庄集笺校》,〔宋〕刘克庄著,辛更儒笺校,中华书局 2011 年版。

《聊斋志异》,〔清〕蒲松龄著,张友鹤辑校,上海古籍出版社 2011 年版。

《履园丛话》,〔清〕钱泳著,张伟校点,中华书局 1979 年版。

《岭外代答》,〔宋〕周去非,中华书局 1985 年版。

《柳弧》,〔清〕丁柔克撰,宋平生、颜国维等整理,中华书局 2002 年版。

《浪迹丛谈 续谈 三谈》,〔清〕梁章钜撰,吴蒙校点,上海古籍出版社 2012 年版。

《六朝事迹编类》,〔宋〕张敦颐撰,张忱石点校,上海古籍出版社 1995 年版。

《六祖大师法宝坛经》,〔唐〕慧能述,法海集,〔元〕宗宝编,《大正藏》第 48 册。

M

《墨子间诂》,〔清〕孙诒让著,孙以楷点校,中华书局 1986 年版。

《梦溪笔谈》,〔宋〕沈括,中华书局1985年版。

《梦粱录》,〔宋〕吴自牧,浙江人民出版社1980年版。

《蛮书校注》,〔唐〕樊绰著,向达校注,中华书局1962年版。

《闽书》,〔明〕何乔远编撰,福建人民出版社1995年版。

《摩诃僧祇律》,〔晋〕跋陀罗、法显译,《大正藏》第22册。

《密迹力士大权神王经偈颂》,〔元〕智昌述,《大正藏》第32册。

N

《农书》,〔宋〕陈旉,中华书局1956年版。

《农书》,〔元〕王祯,中华书局1956年版。

《农政全书》,〔明〕徐光启著,陈焕良、罗文华校注,岳麓书社2002年版。

《南史》,〔唐〕李延寿,中华书局1975年版。

《南唐书》,〔宋〕马令撰,李建国校点,傅璇琮等编:《五代史书汇编》,杭州出版社2004年版。

《南屏净慈寺志》,〔明〕释大壑,明万历刻清康熙增修本。

《南宋元明禅林僧宝传》,〔清〕自融撰,性磊补辑,《卍新续藏》第79册。

《宁武府志》,〔清〕魏元枢原本,〔清〕周景柱补纂,台湾学生书局1968年版。

O

《欧阳修全集》,〔宋〕欧阳修著,李逸安点校,中华书局2001年版。

Q

《齐东野语》,〔宋〕周密撰,黄益元校点,上海古籍出版社2012年版。

《齐民要术译注》，〔北魏〕贾思勰撰，缪启愉、缪桂龙译注，上海古籍出版社 2009 年版。

《全蜀艺文志》，〔明〕杨慎编，刘琳、王晓波点校，线装书局 2003 年版。

《全先秦两汉诗》（先秦卷），周秉高编著，内蒙古大学出版社 2011 年版。

《全宋诗》，北京大学古文献研究所编，北京大学出版社 1998 年版。

《全宋文》，曾枣庄、刘琳主编，四川大学古籍整理研究所编，巴蜀书社 1988 年版。

《齐谐记》，〔南朝宋〕东阳无疑，新兴书局 1977 年版。

《清稗类钞》，〔清〕徐珂，中华书局 2010 年版。

《清溪县志》，〔清〕刘传经修，〔清〕陈一沺纂，成文出版社 1970 年版。

《七修类稿》，〔明〕郎瑛，上海书店出版社 2001 年版。

R

《仁斋直指方论》，〔宋〕杨士瀛，福建科学技术出版社 1989 年版。

《人物志》，〔三国魏〕刘劭撰，〔南朝梁〕满仓译注，中华书局 2009 年版。

《容斋随笔》，〔宋〕洪迈，中华书局 2005 年版。

《日知录 日知录之余》，〔清〕顾炎武撰，严文儒、戴扬本校点，上海古籍出版社 2012 年版。

S

《四库全书总目》，〔清〕永瑢等，中华书局 1965 年版。

《尸子》，〔战国〕尸佼，中华书局 1991 年版。

《山海经校注》，袁珂校注，上海古籍出版社 1980 年版。

《宋本毛诗诂训传》，〔汉〕毛亨传，郑玄笺，〔唐〕陆德明释文，国家图书馆出版社 2017 年版。

《史记》，〔汉〕司马迁撰，〔南朝宋〕裴骃集解，〔唐〕司马贞索隐，〔唐〕张守节正义，中华书局 1982 年版。

《史记四言史征》，〔清〕葛震撰，〔清〕曹荃注，马君毅整理，赵望秦审定，陕西师范大学出版社 2015 年版。

《说文解字》，〔汉〕许慎撰，〔宋〕徐铉校订，中华书局 2012 年版。

《说文解字注》，〔汉〕许慎撰，〔清〕段玉裁注，上海古籍出版社 1981 年版。

《释名》，〔汉〕刘熙，中华书局 2016 年版。

《释神校注》，〔清〕姚东升辑，周明校注，巴蜀书社 2015 年版。

《释氏要览校注》，〔宋〕道诚撰，富世平校注，中华书局 2014 年版。

《搜神记》，〔晋〕干宝撰，汪绍楹校注，中华书局 1979 年版。

《搜神后记》，〔晋〕陶潜撰，汪绍楹校注，中华书局 1981 年版。

《岁时广记》，〔宋〕陈元靓，王云五等编：《丛书集成初编》，中华书局 1985 年版。

《神异经 枕中书 拾遗记》，〔汉〕东方朔、〔晋〕葛洪、〔晋〕王嘉，《丛书集成初编》，中华书局 1991 年版。

《隋书》，〔唐〕魏徵等，中华书局 2012 年版。

《宋史》，〔元〕脱脱等，中华书局 1977 年版。

《宋诗话辑佚》，郭绍虞辑，中华书局 1980 年版。

《苏轼全集校注》，〔宋〕苏轼著，张志烈、马德富等主编，河北人民出版社 2012 年版。

《苏文忠公诗编注集成》，〔清〕王文诰辑，台湾学生书局 1987 年版。

《苏辙集》,〔宋〕苏辙著,陈宏天、高秀芳点校,中华书局1990年版。

《事林广记》,〔宋〕陈元靓,中华书局1999年版。

《水经注校》,王国维校,袁英光、刘寅生整理标点,上海人民出版社1984年版。

《释氏稽古略》,〔元〕觉岸,《大正藏》第49册。

《说郛三种》,〔元〕陶宗仪等,上海古籍出版社1988年版。

《四分律行事钞简正记》,《卍新续藏》第43册。

《天香阁文集》,〔清〕唐之凤,清康熙四十三年(1704)刻本。

T

《通典》,〔唐〕杜佑撰,王文锦、王永兴等点校,中华书局1988年版。

《太平御览》,〔宋〕李昉等编,河北教育出版社1994年版。

《太平广记》,〔宋〕李昉等编,中华书局1961年版。

《太平寰宇记》,〔宋〕乐史撰,王文楚等点校,中华书局2007年版。

《天香阁文集》,〔清〕唐之凤,清康熙四十三年(1704)刻本。

《天中记》,〔明〕陈耀文,广陵书社2007年版。

《通俗编》,〔清〕翟灏,商务印书馆1958年版。

W

《五十二病方》,马王堆汉墓帛书整理小组编,文物出版社1979年版。

《吴越春秋》,〔汉〕赵晔,中华书局1985年版。

《文选》,〔南朝梁〕萧统著,〔唐〕李善注,中华书局1977年版。

《魏书》,〔北齐〕魏收,中华书局1974年版。

《五杂组》,〔明〕谢肇淛,上海书店出版社2001年版。

《五经异义疏证》,〔清〕陈寿祺撰,曹建墩校点,上海古籍出版社2012年版。

《五灯会元》,〔宋〕普济著,苏渊雷点校,中华书局1984年版。

《文昌杂录》,〔宋〕庞元英,中华书局1958年版。

《吴郡志》,〔宋〕范成大,成文出版社1970年版。

X

《显异录》,〔唐〕佚名,〔清〕陈梦雷编、〔清〕蒋廷锡重编:《古今图书集成》,中华书局、巴蜀书社1988年版。

《荀子集解》,〔清〕王先谦撰,沈啸寰、王星贤点校,中华书局2012年版。

《新唐书》,〔宋〕欧阳修、〔宋〕宋祁,中华书局1975年版。

《玄怪录 续玄怪录》,〔唐〕牛僧孺、〔唐〕李复言撰,田松青校点,上海古籍出版社2012年版。

《西京杂记(外五种)》,〔汉〕刘歆等撰,〔晋〕葛洪辑抄,王根林校点,上海古籍出版社2012年版。

《虚堂和尚语录》,〔宋〕虚堂智愚著,〔宋〕妙源编,《大正藏》第47册。

《续传灯录》,〔明〕释居顶,《大正藏》第51册。

《姓解》,〔宋〕邵思,《古逸丛书》,光绪十年(1884)版黎氏影印北宋本。

Y

《仪礼 附校录》,〔汉〕郑玄注,黄丕烈校,《丛书集成初编》,中华书局1985年版。

《医钞类编》,〔清〕翁藻编撰,崔为等校注,中国中医药出版社2015年版。

《盐铁论校注》,〔汉〕桓宽著,王利器校注,天津古籍出版社

1983年版。

《阅微草堂笔记》,〔清〕纪昀,上海古籍出版社2016年版。

《异苑》,〔南朝宋〕刘敬叔撰,范宁校点,中华书局1996年版。

《夷坚志》,〔宋〕洪迈撰,何卓点校,中华书局1981年版。

《元好问全集》,〔金〕元好问,山西人民出版社1990年版。

《炎徼纪闻》,〔明〕田汝成,中华书局1985年版。

《云笈七签》,〔宋〕张君房编,中央编译出版社2017年版。

《艺林伐山》,〔明〕杨慎,〔清〕李调元辑:《函海》,宏业书局1968年版。

《艺文类聚》,〔唐〕欧阳询撰,汪绍楹校,上海古籍出版社1982年版。

《野客丛书》,〔宋〕王楙撰,郑明、王义耀校点,上海古籍出版社1991年版。

《月令广义》,〔明〕冯应京纂辑,〔明〕戴任增释,文渊阁四库全书本。

《字汇字汇补》,〔明〕梅膺祚撰,〔清〕吴任臣编纂,上海辞书出版社1991年版。

《玉溪生诗集笺注》,〔唐〕李商隐著,〔清〕冯浩笺注,蒋凡标点,上海古籍出版社1998年版。

《酉阳杂俎》,〔唐〕段成式撰,曹中孚校点,上海古籍出版社,2012年版。

《元宪集》,〔宋〕宋庠,中华书局1985年版。

《月江正印禅师语录》,〔元〕月江正印撰,门人居简等21人编,《卍新续藏》第71册。

《音学五书》,〔清〕顾炎武,中华书局1982年版。

Z

《周礼注疏》,〔汉〕郑玄注,〔唐〕贾公彦疏,黄侃经文句读,中华书局1980年版。

《周易正义》,〔魏〕王弼注,〔唐〕孔颖达疏,北京大学出版社2000年版。

《周礼正义》,〔清〕孙诒让,王文锦、陈玉霞点校,中华书局1987年版。

《庄子集释》,〔清〕郭庆藩撰,王孝鱼点校,中华书局2012年版。

《战国策》,〔汉〕刘向集录,〔宋〕姚宏、鲍彪等注,上海古籍出版社2015年版。

《张衡诗文集校注》,〔东汉〕张衡著,张震泽校注,上海古籍出版社1986年版。

《真诰》,〔南朝梁〕陶弘景撰,赵益点校,中华书局2011年版。

《资治通鉴》,〔宋〕司马光编著,〔元〕胡三省音注,中华书局1956年版。

《子不语全集》,〔清〕袁枚,河北人民出版社1987年版。

《增订注释苏轼词》,〔宋〕苏轼著,朱德才主编,文化艺术出版社1999年版。

《志雅堂杂钞》,〔宋〕周密,《笔记小说大观》,新兴书局1985年版。

《证类本草》,〔宋〕唐慎微,华夏出版社1993年版。

《杂病源流犀烛》,〔清〕沈金鳌,自由出版社1988年版。

《竺仙禅师语录》,〔元〕竺仙梵仙撰,〔元〕裔尧等编,《大正藏》第80册。

《增集续传灯录》,〔明〕文琇,《卍新续藏》第83册。

《镇州临济慧照禅师语录》,〔唐〕义玄述,〔五代〕慧然辑,《大正藏》第47册。

《诸经要集》,〔唐〕道世,《大正藏》第54册。

《〈增修教苑清规〉释读》,〔元〕自庆编撰,心皓释读,上海古籍出版社2015年版。

《缁门警训》,〔宋〕择贤撰,〔元〕永中补,〔明〕如卺续补,

《大正藏》第 48 册。

《增订四库简明目录标注》,〔清〕邵懿辰撰,〔清〕邵章续录,上海古籍出版社 1979 年版。

现代文献

书目之部

B

半坡博物馆等:《姜寨——新石器时代遗址发掘报告》,文物出版社 1988 年版。

C

陈建宪:《神话解读——母题分析方法探索》,湖北教育出版社 1997 年版。

陈建宪:《神祇与英雄——中国古代神话的母题》,生活·读书·新知三联书店 1994 年版。

陈果夫著:《中华风俗历》,卢红芹、王歌编译,凤凰出版传媒集团凤凰出版社 2010 年版。

陈士强:《大藏经总目提要·律藏》,上海古籍出版社 2015 年版。

陈力君,《代言与立言:新时期文学启蒙话语的嬗变》,浙江大学出版社 2007 年版。

陈戍国:《中国礼制史》(先秦卷),湖南教育出版社 2011 年版。

陈梦家:《殷虚卜辞综述》,中华书局 1988 年版。

陈文华、张忠宽编写:《中国古代农业科学技术成就展览(资料汇编)》,江西省科协、江西省历史博物馆编印 1980 年版。

陈秀兰:《敦煌变文词汇研究》,四川民族出版社 2002 年版。

陈兆复、邢琏:《外国岩画发现史》,上海人民出版社 1993 年版。

崔宜明、陈泽环主编:《东方哲学》,上海书店出版社 2015 年版。

曹树铭校编：《东坡词编年校注及其研究》，华正书局1980年版。

D

窦怀永点校：《岁时之属》，浙江大学出版社2016年版。

戴昭铭：《天台方言研究》，中华书局2006年版。

丁山：《古代神话与民族》，商务印书馆2015年版。

丁福保：《佛学大辞典》，文物出版社1984年版。

丁世良、赵放主编：《中国地方志民俗资料汇编》，书目文献出版社1989—1995年。

丁培仁编著：《增注新修道藏目录》，巴蜀书社2008年版。

大同市地方志编纂委员会编：《大同市志》，中华书局2000年版。

董沛文主编：《金丹阐秘》，宗教文化出版社2015年版。

F

冯肃伟、章益国等编著：《厕所文化漫论》，同济大学出版社2005年版。

范荧：《上海民间信仰研究》，上海人民出版社2006年版。

方铁主编：《西南边疆民族研究（一）》，云南大学出版社2001年版。

G

古今图书局编：《古今笔记精华录》，岳麓书社1997年版。

高占祥主编：《中国民族节日大全》，知识出版社1993年版。

广州市文物管理委员会编：《广州出土汉代陶屋 附陶仓、陶井、陶灶》，文物出版社1958年版。

高介华主编：《建筑与文化论集》，华中理工大学出版社1996年版。

高鹤年：《五台山游访记》，上海佛学书局1995年版。

甘肃省文物考古研究所：《秦安大地湾——新石器时代遗址发掘

报告》，文物出版社 2006 年版。

葛兆光：《禅宗与中国文化》，上海人民出版社 1986 年版。

郭作飞：《〈张协状元〉词汇研究》，巴蜀书社 2008 年版。

郭肖华、林江珠等著：《闽台民间节庆传统习俗文化遗产资源调查》，厦门大学出版社 2014 年版。

H

何本方等主编：《中国古代生活辞典》，沈阳出版社 2003 年版。

何介钧主编：《长沙马王堆二、三号汉墓》，文物出版社 2004 年版。

黄海、邢淑芳：《盘王大歌——瑶族图腾信仰与祭祀经典研究》，贵州人民出版社 2006 年版。

黄石著，高洪兴编：《黄石民俗学论集》，上海文艺出版社 1999 年版。

黄明兰、郭引强编著：《洛阳汉墓壁画》，文物出版社 1996 年版。

黄永年主编：《古代文献研究集林》，陕西师范大学出版社 1995 年版。

河南省农业厅教材编辑委员会编：《肥料学》，河南人民出版社 1961 年版。

河南省文物考古研究所：《永城西汉梁国王陵与寝园》，中州古籍出版社 1996 年版。

胡朴安编著：《中华全国风俗志》，河北人民出版社 1986 年版。

胡天成：《民间祭礼与仪式戏剧》，贵州民族出版社 1999 年版。

韩金英：《图解住宅禁忌》，团结出版社 2004 年版。

韩天雍：《中日禅宗墨迹研究——及其相关文化之考察》，中国美术学院出版社 2008 年版。

洪成玉编著：《谦词敬词婉词词典》，商务印书馆 2002 年版。

汉源县志编纂委员会编：《汉源县志》，四川科学技术出版社 1994 年版。

汉源县县志编撰委员会编：《汉源年鉴2009》，汉源县县志编撰委员会出版2010年版。

J

贾二强：《唐宋民间信仰》，福建人民出版社2002年版。

姜亮夫：《姜亮夫全集》，云南人民出版社2003年版。

姜彬主编：《中国民间文学大辞典》，上海文艺出版社1992年版。

昔阳县志编纂委员会编：《昔阳县志》，中华书局1999年版。

蒋楚麟、赵得见主编：《民俗文化知识》，北京图书馆出版社1997年版。

靳凤林：《窥视生死线——中国死亡文化研究》，中央民族大学出版社1999年版。

L

李若晖：《老子集注汇考》，上海辞书出版社2015年版。

李立：《文化嬗变与汉代自然神话演变》，汕头大学出版社2000年版。

李约瑟：《中国科学技术史》（农学卷），科学出版社1990年版。

李亦园：《宗教与神话》，广西师范大学出版社2004年版。

李亦人：《西康综览》，正中书局1947年版。

李淑梅、程树群编：《神州纵览》，青海人民出版社2004年版。

李孝定编：《甲骨文字集释》，"中央研究院"历史语言研究所1970年版。

李建民：《旅行者的史学——中国医学史的旅行》，允晨文化有限公司2009年版。

李安纲：《苦海与极乐》，东方出版社1995年版。

李淼编著：《中国禅宗大全》，长春出版社1991年版。

李零：《中国方术正考》，中华书局2006年版。

李新魁、林伦伦：《潮汕方言词考释》，广东人民出版社 1992 年版。

刘跃进：《秦汉文学地理与文人分布》，中国社会科学出版社 2012 年版。

刘跃进：《门阀士族与文学总集》，世界图书出版公司 2014 年版。

刘志：《魏晋南北朝社会生活与道教文化》，巴蜀书社 2013 年版。

刘志文：《中国民间信神俗》，广东旅游出版社 1991 年版。

刘城淮：《中国上古神话通论》，云南人民出版社 1992 年版。

刘黎明：《宋代民间巫术研究》，巴蜀书社 2004 年版。

刘晓明编著：《中国符咒文化大观》，百花洲文艺出版社 1999 年版。

刘仲宇：《正逢时运——接财神与市场经济》，上海辞书出版社 2005 年版。

刘德龙主编，张廷兴副主编：《民间俗信与科学文化》，山东教育出版社 2002 年版。

刘毓庆：《神话与历史论稿》，商务印书馆 2017 年版。

路遥等：《中国民间信仰研究述评》，上海人民出版社 2012 年版。

路遇、腾泽之：《中国人口通史》，中国社会科学出版社 2015 年版。

林华东：《河姆渡文化初探》，浙江人民出版社 1992 年版。

林富士：《巫者的世界》，广东人民出版社 2016 年版。

林富士：《中国中古时期的宗教与医疗》，中华书局 2012 年版。

梁家勉主编：《中国农业科学技术史稿》，农业出版社 1989 年版。

鲁迅：《鲁迅全集》，人民文学出版社 2005 年版。

鲁迅校录：《古小说钩沉》，《鲁迅古小说研究著作四种》，齐鲁书社 1997 年版。

鲁迅校录：《唐宋传奇集》，《鲁迅古小说研究著作四种》，齐鲁书社 1997 年版。

流沙河：《书鱼知小》，现代出版社 2012 年版。

罗杨总主编，方卡主编：《中国民间故事丛书》（上海·黄浦卷），知识产权出版社2016年版。

罗杨总主编，蒋杏主编：《中国民间故事丛书》（湖北宜昌·枝江卷），知识产权出版社2016年版。

罗杨总主编，王俊义主编：《中国民间故事丛书》（河南南阳·西峡卷），知识产权出版社2016年版。

吕微：《神话何为——神圣叙事的传承与阐释》，社会科学文献出版社2001年版。

M

马书田：《中国民间诸神》，团结出版社1997年版。

马世之：《史前文化研究》，中州古籍出版社1993年版。

马西沙、韩秉方：《中国民间宗教史》，上海人民出版社1992年版。

牟宗三：《才性与玄理》，台湾学生书局1985年版。

亚洲归主协会、中国圣经出版社编：《圣经》，中国圣经出版社1979年版。

马承源主编：《上海博物馆藏战国楚竹书》（二），上海古籍出版社2002年版。

吉廷彦、马毓琛等编：《翼城县志》1929年铅印本。

P

彭邦炯：《甲骨文农业资料考辨与研究》，吉林文史出版社1997年版。

丘良任、潘超等编：《中华竹枝词全编》，北京出版社2007年版。

Q

卿希泰：《中国道教》，知识出版社1994年版。

秦榆编著：《风俗民情》，京华出版社 2006 年版。

R

饶学刚、王文龙等：《苏轼词新释辑评》，中国书店 2007 年版。
任乃强：《西康图经》，西藏古籍出版社 2000 年版。

S

尚秉和：《历代社会风俗事物考》，江苏古籍出版社 2002 年版。
沈丽华、邵一飞：《广东神源初探》，大众文艺出版社 2007 年版。
四川黔江地区民族事务委员会编：《川东南少数民族史料辑》，四川民族出版社 1996 年版。
宋文编著：《中国传统建筑图鉴》，东方出版社 2010 年版。
孙进己：《东北亚研究——东北民族史研究（一）》，中州古籍出版社 1994 年版。
尚志钧：《本草拾遗辑释》，安徽科学技术出版社 2002 年版。

T

涂元济、涂石：《神话、民俗与文学》，海峡文艺出版社 1993 年版。
唐兰：《中国文字学》，上海古籍出版社 1979 年版。
胡阿祥编著：《宋书州郡志汇释》，安徽教育出版社 2006 年版。

W

吴小强：《秦简日书集释》，岳麓书社 2000 年版。
吴雪涛：《苏文系年考略》，内蒙古教育出版社 1990 年版。
王宪昭：《中国各民族创世神话基本母题索引》，民族出版社 2015 年版。
王作新：《中国古代文化语词类谭》，华中师范大学出版社 2007

年版。

王树村编著:《中国民间年画史图录》,上海人民美术出版社1991年版。

王树林、曾志刚编著:《中华物质文明》,江西教育出版社1994年版。

王充闾:《辽海春深》,《充闾文集》,万卷出版公司2016年版。

王俊编著:《中国古代养殖》,中国商业出版社2015年版。

王小盾:《原始信仰和中国古神》,上海古籍出版社1989年版。

王小盾:《中国早期思想与符号研究——关于四神的起源及其体系形成》,上海人民出版社2008年版。

王汝涛、徐敏鸿等译注:《唐代志怪小说选译》,齐鲁书社1985年版。

乌丙安:《中国民间信仰》,上海人民出版社1996年版。

闻一多著,孙党伯、袁謇正主编:《闻一多全集》(神话编),湖北人民出版社1993年版。

温少峰、袁庭栋编著:《殷墟卜辞研究——科学技术篇》,四川省社会科学院出版社1983年版。

魏忠编著:《方便之地话文明》,中国环境科学出版社1996年版。

万建中:《禁忌与中国文化》,人民出版社2001年版。

X

徐中舒主编:《甲骨文字典》,四川辞书出版社2014年版。

许地山:《扶箕迷信底研究》,东方出版社2014年版。

邢莉主编:《中国女性民俗文化》,中国档案出版社1995年版。

萧兵:《古代小说与神话》,辽宁教育出版社1992年版。

夏纬瑛释:《吕氏春秋上农等四篇校释》,农业出版社1979年版。

夏亨廉、林正同主编,中国农业博物馆编:《汉代农业画像砖石》,中国农业出版社1996年版。

星云监修，慈怡主编：《佛光大辞典》，图书馆出版社 2004 年版。

Y

姚孝遂主编，肖丁副主编：《殷墟甲骨刻辞类纂》，中华书局影印，1989 年版。

袁珂编：《中国民族神话词典》，四川省社会科学院出版社 1989 年版。

叶舒宪：《亥日人君》，社会科学文献出版社 1998 年版。

叶舒宪、陈器文主编：《宝岛诸神——台湾的神话历史古层》，南方日报出版社 2011 年版。

叶舒宪：《阉割与狂狷》，陕西人民出版社 2010 年版。

叶树望：《姚江问学稿》，浙江古籍出版社 2012 年版。

杨利慧：《女娲溯源——女娲信仰起源地的再推测》，北京师范大学出版社 1999 年版。

杨利慧、张成福编著：《中国神话母题索引》，陕西师范大学出版总社有限公司 2013 年版。

杨鸿勋：《杨鸿勋建筑考古学论文集》，清华大学出版社 2008 年版。

杨郁生：《白族美术史》，云南民族出版社 2005 年版。

杨宽：《中国古代都城制度史研究》，上海人民出版社 2003 年版。

杨月蓉：《重庆方言俚俗语集释》，重庆出版社 2005 年版。

杨鹏：《"上帝在中国"源流考——中国典籍中的"上帝"信仰》，书海出版社 2014 年版。

杨辉麟编著：《西藏的民俗》，青海人民出版社 2007 年版。

于省吾：《甲骨文字释林》，台湾大通书局 1981 年版。

尹建中编：《台湾山胞各族传统神话故事与传说文献编纂研究》，台湾大学文学院人类学系 1994 年版。

伊永文：《到古代中国去旅行——古代中国风情图记》，中华书局

2005年版。

严耀中：《江南佛教史》，上海人民出版社2000年版。

银雀山汉墓竹简整理小组编：《银雀山汉墓竹简》（线装影印修订本），文物出版社1985年版。

Z

中国科学院考古研究所编辑：《甲骨文编》，中华书局1965年影印版。

中国民俗学会编：《民俗学集镌》，上海文艺出版社1989年版。

中国科学院考古研究所编：《中国田野考古报告集》，文物出版社1963年版。

《中国各民族宗教与神话大词典》编审委员会：《中国各民族宗教与神话大词典》，学苑出版社1990年版。

周连春：《雪隐寻踪——厕所的历史经济风俗》，安徽人民出版社2005年版。

张承宗、魏向东：《中国风俗通史·魏晋南北朝卷》，上海文艺出版社2001年版。

张曼涛主编：《密宗仪轨与图式——仪轨、真言与手印》，大乘文化出版社1979年版。

张强：《桑文化原论》，陕西人民教育出版社1998年版。

张仲葛、朱先煌主编：《中国畜牧史料集》，科学出版社1986年版。

张十庆编著：《五山十刹图与南宋江南禅寺》，东南大学出版社2000年版。

朱天顺：《原始宗教》，上海人民出版社1964年版。

朱天顺：《中国古代宗教初探》，上海人民出版社1982年版。

郑振铎编：《晚清文选》，任继愈主编《中华传世文选》，吉林人民出版社1998年版。

曾骐编著：《新石器时代考古教程》，广西人民出版社 1992 年版。

曾雄生：《中国农学史（修订本）》，福建人民出版社 2012 年版。

朱季海：《庄子故言》，中华书局 1987 年版。

赵橹：《论白族龙文化》，云南大学出版社 1991 年版。

赵国华：《生殖崇拜文化论》，中国社会科学出版社 1990 年版。

郑祖荣：《滇南杂俎》，《宜良文化丛书》，云南民族出版社 2006 年版。

詹鄞鑫：《心智的误区——巫术与中国巫术文化》，上海教育出版社 2001 年版。

文目之部

A

安家寰：《达斡尔族妇女请笊篱姑姑游戏的比较研究》，《民间文化》2000 年第 8 期。

安金槐：《河南南阳杨官寺汉画像石墓发掘报告》，《考古学报》1963 年第 1 期。

B

柏松：《紫姑传说中的巫术意义》，《西南师范大学学报》（人文社会科学版）2003 年第 1 期。

本报评论员：《把"厕所革命"一抓到底》，《人民日报》2017 年 11 月 28 日。

C

陈锡文：《中国农民数量正在逐步减少》，《北京农业职业学院学报》2006 年第 3 期。

陈建宪：《试论神话的定义与形态》，《黄淮学刊》（社会科学版）1995 年第 4 期。

陈建宪:《神话在当代的四种形态》,《高师函授学刊》1995年第1期。

陈建宪:《论神话学的基本概念与方法》,《湖北民族学院学报》(社会科学版)1997年第2期。

陈廷亮:《土家族节日述论》,《吉首大学学报》(社会科学版)1991年第4期。

崔小敬、许外芳:《"紫姑"信仰考》,《世界宗教研究》2005年第2期。

崔海正:《东坡词与民俗文化》,《中国文学研究》1995年第1期。

D

邓冬梅:《魏晋南朝志怪小说的色彩意象研究》,中国石油大学硕士论文,2015年。

F

方国平:《"东司"表"厕所"义的由来》,《汉字文化》2009年第5期。

G

龚维英:《厕神源流衍变探索》,《贵州文史丛刊》1997年第3期。

龚维英:《简狄姐妹是两人还是三人?——"玄鸟生商"神话中的一个问题》,《社会科学研究》1982年第1期。

郭崇林:《满族歌谣〈笊篱姑姑〉的民俗文化认识价值》,《民族文学研究》1995年第4期。

郭羡雅:《浅析汉代服饰中的紫色应用——以考古学为视角》,《江苏第二师范学院学报》2015年第1期。

郭丽：《厕神紫姑探析》，《东方人文》2010年第1期。

盖松亭：《莱阳搬姑姑习俗源流考》，《民俗研究》1991年第4期。

广东省文物管理委员会：《广东佛山市郊澜石东汉墓发掘报告》，《考古》1964年第9期。

H

胡梧挺，《鬼神、疾病与环境：唐代厕神传说的另类解读》，《社会科学家》2010年第7期。

河姆渡遗址考古队：《浙江河姆渡遗址第二期发掘的主要收获》，《文物》1980年第5期。

胡厚宣：《殷代农作施肥说》，《历史研究》1955年第1期。

胡厚宣：《殷代农作施肥说补证》，《文物》1963年第5期。

胡厚宣：《再论殷代农作施肥问题》，《社会科学战线》1981年第1期。

黄中业：《"粪种"解》，《历史研究》1980年第5期。

黄秀纯：《北京顺义临河村东汉墓发掘简报》，《考古》1977年第6期。

郝敬堂、张红樱：《厕所革命》，《北京文学》2004年第8期。

韩格平：《说"紫"》，收入侯占虎主编《汉语词源研究》（第一辑），吉林教育出版社2001年版。

J

蒋志丹、王鲁民：《"屋漏"考释》，《南方建筑》2012年第1期。

L

罗迪：《从"马桶"现象管窥日本文化》，《南风窗》2016年第16期。

罗琨、张永山:《家字溯源》,《考古与文物》1982年第1期。

林继富:《紫姑信仰流变研究》,《长江大学学报》(社会科学版) 2008年第1期。

林朝枝:《紫姑研究——厕神之起源及其流变》,静宜大学硕士论文,2011年。

林富士:《中国六朝时期的巫觋与医疗》,《"中央研究院"历史语言研究所集刊》1999年第70辑。

林韵柔:《唐代寺院职务及其运作》,《魏晋南北朝隋唐史资料》2012年第28辑。

辽宁社会科学院学术论文选编委会编:《辽宁社会科学院学术论文选(文学分册)》(1978—1981),1982年。

劳伯敏:《河姆渡干栏式建筑遗迹初探》,《南方文物》1995年第1期。

李秀梅:《浅谈汉代厕所结构布局的发展》,《文化遗产与公众考古》2016年第2辑。

李文信:《辽阳三道壕西汉村落遗址》,《考古学报》1957年第1期。

李长声:《厕所考现学》,《读书》1992年第8期。

李新魁:《潮州方言词考源》,《学术研究》1964年第3期。

骆崇礼、骆明:《淮阳于庄汉墓发掘简报》,《中原文物》1983年第1期。

刘玥:《"姑娘"考》,《理论界》2013年第5期。

刘黎明:《〈夷坚志〉与南宋江南密宗信仰》,《四川师范大学学报》(社会科学版)2002年第3期。

刘慧萍:《语言讹传与仪式混同——闽台"关三姑"民俗及其传说的考察》,《台湾文学研究学报》2016年第23期。

梁勇、耿建军:《江苏铜山县李屯西汉墓清理简报》,《考古》1995年第3期。

M

马昌仪:《论猪的文化品格——中国民间故事中的猪》,《民间文化论坛》2007年第1期。

N

宁静:《〈荆楚岁时记〉中的巫鬼文化研究》,辽宁大学硕士论文,2011年。

P

潘承玉:《浊秽厕神与窈窕女仙——紫姑神话文化意蕴发微》,《绍兴文理学院学报》(哲学社会科学版)2000年第4期。

潘法连:《"粪种"的本义和粪种法——兼论粪田说是对"粪种"的曲解》,《农业考古》1993年第1期。

彭卫:《秦汉时期厕所及相关的卫生设施》,《寻根》1999年第2期。

Q

钱光胜:《唐代的郭登信仰考述》,《民俗研究》2014年第6期。

秦家华:《论神话的原始形态和发展形态》,《民族文学研究》1985年第2期。

秦都咸阳考古工作站:《秦都咸阳第一号宫殿建筑遗址简报》,《文物》1976年第11期。

S

索全星:《河南焦作白庄6号东汉墓》,《考古》1995年第5期。

闪修山、刘玉生:《南阳县赵寨砖瓦厂汉画像石墓》,《中原文物》1982年第1期。

苏希圣、李瑞鹏:《安徽寿县出土的两件汉代绿釉陶模型》,《文物》1990 年第 1 期。

T

田祖海：《论紫姑神的原型与类型》，《湖北大学学报》（哲学社会科学版）1997 年第 1 期。

唐兰：《再论大汶口文化的社会性质和大汶口陶器文字》，《光明日报》1978 年 2 月 23 日。

W

巫瑞书：《"迎紫姑"风俗的流变及其文化思考》，《民俗研究》1997 年第 2 期。

王乐全、赵龙：《"迎紫姑"风俗兴衰原因初探》，《绥化学院学报》2006 年第 5 期。

王国仙：《白族"青姑娘祭"与内地"请紫姑"习俗的异同》，《民族艺术研究》1993 年第 4 期。

王丹：《残存在记忆中的信仰叙事——湖北长阳土家族请"七姑娘"习俗解读》，《湖北民族学院学报》（哲学社会科学版）2008 年第 2 期。

王建堂：《"桑林祷雨"的生成机制及社会心理析》，《长治学院学报》2013 年第 3 期。

王晖、何淑琴：《从〈诗经·周颂·臣工〉看周先祖后稷弃在中国农史上的重要贡献——兼论大小麦在中原种植的最早时代》，《人文杂志》2009 年第 5 期。

王永厚：《我国古代积粪肥田的经验》，《土壤与肥料》1977 年第 3 期。

王元鹿：《猪与古代文化》，《中文自学指导》1995 年第 2 期。

王心喜：《关于"厕所文化"的探讨》，《杭州教育学院学报（社会科学版）》1995 年第 1 期。

王光汉:《辞书与错字》,《辞书研究》1997年第6期。

武陟县文化馆:《武陟出土的大型汉代陶楼》,《中原文物》1983年第1期。

魏凤莲:《狄奥尼索斯崇拜研究》,复旦大学博士论文,2004年。

X

徐海燕:《紫姑信仰的形成及其传承流变中的文化思考》,《辽宁大学学报》(哲学社会科学版)2005年第5期。

徐海燕:《从紫姑信仰的民俗流变看女性地位的历史性失落》,《妇女研究论丛》2006年第5期。

徐龙梅:《古代南京的女性信仰》,《江苏地方志》2010年第2期。

徐小凤:《四川方言"茅司""人户"考——兼论及与之相关的文化意义》,《青年文学家》2012年第15期。

向柏松:《中国创世神话形态演变论析》,《文艺研究》2014年第6期。

向柏松:《中国原生态创世神话类型分析》,《文化遗产》2013年第1期。

谢世维,《密法、道术与童子:秽迹金刚法与灵官马元帅秘法中的驱邪法式研究》,《国文学报》2012年第6期。

Y

杨勇:《白族民间长诗〈青姑娘〉与内地〈请紫姑〉比较研究》,《华夏地理》2015年第5期。

杨伯峻:《说紫》,载于《古汉语研究》,中华书局1996年版。

叶舒宪:《神话作为中国文化的原型编码——走出文学本位的神话观》,《中国社会科学报》2010年8月12日。

叶舒宪:《中国上古地母神话发掘——兼论华夏"神"概念的发

生》,《民族艺术》1997年第3期。

游自勇:《〈白泽图〉与〈白泽精怪图〉关系析论——〈白泽精怪图〉研究之二》,《出土文献研究》(第十辑),中华书局2011年版。

于丹:《论中国民间信仰中的文艺神祇》,《海南师范大学学报》(社会科学版)2015年第4期。

Z

张德玉:《由〈笊篱姑姑舞〉看满族的占卜习俗》,《满族研究》2001年第3期。

张晓舒:《迎紫姑习俗起源新论》,《中南民族学院学报》(人文社会科学版)2001年第4期。

张琪亚:《民间祭祀娱神意义的变迁》,《贵州民族学院学报》(哲学社会科学版)2009年第6期。

张政烺:《〈封神演义〉漫谈》,《世界宗教研究》1982年第4期。

郑慧生:《释"家"》,《河南大学学报》(哲学社会科学版)1985年第4期。

郑志明:《社区文化的宇宙图式与神圣空间》,《鹅湖月刊》2001年第312期。

郑张尚芳:《东西探源三题》,《南阳师范学院学报》(社会科学版)2007年第10期。

周口地区文化局文物科:《淮阳于庄汉墓发掘简报》,《中原文物》1983年第1期。

周金玲、李文瑛等:《新疆尉犁县营盘墓地15号墓发掘简报》,《文物》1999年第1期。

周西波:《〈白泽图〉研究》,项楚主编《中国俗文化研究》,巴蜀书社2003年版。

曾丽容:《〈聊斋志异〉的空间建构与情爱叙事》,《学术交流》2014年第1期。

赵修霈:《宋代紫姑的女仙化及才女化》,《汉学研究集刊》2008年第7期。

赵盼:《从"臣"一词探中国古代文人的政治情结》,《兰州文理学院学报》(社会科学版)2016年第2期。

外国著作

〔奥〕西格蒙德·弗洛伊德著:《图腾与禁忌》,赵立玮译,上海人民出版社2005年版。

〔奥〕西格蒙德·弗洛伊德著:《精神分析引论》,高觉敷译,商务印书馆1984年版。

〔德〕马克思:《政治经济学批判大纲》,人民出版社1975年版。

〔德〕马克思:《摩尔根〈古代社会〉一书摘要》,人民出版社1965年版。

〔德〕马克思、恩格斯共著:《马克思恩格斯全集》,中共中央马克思、恩格斯、列宁、斯大林著作编译局译,人民出版社1979年版。

〔德〕恩格斯:《家庭、私有制和国家的起源》,人民出版社2018年版。

〔德〕恩斯特·卡西尔著:《语言与神话》,于晓等译,生活·读书·新知三联书店1988年版。

〔德〕利普斯著:《事物的起源》,汪宁生译,四川民族出版社1982年版。

〔德〕埃利希·诺依曼著:《大母神——原型分析》,李以洪译,东方出版社1998年版。

〔法〕涂尔干著:《宗教生活的基本形式》,渠东、汲喆译,上海人民出版社1999年版。

〔法〕伊·巴丹特尔著:《男女论》,陈伏保等译,湖南文艺出版社1988年版。

〔法〕西蒙娜·德·波伏娃著：《第二性》，陶铁柱译，中国书籍出版社1998年版。

〔法〕马塞尔·莫斯、昂利·于贝尔著：《巫术的一般理论 献祭的性质与功能》，杨渝东、梁永佳等译，广西师范大学出版社2007年版。

〔法〕安德烈·勒鲁瓦-古昂著：《史前宗教》，俞灏敏译，上海文艺出版社1990年版。

〔法〕G.-H.吕凯等著：《世界神话百科全书》，徐汝舟等译，上海文艺出版社1992年版。

〔古希腊〕荷马著：《奥德修纪》，杨宪益译，上海译文出版社1979年版。

〔朝鲜〕成伣：《慵斋丛话》，大洋书籍1982年版。

〔高丽〕一然著，孙文范等校勘：《三国遗事》，吉林文史出版社2003年版。

〔韩〕韩国国立民俗博物馆编：《韩国民俗信仰辞典·家庭信仰篇》，国立民俗博物馆2011年版。

〔韩〕刘宝京（유보경）：《家神神话中人物形象与神格的关系——以〈城主释〉和〈门前本释〉为例》，高丽大学博士论文，2015年。

〔韩〕印权焕：《韩国传统文化的现代探索》，太和社2003年版。

〔韩〕韩国民俗学会：《韩国民俗学的理解》，文学学术院1994年版。

〔韩〕秦圣麒，《济州文化民俗丛书2：南国的传说》，学文社1978年版。

〔韩〕石宙明：《济州岛方言集》，西归浦文化院1947年版。

〔韩〕文化公报部、文化财管理局：《韩国民俗综合调查报告书》（江原道篇），文化公报部1971年版。

〔韩〕全京秀著：《环境 人类 亲和》，崔海洋译，贵州人民出版社2007年版。

〔韩〕贤荣俊等：《韩国民族文化大百科事典》，韩国精神文化研究院1991年版。

〔韩〕金泰坤：《韩国民间信仰研究》，集文堂1983年版。

〔韩〕洪万选：《山林经济》，《韩国学基本丛书》（第8辑），景仁文化社1974年版。

〔韩〕金光彦著：《东亚的厕所》，〔韩〕韩在均、金茂韩译，译林出版社2008年版。

〔美〕H. R. 海斯著：《危险的性——女性邪恶的神话》，孙爱华、唐文鸿译，上海人民出版社1989年版。

〔美〕帕高·帕特里奇著：《狂欢史》，刘心勇、杨东霞译，上海人民出版社1992年版。

〔美〕梅里·E·威斯特-汉克斯著：《历史中的性别》，何开松译，东方出版社2003年版。

〔美〕马文·哈里斯著：《文化的起源》，黄晴译，华夏出版社1988年版。

〔美〕马丽加·金芭塔丝著：《女神的语言——西方文明早期象征符号解读》，苏永前、吴亚娟译，祖晓伟校，社会科学文献出版社2016年版。

〔美〕马丽加·金芭塔丝著，〔美〕德克斯特主编：《活着的女神》，叶舒宪等译，广西师范大学出版社2008年版。

〔美〕朱莉·霍兰著：《厕神——厕所的文明史》，许世鹏译，上海人民出版社2005年版。

〔美〕罗伯特·芮德菲尔德著：《农民社会与文化——人类学对文明的一种诠释》，王莹译，中国社会科学出版社2013年版。

〔美〕理安·艾斯勒著：《圣杯与剑——我们的历史，我们的未来》，程志民译，社会科学文献出版社1993年版。

〔美〕W·爱伯哈德著：《中国文化象征词典》，陈建宪译，湖南文艺出版社 1990 年版。

〔美〕爱德华·奥斯本·威尔逊著:《新的综合——社会生物学》,李昆峰编译,四川人民出版社 1985 年版。

〔美〕克利福德·吉尔兹著,《地方性知识:阐释人类学论文集》,王海龙、张家瑄译,中央编译出版社 2000 年版。

〔美〕凯特·米利特著:《性的政治》,钟良明译,社会科学文献出版社 1999 年版。

〔美〕米尔恰·伊利亚德著:《神圣的存在——比较宗教的范型》,晏可佳、姚蓓琴译,广西师范大学出版社 2008 年版。

〔美〕马文·哈里斯撰:《母牛·猪·战争·妖巫——人类文化之谜》,王艺、李红雨译,上海文艺出版社 1990 年版。

〔美〕成中英主编:《本体与诠释》,生活·读书·新知三联书店 2000 年版。

〔美〕斯蒂·汤普森撰:《世界民间故事分类学》,郑海等译,上海文艺出版社 1991 年版。

〔日〕安万侣著:《古事记》,周作人译,上海人民出版社 2015 年版。

〔日〕赤松智城、秋叶隆著:《朝鲜巫俗的研究》,〔韩〕沈雨晟译,东文选 1991 年版。

〔日〕饭岛吉晴,《乌枢沙摩明王与厕神》,《佛教民俗学大系 8:俗信与民俗》,名著出版 1992 年版。

〔日〕饭岛吉晴:《作为异界之厕》,《历史系综合志〈历博〉第 105 号》,国立历史民俗博物馆。

〔日〕饭岛吉晴:《厕考》,《现代宗教》,春秋社 1981 年版。

〔日〕饭岛吉晴:《灶神与厕神——异界与人世之境》,讲谈社 2007 年版。

〔日〕李家正文:《厕考》,《事典百科丛书》,大空社 1932 年版。

〔日〕李家正文:《厕史话》,六兴出版社 1949 年版。

〔日〕李家正文:《厕风土纪》,东和社1953年版。

〔日〕李家正文:《居住与厕所》,鹿岛出版会1983年版。

〔日〕李家正文:《西洋与中国厕所文化考》,雪华社1973年版。

〔日〕李家正文:《粪尿与生活文化》,泰流社1987年版。

〔日〕李家正文:《古代厕考》,相模书房1961年版。

〔日〕李家正文:《厕博士》,秋田书店1965年版。

〔日〕酒向嘉子:《关于乌枢沙摩明王信仰的考察》,《御影史学论集》,御影史学研究会1986年版。

〔日〕出口米吉:《厕神》,《人类学杂志》(29)1914年版。

〔日〕南方熊楠:《厕神》,《人类学杂志》(29)1914年版。

〔日〕仓石敦子:《厕神的周边——以其两义性为中心》,信浓史学会1984年版。

〔日〕砾川全次编:《厕与排泄的民俗学》,批评社2003年版。

〔日〕大原栗:《古粪鉴辨之记》,《厕与排泄的民俗学》,批评社2003年版。

〔日〕宫武外骨:《小便考》,《厕与排泄的民俗学》,批评社2003年版。

〔日〕岩村透:《日本的粪与西洋的粪》,《厕与排泄的民俗学》,批评社2003年版。

〔日〕井上一之:《日本厕所考》(1937),《厕与排泄的民俗学》,批评社2003年版。

〔日〕村山智顺:《朝鲜的鬼神》,朝鲜总督府1938年版。

〔日〕驹谷散人、植郁辑:《书言字考节用集》,东光山文库(曹源寺内)2000年版。

〔日〕天野信景:《盐尻》,《日本随笔大成》,吉川弘文馆1976年版。

〔日〕石上宣续:《卯花园漫录》,《日本随笔大成》,1974年版。

〔日〕斋藤玉:《便所民俗志》,论创社2011年版。

〔日〕井之口章次:《产神和厕神》,《日本民俗学》,日本民俗学会 1980 年版。

〔日〕福冈サヨ:《"厕神"与人生通过仪礼——向厕神祈祷育儿》,《女性经验》,女性民俗学研究会 2013 年版。

〔日〕山崎蓝:《六朝、唐代の厕观について——正と负の厕神》,《中国》,中国社会文化学会 2005 年版。

〔日〕川端丰彦:《厕神与高神》,《民间传承》,秋田书店 1952 年版。

〔日〕野沢谦治:《饭岛吉晴〈灶神与厕神——异界与人世之境〉》,《日本民俗学》,日本民俗学会 1986 年版。

〔日〕北见俊夫:《旅与交通之民俗——交通、贸易的传承研究》,岩崎美术社 1970 年版。

〔日〕田宫仲宣:《鸣呼矣草》,《日本随笔大成》,吉川弘文馆 1976 年版。

〔日〕入矢义高:《自己与超越》,岩波书店 1986 年版。

〔日〕入矢义高等:《雪窦颂古》,筑摩书房 1981 年版。

〔日〕河田克博:《日本建筑古典丛书》,大龙堂书店 1988 年版。

〔日〕无著道忠:《禅林象器笺》,蓝吉富主编《禅宗全书》,北京图书馆出版社 2004 年版。

〔日〕谷崎润一郎著:《阴翳礼赞》,《谷崎润一郎精选集》,陈德文译,上海译文出版社 2017 年版。

〔日〕光藤俊夫、〔日〕中山繁信著:《居所中的水与火——厨房、浴室、厕所的历史》,刘缵译,清华大学出版社 2010 年版。

〔日〕不琢著,荆岩慧璞编,《洞上伽蓝杂记》,收入曹洞宗全书刊行会:《曹洞宗全书·清规》,东京平文社,昭和六年(1931 年)初版,昭和四七年(1972 年)复刻。

〔日〕横山秀哉:《禅宗建筑研究》,东京工业大学博士论文,1958 年。

〔日〕诸桥辙次编：《大汉和辞典》（修订版），大修馆书店 1986年版。

〔日〕横山秀哉：《禅宗建筑随想》，〔日〕横山正编《日本禅文化丛书》，五轮社 2002 年版。

〔日〕泽田尚幸撰：《日本永平寺》，高华成译，《文明》2002 年第 7 期。

〔日〕源隆国著：《今昔物语集》，金伟、吴彦译，万卷出版公司 2006 年版。

〔日〕义堂周信：《空华集》，〔日〕上村观光编《五山文学全集》，思文阁 1973 年版。

〔日〕永井政之：《乌瑟沙摩明王信仰研究试论——从中国民众看的佛教》，〔日〕铃木哲雄编《宋代禅宗的社会影响》，山喜房佛书林 2002 年版。

〔日〕泽田瑞穗：《宋代神咒信仰——以〈夷坚志〉的说话为中心》，《中国的咒法》，平河出版社 1984 年版。

〔日〕今濑文也：《东皋心越和水户》，浦江县政协文史资料委员会编《东皋心越全集》，浙江人民出版社 2006 年版。

〔日〕山田昭全、三木纪人校注：《杂谈集》，三弥井书店 1973年版。

〔日〕柳田圣山：《无著道忠的学术贡献》，日本禅文化研究所主编《俗语言研究》，1994 年创刊号。

〔日〕片冈岩著：《台湾风俗志》，陈金田、冯作民合译，大立出版社 1981 年版。

〔日〕妹尾河童著：《窥视厕所》，林皎碧、蔡明玲译，生活·读书·新知三联书店 2014 年版。

〔苏〕谢苗诺夫著：《婚姻和家庭的起源》，蔡俊生译，中国社会科学出版社 1983 年版。

〔英〕马凌诺斯基著：《文化论》，费孝通译，华夏出版社 2002

年版。

〔英〕马林诺夫斯基著:《巫术科学宗教与神话》,李安宅译,中国民间文艺出版社1986年版。

〔英〕马林诺夫斯基著:《原始的性爱》,王启龙、邓小咏译,中国社会出版社2000年版。

〔英〕维特根斯坦著:《维特根斯坦论伦理学与哲学》,江怡译,张敦敏校,浙江大学出版社2011年版。

〔英〕A. R. 拉德克利夫-布朗撰:《禁忌》,史宗主编,金泽等译《20世纪西方宗教人类学文选》,上海三联书店1995年版。

〔英〕J. G. 弗雷泽著:《金枝》,徐育新、汪培基等译,商务印书馆2013年版。

后　记

本书是我在国家社科基金项目《中国厕神信仰考论》结题成果基础上几经修订而成的。我对厕神的研究，或因为偶然的际遇，或出于必然的思考。

2009年，我在撰写博士论文《女神论》的时候，便注意到了厕神。在众多"女儿神"中，有一类卑微凄惨的女儿神。她们死于厕或遁于粪，因而成神。她们的故事无非讲述主人公身份卑微、遭遇悲惨，神格琐碎而纷杂。人们对这些神灵的态度也是复杂而多变的，同情、戏谑、寄托、贬斥……不过细加考索，却可发现其与"母亲神"的关联，蛛丝马迹透露出生殖崇拜。这些思考成了《女神论》第七章第五节《母亲神的女儿化》的一小部分，也孵化了本书第二章第三节和第四章的部分内容。

2014年，我主持《中国厕神信仰考论》这一国家课题，企图对中国厕神进行整体性研究。可是一旦深入这个论题才知道，关于厕神的直接资料极少，且极零散。要构架起一个国家课题，实现整体性研究的初衷，十分困难，必须利用大量间接资料，并进行跨学科研究。因此，综观本文所使用的资料，既有传统经史子集、也有考古和田野调查；既涉及神话学、宗教学、历史学、文献学、文学、语言学等，也涉及农学、医学、建筑学、社会学、人类学等。

因其涉及的资料门类太广，要穷尽所有资料几乎不可能。同时，既要比较系统地探究厕神缘起、定格、演变、流布与遗存等问题，又要不至于显得太泛太浅太杂，怎么办呢？我用了两个方法解决此问题。一是"考"和"论"结合。"考"和"论"的分布和方式不拘一格。其中，"考"主要集中在第二章、第四章第二节、第五章第一节和第二节、第七章第二节等处，运用要素分析法、文献法等对一些比较关键的事物的本义、原型、时间顺序、语源、版本等进行了考辨。二是采用由点及面的"问题式"结构来构架全书——用"问题"将散乱的资料聚合。章和节基本都是这种结构，而不是四平八稳的构架方式。表面上看起来有所跳跃，但细读全文，内容上有诸多关联、暗合。

"厕所革命"已落实五六年，但有关厕所文化和信仰方面的研究似乎一直都是学术界的"禁忌"话题。大抵因传统厕所污秽、厕神不登大雅之堂，故难为学术研究所接纳。百年来成果寥寥。保守性、重复性研究也较多，甚至对于一些基本问题，尚多遗漏。基于已有研究的遗留问题，本书在撰写过程中，对厕神、俗化、异化、厕神形态、神格演变、通名、具名、显名、隐名、有神无话、有话无神、母亲神、女儿神、显圣物、净头传统、大传统、小传统、祭祀仪轨等概念或基本命题进行了进一步思考或重新界定；对粪、弃、雪隐、东司、子姑、紫姑、七姑、如愿、猪神、乌刍沙摩明王、怒一底大等概念或厕神进行了较为细致的考论。窃以为颇有创新之处，但因能力和时间所限，某些思考、界定和考论肯定还不够成熟，以待将来有机会补充和完善。

任何科学研究都只能说是阶段性成果，尤其是一些新的研究。写下结语，也只能说该研究告一段落。虽然解决了一些问题，但提出了更多的问题。本论题筚路蓝缕艰辛之处自不多言，争论性话题也比较多。我也将继续努力。甚至可以说，这仅仅是开始。

后 记

　　诚然，在本书即将面世之际，我还有很多感谢的话。

　　感谢我的三位授业恩师李诚先生、项楚先生和刘跃进先生。2004年，我跟随李诚先生攻读硕士学位，硕士论文《女神降格研究》荣获"四川省2009年优秀硕士学位论文"。2007年，我跟随项楚先生攻读博士学位，博士论文《女神论》荣获"四川省2012年优秀博士学位论文"及"2012年全国百篇优秀博士学位论文"提名，后基于此的专著亦斩获四川省教育厅哲社二等奖。2018年，我跟随刘跃进先生访学，彼时正是我国家课题撰写的关键时期，最后以"良"如期结项。三位先生高山仰止，不以我秉性愚钝顽劣为弃，循循善诱，我才能走到今天。毕业后，在研究中遇到问题，我也常请教恩师。《中日禅宗文化与"雪隐"语源考析》一文写成后，我立即拿给李诚先生过目；《"东司"语源辨析》一文写成后，我也邮寄给刘跃进先生批阅，二位先生都给我提出了很多宝贵意见。有一次，刘跃进先生还在电话里就相关问题和我商榷了一个多小时。

　　日本驹泽大学大泽邦由博士、四川大学王大伟教授、韩国大邱韩医大学校南基守教授都给我的研究提供过不少帮助。大泽邦由博士长期从事中国语言学和宗教学研究。我曾与他合作发表过五篇论文，其中我主撰的有三篇：《中日禅宗文化与"雪隐"语源考析》（《宗教学研究》2020年第2期）、《"东司"语源辨析》［《四川师范大学学报（社会科学版）》2020年第6期］、《"雪隐"与雪窦重显因缘考》［《（韩国）东亚人文学》，2017年第39辑］。他还给我提供过不少珍贵的日文文献。王大伟教授亦长期从事宗教文献学研究，我曾多次就相关问题咨询他。本书第五章《雪隐、东司与佛教厕神》幸赖二位宗教学专家相助，方能搁笔。我在韩国考察期间，南基守教授也曾帮我引荐和查阅资料，我与他合作发表了论文《韩国古巫歌〈门前本解〉译介》（《民间文化论坛》2019年第2期），此亦为第七章第二节主要内容。

　　在整理书稿的过程中，我的几位研究生杨陈、王春宇、李瑶、李远莉、郑芷薇、刘预兰都曾协助我核对引文、校订文字、统一体例，给我省去不少精力。尤其是杨陈，她的硕士论文《紫姑信仰研究》便是基于此课题的研究，其间一些观点正可与本书第六章第一节相照应。我和杨陈曾一起去汉源进行田野调查，好友龙海燕、兄长代胜学不遗余力地提供帮助。我和杨陈共撰的论文《畜圈、厕所与民俗信仰——基于四川汉源的调查》(《民间文化论坛》2018年第3期）在田野调查后不久便发表，这也成了本书第七章第一节的主要内容。

对以上诸君的热忱帮助，我在此一并致谢。

除了上面提及的刊物之外，本书部分内容还先后在《学术界》《中国俗文化研究》《青海师范大学学报（哲学社会科学版）》《绵阳师范学院学报》《神话研究集刊》等刊物上发表，感谢编辑的认可和提携。

感谢四川师范大学文学院对本书的出版给予大力资助，感谢学院和学校领导的支持和厚爱。感谢生活·读书·新知三联书店编辑慧眼识珠，接受书稿并为本书的编辑付出了辛勤劳动。

最后，感谢我的家人。从课题申请、立项到完成，六载有余。记得课题立项之时，家父尚为之庆贺；书成之日，他已仙去有年。课题立项之时，女儿上颐不足三岁，童蒙未学，如今已卓然玉立。无常迅速，浮生若斯！为了如期完成课题，我常撇开女儿独自隐居，而内心肝肠寸断，为母则知。为了留我陪她，女儿也常偷了我的东西藏起来，或电脑，或钥匙，或书籍。她也因此挨过打。六载萤窗，家务琐事、女儿学业全赖母亲及夫君雷翔，在此一并致歉、致悔、致谢。

是为记。

彦　序
庚子岁末记于上颐斋